विकास कुमार झा

देश की हिन्दी पत्रकारिता के एक समर्थ हस्ताक्षर।

मर्मस्पर्शी उपन्यास 'मैकलुस्कीगंज' ('कथा यू.के. पुरस्कार' से सम्मानित), वर्षावन की रूपकथा।

इनके अलावा 'बिहार : राजनीति का अपराधीकरण', 'सत्ता के सूत्रधार' (राजनीति); 'इस बारिश में' (कविता); बिहार के बांग्लाभाषियों के जीवन पर बांग्ला में प्रकाशित 'परिचय पत्र'; मैथिली में मंचित नाटक : 'जमपुत्र' तथा 'सोनमछरिया' पुस्तकें प्रकाशित व चर्चित।

बिहार की मुक्तिकामी जनता के संघर्ष में सदैव सक्रिय रचनात्मक हिस्सेदारी।

सम्पर्क : 45, श्रीकृष्णपुरी (पी.आर.डी.ए. बिल्डिंग के सामने), पटना-800001 (बिहार)।

गयासुर संधान

गया–बोधगया के अन्तर्मन की अगम कथा

विकास कुमार झा

राजकमल पेपरबैक्स

राजकमल पेपरबैक्स में
पहला संस्करण : 2018

राजकमल पेपरबैक्स : उत्कृष्ट साहित्य के जनसुलभ संस्करण

राजकमल प्रकाशन प्रा. लि.
1-बी, नेताजी सुभाष मार्ग, दरियागंज
नई दिल्ली-110 002
द्वारा प्रकाशित

शाखाएँ : अशोक राजपथ, साइंस कॉलेज के सामने, पटना-800 006
पहली मंजिल, दरबारी बिल्डिंग, महात्मा गांधी मार्ग, इलाहाबाद-211 001
36 ए, शेक्सपियर सरणी, कोलकाता-700 017

वेबसाइट : www.rajkamalprakashan.com
ई-मेल : info@rajkamalprakashan.com

बी.के. ऑफसेट
नवीन शाहदरा, दिल्ली-110 032
द्वारा मुद्रित

मूल्य : ₹199

GAYASUR SANDHAN
Novel by Vikas Kumar Jha

ISBN : 978-93-87462-14-4

गयाम् प्रवेशार्थ भूमिका अर्थात् उपन्यास का विषय-प्रवेश

कहते हैं कि पूजा से दंडवत् भारी होती है। मेरे संग भी वही स्थिति थी। 'गयासुर संधान' की कथा सम्पन्न करने के पश्चात जब मैं इसकी भूमिका लिखने बैठा, तो यह मुझे अत्यन्त दुरूह लग रही थी। पर मेरे लिए यह बताना आवश्यक था कि किस मन:स्थिति में इस उपन्यास की रचना की गई। दरअसल, इस उपन्यास की कथा आत्मभ्रम से परिपूर्ण एक ऐसे यथार्थ की कथा है, जिसमें कल्पना, लोककथा, दन्तकथा, इतिहास, मिथक और यथार्थ—सब कुछ घुला हुआ है। महानायकों के भूमिगत जीवन के प्रति मेरा कौतूहल और सम्मान भी इसमें शामिल है। भूमिगत जीवन के प्रति मेरा आकर्षण बचपन से रहा है। इसी आकर्षण के चलते नेताजी सुभाषचन्द्र बोस सहज रूप से मेरे नायक बन गए। जब मैं पहले-दूसरे दर्जे में पढ़ता था, पिताजी से ज़िद कर मैंने अपने छोटे-से शहर दरभंगा के टावर चौक पर स्थित तस्वीरों को शीशे लगानेवाली एक दुकान से नेताजी सुभाषचन्द्र बोस की सैन्य वेशवाली तस्वीर को मढ़वाया था। घर में ठीक अपने कमरे में उसे वहाँ लगवाया जहाँ मैं माता-पिता के संग सोता था। नाना प्रकार के मेडलों की झालर और सीने के बेल्ट से सुसज्जित सैन्य लिबास और कमर में तलवार-रिवॉल्वर लगाए नेताजी की यह तस्वीर देखकर मैं हमेशा मोहित और खोया रहता था। मेरी आँखों में सुरंग से अपने क्रान्तिकारी सैनिकों के दस्ते को लेकर निकलते नेताजी, पनडुब्बी में बैठकर समुद्र में कहाँ से कहाँ निकल पड़नेवाले नेताजी और नानावेश बदलकर अंग्रेज़ों को चकमा देकर निकल जानेवाले नेताजी की कल्पना सदैव दमकती रहती थी। यही वज़ह थी कि माँ से ज़िदकर मैंने बच्चों के लिए मिलनेवाली सैन्यवर्दी खरीदवाई थी। खिलौना रिवॉल्वर और राइफल भी। उस वर्दी में मुझे सुसज्जित कर शहर के 'सिटी आर्ट स्टूडियो' में माँ ने बन्दूक़ ताने मेरी कुछ सीपिया और काली-सादी तस्वीरें भी करवाई थीं।

नेताजी सुभाष के लिए मेरी दीवानगी की प्रसिद्धि कुछ यों थी कि हमारे पारिवारिक चिकित्सक डॉ. गोपाल भट्टाचार्य मुझे 'सुभाषबाबू' के नाम से ही बुलाते थे। वे शहर के नामचीन चिकित्सक थे। महाराज दरभंगा के वे निजी चिकित्सक रह चुके थे। एक बार जब मैं मियादी बुख़ार में पड़ गया, तो वे अपनी भारी व्यस्तताओं के बीच से भी समय निकालकर मुझे रोज़ देखने आते थे।

"कैसा है मेरा सुभाषबाबू?" सदैव 'माँ गो...माँ गो...' का जाप करते रहने वाले धोती-कुर्ता और श्वेत सिल्क चादर लपेटे औसत क़द और दोहरे शरीर के गौरवर्ण कालीभक्त डॉ. गोपाल भट्टाचार्य का लाड़ करता मुदित मुख मुझे आज भी नहीं भूलता। वे पिताजी से हैरान होकर कहते थे, "ऐसा सुभाष-भक्त तो दूसरा मैंने देखा ही नहीं! यह हमारा बाल सुभाष है।" और फिर मेरे माथे पर स्नेह से हाथ फेरते काली का जाप करते हुए कहते थे, "तुम्हें जल्दी से ठीक होना है और फ़ौजी ड्रेस में पनडुब्बी में बैठकर बड़ेवाले सुभाष बाबू को ढूँढ़ना है।" उनकी इस बात पर मैं बाल सैन्य लिबास में अपने खिलौनेवाले सारे बन्दूक़-रिवॉल्वर लेकर पनडुब्बी में सवार होने की कल्पना भी करता। मैं सोचता था कि एक न एक दिन नेताजी मुझे मिलकर रहेंगे। इसके लिए एक पनडुब्बी मैं आवश्यक समझता था। मेरे पास पेटेन टैंक, हवाई जहाज़ और छोटे-से चम्मच में तेल-बाती से आग जलाकर चलानेवाली धुआँ छोड़ती टकबक नाव भी थी, लेकिन पनडुब्बी न होने की बात मुझे बहुत सालती थी। पर खिलौनों की दुकान पर पनडुब्बी नहीं थी, जो पानी के भीतर चलकर इस बाल सुभाष को बाग़-बाग़ कर देती। पनडुब्बी की हसरत मेरे दिल में आज भी है। वैसे भी, मैं समझता हूँ कि जीवन-यात्रा में हर इंसान के मन में एक पनडुब्बी होती है, जिसमें वह स्वप्न, आशा और प्रेम को सीने से लगाकर बीच-बीच में यात्राएँ करता रहता है।

बचपन से मेरी भी आशा-यात्रा शुरू थी। गोपालबाबू ने मुझे 'बाल सुभाष' घोषित कर घर-परिवार में सबके बीच वी.आई.पी. बना दिया था। इसी प्रसंग में एक क्षेपक! मेरे एक परिजन एक दिन नीम दोपहरी में दूसरे शहर से अपनी बीमार चल रही बेटी को गोपालबाबू से दिखाने पहुँचे थे। बेटी को दिखाकर वे शाम की ट्रेन से लौट जाने को व्यग्र थे। मैं थोड़ी देर पहले स्कूल से लौटा था। आते ही उन्होंने उसी व्याकुलता से कहा कि मैं उनके साथ गोपालबाबू के यहाँ चले चलूँ। उन्हें पूरा विश्वास था कि मेरे साथ होने से वे तुरन्त उनकी बेटी को देख लेंगे। इस तरह अपने परिजन के चंगुल में फँसकर मैं गोपालबाबू के यहाँ जा

पहुँचा। दोपहरी में बंगाली परिवार भोजन के बाद अनिवार्य रूप से थोड़ा विश्राम करते हैं। सुबह से मरीजों की चिकित्सा में जुटे रहनेवाले गोपालबाबू की भी यही दिनचर्या थी। उस दोपहरी में जब मैं अपने रिश्तेदार को उनकी बेटी समेत रिक्शा पर लिए लदा-फँदा पहुँचा, तो नीचे क्लिनिक में उनका कम्पाउंडर भी ऊँघ रहा था। क्लिनिक के ऊपरी माले में गोपालबाबू का निवास था और ज़ाहिर था कि भोजनोपरान्त वे उस समय सपरिवार विश्राम कर रहे थे। मैं भारी असमंजस में था। उधर मेरे परिजन मुझ पर लगातार दबाव बनाए हुए थे कि मैं ऊपर की मंजिल में जाकर गोपाल बाबू को उठा दूँ और नीचे बुला लाऊँ। आख़िरकार, मैं हिम्मत बाँधकर ऊपर की मंजिल पर चढ़ा। आज तक कभी मैं गोपालबाबू के घर नहीं आया था। मेरे पदचाप की आहट से गोपालबाबू की पत्नी की नींद खुली। मैं उनसे या उनके परिवार के किसी सदस्य से कभी रू-ब-रू नहीं हुआ था। उनकी पत्नी मुझे नहीं जानती थीं। सो अचानक नीम दोपहरी में एक अनजान बच्चे को देख उनकी पत्नी जोरों से चिहुँक पड़ीं, "कौन है तुम ? ऊपर कैसे आ गया ?" मैं एकदम से सनाके में था। मेरी आँखों में आँसू भर आए। पर तभी गोपालबाबू जाग उठे। मुझे देखकर उन्होंने मुस्कुराकर पत्नी से कहा, "अरे बोऊ माँ! ये हमारा सुभाषबाबू है।" और फिर मुझसे मुख़ातिब हो अपने हमेशा के लाड़ भरे स्वर में पूछा, "क्या सुभाष बाबू ? कैसे आया ?" मेरी आँखों में आँसू देख गोपालबाबू फ़ौरन मेरा हाथ पकड़ नीचे उतर आए। परिजन की बिटिया को देखा और उसे दवा लिखने के बाद मुझसे कहा, "सुभाषबाबू! बोऊ माँ तुमको नहीं जानती थी। इसलिए नाराज़ हो गई। तुम्हारे घर आकर मैं अपने यहाँ तुम्हें किसी इतवार को लाऊँगा।"

उपन्यास के विषय प्रवेश में मेरे सुभाष प्रेम और गोपालबाबू के इस दीर्घ प्रसंग से आपको लग रहा हो कि उपन्यास की भूमिका से मेरे बचपन और मेरे सुभाष-प्रेम का क्या लेना देना ? पर लेना-देना है। यह कैसे और क्यों है, इसे विषय प्रवेश में देना आवश्यक था। दरअसल, बचपन से आजतक नेताजी मेरे अवचेतन में संबल बने बैठे हैं। यह नेताजी का ही व्यक्तित्व था कि ब्रिटिश सत्ता से संघर्ष के दौरान उन्होंने 'आज़ाद हिन्द सरकार' की स्थापना की थी और जिसे दुनिया के ग्यारह देशों ने अन्तरराष्ट्रीय स्तर पर मान्यता दी थी। नेताजी 'आज़ाद हिन्द सरकार' के प्रथम और अन्तिम राष्ट्राध्यक्ष थे। नेताजी के अनुयायी उनके व्यक्तित्व के ओज में किस तरह भीगे थे, इसकी उदाहरण हैं कानपुर से सी.पी.एम. सांसद रहीं

सुभाषिनी अली। प्रख्यात् फ़िल्म निर्देशक मुजफ़्फ़र अली की पत्नी सुभाषिनी अली की माँ कैप्टेन डॉ. लक्ष्मी सहगल नेताजी सुभाष की अन्यतम सहयोगी थीं और 'आज़ाद हिन्द फ़ौज' की महिला शाखा 'रानी झाँसी रेजीमेंट' की प्रमुख थीं। सुभाष-प्रेम में ही अपनी बेटी का नाम उन्होंने रखा—सुभाषिनी! मैं भी एक छोटा-मोटा सुभाषवादी हूँ। इसलिए बेटे का नाम रखा—शुभाशीष! 'गयासुर संधान' में भी हर पंक्ति के संग सुभाषबाबू हैं। और सुभाषबाबू हैं, तो सब हैं। मसलन चन्द्रशेखर आज़ाद से लेकर सरदार भगत सिंह तक।

23 तारीख़ का क्या विचित्र संयोग है! 23 जनवरी को जहाँ नेताजी सुभाष का जन्म दिन मेरे लिए उल्लास का दिन होता है, वहीं 23 मार्च शोक दिवस। 23 मार्च, 1931 को सरदार भगत सिंह को फाँसी दी गई थी। नेताजी सुभाषचन्द्र बोस से प्रेम के कारण फेल्ट हैट लगाए सरदार भगत सिंह, मूँछों को ऐंठते चन्द्रशेखर आज़ाद सरीखे तमाम आज़ादी के दीवानों का मैं हमेशा से दीवाना रहा। असेम्बली बम विस्फोट कांड, जिस अपराध में ब्रिटिश हुकूमत ने भगत सिंह को फाँसी दी थी, उस दौरान भगत सिंह का साथ देनेवाले किशोरावस्था के क्रान्तिकारी बटुकेश्वर दत्त भी थे। बम कांड में दोनों को बराबर का भागीदार माना गया था। पर क्योंकि बटुकेश्वर दत्त किशोरावस्था के थे, इसलिए उन्हें काला पानी की सज़ा सुनाई गई थी। सज़ा काटने के बाद आज़ाद भारत में बंगभाषी बटुकेश्वर दत्त पटना आ गए थे। उनके पास न कोई नौकरी थी, न कोई रोज़गार। सत्ता प्राप्त करने के बाद देश के दिग्गज नेताओं को बटुकेश्वर दत्त की कोई सुधि नहीं रही। परेशानहाल बटुकेश्वर दत्त ने जीवनयापन के लिए पटना सिटी की एक बिस्कुट फैक्ट्री में छोटी-सी पगारवाली नौकरी कर ली। बटुकेश्वर दत्त जब बीमार होकर अन्तिम हालत में दिल्ली के अस्पताल पहुँचे, तो भगत सिंह की माँ लगातार उनके पास थीं। बटुकेश्वर दत्त की अन्तिम इच्छा थी कि उन्हें शहीद-ए-आज़म भगत सिंह के बग़ल में दफ़नाया जाए। भगत सिंह के परिजनों ने उनकी यह अन्तिम इच्छा मुस्तैदी से पूरी कराई।

बटुकेश्वर दत्त की पत्नी श्रीमती अंजलि दत्त पटना के बाँकीपुर गर्ल्स हाईस्कूल में शिक्षिका थीं। अमर क्रान्तिकारियों के प्रति प्रेम के कारण उनके बारे में पता लगा कर मैं उनसे मिला और उनका लम्बा साक्षात्कार किया। तब पहली बार देश के लोगों को पता चला कि एक महान् क्रान्तिकारी को आज़ादी के बाद किन मुसीबतों से गुज़रना पड़ा। आज़ादी और सामाजिक परिवर्तन के योद्धाओं के प्रति मेरा गहरा सम्मान

ही है कि बीहड़ और पहाड़ के बाग़ियों से मिलने की भी मुझे शगल रही है। चम्बल के डाकू मान सिंह के बारे में मैंने सुना था कि अमीरों को लूटकर वे ग़रीबों का पोषण करते थे। इन कहानियों का ही असर था कि बिहार के सासाराम अन्तर्गत कैमूर पर्वत, जो उत्तर प्रदेश में विन्ध्य पर्वत से जा मिलता है, पर सक्रिय बिहार के इनामी दस्यु सरदार मोहन बिन्द का साक्षात्कार मैंने लिया। बिहार सरकार ने उसे डाकू घोषित कर रखा था और उसके सिर पर एक लाख रुपए का इनाम था। पर जनवरी, 1984 में कैमूर पर्वत की चोटी पर मुझको दिए साक्षात्कार में उसने जोर देकर कहा था कि उसकी बग़ावत जुल्म के ख़िलाफ़ है। वह डाकू नहीं, बाग़ी है। पुराने शाहाबाद के कई जुल्मी सामन्तों को उसने मौत के घाट उतारा था। मैं उन दिनों हिन्दी की पाक्षिक पत्रिका 'माया' से जुड़ा था। सो 'माया' में जब बाग़ी मोहन बिन्द का साक्षात्कार छपा, तो बिहार सरकार ने मुझसे पूछताछ की कि आख़िर किस स्रोत से मैं उससे मिला था। सामाजिक परिवर्तन के ऐसे ही एक महान योद्धा सी.पी.आई. (एम.एल.) के महासचिव कॉमरेड विनोद मिश्र का पहला साक्षात्कार कलकत्ता में मैंने तब लिया था, जब दो दशकों तक भूमिगत रहने के बाद वे प्रकट हुए थे।

दुनिया भर में फैले रहे भूमिगत लोगों की एक सूची तैयार करने की अगर कोशिश करूँ, तो एक मोटी किताब बन जाएगी। रॉबिनहुड इंग्लैंड का एक ऐसा ही चरित्र है। इंग्लैंड का नॉटिंघम इलाक़ा रॉबिनहुड की वीरगाथों से भरी पड़ी है। इसलिए नाटिंघम 'रॉबिनहुड काउंटी' के नाम से भी ख्यात है। मेरे उपन्यास 'मैकलुस्कीगंज' पर वर्ष 2011 में जब मुझे 'हाउस ऑव कामंस' में 'कथा यूके' से सम्मानित किया गया, तो इंग्लैंड की उस यात्रा में मैं ख़ास तौर से नॉटिंघम गया, बचपन के अपने एक और दूसरे महानायक की स्मृति आभा को पाने के लिए रॉबिनहुड की चर्चा कर रहा हूँ, तो अपने दौर के नामचीन पहलवान और सिने अभिनेता दारा सिंह को भला कैसे भूल सकता हूँ। बीते कुछ दशकों से बच्चों के नायक अगर फैण्टम और शक्तिमान जैसे असम्भव शक्तिशाली चरित्र थे, तो हमारे बचपन के ऐसे ही हैरान करने वाले महापराक्रमी चरित्र थे—दारा सिंह। वे जिस तरह एक फूँक में सैकड़ों गुंडों को हवा में उड़ा देते थे, उससे हमारे दौर के बच्चे ख़ासे चकित रहते थे। यही वज़ह थी कि दारा सिंह की कोई फ़िल्म लगते ही हम उसे फ़ौरन् देखने के लिए पागल हो उठते थे। दारा सिंह की अधिकतर फ़िल्में या तो मार-धाड़ वाली होती थीं या फिर धार्मिक। जैसे कि 'किसान और भगवान', 'मेरा देश मेरा

धर्म', 'हर हर महादेव', 'गुरु गोविन्द सिंह', 'आन और शान' आदि। मैं तथा दरभंगा के 'पब्लिक स्कूल' में छठे दर्जे में मेरे साथ पढ़ने वाला मेरा दोस्त बॉबी, दारा सिंह की फ़िल्मों के दीवाने थे। पर बॉबी, जिसका स्कूली नाम कुमरजीत सिंह था, को सिनेमा साथ ले जाने के लिए मुझे बॉबी की माँ, जो एक पक्की सिक्ख थीं और भारी धार्मिक विचारों की थीं, के पास पेश होना पड़ता था। भारी भरकम सरदारनी-चाची अपने दीवान पर रजिया सुलतान की तरह आसीन रहती थीं। मुझसे दारा सिंह की फ़िल्म का नाम पूछती थीं। मैं सहमते हुए जैसे बताता था, 'मेरा देश मेरा धर्म' या फिर 'किसान और भगवान', तो अपनी भारी गोल काया में आँखों की गोल पुतलियों को मुझ पर टिका कर कहती थीं, सिनेमा का नाम तो ठीक लग रहा है। ठीक है जा सकते हो।'' पर दारा सिंह की ऐसी फ़िल्में जिसका नाम धार्मिक न होकर 'रुस्तम' तथा 'रामू उस्ताद' जैसा होता था, के वास्ते उनसे अनुमति लेने में हमें ख़ासी-मुश्किल होती थी। दारा सिंह क्योंकि बी-ग्रेड फ़िल्मों के हीरो होते थे इसलिए हमारे शहर के सी-ग्रेड हॉल 'सोसायटी' में ही उनकी फ़िल्में लगती थीं। फिर भी हम खुश-खुश मेटिनी-शो देखकर आते थे। रात में हम सपने देखते कि हम भी दारा सिंह की तरह वीर बाँकुरे बन चुके हैं। बॉबी और मैं अगले दिन अपने रोमांचक सपनों का आदान-प्रदान करते। मैं सोचता कि काश दारा सिंह कभी नेताजी सुभाष की भूमिका में आते। पर ऐसा नहीं हुआ।

बहरहाल, ऐसे-ऐसे भूमिगत वीर बहादुरों की गाथा सुनते और ऐसे भूमिगत बन्दा बैरागियों से मिलते हुए कभी-कभी मेरी भी इच्छा होती रही है कि किसी दिन अचानक मैं भूमिगत हो जाऊँ और अपने जाननेवालों की छोटी-सी दुनिया के बीच अटकलों का केन्द्र बन जाऊँ। अक़सर मुझे यह लगता है कि पराधीन भारत को अगर गांधी, सुभाष, भगत सिंह और चन्द्रशेखर आज़ाद की ज़रूरत थी, तो स्वाधीन भारत को भी ऐसे जाग्रत प्रज्ञावाले महानायकों की ज़रूरत है, जो राष्ट्र को बाज़ारवाद की दुनियावी आँधी से बचाएँ। मनुष्य को सही अर्थों में स्वतंत्र बनाएँ। उनमें राष्ट्र और समाज के प्रति उत्तरदायित्व का वृहत बोध जगाएँ। सोचता हूँ कि काश मुझ में यह क्षमता होती कि देश के वीर-बाँकुड़ों, सामाजिक परिवर्तन के योद्धाओं और विभिन्न क्षेत्र के क्रान्तिकारियों का एक अर्क निर्मित कर पाता। बीते दशकों में हमारा गृह प्रान्त बिहार जिस बर्बर दौर से गुज़रा है, उसमें ऐसे ही अर्क से निर्मित एक महायोद्धा की मेरी विक्षिप्त इच्छा रही है, जो अनीति के विरुद्ध सीधा तनकर उठ खड़ा होनेवाला हो। मेरे मन

में बराबर यह प्रश्न उठता रहा कि अगर अपनी कल्पना से मैं एक ऐसा विद्रोही महानायक तैयार भी करता हूँ, तो उसकी कथाभूमि कौन-सी होगी? कहाँ होगी? पर कुछ साल पहले अनायास गया-यात्रा में मुझे रहमती की लौ मिल गई। यों कहिए कि शबाब मिल गया। हिन्दू और बौद्ध धर्मावलम्बियों के लिए गया और बोधगया काबा-काशी है। प्राचीन काल में यह मात्र एक प्रणम्य तीर्थस्थान था। सतयुग का तीर्थ! किसी का स्थायी निवास और घर यहाँ नहीं था। यहाँ के ब्रह्मकल्पित गयापाल ब्राह्मण भी खास गया में न रहकर अग़ल-बग़ल के गाँवों में रहते थे। गया को लेकर संस्कृत का यह सुभाषित ख्यात था, 'गयायां न हि तत्स्थानं यत्र तीर्थं न विद्यते।' यानी गया की ऐसी कोई जगह नहीं, जिसे तीर्थ न माना जाता हो। समय की गति के साथ गया में भी बहुत कुछ बदला। पर एक से एक बवंडर के बावजूद पाँच सहस्र वर्षों में इस जुड़वाँ नगर में न कभी धर्म की ध्वजा झुकी, न यहाँ का धर्म तन्तु आहत हुआ। गया-बोधगया का जीवन इसलिए विश्वकुल भाव का जीवन है।

गया-बोधगया शाश्वत है। यह जुड़वाँ नगर संक्रामक है। रहस्यमय और संक्रामक! पत्रकारिता के अपने लम्बे कैरियर में गया-बोधगया की मैंने अनगिनत यात्राएँ की थीं। गया के पड़ोसी ज़िलों—जहानाबाद और अरवल को भी कई बार छाना था। मगध का यह इलाक़ा नक्सल उग्रवादियों का भयानक अड्डा रहा है। 'छह इंच छोटा करना' का मुहावरा इसी मगध अंचल ने हिन्दी को दिया, क्योंकि शुरुआती दौर में यहाँ के नक्सली बस सिर उतारते और धड़ को छोड़कर चल देते थे। पर नक्सलियों के चौतरफ़ा खौफ़ के बावजूद गया के विष्णुपद मन्दिर में देश-दुनिया के पिंडदानियों की भीड़ कभी किसी दिन कम नहीं हुई। उल्लेखनीय है कि हरेक वर्ष भाद्र शुक्ल पक्ष की अनन्त चतुर्दशी से अमावास्या तक पूरे 17 दिनों का यहाँ पितृपक्ष मेला लगता है। वैसे, आम दिनों में किसी भी मास के कृष्ण पक्ष में तीसरे, पाँचवें या सातवें दिन अथवा अमावस्या के दिन पिंडदान होता है। पर पितृपक्ष अवधि की अपनी अलग महिमा है। भारत के अधिकांश हिस्सों से इस अवधि में यहाँ भारी भीड़ उमड़ पड़ती है। बोधगया में भी सम्पूर्ण विश्व के बौद्ध धर्मावलम्बियों का आवागमन सदैव से बदस्तूर जारी रहा है। नक्सली उग्रवादी अपने इलाक़े में चाहे जो मार-काट करते हों, लेकिन तीर्थयात्रियों और पर्यटकों को शायद ही कभी एक खरोंच भी लगाई हो।

अपना देश सचमुच अद्भुत है, जो सुर और असुर दोनों की पूजा करता है। पवित्र शरीर का वरदान पा चुका गयासुर तो गयासुर, कर्नाटक

का प्रसिद्ध मैसूर शहर महिषासुर के नाम पर स्थापित बताया जाता है। इस तरह कुछ साल पहले की गया की वह यात्रा मेरे लिए अनूप रही जब मेरी वर्षों-वर्ष की कल्पना को लौ मिल गई। मुझे लगा कि गयासुर का नव संधान करने से मेरी कल्पना का महानायक स्वत: आकाश छूने लगेगा। एक असुर होकर भी गयासुर ने कठोर तप कर भगवान विष्णु से आशीर्वाद प्राप्त किया था कि जो भी उसके शरीर से स्पर्श करेगा वह सीधे स्वर्ग जाएगा। गयासुर को मिले आशीर्वाद ने यमपुरी को शून्य करना शुरू किया। अन्ततः गयासुर को स्थिर करने के लिए ब्रह्माजी ने भगवान विष्णु की मदद से गयासुर के पवित्र शरीर पर देवताओं के संग महायज्ञ आरम्भ किया। मान्यता है कि यह नगर गयासुर के पवित्र शरीर पर बसा हुआ है। विष्णुपद मन्दिर के समीप ही 'गयासिर वेदी' भी है और यहाँ भी पिंडदान किया जाता है। कुल मिलाकर, मुझे ऐसा लगा कि प्राचीन आस्था की उस पुरानी गाथा का मेरे भीतर पुनर्जन्म हो रहा है और अब गयासुर के पवित्र शरीर पर नेताजी सुभाष, भगत सिंह, चन्द्रशेखर आज़ाद, बटुकेश्वर दत्त, कॉमरेड विनोद मिश्र और कॉमरेड डॉ. विनयन सरीखे देशभक्त और क्रान्तिकारी एक नए यज्ञ के आयोजन में जुटे हैं। कहना न होगा कि इसके साथ ही एक लम्बी मानसिक प्रक्रिया की शुरुआत हो गई। अन्ततः इसी मानसिक महायज्ञ के अर्क से इस उपन्यास के नायक अभय की उत्पत्ति हुई। मुझे विश्वास है कि आप सब अभय को पसन्द करेंगे। दरअसल, अभय तरुणाई का वह काल्पनिक महानायक है, जो पवित्र शरीरवाले गयासुर के संधान में जुटा है। यह संधान देवताओं के युग में हुए गयासुर संधान से भिन्न है। क्या भिन्न, यह आपको इस उपन्यास में उपस्थित साधारण जीवन का असाधारण नायक अभय ही स्वयं बताएगा। बेहतर है अब सीधे अभय से ही मिलिए।

—विकास कुमार झा

नवम्बर, 2017
पटना

मुहूर्त

कम्बल भीगने पर बहुत भारी हो जाता है। इसमें लिपटे रहना असह्य है। भीगे कम्बल सरीखे अपने परिवेश में मैं अर्से से लिपटा रहा हूँ। इससे मुक्ति पाने के लिए ही मैंने अपनी मौत की यह कहानी रची है। घर से लेकर बाहर तक की परिस्थिति ने भीतर तक मुझे चूड़-मार दिया है। मेरे जैसा निहंग कभी निहोरा का जीवन जी ही नहीं सकता। पर इस अनादि संसार में एक मैं ही ऐसा नहीं हूँ। मेरी तरह एक न एक अभय हर परिवार और समाज में हैं। पराजित, आहत, घायल और दंडित। इसलिए अभय को अनदेखा करना अन्ततः किसी के लिए भी भयावह है। वह किसी भी दिन खूँखार और आदमखोर बन सकता है। मानव बम बनकर अपने संग कितनों का अन्त कर सकता है। फिर भी जिस तरह धोबी के बाप का कुछ नहीं फटता, मैं जानता हूँ कि गया की विभिन्न वेदियों पर देश के अनेक प्रान्तों से आनेवाले तीर्थयात्रियों को नित्य 'पिंडदान' कराने वाले मेरे रूढ़िवादी पुरोहित पिता मेरी मृत्यु की आशंका से तनिक भी विचलित नहीं होंगे। ऐसा नहीं कि वे कोई मायाजीत पुरूष हैं। पर मृत्यु और मुक्ति! मोक्ष और ब्रह्म के दैनन्दिन मंत्रोच्चार ने उन्हें सम्भवतः इतना निस्संग बना दिया है। पिताजी 'मंत्र' शब्द को लेकर कहते भी हैं, ''दो अक्षर का यह शब्द यानी 'मं' और 'त्र' मन को त्राण देता है।''

पिताजी के मन को बहुत हद तक त्राण मिल चुका है। इसलिए अपने को मृत घोषित करने के पीछे मेरा उद्‌देश्य अपने पिता को स्तब्ध करना नहीं है। जीवन, नदी और कथा की तरह दरअसल, मैं भी अपना पाट बदलना चाहता हूँ। वरना मृत्यु? अभय और मृत्यु? निकट भविष्य में तो इसकी कहीं से कोई गुंजाइश नहीं। अपनी मृत्यु की कथा गढ़कर मैं स्वयं भी विस्मित और हैरान हूँ। अगर ऐसी कथा गढ़ने की क्षमता वास्तव में मुझ में होती, तो पाँच-छह साल पहले ही मैं इसे गढ़ चुका होता, आज नहीं। दरअसल, वीरझन गुरु की हत्या ने मेरे भीतर जमी अन्धकार की विशाल शिलाओं को बरबस सुलगा दिया। मेरा समाप्त अस्तित्व फिर तेज़ी से उगने लगा। और आज इस आधी रात में अपनी मृत्यु-कथा के कोने में मैं खड़ा हूँ। क्या संयोग है! आज संस्कृत दिवस है। श्रावण मास की अन्तिम तिथि रक्षा बन्धन। मेरे जीवन का श्रावण आज से सही मायने में शुरू होने जा रहा है। मुझे अपनी शिराओं में अभी

हरा कम्पन महसूस हो रहा है। इस गहन अन्धकार में हरी रोशनी फूटती-सी दिख रही है। इस हरी रोशनी में स्वयं इस पत्र को मैं बार-बार पढ़ रहा हूँ, जो मैंने पिताजी के नाम लिखा है :

आदरणीय पिताजी,
अन्तिम प्रणाम!

मैं हमेशा के लिए जा रहा हूँ। लम्बे समय से चलती-फिरती मूर्छा की स्थिति में हूँ मैं। इस करुणाजनक कॉमा और सबसे बुरी तरह खराब स्थिति में अब और नहीं रह सकता। हृदय को कब तक और कितना प्रबोधन दूँ? माँ की मृत्यु के साथ ही मेरा भी इस घर में अन्त हो गया था। मर्मांतक अवसान। स्वयं आपके शब्दों में मैं आपके पाप का फल हूँ। इसलिए आप कहते भी हैं कि शुरू से मेरा पौर-पाटी ठीक नहीं। पुरानी स्मृतियाँ स्वाभाविक रूप से मुझे लगातार पीछे ढकेल रही हैं। पर रुकना मेरे लिए सम्भव नहीं। मेरे जीवन में न कोई खुशी है, न लगाव। मैं लगातार विक्षिप्तता की ओर बढ़ रहा हूँ। विसर्जित जीवन सँभालना भला किसके वश में होता है। मेरे जीवन में क्या है? चारो तरफ़ धूसर ही धूसर, अन्धकार ही अन्धकार! मेरी आत्मा अन्धकार और विषाद से भरी हुई है। इसलिए इस दुनिया को अलविदा कर रहा हूँ।

यह लिखना अनावश्यक है कि मेरे शव को ढूँढ़ने की कोशिश मत कीजिएगा, क्योंकि जीवित स्थिति में जब पूरे परिवार के लिए मैं निरर्थक रहा, तो मेरे मृत शरीर के प्रति कैसी संवेदना? मुझे अब किसी चीज़ की आवश्यकता नहीं। बस आपके चरणों की नाव मुझे भव सागर पार करा देगी। सादर।

आपका,
अभय

चन्द पंक्तियों के इस पत्र को लिखने में मुझे दो महीने से कुछ अधिक ही लग गए। अन्ततः ईश्वर ने परमपद प्राप्त करने में मेरी मदद की। वैसे, यह कोई त्रेता या सतयुग तो है नहीं कि ईश्वर आपके लिए आकाशवाणी करेंगे। इस विकट कलियुग में ईश्वर ने मुझे अख़बार में प्रकाशित एक समाचार के ज़रिये रास्ता सुझाया। यह ईश्वर की लीला नहीं तो और क्या थी कि पिछले दिनों सुबह-सुबह चाय की दुकान पर अख़बार पलटते हुए सीधे इसी ख़बर पर मेरी नज़र पड़ी—'जिसके कत्ल में पाँच लोगों को सज़ा, वह पंजाब में मिला।' मैं एक साँस में इस समाचार को पढ़ गया और सहसा मुझे लगा कि ईश्वर ने ही पत्रकार-सम्पादक बनकर मेरे मार्गदर्शन के लिए अख़बार में यह समाचार प्रकाशित किया है। वह जीर्ण-शीर्ण कतरन अभी भी

मेरी ज़ेब में है। कोई भी इसे पढ़ेगा, तो अनुमान कर लेगा कि 'बैताल पचीसी' सरीखी मेरी इस योजना की रूपरेखा ईश्वर ने मुझे कैसे सुझाई।

यह है वह समाचार : "आज से 20 साल पहले बिहार के नवादा ज़िले के अकबरपुर थाना के सकरपुरा ग्राम निवासी जिस उमा सिंह का श्राद्ध उसके परिजनों ने मृत समझकर कर दिया था, वह पंजाब अन्तर्गत मोहाली के हंडसार स्थित नरसिंह मन्दिर में महन्त मोहनदास बनकर रहता हुआ पकड़ में आ गया।

दरअसल, वर्ष 1983 में बिहार के वैशाली ज़िले के महनार निवासी जयन्त सिंह की लोमहर्षक हत्या के मामले में उमा सिंह समेत पाँच लोगों को निचली अदालत से उम्रकैद की सज़ा मिली थी। कुछ साल तक जेल में रहने के बाद उमा सिंह जमानत पर बाहर निकला और एक रात अचानक वह लापता पाया गया। उमा के बेटे विनय सिंह ने अपने परिवार के पाँच पुराने विरोधियों पर पिता के अपहरण का मामला दर्ज कराया। पुलिस ने लम्बे समय तक उमा सिंह की हर सम्भव खोज की और आख़िरकार इस निष्कर्ष पर पहुँची कि उमा सिंह अब संसार में नहीं है। उसकी हत्या हो चुकी है।

हत्या का मामला बताकर पुलिस ने चार्जशीट दाखिल किया और उमा सिंह की हत्या के आरोप में अदालत ने फुलो सिंह, इन्द्रदेव सिंह, नरेश सिंह, छोटन सिंह और ललन सिंह को आजीवन कारावास की सज़ा सुना दी। दूसरी तरफ़ उमा सिंह भागकर पंजाब पहुँच गया और वहाँ मोहाली के हंडसार में स्थित नरसिंह मन्दिर का पुजारी मोहनदास बन गया। मन्दिर के ट्रस्ट में अच्छी-खासी ज़मीन थी। धीर-धीरे मोहनदास वहाँ पुजारी से महन्त बन गया। पर मन्दिर की ज़मीन में कुछ विवाद था। वर्षों तक कानूनी लड़ाई चली। महन्त मोहनदास मुकदमे को मुस्तैदी से लड़ रहा था। इधर उसके विरोधी उसकी असलियत का सुराग पाने को बेचैन थे।

एक दिन उन्हें पता चला कि महन्त मोहनदास बिहार के नवादा ज़िला के सकरपुरा गाँव का रहनेवाला है। महन्त मोहनदास के गाँव वालों से उसकी कोई तो पोल पट्टी ज़रूर मिलेगी, यह सोच पंजाब के हंडसार से महन्त मोहनदास के विरोधी बिहार में उसके गाँव आए। सकरपुरा गाँव के लोगों को उन सबने पहचान के लिए जटाजूटधारी महन्त मोहनदास की तस्वीर दिखाई, तो गाँव के बड़े बुजुर्गों ने छूटते हुए उसकी तस्दीक उमा सिंह के रूप में की। सकरपुरा के ग्रामीणों ने हैरान होकर हंडसार से आए लोगों को बताया कि वे लोग उमा सिंह को वर्षों से मृत मानते रहे हैं। उमा के परिजनों ने कबके उसका श्राद्ध भी कर दिया और उसकी पत्नी वैधव्य जीवन व्यतीत कर रही है। सकरपुरा के ग्रामीणों द्वारा ही हंडसार से गए महन्त मोहनदास के विरोधियों को जानकारी मिली कि उमा सिंह की रहस्यमय हत्या के आरोप में पाँच लोगों को आजीवन कारावास की सज़ा हो चुकी है। हंडसार और सकरपुरा के लोगों की मुलाक़ात ने सचमुच सनसनी मचा दी। उमा सिंह की हत्या

के मामले में आजीवन कारावास की सज़ा पा चुके लोगों के परिजन सिर पर पाँव रखकर उमा सिंह के जीवित होने की सूचना के संग अदालत पहुँचे। गवाही हंडसार के लोगों ने दी। बिहार पुलिस ने पंजाब पुलिस की मदद से उमा सिंह की गिरफ़्तारी की। आजीवन कारावास पा चुके लोगों को सज़ा से मुक्ति मिली।''

इस रोमांचक समाचार में मेरे लिए ईश्वर की ओर से अत्यन्त सूक्ष्म और संक्षिप्त मार्गदर्शन था, जिसे प्रथम दृष्टया मैंने धुँधले और फिर हफ़्ते भर में पूरी स्पष्टता से ग्रहण कर लिया। मैं न तो उमा सिंह की तरह उम्र कैद पा चुका आसामी था और न ही किसी मठ-मन्दिर का महन्त बन उसके जायदाद का भोग करना चाहता था। मेरे लिए इस समाचार में एक ही संकेत था और वह यह कि एक व्यक्ति फरार हो कर एक-दो नहीं, बल्कि बीस-पच्चीस वर्षों की सुदीर्घ अवधि तक अपने गाँव-समाज और परिजनों द्वारा सफलतापूर्वक मृत माना जा सकता है। समाचार में छिपे इस ईश्वरीय सन्देश को लेकर मैं पूरे दो हफ़्ते तक पूरी योजना के स्वरूप को लेकर एक अथाह तड़प और आवेश के मन्थन के पश्चात पिताजी को यह पत्र लिख आधी रात को चुपचाप ऊपरडीह स्थित अपने पुश्तैनी घर से निकल पड़ा हूँ। इस पत्र से कोई भी यही निष्कर्ष निकालेगा कि मैं किसी अज्ञात जगह जाकर आत्महत्या का निर्णय ले चुका हूँ। पर ऐसा नहीं है। मुझे इस धरती पर अपना कुछ संकल्प पूरा करना है। गया नगर से जो कुछ भी परिचित होंगे, वे फल्गु नदी के बारे में अवश्य जानते होंगे। गया के पूर्वी भाग में बहनेवाली फल्गु नदी के बारे में कहते हैं कि इसे लोक कल्याण के लिए ब्रह्माजी ने स्वर्ग से उतारा था।

यह भी मान्यता है कि भगवान विष्णु के अँगूठे से फल्गु का प्रादुर्भाव हुआ। साल के आठ महीने रेत से भरी रहने वाली यह नदी मात्र आषाढ़ से आश्विन तक वर्षा के जल से छलकती है। इसी फल्गु नदी के तट से तिरपन सीढ़ी ऊपर स्थित संगतघाट अखाड़ा के वीरझन गुरु की तीन माह पहले हुई हत्या के बाद से मैं बुरी तरह उद्वेलित हूँ। शाहमीर तकिया पहाड़ के निवासी गया के नामी पहलवान वीरझन गुरु मेरे लिए पिता तुल्य थे। अखाड़ा के गुरु थे मेरे। आजीवन अविवाहित रहे। अखाड़ा ही उनका जीवन था। बड़े लोकमन्त थे। गया ज़िला परिषद के अध्यक्ष और गया के परमपिता बाहुबली महाबली राय ने उन्हें मौत के घाट उतरवा दिया। बड़ी सफ़ाई से देखते-देखते प्रशासन ने पूरे मामले पर लीपापोती कर दी है।

महाबली राय भले ही ज़िला परिषद का अध्यक्ष है लेकिन उसके सिंह प्रताप के आगे गया के सभी सांसद-विधायक तक नतमस्तक रहते हैं। बताने की ज़रूरत नहीं कि इस मगध अंचल में प्रशासन और पुलिस को सदैव अपने जूते की नोक पर रखनेवाले खूँखार महाबली राय की परछाईं को भी छूने की हिम्मत आजतक किसी की नहीं हुई है। कई हत्याओं के आरोपी महाबली राय के बारे में यह किम्वदन्ती है कि किसी की हत्या करने के बाद वह स्वयं शव के टुकड़े-टुकड़े करता रहा है।

लोग बताते हैं कि ऐसा करके उसे तृप्ति मिलती है। तृप्ति के अलावा यह बच निकलने की रणनीति भी है। महाबली राय ने इसलिए जितनी भी हत्याएँ कीं, किसी का शव आज तक नहीं मिला। शव के गोश्त सरीखे टुकड़े जगह-जगह नदी-तालाबों में बहाकर महाबली अपने ख़िलाफ़ कोई सबूत नहीं छोड़ता है। वीरझन गुरु की हत्या का भी कोई सबूत नहीं। न उनका शव, न सुराग। वीरझन गुरु के स्वजनों के तमाम् कलपने के बावजूद पुलिस ने बस उनकी गुमशुदगी की रिपोर्ट दर्ज की; जबकि सारा शहर जानता है कि सच क्या है। महाबली राय की लोमहर्षक कथाओं को सुनते हुए इस शहर की मेरी पीढ़ी बड़ी हुई है। अक़्सर मुझे लगता है कि ईश्वर ने शेर और चीते को हिंसा के लिए बनाया है। साँप और बिच्छू को डँसने और डंक मारने के लिए रचा है। लकड़बग्घे और तेन्दुए को क्रूरता सौंपी है। पर ईश्वर ने मनुष्य को कहीं से भी क्रूरता और पाशविकता के लिए निर्मित नहीं किया है। फिर दुनिया में महाबली राय सरीखे लोग क्यों हैं। मुझे सचमुच हैरत होती है। मगध अंचल की ही अगर सूची बनाने लगूँ, तो महाबली सरीखे आतताइयों हैवानों की एक लम्बी फेहरिस्त तैयार हो जाएगी। वीरझन गुरु की हत्या के बाद से मुझे लगता रहा कि गयासुर मेरे भीतर ख़तरनाक करवटें ले रहा है। जली हुई मिट्टी से निर्मित मेरा निरर्थक जीवन लगातार मुझे दुत्कारता-ललकारता रहा। मुक्का-धौल करता रहा। मुझ पर निरन्तर स्नेह बरसानेवाले वीरझन गुरु का कातर मुख मुझे अनवरत दग्ध करता रहा।

बीते महीनों में हमेशा यह बात मेरे मन के ऊपर रही कि महाबली राय को मौत के घाट उतार कर ही अपने सीने पर पड़े बोझ को मैं हल्का कर सकूँगा। पर यह सवाल मेरे सामने था कि क्या बस एक महाबली की हत्या कर मैं गिरफ़्तार होऊँ और अपनी ज़िन्दगी जेल की सलाखों के पीछे गुजार दूँ? मगध के अन्य महाबलियों को छोड़ देना क्या सही होगा? अगर मुझे असुर बनना है, तो एक महाबली राय ही क्यों? लगातार अहर्निश विकल मन्थन के बाद अन्तत: ईश्वर ने मुझे अख़बार के एक समाचार के ज़रिये रास्ता सुझा दिया है। कल अचानक आधी रात मुझे बरबस एक कौंध आई कि मैं अपनी मृत्यु की घोषणा कर भूमिगत हो जाऊँ। फिर चाहे मैं कुछ भी कर गुजरूँ, किसी की दृष्टि मुझ पर नहीं जाएगी। हालाँकि, मैं अच्छी तरह समझता हूँ कि अपने को अदृश्य रखा पाना इतना आसान नहीं। पिताजी को सम्बोधित मेरे इस पत्र से किसी को यह विश्वास करने में असुविधा नहीं होगी कि अपनी बेचारगी और बेरोज़गारी के मारे सचमुच मैं अपने जीवन का अन्त करने निकल गया हूँ। मेरे अन्त का गंतव्य क्या होगा यानी वह कौन-सी जगह होगी, यह अनुमान और अटकल की बात होगी, जो बीतते समय के साथ स्वत: धूमिल पड़ती चली जाएगी। मैंने अपनी यह योजना अपने एकमात्र मित्र दुलारचन्द को बताई है। चाँदचौरा लड्डू बगीचा में उसका बड़े परिसर वाला घर है। दादा-परदादा के ज़माने से उसके यहाँ

गऊ पालन और दूध का कारोबार होता है। अभी उसके पिता यह काम देखते हैं। वह बचपन से मेरा ऐसा साथी है, जिस पर मैं अपने आप से भी अधिक विश्वास करता हूँ। मेरी समस्त योजना सुनकर दुलारचन्द का मुँह खुला का खुला रह गया। संगतघाट अखाड़ा में वह भी मेरे संग-संग जोर लगाता था। वीरझन गुरु की हत्या के बाद से वह भी कम मर्माहत नहीं। पर महाबली राय को वीरझन गुरु की हत्या का दंड देने के लिए मैं इस हद तक कटिबद्ध हूँ, इसकी कल्पना उसे नहीं थी। बहरहाल, मैं जानता हूँ कि दुलारचन्द मेरी योजना को मुझसे भी कहीं ज़्यादा गुप्त रखेगा। कल जब मैंने उससे निर्णायक स्वर में कहा, "भाई! यह ईश्वर की प्रतीक्षा का समय है," तो उसकी आँखों में आँसू भर आए।

आधी रात है और पूरा शहर घड़े के पानी की तरह स्थिर है। घर से निकलकर मैं स्वयं को अन्धकार से सिक्त कर रहा हूँ। अँधेरे को नकाब की आवश्यकता नहीं होती। मेरा युद्ध शुरू हो चुका है। अभय मर चुका है—यह सोचकर ही मेरा हृदय उत्साह और कौतूहल से छलक रहा है। विचित्र तरीके से रोमांचित हो रहा है। मेरी इच्छा हो रही है कि काश मैं किसी पक्षी के होंठ को चूम पाता या चींटी की आँखों से आँखें मिला पाता। मेरी इच्छा हो रही है कि अपने युग की स्नेहमयी विभूति इन्दौर की महान सन्त-शासिका महारानी अहिल्याबाई होल्कर के समय में पहुँचकर उनका चरणामृत प्राप्त कर पाता, जिन्होंने काशी से कोल्हापुर और अमरकंटक से चित्रकूट तक सैकड़ों मन्दिर व धर्मशालाएँ बनवाईं। विष्णुपद मन्दिर का वर्तमान स्वरूप उन्हीं की देन है। इसे सरासर मेरा पागलपन ही कह सकते हैं लेकिन पता नहीं क्यों, मुझे लगता है कि अहिल्याबाई होल्कर पिछले किसी जनम की मेरी माँ हैं। वैसे कहते हैं कि तीन जनमों की बात सिर्फ़ कौवा जानता है।

ख़ैर, जो भी हो, अभी मैं मध्य रात्रि के अन्धकार में अपनी माँ और पिछले किसी जनम की अपनी माँ की छवि में अनन्त उल्लास के संग विलीन हो रहा हूँ। घुल रहा हूँ। जीवन में इतनी अधिक प्रसन्नता का अनुभव मैंने आज तक नहीं किया था। वैसे भी गया प्रेतात्माओं का तृप्ति और मुक्तिधाम है। प्रेत, आत्मा, मुक्ति और मोक्ष ही यहाँ के जीवन का कारोबार है। अपने पितरों को प्रसन्न करने के लिए ही देश भर के लोग गया आते हैं। क्या वास्तविक मरण के बाद आत्मा इतनी ही प्रसन्न होती होगी? एक मासूम शिशु की तरह पुलकित और एक चिड़िया की तरह आत्मलीन हो फुदकती-उड़ती होगी? ग़लत नहीं कहा गया है कि मर कर ही स्वर्ग पाया जा सकता है। अभय मर चुका है। अभय स्वर्ग की राह में बढ़ता हुआ सुखद सिहरन में है। गया स्टेशन भी मुँहअँधेरे में अभी उनींदा-सा है। मुझे आज गया का अलख भोर नहीं देखना है। मैं अपने अज्ञात गंतव्य के लिए ट्रेन पर सवार हो चुका हूँ। यह ट्रेन मुझे स्वर्ग ले जाएगी। ट्रेन धीरे-धीरे प्लेटफॉर्म से खिसक रही है। मैं खिड़की से स्टेशन के समीप के अपने प्यारे मुरली पहाड़ को हसरत से देख रहा हूँ। एक विराट

भालू की तरह लेटा है मुरली पहाड़। अब जिस दिन महाबली का अन्त करना होगा, उसी दिन गया आऊँगा और उसके बाद सदैव से अपने दुखों के साथी मुरली पहाड़ पर भी जाऊँगा। स्थायी रूप से दग्ध मुरली पहाड़ के अधिकांश पत्थरों के स्याह-बदरंग धब्बों को मैं निकट से जानता हूँ। ये धब्बे अलौकिक हैं, जो कभी मनुष्य की विभिन्न भंगिमाओं जैसे लगते हैं, कभी हमारे बहुत पुराने कपड़ों की तरह, तो कभी युद्ध के प्राचीन दृश्य और मुक्ति के वास्ते जारी आर्त्तनाद की तरह। इस जुड़वाँ नगर को महाबली से मुक्ति दिलाकर ही मैं अपने प्यारे मुरली पहाड़ से मिलूँगा और कहूँगा कि मैंने अपना संकल्प पूरा किया। बस अब प्रतीक्षा है, तो उसी दुर्लभ मुहूर्त की।

महाबली का मस्तक

मुरली पहाड़ के बारे में स्थानीय लोग हमेशा गहरी उसाँसें लेकर कहते हैं, "गया शहर के नाक की टुरनी पर है यह पहाड़। लेकिन हाय री किस्मत!" कोई भी कभी ग़ौर से इस पहाड़ की भौगोलिक स्थिति, मुख-रेखा और पूरे रूप-रंग पर विचार करे, तो अन्ततः इसी निष्कर्ष पर पहुँचेगा। सारी दुनिया में मोक्षनगरी के रूप में ख्यात भारत के बिहार प्रान्त की गया नगरी के रेलवे स्टेशन से सटकर खड़ा यह पहाड़ सावन-भादो में तो कुछ हरा-भरा दिखता भी है, क्योंकि इस पहाड़ पर मुश्किल से टिके गिने-चुने बरगद, नीम, सेमल और सहजन के अधमरे पेड़ों में इन दो महीनों के लिए थोड़ी रूहानी आ जाती है। लेकिन इस अनित्य जगत की सुजला धरती पर बाकी समय यह सूखा, भदरंगा, स्याह और उजाड़ रहता है। एकदम पराभूत। इस पहाड़ के मुख पर फुफड़ी पड़ती रहती है। बचपन से मैं इसे देखता रहा हूँ। दुखों के असाध्य जहरीले कीड़ों से मूक-दग्ध, कर्क रेखा की समीपता के कारण सदैव विपदा के जूड़ी-बुखार से तपता मुरली पहाड़ हमेशा उन्मन रहता है। शेष नाग के सहस्त्र फण पर अटकी धरती पर मौजूद मुरली पहाड़ किस तरह विष-दग्ध है, यह कितने लोग जानते हैं। गया के भी अधिकांश लोग इसकी व्यथा से अनभिज्ञ हैं। पर इस पहाड़ के नस-नस से मैं परिचित हूँ। वैसे, गया के अधिकांश पहाड़ धजीले और नक्षत्री हैं। किसी न किसी धार्मिक कार्य से सबका सुवर्ण संयोग भिड़ा हुआ है। पर यह पीर का पहाड़ है। संकटापन्न। झँवाया और उदास। यह चिर उपेक्षित पहाड़ पता नहीं क्यों बचपन से मुझे आकर्षित करता रहा है।

किशोरावस्था से अबतक जब कभी मेरा मन व्यथित हुआ है, मैं यहीं आया हूँ। हालाँकि, इस पर चढ़ने के लिए यहाँ की अन्य पहाड़ियों की तरह इसमें कोई सीढ़ी

नहीं। इसके ऊपर चढ़ना नटों के रस्सी पर चलने जैसा है। प्रेतशिला पर्वत पर चढ़ना भी यों आसान नहीं। उसके ऊपर स्थित पिंडवेदी और शिवलिंग तक पहुँचने के लिए 676 सीढ़ियाँ चढ़नी होती हैं। चढ़ने में दम निकल जाता है। पर चढ़ने के लिए वहाँ कम से कम सीढ़ियाँ तो बनी हुई हैं। विकलांग, वृद्ध और लाचार श्रद्धालुओं को ऊपर ले जाने और लाने के लिए बगल के शेरपुर गाँव के लोग भाड़े पर दो सौ से अधिक पालकी लेकर अहर्निश वहाँ मौजूद रहते हैं। पर मुरली पहाड़ पर न कोई पिंडवेदी है, न इसका कोई धार्मिक महात्म्य ही ख्यात है। इसलिए इस पहाड़ की इज्जत-हुरमत भला क्योंकर होगी। कभी-कभी सोचता हूँ कि इस हरी-भरी सुहावनी-सी दिखनेवाली दुनिया के ग्लोब या कि बिहार के उबड़-खाबड़ टूटी ज़िलेबीनुमा नक़्शे पर मुरली पहाड़ कहाँ है, काश यह देख पाता। पर मैं जानता हूँ कि ग्लोब और बिहार का नक़्शा तो दूर, गया के नक़्शे में भी मुरली पहाड़ का कोई चिह्न नहीं होगा।

दरअसल, इस पहाड़ का भाग्य ही डबका हुआ है। साथ-साथ मेरा भी। पर जो भी हो, अभी धुप्प अन्धकार में एक बेचैन-अवसन्न प्रेत की भाँति मैं इस पर डोल रहा हूँ। दो महीने बाद मैं गया लौटा हूँ और मेरा मन कर रहा है कि आकाश की तरफ़ मुँह करके मैं जोरों से चिल्लाऊँ, "मैं हूँ इस घोर कलियुग का गयासुर! नारायण ने मुझे इस युग के लिए बनाया है। गयासुर ने कोलाहल पर्वत पर तप कर भगवान विष्णु से आशीर्वाद पाया था। मैंने बचपन से मुरली पर्वत पर तप कर भगवान विष्णु से वरदान पाया है।" मेरा जी कर रहा है कि मैं हज़ार हाथियों के स्वर में मुरली पहाड़ से गर्जना करूँ कि, "श्रीविष्णु के वरदान से सुर-असुर, कीट-पतंग, पापी-प्रेत, ऋषि व सन्त गयासुर का शरीर स्पर्श कर बैकुंठ प्राप्त करते थे। पर मुरली पहाड़ पर आरूढ़ इस नव गयासुर के स्पर्श से सन्त और सज्जन भले बैकुंठ का सुख पाएँ लेकिन यमपुरी दुष्ट और पापियों की तड़प और कराह से तृप्त होगी। यमपुरी का कण-कण मानव शरीर धारण कर धरती पर निश्शंक विचरण कर रहे दैत्यों के शोणित से सिंचित होगा। तब इस मुरली पहाड़ की भी पूजा की जाएगी।"

अन्धकार में मुरली पहाड़ से गया को निहारते हुए मन जोरों से हुंकार भर रहा है। पर ध्वनि नहीं, मुझे मगध की इस भूमि को मानव दैत्यों के ध्वंस से गुंजारित करना है। कोलाहल पर्वत के गयासुर और मुरली पर्वत के गयासुर में इतना अन्तर तो होना ही चाहिए। इस नव गयासुर को प्राचीन युग के गयासुर की भाँति प्रत्येक दिन एक मुँड और पिंड नहीं चाहिए। गया के मेरे एक वरिष्ठ वामपन्थी कवि मित्र विपुल विप्लव अक़सर मुझसे कहते रहे हैं कि अभी के समय का गयासुर आज का उदार बाज़ारवाद है। संवेदना और प्रेम से शून्य यह बाज़ार अपने सीने पर गयासुर की भाँति विकास के यज्ञ का उदारवादी आह्वान तो करता है लेकिन एवज में प्रति दिन मनुष्य के एक मुँड और एक पिंड की माँग करता है। मेरे कवि मित्र की व्याख्या उनकी वामपन्थी दृष्टि से सही है। आज विकास के अन्धाधुन्ध यज्ञ में

मनुष्य खत्म हो रहा है। अधिकांश लोग आज कम या अधिक, बाज़ार पर आश्रित सुविधाभोगी पशु बनकर जी रहे हैं और उनकी नकेल जिन लोगों के हाथों में है, वे इंसानी रूप में भयानक हिंस्र पशु हैं। एकदम सभ्य-उन्नत जंगल-राज! बाज़ार का अन्धड़ सबको सूखी पत्तियों की तरह उड़ा रहा है। इस अन्धड़ से आक्रान्त बाज़ार से भी वंचित अभागे लोगों में से कई इस मुरली पहाड़ में पनाह लिए हुए हैं। आज धर्म-कर्म भी बाज़ार के फंदे में है। पर बीच बाज़ार में ऐन स्टेशन के बगल में स्थित मुरली पहाड़ बाज़ार से भी खारिज है। गया रेलवे स्टेशन पूरब मुँह का है। इसकी नाक की टुरनी पर है—मुरली पहाड़। बड़े-से काले तिल की तरह। पहाड़ के बगल से गुज़रनेवाला रास्ता 'मुरली हिल स्टेशन रोड मालगोदाम' कहलाता है। दरअसल, किसी ज़माने में रेल का मालगोदाम यहीं हुआ करता था। बाद में मालगोदाम को टिल्हा की तरफ़ ले जाया गया। पर आज तक पहाड़ की तलहटी वाले इस रास्ते के नाम के संग 'मालगोदाम' का फतवा पूँछ की तरह लटका हुआ है। और इससे फ़र्क़ ही क्या पड़ता है? लोगों को रास्ते से मतलब है। गया से पटना आने-जाने के लिए जब लोग बस या अपनी गाड़ी पर होते हैं, तो मुरली पहाड़ की तलहटी वाले इस रास्ते से ही गुज़रना होता है। हालाँकि, यह तलहटी भी अब कहाँ दिखती है? तलहटी से पीठ सटाए खड़ी नई-पुरानी इमारतों की कतार के पीछे तलहटी कबके गुम हो चुकी है। तलहटी से बाएँ गुज़रनेवाली इस सड़क का नाम डोम टोली रोड मुरली पहाड़ी है। यहाँ सड़क किनारे गुच्छे के गुच्छे दलित परिवार बसे हैं। इसी सड़क में जनवितरण प्रणाली की भी दुकान है। दुकान पर एक धूसर-सा बोर्ड टँगा है। इस पर विक्रेता का नाम अंकित है—सुरेश प्रसाद। यह आँखों पर बहुत जोर देने के बाद मुश्किल से पढ़ा जाता है। दिन के दस बजे से दुबले-पतले अधेड़ सुरेश प्रसाद यहाँ मिट्टी तेल मापते और गेहूँ तौलते दिख जाएँगे। जनवितरण प्रणाली की दुकान के ऐन सामने सफ़ेद चूने से पुता एक सिद्ध स्थल है। इसका नाम है 'डाक स्थान'। यहाँ जिनकी समाधि है वे 'डाकबाबा' और 'डिहवार बाबा' के नाम से प्रसिद्ध हैं।

कहते हैं कि सौ साल पहले कोई दलित सन्त हुए, जिनकी यह समाधि है। हरिजन से बड़जन तक यहाँ मत्था टेकने आते हैं। मनोकामना पूर्ण होने पर डिहवार बाबा उर्फ़ डाकबाबा को नवमी-दशमी और सावन की पूर्णिमा में सुअर और मुर्गे की बलि चढ़ती है। देसी शराब चढ़ती है। जागता स्थल है यह। दलित परिवारों के नव विवाहित लड़के-लड़कियों को यहाँ मत्था टेकना अनिवार्य है। डिहवार बाबा के बगल में एक स्थायी सूखा पुराना कुआँ है। कुएँ से सटा घायल जटायु की तरह छितराया एक मरणासन्न झंखाड़ बरगद है। इसी सड़क में आगे तेल बिगहा मोड़ है। बाईं तरफ़ मुड़ जाइए तो बागेसरी गुमटी है। तेल बिगहा मोड़ से आगे बढ़िए तो रंग बहादुर रोड है। रंग बहादुर रोड का रंग मुरली पहाड़ की तरह ही उड़ा हुआ है। मोटी

बात यह कि मुरली पहाड़ हर तरह से एक दलित पहाड़ है। इसलिए कहना न होगा कि इस पहाड़ का भाग्य सिरे से गुम है।

वैसे, पूरा गया-बोधगया ही लगभग पहाड़ों के आश्रय में बसा है। इसलिए स्थानीय लोग सिर खुजाते हुए कहते हैं, ''कितना का नाम याद रखें...खाली पहाड़े-पहाड़... !'' पहाड़ों की गिनती और हिसाब रखना यहाँ के लोगों के लिए कठिन है। कभी मात्र छह वर्गमील में फैला यह शहर जो बढ़ती आबादी के संग बहुत फैल गया है, उत्तर में गंगा की समतल भूमि और दक्षिण में छोटानागपुर के पठारों के बीच स्थित है। शहर से मात्र दस मील के फासले पर दक्षिण और दक्षिण-पश्चिम में झारखंड के छोटानागपुर का पठारी इलाक़ा शुरू हो जाता है। पर गया के चारों तरफ़ और इसकी गोदी में भी अनगिनत पहाड़ियाँ हैं। कई पूजित और कई अपूजित। इन पहाड़ियों की सूची कोई क्या बनाएगा ? टीले, ढूह, टाँड़ और पहाड़ियों को लेकर यहाँ के लोग कितनी क्या माथापच्ची करें। अन्तिम सच है कि गया का विस्तार पहाड़ और नदी रोके हुए है। हालाँकि, नदी और पहाड़ कभी खराब पड़ोसी नहीं होते। पर जो भी हो, गया के फैलाव और विस्तार से तीर्थ-यात्रियों को क्या मतलब ?

दरअसल, गया की महिमा के खाते में ही यहाँ का सब कुछ समाहित है। चर्चित-उपेक्षित सब। देश का अकेला धार्मिक शहर है गया, जिसके साथ लोग आदरपूर्वक 'जी' लगाकर बोलते हैं—गयाजी। कभी-कभार कुछ लोग अयोध्या को भी यह सम्मान देते हैं—अयोध्याजी ! पर काशी, प्रयाग, वृन्दावन, मथुरा और हरिद्वार से लेकर केदारनाथ-बद्रीनाथ तक को यह सौभाग्य प्राप्त नहीं। उसी महान 'गयाजी' स्टेशन का कोरपच्छू है यह मुरली पहाड़। रात में स्टेशन पर हमेशा दीवाली-सी सजी रहती है। पर इसके ऐन बगल में मौजूद मुरली पहाड़ कृष्ण पक्ष की रातों के विशालकाय भालू की तरह लेटा रहता है।

मुझे बचपन की याद है, माँ को गाते सुनता था, ''...कातिक हे सखि पुन्न महीना... ।'' पर कार्तिक मास की सिहरन में इस पहाड़ पर काले-कलूटे अधेड़ वाल्मीकि माँझी की वीरान-सूनी अँधेरी झोपड़ी में दोपहर से मैं हौलदिल दम साधे पड़ा हुआ हूँ। अँधेरे में अब तक के अपने जीवन का सब कुछ मेरी आँखों के सामने सिनेमा की रील की तरह घूम रहा है। मन को हिंडोरता हुआ। इसलिए अभी की स्थिति में मैं कह सकता हूँ कि अपने भीतर की रोशनी को देखने के लिए आपको बाहरी दुनिया के अन्धकार की ज़रूरत होती है। अँधेरा डर दूर करता है। विवेक जगाता है। भविष्य सुझाता है। ईश्वर के समीप लाता है। अँधेरे में ही धरती के नीचे बीज का अंकुर फूटता है। अँधेरे में ही दुनिया के समस्त श्वेत-सुगन्धित फूल खिलते हैं। मेरे सामने वही क्षण है। चारों तरफ़ गहन अन्धकार है। निछक्का सन्नाटा है।

आज मुझे पता चल रहा है कि स्वयं को जानने के लिए निर्जन रात में अकेले जागते रहने से बढ़कर कोई दूसरा बेहतरीन नुस्खा नहीं। वह भी शुक्ल पक्ष नहीं,

कृष्ण पक्ष की घनघोर अँधेरी रात का जागरण। अन्धकार में आप किसी को आहत नहीं कर सकते। इसलिए किसी को आहत करने के बाद अन्धकार में जाने की तीव्र व्यग्रता होती है। यही व्यग्रता मुझे वाल्मीकि माँझी की झोपड़ी में खींच लाई है। किशोरावस्था से उन्मन क्षणों में यहाँ एकान्त गुजारने के कारण एक वाल्मीकि माँझी ही क्या, इस मूर्छित पहाड़ पर असम्भव जीवन व्यतीत कर रहे सभी फटे-चिटे लोगों से परिचित ही नहीं, अन्तरंग हूँ मैं। एक पूरा का पूरा दमका[1] आबाद है इस पहाड़ पर। गया की समतल भूमि पर जिसके पास दो गज की भी एक झोपड़ी डालने की जगह नहीं, वही घिसे हुए कातर लोग मुरली पहाड़ पर किसी तरह झोपड़ी खड़ी कर रहते हैं। बिना राजा के प्रजा का जीवन क्या होता है, इसके सटीक उदाहरण हैं मुरली पहाड़ के निवासी। मतदाता सूची तक में इनका नाम नहीं। एक-एक बूँद पानी के लिए संघर्ष करते इस जल-शून्य पहाड़ के अनागरिकों के जीवन की लय सचमुच अद्‌भुत है।

वाल्मीकि माँझी के घर की एक दीवार मुरली पहाड़ के पत्थरों को ही एक पर एक डाल कर बनी हुई है। शेष दीवारें मिट्टी की। धरती भूरे रंग की। घर के ठीक आगे एक जोड़ा नीम का पेड़ है। वाल्मीकि माँझी के जीवन का एक मात्र साथी उसका कुत्ता टीपू जोड़ा नीम से लेकर बाँस की खपच्चियों वाले घर के दरवाज़े तक कभी हुमकता है, पत्थरों से बदन रगड़ता है या फिर कुछ देर तक अपने अगले पंजों पर मुँह टिकाकर विश्राम की मुद्रा में आ जाता है। गया जंक्शन पर पलदारी-कुली का काम करने वाले वाल्मीकि की पत्नी कई साल हुए गुज़र चुकी है। उसकी पत्नी ने ही लावारिस टीपू को स्टेशन के किनारे लगे कचरे के ढ़ेर से उठाकर लाया था, जब उसकी आँख तक नहीं फूटी थी। टीपू कभी-कभी नींद से उबकर किसी चट्टान पर खड़ा होकर स्टेशन की तरफ़ देर तक कुछ इस तरह स्वामिभक्त गुमाश्ते की तरह निहारता है, जैसे वहाँ लोगों की भीड़ में से वह अपने मालिक वाल्मीकि माँझी को ढूँढ़ निकालने की कोशिश कर रहा हो।

वाल्मीकि की झोपड़ी के बाद जो ढ़लान है, वहाँ बुधनी रहती है। मिचकी आँखों वाले अपने पति भुखमरिया और पाँच बच्चों के साथ। बुधनी की माँ ललमतिया वाल्मीकि माँझी की रखैल थी। ललमतिया को अपने पति से बस यही एक बेटी हुई थी। वाल्मीकि को अपनी पत्नी से सन्तान का सुख नहीं मिला था। पत्नी के निधन के बाद उसने सात वर्ष की बच्ची बुधनी के साथ ललमतिया को रख लिया था। गंगाबिगहा की थी ललमतिया। दो साल पहले वह भी टी.बी. से मर गई। वाल्मीकि माँझी फिर अकेला हो गया। बुधनी पास रहकर भी अपने सौतेले बाप को नहीं देखती है। बुधनी और भुखमरिया बस अपने पाँच बच्चों के मुँह में दाना पहुँचाने के लिए दिन-रात स्टेशन और पहाड़ एक किए रहते हैं। बुधनी जहाँ

1. उजड़े हुए गाँव के लिए गया ज़िला का प्रचलित शब्द।

गया जंक्शन पर कोयला चुनकर बेचती है। वहीं उसका पति भुखमरिया बीड़ी के पत्तों को ट्रकों पर लादने-उतारने का काम करता है। मुरली पहाड़ पर बसे परिवार बुधनी के पति को पता नहीं किस बकदुलार में भुखमरिया पुकारते हैं। हाँ, शायद जान से फाज़िल फिफिहिया-दुबला और चिड़ियों की तरह सूखे पाँव होने की वजह से उसका यह नाम सहज ही पड़ गया है। उसका असली नाम किसी को याद नहीं। बुधनी भी कहती है कि भुखमरिया चाहे कितना भी खाता है लेकिन उसे हक नहीं लगता। अक़सर गुस्सा होने पर वह उसे 'बिपता' ही कहती है। पर जब कभी छठे-छमासे बुधनी को भुखमरिया पर दुलार उमड़ता है तो वह उसे 'खबसूरता' पुकारती है।

हालाँकि, बुधनी का दोनों बेटा लालजीत और टेनी पूरा गबरू बच्चा है। बुधनी हर सुबह अपने पाँचों बच्चों को साथ लेकर पहाड़ से उतरती है। उसके बाद भुखमरिया काम पर निकलता है। वाल्मीकि माँझी को भी इन लोगों से कोई मतलब नहीं। जबतक ललमतिया थी, तबतक जो थोड़ा-बहुत लगाव रहा। हालाँकि, एक बचपन से बुधनी को वाल्मीकि माँझी ने अपने बाप की तरह ही दुलार किया। पर अब बुधनी की अपनी दुनिया, अपना संसार है। वाल्मीकि की उपेक्षा को लेकर बुधनी पर अगर कोई टीका-टिप्पणी करता है तो तिनककर वह पाकोरानी[1] की तरह कहती है, "पहले भीतर, तब देव पितर...।"

बुधनी के इस तेवर पर वाल्मीकि के साथी-संगाती बिहँसकर कहते हैं, "बहसी हुई जोलाहिन बाप की ही दाढी नोचती है।" ललमतिया के बाद वाल्मीकि माँझी को भी माया-मोह से फारकती मिल गई है। अपना कमाता है, खाता है। पिछले कई सालों से मैं उसे जानता रहा हूँ। पर कभी यह सोचा भी नहीं था कि एक दिन उसकी इस उजाड़ झोपड़ी की शरण मुझे लेनी होगी। वाल्मीकि माँझी की झोपड़ी के ठीक सामने पहाड़ में लगातार जर्जर होकर धँसता जा रहा एक बेहद छोटा-सा पुराना अनाम शिव मन्दिर है। स्टेशन पर से ही दिखता यह सफ़ेद मन्दिर सही मायने में मुरली पहाड़ की इज्जत बचाए हुए है। कुछ इस तरह जैसे मुरली पहाड़ के माथे पर एक सफ़ेद पुरानी गांधी टोपी रखी हो।

मन्दिर में बाहर का कोई तीर्थ यात्री कभी नहीं आता, क्योंकि न तो इस मन्दिर से कोई दन्तकथा जुड़ी है, न ही इस मन्दिर का कोई महात्म्य ही प्रचारित है। मुरली पहाड़ की कमर पर बसे कुछ दलित परिवार ही बस इस मन्दिर की नियमित खोज-ख़बर रखते हैं। इन्हीं दलित परिवारों के कुछ युवकों ने शिवलिंग के चारों तरफ़ बड़े-बड़े पत्थरों को खड़ा कर उस पर मिट्टी का एक घड़ा रख छोड़ा है। घड़े की पेंदी में किए गए सुई भर के महीन सुराख से हर सुबह भरा गया पानी चौबीस घंटे शिवलिंग पर टपकता रहता है। दलित युवक लोग ही कभी-कभार शिवलिंग पर फूल

1. कम उम्र में वयस्क हो चुकी लड़की।

भी चढ़ा जाते हैं। वैसे मन्दिर की छत से दो-चार कीलों के सहारे रंगीन काग़ज़ के फूलों का एक बहुत पुराना बड़ा-सा झालर लटका है, जिसे मकड़ों ने पूरी तरह अपने अधीन कर रखा है। मन्दिर की हालत भी काग़ज़ के फूल जैसी ही है। न कोई सुगन्ध, न सड़न। वर्षों-वर्ष से यथावत। मन्दिर के छोटे-से मुख्य द्वार के सामने बैठी नन्दी की नन्ही काया पर धूल की परत जमी रहती है। कहने की ज़रूरत नहीं कि बेचारी नन्दी को वर्षों से धोया नहीं गया है। मुरली पहाड़ पर पानी का घोर संकट है। बस नाम के लिए यहाँ एक पानी टंकी है लेकिन वह भी कंडम। गया नगरपालिका में कूड़ा कर्मचारी के रूप में काम करनेवाला युवक बॉबी पासवान इस पहाड़ पर ही सपरिवार रहता है। वह चिरकते हुए कहता है, ''शिवलिंग के लिए ही रोज़ पानी लाने में हवा निकल जाती है। नन्दी को कौन नहलाएगा? यहाँ आदमी का ही तालू जलता रहता है।'' जाहिर है, इस दीन-हीन मन्दिर को जो ही मिल जाता है, बहुत है। इस मन्दिर का कोई पुजारी नहीं है। मुरली पहाड़ भूखे रंक का जला हुआ पेट है।

कहते हैं लगभग 40 साल पहले कोई खड़ेश्वरी बाबा इस अनाथ पहाड़ी पर भोलेनाथ का यह मन्दिर बनवा गए थे। शुरू से यह दलितों का ही मन्दिर बना रहा। यह बात अलग है कि मुरली पहाड़ की कमर पर लगभग लटकते हुए बसे किसी भुइयाँ, डोम, दुसाध और चमार में इतनी हिम्मत या अक्लमन्दी नहीं हुई कि इनका नामकरण 'बाबा दलितनाथ' कर देता। दलितों के लिए जबकि यह सदावर्त पहाड़ है। इसलिए दलितों का इस पर कुछ भी करने का हक बनता है। पर ढोल बजा कर इसकी घोषणा कौन करेगा। इसलिए दुर्भाग्य के शिकार मोटामोटी सभी हैं—यह पहाड़, अनाम भोलेनाथ और इस पहाड़ पर बसे दलित परिवार। वैसे, गया के अधिकांश पहाड़ अमीर हैं। ग़रीब है तो बस यह एक मुरली पहाड़। वाल्मीकि माँझी कभी चर्चा छिड़ने पर खिन्न होकर स्टेशन के अपने कुली-पलदार साथियों से कहता है, ''ग़रीब रोटी ढूँढ़ता है, अमीर भूख। मुरली पहाड़ भूख से मुँह बाए हुए है और बाकी पहाड़ भूख न लगने से परेशान है।''

शाम से अबतक मैं देख रहा हूँ कि भोलेनाथ के मन्दिर को एक दीपक तक नसीब नहीं हुआ है। हाँ, इस मन्दिर से पच्चीस-तीस क़दम दूर कायम 'नव दुर्गे मन्दिर' में एक नन्हा दीपक टिमटिमा रहा है। स्टेशन से जिस तरह शिव मन्दिर साफ़ दिखता है, उतना स्पष्ट तो नहीं, लेकिन बग़ैर प्लास्टर के ईंट की छोटी-सी चहारदीवारी में नीम के कुछ पेड़ों की झुरमट से उझकती एक लाल ध्वजा ज़रूर दिखती है। बाहर से आनेवाले तीर्थयात्रियों को क्या पता, लेकिन स्टेशन के कुली-पलदारों, रिक्शा चालकों, पान के पुश्तैनी पेशे से जुड़े चौरसिया लोगों, जो गया स्टेशन के इर्द-गिर्द पान की एक से एक दुकानों की जमघट लगाए हैं, को मालूम है कि मुरली पहाड़ पर नीम की श्याम-गझिन झुरमुट से जहाँ लाल ध्वजा झाँकती है—वह माई का मन्दिर है। मद्रासी लोगों का—नवदुर्गे मन्दिर।

हर शाम की तरह आज भी जब शहर के कुछ मद्रासी फेरीवाले नवदुर्गे मन्दिर में 'संझौत'[1] करने आए थे, तो अपने स्वभाव के एकदम विपरीत दीवार से चिपक मकड़े की तरह मैं और सिकुड़ गया था। जब मुझे लगा कि वे सब चले गए हैं, तो दबे पाँव नव दुर्गें मन्दिर में आकर मैंने माई को प्रणाम किया। नन्हे दीपक के प्रकाश में माई का स्थान अलौकिकता के मूर्तिमन्त रूप में था। एक अजीब सिहरन हुई मुझे। एकान्त में साधना की शक्ति है, तो चिरन्तन शान्ति भी। वसन्त के दिनों में जब पतझड़ के बाद नए पत्ते आते हैं, तो शहर में नीम वृक्षों की डाली पर माँ का झूला लगाया जाता है।

कई बार मेरे मन में यह प्रश्न आया है कि आख़िर नीम की डाली पर ही माँ का झूला क्यों? जैसे सावन के महीने में कदम्ब पर राधा-कृष्ण का झूला...कदम्ब पर ही क्यों? गया से बोधगया तक कुछ भाग्यशाली नीम के वृक्ष हैं, जिस पर माँ का झूला लगता है। उत्सव होता है और संगीत गूँजता है, "झुललीं झुलनवाँ देवी मैया...ओहो निमियाँ छैयाँ...।" पर इस नवदुर्गे मन्दिर परिसर के नीम को यह नसीब नहीं। अगर मैं बच गया और कभी मेरी वह हैसियत हुई, तो वसन्त में इस नीम के पेड़ पर माता के झूलन का आयोजन हर साल कराऊँगा। अभी तो इस मन्दिर और इसके परिसर को जो भी नसीब है, बस शहर के मद्रासियों की लगन-लागत से।

गया शहर के मुख्य बाज़ार 'डालमियाँ' में जहाँ ये मद्रासी फेरीवाले नित्य बजाजी यानी कपड़ों का बाज़ार लगाते हैं, वहीं पुराने कपड़ों के बदले स्टील के बर्तन देने का भी व्यवसाय करते हैं। जब इन मद्रासियों को देवी-देवताओं से भरे इस शहर में अपनी पद्धति से दक्षिण भारतीय देवी-देवताओं की आराधना के लिए कहीं कोई जगह नहीं मिली, तो अपना एक बाकलम खास मन्दिर या पूजा स्थान, जो भी कह लिया जाए, उसे स्थापित करने के लिए इन लोगों की नज़र स्वाभाविक रूप से स्टेशन के बगल में पड़े इस एकदम मौन-उजाड़ पहाड़ पर गई। शायद किसी को भी यह बहुत अजीब और अटपटा लगे, हँसी भी आए कि इस पहाड़ को मैं एकदम मौन पहाड़ क्यों कह रहा हूँ। पहाड़ तो सभी मौन ही होते हैं। किस्से-कहानियों में भले बोलनेवाले पहाड़ होते हों। पर मुरली पहाड़ कुछ ज़्यादा ही खामोश-मौन पहाड़ है।

गया स्टेशन के होटल और ऑटोवाले, चाय-पानवाले, सबके सब मुरली पहाड़ को दया या उपहास से देखते हैं। ऐसा क्यों है, यह स्टेशन के बाहरी परिसर में स्थित 'भारत सेवाश्रम संघ' के माचिस के डिब्बे सरीखे शाखा कार्यालय में तैनात उसके पुराने-बूढ़े मुलाजिम रामानन्द सिंह, कृष्णा सिंह और सच्चिदानन्द पांडे अच्छी तरह बताते हैं। इस पर भी जिसे चैन न हो वह स्टेशन के निकास-प्रवेश द्वार के ठीक सामने मौजूद 'होटल अजातशत्रु' के अधेड़-लमछरे मैनेजर से पता कर ले। 'अजात शत्रु होटल' के बाएँवाले 'आदर्श उपकार स्वीट्स एंड नमकीन' के मालिक से बात

1. सन्ध्या आरती।

करे। जिससे भी मन करे। 'अजातशत्रु होटल' के दाएँ भी एक पुराना 'आलोक होटल' है और बाईं तरफ़ बीच में फाँक बनाती सड़क के बाद 'होटल बुद्ध विहार' की खस्ता इमारत है, जिससे बरगद का एक पुराना-झंखाड़ पेड़ पीठ के बल उँठगा पड़ा है। इसका मैनेजर भी बता सकता है। मुरली पहाड़ के विशेषण में सबसे कुलजमा यही दो शब्द मिलेंगे—निठल्ला और कंडम। बौका पहाड़। मैं इसी बात को सम्मान से कहता हूँ—एकदम मौन। किसी के बारे में निठल्ला और कंडम शब्द कितना क्लेश देता है, यह कोई मुझसे पूछे। शहर के मुख्य प्रवेश द्वार पर स्थित मुरली पहाड़ एकदम खुली आँखों के सामने गुमनामी बाबा बना बैठा है। जबकि गया के अधिकांश पहाड़ों—मसलन रामशिला से लेकर प्रेतशिला पहाड़ तक को 'पिंडदान' की गतिविधियों के कारण कभी दम मारने की फुर्सत नहीं होती है।

गया के चन्दौती प्रखंड के माड़नपुर में स्थित लम्बे-चौड़े ब्रह्मयोनि पहाड़ पर भले पिंडदान नहीं होता हो, लेकिन इसको भी 'दर्शनी पहाड़' का दर्जा प्राप्त है। तीर्थ यात्रियों को यहाँ भी हाजिरी लगानी ही पड़ती है।

गया शहर से लगभग दो मील की दूरी पर है ब्रह्मयोनि पहाड़। इस पर चढ़ने के लिए तीर्थ यात्रियों को 470 सीढ़ियाँ तय करनी होती हैं। इस पहाड़ की तलहटी में एक छोटा-सा तालाब 'सावित्री कुंड' है, जिसमें गली-मुहल्ले के बच्चे उछल-उछलकर मस्ती से नहाते हैं। तलहटी में ही एक छोटा-सा मन्दिर परिसर है। मन्दिर में माता के तीन मुख हैं—सावित्री, गायत्री और वेदमाता। ये सत्यवानवाली सती सावित्री नहीं, ब्रह्माजी की स्त्री सावित्री हैं। ब्रह्मयोनि पहाड़ के ऊपर भी सावित्री, गायत्री, वेदमाता, सरस्वती और लक्ष्मी यानी पाँच माताओं के मुख हैं। चोटी के मन्दिर में अधिक हलचल रहती है और तलहटी के मन्दिर में एक स्थायी उदासी छायी रहती है। तलहटीवाले मन्दिर के जर्जर-अभावग्रस्त पुजारी रामप्रवेश गोस्वामी को उदासी की आदत पड़ चुकी है। तलहटी के मन्दिर की धूसर पीली दीवार पर 'सेवा भारती' नामक एक संस्था का बोर्ड पुजारी रामप्रवेश गोस्वामी की तरह ही धूमिल और बुझा-बुझा रहता है। पहाड़ की तलहटी में खुली दुकानों में बँगला भाषा की धार्मिक पुस्तकें, शंखा-पोला चूड़ियाँ और सिन्दूर ही ज़्यादा दिखाई देता है। दरअसल, बंगाली तीर्थयात्री बड़ी संख्या में यहाँ आते हैं। ब्रह्मयोनि पहाड़ की चोटी पर ब्रह्माजी का मन्दिर है। इसमें गुफाओं जैसी दो आकृति है, जो ब्रह्मयोनि और मातृयोनि कहलाती है। तीर्थयात्री इन दोनों गुफाओं के आर-पार निकल तृप्त होते हैं। यहाँ पिंडदान भले न होता हो लेकिन सुबह से शाम तक ब्रह्मयोनि पहाड़ पर आवाजाही लगी ही रहती है। साल में एकाध बार इस पर नवाह-पारायण भी हो जाता है। कई-कई वर्षों पर कभी भूले-भटके कुछ तीर्थयात्री ब्रह्मपिशाच के प्रकोप की शान्ति कराने भी यहाँ आते हैं। ब्रह्मयोनि पहाड़ से एक लगातार तीन-तीन पहाड़ यों जुटे हैं, जैसे तीन विराटकाय हाथी एक के पीछे एक खड़े हों। गया हवाईअड्डा

के पाँच नम्बर गेट से चढ़िए और शाहमीर तकिया दुर्गास्थानवाली पहाड़ी से उतर जाइए। ब्रह्मयोनि पहाड़ का मुख पश्चिम दिशा में है और इसकी पूँछ पूरब में शाहमीर तकिया पहाड़ी है। शाहमीर तक़िया पहाड़ी की तलहटी से चोटी तक सैकड़ों घर बने हुए हैं। ज़्यादातर पक्का घर। मुरली पहाड़ी के निवासियों की भाँति शाहमीर तकिया पहाड़ी के निवासी उतने दरिद्र और ग़रीब नहीं हैं। पिंडदानी पहाड़ न होने के कारण ब्रह्मयोनि पहाड़ का मान-दान भले अपेक्षाकृत कुछ कम है लेकिन इसके मुख से पूँछ तक कई प्रकार से हलचल रहती है। पर मुरली पहाड़ चन्द दलितों-ग़रीबों के ढनमनाए घरों के मूक-दग्ध जीवन के संग साफ़ गतिविधि शून्य है। यहाँ कुछ नहीं होता। क्यों नहीं होता? इसका जवाब न तो गया में कई पुश्तों से बसे गयवाल पंडों के पास है और न ही धामी पंडों के पास। पर कहने की ज़रूरत नहीं कि आज की तारीख और अभी के इस समय तक किसी ने यह समझने की कोशिश नहीं की कि ठीक स्टेशन के बगल में स्थित यह पहाड़ किन वजहों से निठल्ला घोषित कर दिया गया। मुरली नाम होते हुए भी यह जीवन-राग से वंचित और परिगणित क्यों है!

ख़ैर, इसका ढब-ढोला जैसा भी हो लेकिन अभी की संगीन परिस्थिति में शरण पाने के लिए इससे समुचित जगह मेरे वास्ते और भला क्या हो सकती थी? सच है कि मैं भी एक जीता-जागता और चलता फिरता मुरली पहाड़ ही हूँ। पर किसी के आगम[1] को कौन जानता है? इस समय जिस तरह अन्धकार ने मुरली पहाड़ को काले कम्बल की तरह ढाँप रखा है, मुरली पहाड़ ने मुझे। मेरा आगम भी इसी तरह अदृष्ट है। घोर अन्धकार में कसकर लिपटा पड़ा। तक़रीबन एक-डेढ़ घंटे पहले नीचे का दृश्य मैं ऊपर से निहार चुका हूँ। गया जंक्शन के प्लेटफॉर्म से बाहर निकलने पर ठीक सामने बड़े-से ग्रिल के घेरे वाले चन्द्राकार परिसर में आज भी दीवाली जैसी मनी हुई है। मक्खन के बड़े गोले जैसी झक्क् सफ़ेद गोल बत्तियाँ रॉड पर अटकी दमक रही हैं। रोशनी की खुमारी से जगमग इस परिसर के मध्य कुल जमा चार बेंच हैं। कोने में पत्थरों को सजाकर एक छोटे-से पहाड़ की शक्ल दे रखी गई है। इस कृत्रिम लघु पहाड़ पर बगुले, मेंढक और कछुए की सिरामिक से बनी रंगीन मोहक आकृतियाँ हैं। लघु पहाड़ के दूसरे छोर पर एक कृत्रिम नारियल वृक्ष खड़ा है, जिसमें शाम से लाल-सुर्ख रोशनी लगातार जलती रहती है। हाँ, इसके बीच में बने गोल झरने से कभी पानी नहीं निकलता। स्टेशन पर यों भी रोशनी के झरने की ज़रूरत होती है, पानी के झरने की नहीं। मुरली पहाड़ रोशनी के इस चहल-पहल से भरे झरने से चन्द मीटर की दूरी पर बग़ैर किसी शिकायत के अन्धकार का मौन धारण किए खड़ा है। और इसके मौन की पनाह में अभी मैं हूँ। मैं समय को आकाश में चील की तरह बेआवाज़ तेज़ चक्कर काटते देख रहा हूँ।

1. भविष्य

स्टेशन पर मध्य रात्रि में ट्रेन से उतरनेवाले तीर्थ यात्रियों के सामान ढो रहा वाल्मीकि माँझी भी गया की पुलिस पलटन की तरह अनजान होगा कि गया के परम प्रतापी ज़िला परिषद अध्यक्ष महाबली राय का दिन-दहाड़े छह इंच छोटा कर देनेवाला वह अज्ञात आदमी इस वक़्त मुरली पहाड़ की उसकी धुप्प अँधेरी झोपड़ी में पड़ा हुआ है। हालाँकि, इस समाचार से गया शहर ने मन ही मन राहत की गहरी साँस ली होगी। पर मैं अनुमान लगा सकता हूँ कि गया पुलिस की इस समय क्या गति हो रही होगी। और गया से लेकर बोधगया तक ही क्या, पूरे ज़िले में महाबली राय के हत्यारे को धर दबोचने के लिए पुलिस सिर धुनते हुए कण-कण हेर रही होगी। इधर मैं कौनी का दाना बना यहाँ पड़ा हूँ। रेडियो पर साढ़े सात बजे के बिहार के प्रादेशिक समाचार और टी.वी. चैनलों में विधायक महाबली राय की हत्या की ख़बर ने पूरे बिहार में नए सिरे से एक सनसनी मचा दी होगी—गया ज़िला परिषद अध्यक्ष की हत्या। वैसे, बिहार में सांसदों-विधायकों की हत्या की घटनाएँ भी कई बार हो चुकी हैं। पर जो भी हो, ऐसी घटना के बाद एकाध हफ़्ते के लिए तो सनसनी हो ही जाती है। गया के ही दो-दो पूर्व सांसदों ईश्वर चौधरी और राजेश कुमार की हत्या बीते वर्षों में चुनाव अभियान के दौरान हो चुकी है और गुज़रते वक़्त के साथ वे घटनाएँ आई-गई हो गईं।

वर्ष 1991 के मई माह में लोकसभा चुनाव अभियान के दौरान जहाँ भाजपा सांसद रहे ईश्वर चौधरी की हत्या हुई थी, वहीं वर्ष 2005 के फरवरी माह में बिहार विधान सभा चुनाव अभियान के दौरान गया के पूर्व सांसद व इमामगंज क्षेत्र से लोजपा प्रत्याशी राजेश कुमार को मौत के घाट उतार दिया गया था। पर इन दोनों पूर्व सांसदों की हत्या का मामला ठंडे बस्ते में चला गया। कोई नहीं पकड़ा गया आज तक। मुझे ही कौन पकड़ सकेगा और हत्यारा साबित कर सकेगा? सम्भव है कि इस हत्याकांड को भी पुलिस अन्त में थककर नक्सली एम.सी.सी. के मत्थे मढ़ दे।

सुबह के चार बज रहे थे। विष्णुपद मन्दिर का पट प्रात:काल की मंगल आरती के लिए इसी समय खुलता है। अपने महाअभियान की सफलता के लिए इच्छा हो रही थी कि जाकर चन्दन और कर्पूर की सुरभि से भरे विष्णुपद पर माथा टेक प्रार्थना करूँ। सम्पूर्ण काले पत्थर से निर्मित विष्णुपद मन्दिर मेरी कल्पना में कौंध रहा था। दादाजी बताते थे कि 1780 ई. के पूर्व यह मन्दिर ईंटों से निर्मित था। पर इन्दौर की महारानी अहिल्याबाई होल्कर ने देश के एक से एक कारीगरों व शिल्पियों को यहाँ जुटाकर काले पत्थरों से इस ऐतिहासिक मन्दिर का नव-निर्माण कराया। मन्दिर की चोटी को बालगोविन्द सेन नामक एक गयापाल यानी गयवाल ने एक मन के सोने की ध्वजा से सुसज्जित किया। मन्दिर के भीतर अष्टकोण कुंड में चाँदी से आवेष्ठित भगवान विष्णु का चरण मेरे मन में यों ही दमक रहा था। सारी आशंकाओं को परे ढकलते हुए एक बार मन बहुत जोर से उमड़ा कि दर्शन कर ही आऊँ। पर इतनी

सुबह विष्णुपद मन्दिर के प्रधान पुजारी मुझे देखकर भयभीत हो जाते कि महीनों पहले मृत हो चुका अभय...अचानक...! प्रात:कालीन आरती में विष्णुपद मन्दिर परिसर में यों इक्का-दुक्का ही लोग होते हैं। फिर भी यह मन्दिर परिसर बचपन से मेरे लिए घर-आँगन की तरह रहा है। उन इक्का-दुक्का लोगों में से ही कोई पहचान लेता, तो मेरी सारी योजना बर्बाद हो जाती। हमेशा के लिए। सो यह विचार मैंने टाल दिया। सुबह के चार बजे से छह बजे तक मन्दिर में मंगल आरती होती है और भोग-राग दोपहर के बारह बजे से एक बजे तक। मुँह अँधेरे विष्णुपद मन्दिर को दूर से छिपकर निहारते हुए आज मैंने संकल्प लिया था कि भोग-राग के समय तक मैं महाबली का सिर उतार लूँगा। मैं जानता था कि यह लगभग असम्भव काम है। पर यह मैंने कर दिया। मुझमें असम्भव के वास्ते जो एक प्रकृत भाव है, वह वीरझन गुरु से आया है। मुझे भी भय का भय नहीं है। आज महाबली राय के बग़ैर सिर वाले शव की अन्त्येष्टि को गया के लोगों ने देखा होगा। आँखें फाड़ कर। फटी आँखों से। धनरूआ के पास ठीक दिन के साढ़े बारह बजे महाबली राय को उसकी मार्शल गाड़ी से खींचकर पलक झपकते उसका सिर उतार कर मैं चलता बना था। अभी भी लम्बे फालवाला चमचमाता ख़ून से सना चिलोही[1] और चाकू, जो एक छोटी-मोटी तलवार ही है, मेरे झोले में है। मैंने पहले ही इसे आजमा लिया था—पत्थर के दो टुकड़े कर देनेवाला उम्दा लोहे का चाकू है यह। आदमी का सिर इसके सामने क्या?

'ऑपरेशन महाबली' को बिना धकपकाए मैंने अकेले अंजाम दिया। लोग किसी फिल्म में भी ऐसे दृश्य को देखकर शायद यकीन न करें। पर मैंने तय कर लिया था कि इस काम में मैं किसी का साथ नहीं लूँगा। बस मेरे दिन-रात के मित्र और अखाड़े के पुराने साथी दुलारचन्द को मेरी योजना की पूरी जानकारी थी। पर उसे मैंने साथ नहीं लिया था। एक मोटरसाइकिल मैंने उससे ज़रूर ली थी और उसका नम्बर प्लेट मिटाकर इस्तेमाल किया था। दुलारचन्द ने जोर देकर कहा था कि वह भी मेरे साथ चल सकता है। पर मैं तैयार नहीं हुआ। वह भी कम तूफ़ानी नहीं है। गबरू और छँटा हुआ फसादी। लेकिन वह शादीशुदा है। दो साल पहले ही निरंजना और मुहाने नदी के किनारे बसे मनकोसी गाँव में उसकी शादी हुई। छह महीने का एक बेटा है उसका। अपने मित्र का जीवन मैं नष्ट नहीं करना चाहता था।

दुलारचन्द ने मेरे निकलते-निकलते फिर कहा था, "अभय! तुम मर्दसूरत आदमी हो। पर जीवन का सारा काम सिर्फ़ अपने ही आग-पानी से नहीं होता। एक फूल से माला नहीं बनती। अकेले इतनी भयंकर घटना को अंजाम देने में तुम कहीं भारी संकट में न फँस जाओ।" पर मैंने उसकी एक न सुनी। बिहँस कर उसे कहा, "भाई! तुक-तासीर सोहबते असर। वीरझन गुरु के अखाड़ा का पट्ठा हूँ। बूझ के बझता हूँ। सिर भिगोने के बाद उस्तरे से डरने वाला नहीं हूँ मैं।"

1. तीखे धार वाले हँसुए का गया में प्रचलित नाम।

विष्णु पद मन्दिर को निहारते हुए माँ की बहुत याद आई। माँ संसार में होती, तो ज़रूर मुझे कुछ होने पर धारोधार विलाप करती। माँ मुझे बहुत दुलार करती थी। वह बहुत सरल-सीधी थी। आज भी मैं हमेशा उसे अपने साथ महसूस करता हूँ। माँ जब गुज़री थी उस समय मैं बचपन से अपनी किशोरावस्था में प्रवेश कर रहा और माँ का कोरपच्छू था। माँ करुण स्वर में अक़सर जो भजन साँझ की नीरवता में डूबकर गाती थी, वह आज भी मेरे मन-प्राण में गूँजता है, "नाथ हो कबकी चूकि हमारी!...काहे बगुला स्वेत बरन भयो...काहे कोइलिया कारी...नाथ हो... ।" माँ के इन प्रश्नों का उत्तर ईश्वर ने कभी नहीं दिया और वह संसार से चली गई। मेरी दादी करुणा से कहती थी, "तेलही मिठाई, तभियो मिठाई, लेलही माई, तभियो माई... । तेल की मिठाई भी मिठाई ही होती है और कैसी भी बुरबक-सुधंग माँ हो, माँ ही होती है।" और यह सौ फीसदी सही है। माँ का विकल्प संसार में कोई नहीं ले सकता है। दस-ग्यारह साल की उम्र तक मुझे बिस्तर पर पेशाब हो जाया करता था। पर माँ थी कि मुझे शर्मिन्दगी से बचाने के लिए किसी को लखने नहीं देती थी। माँ के अन्तिम दिनों का एक-एक पल मुझे हू-ब-हू याद है। माँ जब अब-तब में थी, मुझे दो ही चिन्ता सता रही थी। एक तो यह कि अगर माँ गुज़र गई तो क्या अन्त्येष्टि के पहले उसके हाथ-पाँव काट डाले जाएँगे और दूसरा यह कि माँ की मृत्यु के बाद क्या पिताजी दूसरी शादी कर लेंगे? मैंने लोगों से सुन रखा था कि कम उम्र में जब कोई स्त्री गुज़रती है, तो अन्त्येष्टि के पहले उसके हाथ-पाँव काट दिए जाते हैं। इस आतंक के मारे कि असमय मृत्यु के कारण चुड़ैल बनकर वह परिवार के लोगों को परेशान करेगी। माँ की उम्र भी कोई अधिक नहीं थी। मुझे आतंक सता रहा था कि अगर माँ के साथ ऐसा हुआ, तो उसकी आत्मा कितनी छटपटाएगी। किशोर वय की अपनी तीव्र बेचैनी में मैंने सीधे पिताजी से पूछ दिया था। पिताजी ने बड़े अफसोस से मुझे देखा और झल्लाकर कहा, "ऐसा कुछ नहीं होगा।" मुझे याद है, पिता-पुत्र के इस क्षणिक तीव्र संवाद से गदाधर घाट पर माँ की अन्त्येष्टि के लिए उपस्थित सभी परिजनों के मुख पर हैरानी थी। मैं जब बड़ा हुआ, तो देखा कि सचमुच वह क्रूर परम्परा खत्म हो चुकी है। मेरे इस डर को भी पिताजी ने निर्मूल कर दिया कि वे हमारे लिए सौतेली माँ लाएँगे। हालाँकि, पिताजी को कई लोगों ने दूसरे विवाह के लिए नाना प्रकार से सुझाव दिया। हमारे परिचित लड़कों में कुछेक के पिताओं ने तो पहली पत्नी के रहते दूसरी शादी की थी। शिबू बौधिया ऊपरडीह में मेरे घर से चार घर बाद रहता है। उसके पिता को अपनी पहली पत्नी से एक लगातार तीन बेटियाँ हुईं। शिबू के पिता को ज्योतिषियों ने गणना कर बताया था कि अगर वे बेटा चाहते हैं, तो उन्हें दूसरा विवाह करना ही होगा। इस तरह शिबू बौधिया के पिता सुखचन्द्र बौधिया ने मुरारपुर में दूसरी शादी की। शिबू का जन्म दूसरी पत्नी से हुआ। शिबू की दोनों माँ जीवित हैं। सौतेली बड़ी माँ का उससे कोई अनुराग नहीं लेकिन

उनसे जुड़ी अपने किशोरावस्था की एक घटना वह कभी भूल नहीं पाया! उसने ऊपरडीह में अपनी उम्र के कई लड़कों को जब साइकिल चलाते देखा, तो एक साइकिल खरीदने के लिए उसने भी अपने पिता के पास ज़िद ठान दी। पिता ने उसे दो-चार बार झिड़क दिया। अन्ततः शिबू की सौतेली बड़ी माँ ने पति से कहा, ''बेटे के वास्ते ही आपने दूसरी शादी की थी न। वह बेटा साइकिल माँग रहा है। आपके पास अगर पैसे नहीं हैं, तो आप ही के दिए कुछ रुपए मेरे पास पड़े हैं, शिबू के लिए आज जाकर साइकिल खरीद दीजिए।'' शिबू ने इस घटना का जब मुझसे उल्लेख किया था, तो उसकी आँखें भर आई थीं। शिबू की इस कथा से मेरे मन में निष्कर्ष निकला कि अगर अपनी माँ जीवित हो, तो सौतेली माएँ उतनी बुरी नहीं होतीं। सौतेली माँ को लेकर मैं इसलिए आशंकित था क्योंकि मेरी माँ चल बसी थी। मेरी माँ सदैव से मेरी तीर्थ है। मन में बसे माँ-तीर्थ में मैं विचरता रहता हूँ।

महाबली सरीखे कंस का अन्त करने के लिए ही शायद माँ ने मुझे धरती पर लाया। जैसे जुल्मी अंग्रेज़ों का अन्त करने के लिए भगत सिंह को उनकी माँ ने। बचपन में स्कूल की किताब में 'भारत के शहीद' वाले अध्याय में परीक्षा के उद्देश्य से रट्टा लगाई देश के प्रथम प्रधानमंत्री पंडित जवाहरलाल नेहरू की ये पंक्तियाँ पता नहीं कैसे अभी हू-ब-हू याद आ रही हैं, '...भगत सिंह ने अपने हिंसात्मक कार्य से लोकप्रियता प्राप्त नहीं की, बल्कि इससे प्राप्त की कि उसने लालाजी की और लालाजी के रूप में राष्ट्र की इज्जत रखी है। भगत सिंह एक प्रतीक बन गया। उसके हिंसात्मक काम को लोग भूल गए, केवल प्रतीक उनके मन में रह गया, जिसके फलस्वरूप पंजाब के हरेक गाँव और क़स्बे में और उससे कुछ कम, बाकी के उत्तरी भारत में उसका नाम घर-घर गूँजने लगा। उसके बारे में बेशुमार गीत बने और उसने जो लोकप्रियता पाई वह सचमुच अजीब थी।' वीरझन गुरु न लाला लाजपत राय थे और न मैं भगत सिंह हूँ लेकिन इस आज़ाद भारत को भी एक भगत सिंह चाहिए। आख़िर ऐसे नायक अब देश में क्यों नहीं होते जिसकी एक कौंध...एक भंगिमा पर देशवासी मर मिटें... ? फेल्ट हैट में भगत सिंह का तलवार कट मूँछ के साथ बेहद शान्त-निर्मल लम्बोतरा चेहरा मेरी आँखों के सामने है। मैं भगत सिंह होना चाहता हूँ...मैं तस्वीरों में हमेशा मूँछ की डंक पर एक हाथ रखे रहने वाला चन्द्रशेखर आज़ाद होना चाहता हूँ। सदैव...सैन्य वेश में सुसज्जित नेताजी सुभाष होना चाहता हूँ...।

हालाँकि, मेरा यह सपना नहीं कि मैं इन सबकी तरह लोकप्रिय होऊँ या मुझको लेकर घर-घर में गीत गाए जाएँ...। कुछ साल पहले 'गया कॉलेज' के सामने मैंने छात्रों का प्रदर्शन देखा था। 'नौजवान डायनामाइट...डायनामाइट' के नारे लगाते छात्रों को देख मेरे रोंगटे खड़े हो गए थे। मुझे लगा कि यह ललकार मेरे लिए है। युवकों का वह नारा अभी भी मेरी शिराओं में खौल रहा है। मैं कबूल करता हूँ कि मैं तेज़ाब हूँ। पर किसी निजी लोभ-लाभ के लिए नहीं। अभी जो दौर जा रहा है

उसमें मेरे जैसे युवक तड़प-तड़पकर काल के गाल में बह-बिला जाते हैं, यह जानता हूँ। पर इससे क्या? मैं हथियार नहीं डालनेवाला एक पानी का आदमी हूँ। अन्दर से भारी बदियल। और जैसा कि मैंने पहले ही कहा कि मैं आज का गयासुर बनना चाहता हूँ। मुरली पहाड़ पर कठोर तप कर मानवरूपी असुरों को समाप्त कर धरती को उन्मुक्त करनेवाला गयासुर। अभी दादाजी बहुत याद आ रहे हैं। इस काल रात्रि में मेरे नथुनों में अपने तमाम पूर्वजों की प्राचीन गन्ध भरी हुई है। मेरे सभी आदि-अनादि पूर्वज...। मेरे सपनों के तमाम ईश्वर। दादाजी से लेकर नेताजी सुभाष...भगत सिंह और चन्द्रशेखर आज़ाद...से लेकर वीरझन गुरु तक की गन्ध मेरे नथुनों से लेकर फेफड़ों तक में हिलोरें ले रही है। आजतक जीवित लेटा गयासुर मेरे भीतर धड़कता महसूस हो रहा है। मेरे इस हिंसात्मक कार्य को लोग भले न भूलें, कोई हर्ज नहीं। लेकिन मैंने यह क़दम समाज की रक्षा के लिए ही उठाया।

मैं मानता हूँ कि मैं अतिवादी हूँ और शायद इसलिए कई दिनों तक मन्थन के बाद मैंने तय किया था कि इस काम को मैं अंजाम दूँगा। कोई भी ऐसा काम अकेले करने में ख़तरा तो भरपूर है पर बच निकालने का रास्ता भी पूरा खुला होता है। अकेले आदमी के साथ दो ही बातें होती हैं—या तो वह बच निकलता है या मारा जाता है। अकेले आदमी के साथ जोखिम के काम में आर या पार ही होता है। तो मैंने अकेले हिम्मत बाँधकर अंगरक्षकों के बीच मार्शल गाड़ी में सुरक्षित आ रहे महाबली राय का सिर उतार लिया। ऐसा करके ही मैं अपनी 'गुरुदक्षिणा' चुका सकता था।

मैंने महाबली राय का पूरा कार्यक्रम पता किया था कि आज दिन के लगभग दस बजे मुख्यमंत्री से मिलकर वह पटना से गया के लिए निकलेगा। मुझे अन्दाज़ा था कि उसके दोनों स्टेनगनधारी अंगरक्षक और गया के दो-चार दरबारी उसके साथ होंगे। पर अपनी जान सबको प्यारी होती है। मैं जान पर खेलने को तैयार हूँ लेकिन महाबली के अंगरक्षक और उसके साथ आ रहे लोग मुझे यकीन था कि उसके लिए अपनी जान को दाँव पर नहीं लगाएँगे। आज के युग में बाप-बेटे एक-दूसरे के लिए जान दाँव पर नहीं लगाते। फिर ये तो अंगरक्षक और दरबारी ही हैं। कोई कितना भी जाँबाज हो लेकिन अपना नुक़सान उठाने को तैयार रहनेवाला आदमी बहुत ख़तरनाक होता है। अपनी आहुति के लिए स्वयं को तैयार करके ही मैं आज निकला था। मैं आघात की अपनी क्षमता परखना चाहता था। मैं चाहता तो महाबली राय को कहीं भी गोलियों से ढेर कर सकता था। बल्कि यह ज़्यादा आसान रास्ता था। पर मगध अंचल में वर्षों से अनेक निर्दोष लोगों का छह इंच छोटा करानेवाले महाबली राय का छह इंच छोटा कर देने की मेरी हसरत थी। जिसे हसरत या इच्छा या कामना कहते हैं, सचमुच अजीब चीज़ होती है।

उदाहरण के लिए एक बहुत छोटी-सी बात! अमरूद या आम मुझे कभी टुकड़ों में कटा खाना अच्छा नहीं लगता। हमेशा साबूत पसन्द है। इसलिए महाबली राय का

भी साबूत सिर चाहिए था मुझे। और इसके लिए मैं आभारी हूँ इस अंचल के उग्रवादियों का जो इस इलाक़े में आज तक अपराध की आधुनिक और प्राचीन-दोनों परम्परा एक संग चलाए हुए हैं। तक़रीबन दस-पन्द्रह हथगोलों, चिलोही और इस लम्बे चमचमाते तेज़ धारवाले चाकू के साथ दूर से ही सही, विष्णुपद मन्दिर का दर्शन कर मैं मुँह अँधेरे पटना-गया रोड पर धनरुआ के लिए निकल गया। सुबह से तक़रीबन तीन घंटे तक मैं अपने पोजीशन को ही तय करने की कश्मकश में था। यह कोई दायाँ-बायाँ काम नहीं था। ऐसी कार्रवाई के लिए एकदम मसान साधना पड़ता है। पटना-धनरुआ रोड से होकर बीते वर्षों में अनेक बार गुज़रा हूँ लेकिन कभी लिखगहनी कंघी की तरह इतनी बारीकी से इसके पहले यहाँ से गुज़रनेवाली गाड़ियों की संख्या, गति और हलचल को मैंने छाना-फेरा नहीं था। सड़क किनारे के यहाँ के वातावरण पर कभी इतना ध्यान नहीं दिया था। घंटों की कवायद के बाद आख़िरकार मुझे इत्मीनान हो गया। यहाँ के मशहूर चाय-नाश्तेवाले ढाबे से लगभग दो सौ मीटर की दूरी पर मोटर साइकिल को किनारे लगाकर महाबली की प्रतीक्षा में मैंने आँखें बिछा दीं।

दिन के लगभग ग्यारह बजने को हो आए थे। आसमान में सूरज की तमक और दिल की बेचैनी एक जैसी हो रही थी। क्या महाबली राय आज गया नहीं लौटेगा? पर आज दोपहर ज़िला परिषद की एक ज़रूरी बैठक में उसे शामिल होना है। यह पक्की ख़बर है। फिर? क्या विष्णुपद में भोग-राग का समय गुज़र जाएगा? क्या होगा मेरे संकल्प का? पर मेरी अन्तरात्मा अटल थी कि आज मेरा संकल्प पूरा होकर रहेगा। वह आ जाएगा। चिड़िया भले ही आकाश में हो पर चारा के लिए उसे धरती पर ही उतरना पड़ता है। महाबली कहाँ जाएगा? तभी थोड़ी ही देर बाद महाबली राय की सुर्ख-कत्थई मार्शल गाड़ी मुझे दूर से आती दिखी। मेरी नज़र घड़ी पर गई। पक्का बारह। पल भर में शरीर की तमाम नसों में जैसे बिजली तड़क गई। सहसा लगा जैसे...'अट्टहास करि गरजा कपि...चले मरूत उनचास...।' बस अब कुछ सेकेंड में मुझे सबकुछ कर गुज़रना है। इस अवसर को गँवाने के बाद मैं कुछ नहीं कर पाऊँगा। मैंने गमछे से मुँह को कस कर लपेट मोटर साइकिल से लटके झोले को हाथ में ले लिया। मार्शल अब सामने था। आँखें मूँद कर मैंने मार्शल के सामने हथगोलों को ताबड़तोड़ बरसाना शुरू किया। बारूद के बादल ने पल भर में गाड़ी को घेरे में ले लिया था। मैंने देखा, गाड़ी में बैठे सभी लोग...महाबली के दोनों स्टेनगनधारी अंगरक्षक भी पीछे की तरफ़ भाग रहे हैं। मैंने अन्धाधुन्ध हथगोलों का पटकना जारी ही रखा ताकि किसी भी प्रकार पलटकर पोजीशन लेने का उन्हें मौका न मिले। सड़क पर सनाका छा गया था। पीछे आती गाड़ियाँ तेज़ ब्रेक के साथ कचकचाकर दूर ही रुक गई थीं। मारे घबड़ाहट के पीछे की गाड़ियाँ वापस लौट रही थीं। सड़क सुनसान हो गई। मेरी नज़र बारूद के गुबार में सिर्फ़ महाबली राय पर

थी। अफरातफरी और बदहवासी में उसका ड्राइवर भी कूद कर भाग निकला था। सबसे अन्त में हताश और बुरी तरह भयभीत महाबली गेट खोलकर निकला।

मैंने देखा उसके पाँव बुरी तरह थरथरा रहे थे। भारी-भरकम धतीगड़ा शरीर की वजह से तेज़ दौड़ कर निकल भागना उसके लिए असम्भव था। वह अकेला पड़ गया था। मैं जी-जान से उसकी तरफ़ दौड़ पड़ा। झोले से यही चमचमाता लम्बे फालवाला चाकू निकाल मैंने उसे एक झटके में पछाड़ कर पटका और सीने पर चढ़कर उसके गले में सीधे चाकू घुसेड़ चारों तरफ़ घुमा दिया और लगभग पाँचवें सेकेंड में उसके सिर को चिलोही से उतार लिया। सिर अलग होने के बावजूद उसके टेंटुए में घरघराहट की आवाज़ थी, जैसे प्रागैतिहासिक काल के किसी विशाल मेढ़क का गलफड़ा धड़क रहा हो। यह मेरे जीवन का पहला अनुभव था। मुझे इस पूरे काम में मुश्किल से आठ-दस मिनट लगे होंगे। महाबली राय की चीख अभी भी मेरे कानों में है। उसकी जीभ और आँखें सिर से निकलने-निकलने को हो आई थीं। उसके दोहरे शरीर का मानों पूरा चाँपा बखिया उधड़ गया था। मांस के थलथलाते भारी बोरे सरीखे उसके धड़ को वहीं छोड़ उसके सिर को चाकू में खोंस अपने गमछे में लपेटकर उसी झोले में डाला जो हथगोलों के ख़र्च हो जाने की वजह से पूरा खाली हो चुका था। फिर तेज़-तेज मोटरसाइकिल चलाते हुए दहशत के उसी आलम में मैं वीरान बराबर पहाड़ की तरफ़ निकल पड़ा। रास्ते से दुलार चन्द को मोबाइल पर फ़ोन कर उसे साथ लिया। शाम होने को थी जब दुलारचन्द मुझे स्टेशन परिसर में छोड़ गया। पहले मैंने वहाँ लगातार दो ग्लास चाय पी। अन्दर भले कोहराम मचा था, लेकिन चेहरे को मैंने भरसक भावहीन व शान्त कर रखा था। फिर थोड़ी देर बाद अपने झोले में महाबली राय का सिर लिए स्टेशन परिसर से मैं दबे पाँव किसी तरह मुश्किल से बचते-बचाते साँझ के धुँधलके में मुरली पहाड़ पर आ गया।

यह पहाड़ मेरा पुराना आश्रय है। खूब टिल्लेबाज़ी यहाँ की है मैंने। स्कूली दिनों से अपने चुनिन्दा साथियों के संग मटरगश्ती का हमारा गुप्त केन्द्र था यह। अब तो आधी रात हो चुकी है। विष्णुपद मन्दिर में पूजा-श्रृंगार और शयन आरती का कार्यक्रम भी गुज़र गया होगा। भगवान विष्णु ही क्या, तीनों लोक शयन में होगा। पर मैं इस नीरव भयावह रात में वाल्मीकि माँझी की ढनमनायी झोपड़ी में रह-रहकर बेचैन हूँ। एक कोने में गमछे से कसकर बँधा महाबली राय का सिर झोले में ख़ून से तरबतर पड़ा है। रह-रहकर इच्छा हो रही है कि एकबार गमछे को खोल उस महाबली राय का मुँह देखूँ जिसकी एक बोली पर पूरा गया काँप उठता था। जिसकी खूँखार-सुर्ख आँखों की पुतलियों को देख गया शहर क्या, इस ज़िले के बड़े से बड़े लोगों का पेशाब उतर जाता था। मातवर लोग पुआल हो जाते थे। अभी उस महाबली राय का सिर एक हवा निकले गेंद की तरह वाल्मीकि माँझी की झोपड़ी के एक कोने में अन्धकार में पड़ा है। महाबली का सिर कलम कर मानों मेरी मुट्ठी में साहस का

गजबाग[1] आ गया है। साहस का आ जाना, मुट्ठी में गजबाग आने जैसा होता है। हालाँकि, तनाव साहस का साथी है। इस तनाव के कारण ही मैं अभी तेज़ बुखार में हूँ। मेरा शरीर पूरा लावा हो रहा है।

मुझे लग रहा है, मेरे गुरु वीरझन पहलवान की आँखें किसी मजलिसी गवैये की तरह इस अँधेरी झोपड़ी में उल्लास से चमक रही हैं। वीरझन गुरु की हत्या के बाद से कई रातों तक मैं सो नहीं सका था। वीरझन गुरु को महाबली ने ही मौत के घाट उतरवाया था। इसी तरह सिर उतरवाया था वीरझन गुरु का। और इस अफवाह को हवा दी थी कि माओवादियों ने वीरझन गुरु की जान ली है। पर हकीकत जाननेवाले जानते हैं। इस इलाक़े में कोई इस बात से अनजान नहीं कि सी.पी.आई. (माओवादी) में भी महाबली के कई गुर्गे हैं, जिन्हें वह अपने आपराधिक कारनामों के लिए इस्तेमाल करता रहा था। इसलिए कोई असम्भव नहीं कि वीरझन गुरु को खत्म करने में महाबली ने माओवादियों का सहारा लिया हो। फल्गु नदी के तट से तिरपन सीढ़ी ऊपर स्थित गया के प्राचीन संगतघाट अखाड़े पर क़ब्ज़ा कर उस पर घर बनवाना चाहता था महाबली राय। पर वीरझन गुरु के रहते यह असम्भव था। इसके लिए कुछेक बार वीरझन गुरु से महाबली राय के पिट्ठुओं की जमकर तनातनी और हाथापाई भी हुई थी। लोग जाति की बातें करते हैं। वीरझन गुरु भी तो महाबली के स्वजातीय ही थे। पर अपने स्वार्थ में महाबली राय ने इस इलाक़े के अपने अनगिनत स्वजातियों का सिर कलम करवाया। अपनी राजनीति और सम्पत्ति बनाने के पीछे अन्धा हो चुका था वह। संगतघाट अखाड़ा भी उसकी आँखों में जाने कब से गड़ा हुआ था। वीरझन गुरु को रास्ते से हटाकर वह अब संगतघाट अखाड़े की ज़मीन पर क़ब्ज़ा करता कि उसके पहले मुझे उसको ऊपर भेजना था। संगतघाट अखाड़ा से गया के बाहर के लोग भला क्या ही परिचित होंगे, पर गया के स्थानीय सभी लोग इसे जानते हैं। विष्णुपद मन्दिर के समीप ऊपरडीह स्थित शहर का यह सबसे प्राचीन अखाड़ा है। वीरझन गुरु को इस अखाड़ा से पागल प्यार था।

वीरझन गुरु के पास 'भारतीय कुश्ती' नामक एक बहुत पुरानी पुस्तिका थी, जोर लगाने के पहले वे उसका पाठ सुनाते थे कि, "अखाड़ा क्या होता है? अखाड़ा युवकों को आमंत्रित करने वाला मित्र है, बल का तीर्थ स्थान है, जहाँ मिट्टी से सोना बनाया जाता है, जो पौरुष का प्रतीक है, जोरो-जवानी का जमघट है, जहाँ ताकत की अजमाइश होती है और पेचों की पैदाइश होती है। अखाड़ा किसी खाली जगह पर, जहाँ हवा और धूप मिलती हो, खास कर गंदगी से दूर, दो चार जोर लड़ने लायक भूमि है, जिसके चारों ओर किसी प्रकार का घेरा है, सघन वृक्षावली है, निकट जलाशय है। अखाड़े में इष्टदेव को स्मरण कर उतरा जाता है, धूप-दीप दिया

1. जिस पैना से हाथी को अंकुश में किया जाता है।

जाता है, पूजा की जाती है, प्रसाद बाँटा जाता है तथा जिसकी मिट्टी अदब के साथ उठाकर कपाल और कन्धे पर लगाई जाती है और फिर मल्ल युद्ध होता है, ताल ठोकने की तड़तड़ाहट सुनाई देती है; हूँ-हूँ कर भिड़ने की आवाज़ गूँजती है, बोझ दी जाती है और बोझ उठाई जाती है, कसरत होती है, पसीने से लथपथ देह सुखाई जाती है, मिट्टी मिलाई जाती है और अन्त में सलामी के बाद विसर्जन होता है—वहीं देहाती अखाड़ा प्रति वर्ष वर्षा और भदई की फसल के साथ आता है और होली खेलकर चला जाता है। देहाती अखाड़ों को ग्रीष्म ऋतु से उतना मेल नहीं, उतनी मुहब्बत नहीं। फिर भी तरावट लाने वाली औषधियों और ठंडे शर्बत के बल पर गर्मी में नर्मी लाई जाती है। अखाड़े हर जगह नहीं, कहीं-कहीं चलते हैं।''

कुश्ती और अखाड़ों की गौरव-गाथा मानों वीरझन गुरु की जिह्वा पर रहती थी। बीच-बीच में वे बताते थे कि प्राचीन युग के मल्लों में रावण, हनुमान, बलराम, बाणासुर, भीम, जरासंध, कंस, चाणूर और मुष्टिक जहाँ उल्लेखनीय थे, वहीं आधुनिक समय के मल्लों में राममूर्ति, कल्लू, गामा और भीम भवानी की ख्याति थी। वे मानते थे कि देहात और शहर के अखाड़ों की अपनी अलग-अलग शोभा थी। वे तन्मय हो जारी रहते थे, ''शहरों के अखाड़ों की भी बहुत कुछ वही कथा रही है। एक समय में वहाँ लक्ष्मी की अद्‌भुत कृपा रही। पहले सेठ -साहूकारों की सहायता से अखाड़े साल भर तक चलते थे। उनकी अपनी परम्परा थी और अपने-अपने नियम थे। भिन्न-भिन्न अखाड़ों का आपस में भाई-चारा वैसे अभी भी है। इन अखाड़ों में किन्हीं-किन्हीं के जीवन आठ-दस पीढ़ियों के हैं। उनको अपने इतिहास का अभिमान है। आज भी उनके पहलवान दूसरे शहरों में जाकर बल की परीक्षा करते हैं। मथुरा, बनारस, छपरा, ग़ाजीपुर, दरभंगा आदि के पहलवान यदि कलकत्ता के अखाड़ों तक पहुँचते हैं, तो पंजाबी पहलवान भी इधर आते हैं, और फिर मध्य प्रदेश, बम्बई या पूना तक का धावा करते हैं। मराठे पहलवान भी घूमते-फिरते अपने बल का लोहा मनवा देते हैं।

''कलकत्ता में प्रति रविवार को जोर छूटते हैं और दर्शक-वृन्द सफल मल्लों को अपनी ज़ेब के बल पर खुश कर देते हैं। बर्नपुर, ज़िला-बर्दवान, पश्चिम बंगाल में अभी भी प्रति वर्ष देशी-विदेशी, राष्ट्रीय-अन्तरराष्ट्रीय ढंग की कुश्ती कराई जाती है। विश्व ख्याति के पहलवान-कमोबेश आज भी वहाँ जुटते हैं। अभी भी वहाँ अनेक अखाड़े हैं। पहले टिकट से बीसों हज़ार रुपए आते थे, हज़ारों के जोर छूटते और पहलवान मनमाना पुरस्कार पाते थे। हालाँकि, अखाड़ों का अब इन इलाक़ों में पहले वाला उमंग नहीं। पहले बिहार में सोनपुर, पटना, दरभंगा, गया आदि स्थानों में पहलवानों को कम उत्साहित नहीं किया जाता था। काशी, लखनऊ, कानपुर, दिल्ली और बम्बई तो बड़े-बड़े जोरों के, कुश्तियों के अड्डे थे। देहातों के भी पहलवान इन अखाड़ों में जाते थे और पैसा तथा प्रतिष्ठा प्राप्त करते थे।''

इस तरह देहात हो या शहर, दोनों के पहलवान, भारतीय कुश्ती में अखाड़े की मिट्टी से पलते हैं। मिट्टी की महिमा पर गया के अटल पहलवान भी कहते रहे हैं कि, ''मिट्टी जीवन में एक बहुमूल्य वस्तु है। मनुष्य मिट्टी से पैदा होता है और मिट्टी में मिल जाता है। मिट्टी से अप, फल-मूल, दूध-दही आदि पैदा होते हैं। हम रहते है मिट्टी पर। यह मिट्टी का घट मिट्टी से पलता है। मिट्टी न हो तो जीवन ही न चले। मिट्टी पर काम करने वाले मजदूर कितने स्वस्थ रहते हैं। उनका स्वास्थ्य ईर्ष्या का विषय बन जाता है। बात यह है कि मिट्टी से पोषक तत्वों की प्राप्ति होती है। मिट्टी की पट्टी से बीमारी दूर की जाती है। मिट्टी अन्दर के विकार को बाहर खींचती है। मिट्टी में शरीर को गाड़ने से सर्प का विष दूर होता है। मिट्टी रगड़ने से चर्म रोग दूर होते हैं। नंगे पैर टहलना प्रमेह जैसी बीमारियों में लाभदायक सिद्ध होता है। ऐसी मिट्टी को औषधियों के योग से और अधिक गुणकारी बनाना चाहिए। उसमें लोटना चाहिए; लड़ना चाहिए और मिट्टी की मदद से पसीना सुखाना चाहिए। मिट्टी से प्राण-पोषक तत्व प्राप्त होंगे। मिट्टी पवित्र बनाएगी। इसी मिट्टी में भारतीय पहलवान लंगोटा और जाँघिया चढ़ाकर उतरते हैं। उस समय उनके बदन का सौन्दर्य निखर पड़ता है। शौकीन, नाजुक, पिलपिले सफ़ेदपोश बाबुओं के शरीर पर अहमदाबाद और बम्बई की सारी मिलों के उत्तम से उत्तम वस्त्र लाद देने पर भी, अखाड़े में उतरे अधनंगे पहलवानों की शोभा क्या वे पा सकते हैं? कभी नहीं, हरगिज नहीं।''

अटल पहलवान ठीक ही कहते रहे हैं कि अखाड़े की अपनी दुनिया होती है। अखाड़े बड़े-छोटे, ऊंचे-नीचे सभी प्रकार के होते हैं। खेत खलिहानों में, बाग-बगीचों में घर या मैदान में अखाड़े चलते हैं और चलते हैं बारह मासी मिट्टी पर। अखाड़े को एक सुर में कुदाल से कोड़ देना एक ख़ासा कसरत समझा जाता है। धीरे-धीरे खेत कोड़ना और एक साँस में अखाड़ा झोरने में बड़ा अन्तर है। अखाड़े से बाहर खेली गई कुश्ती ठीक नहीं मानी जाती।

वीरझन गुरु हमेशा कहा करते थे कि आजकल प्रजातंत्र, समानता आदि के नारे भले बुलन्द किए जाते हैं। परन्तु अखाड़ों में ये बातें प्राचीन काल से ही चली आ रही हैं। सार्वजनिक जीवन में अखाड़े की अपनी विशेषता रही है। एक अखाड़े के सभी पहलवान एक हैं। किसी भी जाति धर्म या पेशा का पहलवान दूसरे पहलवान की पीठ पर चढ़कर रगड़ता है, चित्त करता है, धूल झाड़ता है और हाथ मिलाता है। फिर भी एतराज नहीं, मनोमालिन्य नहीं, कसक नहीं, ठसक नहीं। साधु लोगों के अपने-अपने अखाड़े होते हैं, राजनीतिज्ञों के अखाड़े होते हैं; अखाड़े का अर्थ, बल आजमाइश की जगह है। वीरझन गुरु ने ही हमें बताया कि प्राचीन काल में जरासंध का अखाड़ा कितना प्रसिद्ध था।

वे कहते थे कि रामायण में लंका के राक्षसों के अखाड़ों का भी वर्णन मिलता है; जहाँ मल्ल भिड़ा करते थे। हस्तिनापुर में भीम और दुर्योधन अखाड़े में जाते थे।

यों अखाड़े चलते रहे। परन्तु उन दिनों के दंगलों में प्राणों का सौदा होता था। वीरझन गुरु आधुनिक ढंग की पहलवानी का सांगोपांग वर्णन बड़ौदा के महाराज श्री खंडेराव सयाजी गायकवाड़ के दिनों का करते थे। महाराज स्वयं कुश्ती के बड़े शौकीन थे। महाराज खंडेराव का अखाड़ा तीन महले पर बनवाया गया था; जिसमें ऊँची-ऊँची खिड़कियों से स्वच्छ हवा आती थी। शास्त्रानुसार वहाँ मिट्टी तैयार कराई गई थी और सैकड़ों मन इत्र डाला गया था। खस की टट्टियों के ऊपर गुलाब और केवड़े का जल छिड़का जाता था। मुग्दरों की जोड़ियाँ, हथियार और व्यायाम के वहाँ अनेक साधन थे। समतीले और लोहे के पंजे भी रख छोड़े थे। इसके साथ अखाड़ा खोदना, घोड़े के साथ भागना, जल को मोट कुएँ से खींचना आदि व्यायाम भी चलते थे। ऐसे सत्तर मल्ल नित्य लड़ते थे। स्वयं महाराज सबको जोर करा देते थे और अपनी आँखों से मिट्टी निकालने के लिए उनमें नीबू का रस निचोड़ते थे। अपने अखाड़ियों को प्रसिद्ध और पुष्ट बनाने के लिए महाराज ने देश के भिन्न-भिन्न भागों से पहलवान जुटाए थे।

वीरझन गुरु बताते थे कि बड़ौदा महाराज के अखाड़े में मैसूर और कर्नाटक के वज्र-मुष्टि पहलवान, पंजाब से कुश्ती में निपुण मल्ल, बुँदी, कोटा, और कच्छभुज से जेठीमल्ल तथा काशी, अयोध्या और मथुरा आदि से चौबे लोग बुलवाए गए थे। टोंक से अब्दुल कादिर को महाराज को कुश्ती सिखाने को बुलाया गया था और इन मल्लों पर लाखों रुपए ख़र्च होते थे। पीछे के महाराजों में कुश्ती का शौक छूट जाने पर यहाँ के पहलवान देश भर में फैल गए और सैकड़ों अखाड़ों में हज़ारों नामी शिष्य तैयार किए। उन पहलवानों में अलिया पहलवान भी था जिसके बेटे गुलाम और कल्लू बारी-बारी से रुस्तमे हिन्द कहलाए। गया के पहलवान रियाज खाँ बताते हैं कि एक आजीवन ब्रह्मचारी जुम्मादादा थे जो महाराज द्वारा विवाह का प्रस्ताव सुनकर, दरबार छोड़कर चले गए थे। बड़ौदा में आज भी उनके नाम पर 'जुम्मादादा अखाड़ा' है। छोटे नसीम और बड़े नसीम नामक दो अप्रतिम पहलवान भी थे जो कुश्ती के दिन अपने प्रतिस्पर्द्धी को साफ़ जाहिर कर देते थे कि अमुक दाँव से तुम्हे गिराऊँगा और उसी से गिराकर विजय प्राप्त करते थे। इन अखाड़ों पर लाखों ख़र्च होते थे। यहीं से पहलवान लोगों ने राजपूताना, काठियावाड़ के पोरबन्दर, नवानगर, भावनगर तथा सूरत और महाराष्ट्र में जाकर मल्ल विद्या का खूब प्रचार किया।

इसके अतिरिक्त अलिखित कितने छोटे-बड़े महाराजा के और भी कितने अखाड़े रहे होंगे सो कौन बताए और कैसे जाने? वीरझन गुरु कहते थे कि बीसवीं शताब्दी के आधे तक तो ऐसे बहुत थे। उन्होंने ही गुलाम और गामा पहलवान के बारे में बताया था। वे बताते थे कि गुलाम उन्नीसवीं सदी के अन्तिम दौर के अव्वल पहलवान थे। बीसवीं सदी के शुरू में जब गुलाम ने दम तोड़ा, तो गामा दतिया रियासत के अखाड़े में हरे कल्ले की तरह फूट रहे थे। सबसे पहले गामा पहलवान

का डंका सन् 1910 में इंग्लैंड में तब बजा, जब विदेशी दिग्गज पहलवान ज्बिस्को उनके आतंक से अखाड़ा छोड़ कर भाग खड़ा हुआ। ज्बिस्को का उन दिनों दुनिया में नाम था। उसका वजनी शरीर किसी दैत्य से कम नहीं था। पर छोटे कद के गामा में बिजली की फुर्ती थी। इंग्लैंड के अखाड़े में ज्बिस्को के मुकाबले खड़े गामा का पहला दिन अत्यन्त लोमहर्षक था। अन्त में ज्बिस्को त्रस्त हो धरती पर पेट के बल लेट गया। उस शाम तक कुश्ती का फ़ैसला नहीं हो पाया। तय हुआ कि अगले दिन फिर दोनों की भिड़ंत होगी। पर अगले दिन लाख मनुहार के बावजूद ज्बिस्को अखाड़े में नहीं आया और तब गामा 'रुस्तमे बर्तानिया' घोषित हुए। इस तरह दुनिया भर में गामा की शोहरत छा गई।

गामा के पोषक दतिया महाराज की खुशी का पारावार नहीं था। वीरझन गुरु ही बताते थे कि कैसे दस हाथियों के बलवाले पहलवान करीम को पटखनी देकर गामा ने 'रुस्तमे हिन्द' का खिताब पाया था। उस समय गामा रीवाँ महाराज वेंकटेश सिंह के संरक्षण में थे। सो 'रुस्तमे हिन्द' के इनाम में मिली गदा उन्होंने रीवाँ महाराज के चरणों में लाकर रख दी थी। भावुक हो महाराज रीवाँ ने उन्हें सीने से लगा लिया था।

वीरझन गुरु बहुत अफसोस करते थे कि पहलवानों के प्रतिपालक और आश्रयदाता ऐसे-ऐसे राजाओं के दिन चले गए—'ते हिनो दिवसाः गताः।' वे कहते थे कि समय ने पलटा खाया है, परिस्थितियाँ बदली हैं। अपने को उनके अनुकूल और उनको अपने अनुकूल बनाना पड़ेगा। 'संघे शक्ति कलियुगे'—संगठन और सहयोग से छोटे-बड़े अखाड़े चारों ओर चलाए जा सकते हैं। ऐसे अखाड़े दीर्घा-पद्धति (गैलरी) के हों तो अत्युतम होगा, क्योंकि दर्शकों को कुश्ती देखने में सुभीता होगा। उनमें कंकड़ रहित मुलायम मिट्टी डाली जा सकती है। हल्दी का चूर्ण और शुद्ध सरसों का तेल छोड़ा जा सकता है। कुछ पौष्टिक औषधियों को कूट-कपड़ कर छान कर मिलाया जा सकता है। सुगन्धित द्रव मिलाने से प्रसन्नता प्राप्त हो सकती है। अखाड़ों में जोड़ी, नाल, बघनखा, बार बेल, चक्की, आदि कोई महँगे नहीं सिद्ध होंगे। यदि अखाड़ा किसी बड़े घर के भीतर हो तो वहाँ उभरे अंगों वाले सुप्रसिद्ध पहलवानों के दाँव-पेंचों के चित्रों से उत्साहवर्द्धक ढंग से दीवारों को सजाया जा सकता है। मल्ल युद्ध सम्बन्धित एक छोटा-सा पुस्तकालय कमाल दिखाएगा। गुरु या उस्ताद के दिन बुधवार को, जब अवकाश मनाया जाता है, पुरजोर और जोशीले व्याख्यानों, कथाओं और प्रवचनों का प्रबन्ध उसमें चार चाँद लगा देगा। इन अखाड़ों के रूप देश-काल, आर्थिक स्थिति और रुचि-प्रवृति के अनुसार पृथक-पृथक दिए जा सकते हैं। प्रत्येक अखाड़े की अपनी-अपनी विशेषताएँ होंगी...होनी भी चाहिए। यह भूलना नहीं है कि अखाड़े की बाहरी सजधज, जुटाव, दिखलावा आदि प्रधान नहीं है, प्रधान तो है बल, फुर्ती, लाघव, निरोगता, सहयोग आदि की वृद्धि करना और उनसे दैनिक जीवन में लाभ उठाना। वीरझन गुरु की कही ये तमाम बातें बस अब स्मृति है।

अखाड़ा, कुश्ती, मुरली पहाड़ की दुर्गति और पता नहीं इधर-उधर की क्या-क्या बातें सोचकर मन को बहला रहा हूँ। उद्विग्नता को शान्त करने की हरसम्भव कोशिश कर रहा हूँ। सच है कि मैं न तो कोई पेशेवर शूटर या भाड़े का ख़ूनी हूँ और न ही नक्सल उग्रवादी। इस तरह की घटना को मैंने जीवन में पहली बार अंजाम दिया है। मन इसलिए किसी भी तरह शान्त नहीं हो पा रहा है। ख़ैर छोड़िए, आपको संगतघाट के बारे में विस्तार से बताऊँ। विष्णुपद मन्दिर की सीढ़ियाँ उतर कर सीधा गलियों से गुज़रते हुए सिविल लाइन थाने के तहत के देवचौरा मुहल्ले से होकर ठीक उत्तर की तरफ़ बढ़ने पर संगतघाट अखाड़े की सीढ़ी है। इस परिसर में बरगद का एक प्राचीन विशाल वृक्ष है। अखाड़े पर एक छोटा-सा 'राम दरबार' मन्दिर भी है। मन्दिर में सीताजी, रामजी, लक्ष्मणजी और हनुमानजी के अलावा पूरे शिव परिवार की मूर्ति है। अखाड़ा के इस मन्दिर के मुख्य सेवक सन्त गोविन्ददासजी उर्फ़ नागाबाबा से बात करने पर पता चलता है कि कैसे फागुन में मंजरों के चटखने के बाद गर्मी बढ़ने पर बरगद की जड़ में राम का नाम उभरना शुरू होता है और चैत के महीने में जब इस बटवृक्ष का पत्ता सबसे आख़िर में गिरता है तब राम नाम और स्पष्ट दिखने लगता है।

बाज से भी अधिक बूढ़े नागा बाबा कहते हैं, "यह सिर्फ़ कहने-सुनने की नहीं, स्वयं आकर देखने की चीज़ है।" लम्बा-चौड़ा मनोहर परिसर है इस अखाड़ा का। पर शहर में एकदम सबसे किनारे होने की वजह से दिन भर यहाँ सन्नाटा पसरा रहता है। शाम को अखाड़े के पन्द्रह गुना दस फीट आकारवाले कमरे की खुनाई रोज़ होती है। पिंड बेची मुहल्ले का अजय, देवचौरा मुहल्ले का सुनील कटियार और मनोज कटियार जैसे ही कुछ गिने-चुने युवक हर शाम जोर लगाने इस अखाड़े में पहुँचते रहे हैं।

पुराने समय में गयापाल उर्फ़ गयवाल पंडा बिरादरी के रायबहादुर गोविन्दलाल सिजुआर इस अखाड़ा से जुड़े थे। उनका तो अपना 'सिजुआर स्टेट' ही था। सिजुआरजी को भी कुश्ती का नशा था। वे स्वयं भी अच्छे पहलवान थे। उनका वजन सबा मन था और कहते हैं कि अपने दौर के दिग्गज पहलवान गामा को 'रुस्तम-ए-हिन्द' का खिताब हासिल करनेवाली कुश्ती के लिए सिजुआर साहब ने ही खिला-पिलाकर तैयार किया था। कोलकाता में हुई कुश्ती में गामा ने दिग्गज पहलवान हुसैन बख्श को पटखनी देकर 'रूस्तम-ए-हिन्द' की पदवी पाई और सीधे आकर रायबहादुर गोविन्दलाल सिजुआर के चरणों में लोट गए। आह्लादित हो सिजुआर साहब ने गामा को गले लगा लिया।

संगतघाट अखाड़ा में दस किलो से लेकर साठ किलो तक की गदा, डेंबल और रिंगवार अभी भी सुलभ है। वीरझन गुरु आँधी, पानी, बरसात किसी की बग़ैर परवाह किए रोज़ यहाँ आते थे। यह वीरझन गुरु ही थे जिन्होंने संगतघाट अखाड़ा

को हमेशा जगा कर रखा। मैं भी इसी अखाड़ा का उनका पट्ट शिष्य रहा हूँ। वीरझन गुरु बताते थे कि संगतघाट अखाड़ा का इतिहास कितना अद्भुत गौरवशाली रहा है। गया के दिग्गज पंडा बाबू रामहरि ढेढ़ी ने जो कुश्ती-पहलवानी के बड़े शौकीन थे, मथुरा के भूतेश्वर अखाड़ा से एक लड़के को पहलवानी के लिए यहाँ बुलवाया था। बृजवासी तीर्थयात्रियों का दल रामहरि ढेढ़ी के यहाँ ही रुकता था। गया से भी बिहार के तीर्थयात्रियों और यजमानों को मथुरा-वृन्दावन ले जाने की सारी व्यवस्था ढेढ़ीजी ही किया करते थे। इसलिए मथुरा-वृन्दावन के लोगों से उनका पुराना सम्पर्क था। बहरहाल, पहलवानी के अपने शौक़ के तहत मथुरा के अपने सम्पर्कों से ढेढ़ीजी ने वहाँ के भूतेश्वर अखाड़ा से जिस लड़के को गया बुलवाया, उसका नाम था—प्रसादी। वह बाद में 'प्रसादी उस्ताद' के नाम से पूरे गया में मशहूर हुआ। प्रसादी उस्ताद ने ही संगतघाट अखाड़ा की नींव रखी थी। ढेढ़ीजी ने यों ही प्रसादी को नहीं रखा था। खुद से अखाड़ा में 'जोर' कर पहले उसकी परीक्षा ली और बाग-बाग हो गए। प्रसादी ने ढेढ़ीजी से गया में अखाड़ा बनाने के लिए किसी एकान्त जगह की माँग की। लिहाजा, ठीक फल्गु की चोटी पर ढेढ़ीजी ने एक बीघा ज़मीन का बन्दोबस्त कर दिया। अखाड़ा का नाम पड़ा—संगतघाट। मथुरा के भूतेश्वर अखाड़ा की शाखा के रूप में इसे मान्यता मिली। भूतेश्वर अखाड़ा की एक और शाखा दिल्ली की 'बिरला मिल व्यायामशाला' भी है। इसलिए तीनों अखाड़ों के पहलवानों में गुरुभाई का रिश्ता रहा है। बाद में भूतेश्वर अखाड़ा से संगतघाट अखाड़ा पर मोहन पहलवान भी आए, जो मथुरा के नामी चन्दन पहलवान के बेटे थे। वीरझन गुरु के मुँह में इस अखाड़े का पूरा इतिहास बसा था। वीरझन गुरु बभनीघाट के एक नामी मुस्लिम पहलवान छेदी उस्ताद के बारे में भी बताते थे।

एक बार प्रसादी उस्ताद से छेदी उस्ताद की कुश्ती चाँदचौरा में रायबहादुर बिहारी लाल बारिक के बगीचे में अनवरत साढ़े चार घंटे तक होती रही। मुकाबला बराबर का रहा। कुश्ती ड्रॉ हो गई। फिर अन्तिम साँस तक प्रसादी और छेदी में जबर्दस्त भाईचारा रहा। बभनीघाट में छेदी उस्ताद का बहुत बड़ा अखाड़ा था। पर अब वहाँ कुछ नहीं है। अखाड़ा पर आबादी बस गई है।

वीरझन गुरु स्वयं प्रसादी उस्ताद के शिष्य थे। रोज़ कम से कम सौ बैठक, पचास डंड, एकाध पकड़-जोर और नियमित तेल मालिश साठ पार के वीरझन गुरु की दिनचर्या थी। लोहे और कपास से बुनी हस्ती थे वीरझन गुरु। आर्थिक तंगी में भी गुड़ का शर्बत, नींबू का शर्बत, भीगे चने और अंकुर निकले गेहूँ का शर्बत वे लेते ही थे। कहते थे, 'खाए चना तो रहे बना।' राष्ट्रीय स्तर की कुछ कुश्तियों में भी उन्होंने इनाम जीता था। प्रसादी उस्ताद के कई चेले तो अन्तरराष्ट्रीय स्तर पर अपनी लड़ंत के लिए मशहूर हुए। बाबू पोखन सिंह पहलवान को गया के लोग आज भी नहीं भूले हैं। पटना ज़िले के एकंगरसराय के रहनेवाले थे बाबू पोखन सिंह।

लेकिन पहलवानी के नशे में सारा जीवन उन्होंने गया में ही गुजार दिया। इसी तरह गया के पिंडबेची मुहल्ले के बाबू शिवा सिंह, दक्षिण दरवाज़ा मुहल्ले के निवासी कहार बिरादरी के जंगू पहलवान, ऊपरडीह निवासी कारू प्रसाद सिंह उर्फ़ कारू वैद्य, जो पहलवान के संग-संग वैद्य भी थे, नथुन पहलवान और सोहन पहलवान जैसे अनेक नाम थे जो प्रसादी उस्ताद के शिष्य के रूप में कुश्ती-गगन के सितारे बने थे। इनमें से कोई अपने को गामा, रमजू, कीकड़ सिंग और पंडित बिद्दोलाल पहलवान से कम नहीं समझते थे।

प्रसादी उस्ताद के परलोक गमन के बाद आरा के मुफस्सिल थाने के बेहरा गाँव के बाबू श्रीनिवास सिंह का गया की पहलवानी में उदय हुआ। संगतघाट अखाड़े की परम्परा से स्वयं को जोड़कर उन्होंने न सिर्फ़ अपने दो भतीजों बच्चा सिंह उर्फ़ श्याम नारायण सिंह और तेज़ नारायण सिंह को नामी पहलवान बनाया बल्कि गया के पंडा समाज के बाबू रामनाथ मेहरवार और लक्ष्मणलाल कटरियार उर्फ़ लाछीबाबू को भी पहलवानी में पारंगत किया। वीरझन गुरु बताते थे कि कैसे 15 अगस्त, 1984 को तेज़नारायण पहलवान ने डेलहा के जमुना पहलवान को परास्त कर 'गया चैम्पियन' का खिताब पाया था। इन पहलवानों ने चारों तरफ़ संगतघाट अखाड़ा का झंडा लहरा दिया था। इधर के दिनों में स्व-तेजनारायण पहलवान के भतीजे अटल पहलवान ने कुछ नाम कमाया। अटल पहलवान बिहार पुलिस सेवा में सिपाही हैं।

धीरे-धीरे जब बदलते समय के साथ शरीर की ताकत की जगह बन्दूक़ों ने ले ली, और ताल ठोकने की तड़तड़ाहट के साथ हूँ-हूँ कर भिड़ने की आवाज़ मन्द पड़ने लगी, तो यही अखाड़ा क्या, ज़्यादातर अखाड़ा उजाड़ होने लगा। फिर भी वीरझन गुरु अपने सामर्थ्य भर संगतघाट अखाड़ा को बचाए रहे थे। अपने गुरु प्रसादी उस्ताद की ध्वजा को गया की धरती पर वे हरगिज गिरने नहीं देना चाहते थे। प्रसादी उस्ताद के अलावा वीरझन गुरु अगर किसी के प्रति श्रद्धानत रहते थे, तो वे थे देश के प्रख्यात पहलवान गुरु हनुमान। 'पद्मश्री' से लेकर 'द्रोणाचार्य पुरस्कार' सरीखे पहलवानी के अनेक सम्मानों से अलंकृत गुरु हनुमान के शिष्य भी एक से एक निकले। साल दो साल में दिल्ली जाकर वीरझन गुरु ज़रूर गुरु हनुमान का दर्शन करते ही थे। गुरु हनुमान का भी वीरझन गुरु के लिए असीम स्नेह था। कई बार गुरु हनुमान ने उनसे कहा भी कि पुरानी दिल्ली के मलकागंज स्थित उनके 'हनुमान अखाड़ा' में वे नवयुवकों के प्रशिक्षण कार्य में उनका सहयोग करने के लिए आ जाएँ। पर वीरझन गुरु ने उन्हें सहमत किया कि गया में भी वे उन्हीं की धारा का अलख जगाए हुए हैं। अखाड़ा और कुश्ती के जीवनदानी चिरकुमार गुरु हनुमान सन् 1999 में जब 98 वर्ष की उम्र में चल बसे, तो वीरझन गुरु के शोक की सीमा नहीं थी। दरअसल, एक कार दुर्घटना में अचानक गुरु हनुमान की मृत्यु हो गई थी। वीरझन गुरु का मानना था कि अगर गुरु हनुमान दुर्घटना में न चल बसे

होते, तो वे डेढ़ सौ साल तक अवश्य जीते। 'वह वीर जलंधर थे'—कहते थे वीरझन गुरु। उनका मानना था कि गुरु हनुमान साक्षात बजरंगबली के अवतार थे। गुरु हनुमान की अन्त्येष्टि में शामिल होकर लौटने के बाद वीरझन गुरु बहुत समय तक खोये-खोये रहे।

संगतघाट अखाड़ा के हम जैसे अपने पट्ट शिष्यों से गुरु हनुमान के बारे में चर्चा करते हुए वीरझन गुरु विभोर-से हो उठते थे। वे बताते थे कि विजयपाल उर्फ़ गुरु हनुमान का जन्म सन् 1901 में राजस्थान के चिरावां में हुआ था लेकिन उनकी कर्मभूमि दिल्ली थी। गाँव में उन्होंने कभी स्कूल का मुँह तो नहीं देखा लेकिन बचपन से वे गाँव के अखाड़ा की धूल में लोटते रहे।

जवानी में जब वे दाखिल ही हो रहे थे, तो सन् 1919 में जीवन की राह ढूँढ़ने दिल्ली चले आए और पुरानी दिल्ली में 'बिरला मिल' के पास अपनी एक छोटी-सी दुकान शुरू की। पर इस धन्धे में उनका मन टिका नहीं। कुश्ती की कसक बार-बार टीस मारती रही। इस तरह दुकानदारी चूल्हे-भाड़ में गई और वे इधर-उधर के अखाड़ों में जोर लगाने लगे। राजस्थान का एक उदीयमान पहलवान दिल्ली में भटक रहा है, इसकी जानकारी देश के दिग्गज उद्योगपति के.के. बिरला को किसी ने दी। बिरला साहब ने युवक विजय पाल को बुलवाया और पुरानी दिल्ली के मलकागंज में अपना अखाड़ा स्थापित करने के लिए उन्हें ज़मीन दे दी। इस तरह सन् 1925 में 'बिरला मिल्स व्यायामशाला' की स्थापना हुई। विजयपाल धीरे-धीरे 'गुरु हनुमान' के नाम से प्रसिद्ध होते गए और 'बिरला मिल्स व्यायामशाला' भी 'गुरु हनुमान अखाड़ा' नाम से जाना जाने लगा।

वीरझन गुरु बताते थे कि देश के अखाड़ा-इतिहास में पहली बार यह गुरु हनुमान ही थे, जिन्होंने अपने अखाड़े में भारत की प्राचीन कुश्ती परम्परा और समकालीन अन्तरराष्ट्रीय कुश्ती की शैली का अद्‌भुत समन्वय तैयार किया। इसका सुन्दर परिणाम तब सामने आया जब गुरु हनुमान के तीन शिष्यों वेदप्रकाश, सुदेश कुमार और प्रेमनाथ ने सन् 1972 के 'कार्डिफ कॉमनवेल्थ गेम्स' में स्वर्ण पदक जीता। गुरु हनुमान के अन्य शिष्यों सतपाल और कर्तार सिंह ने भी सन् 1982 और 1986 के 'एशियन गेम्स' में स्वर्णपदक हासिल किया। यही नहीं, गुरु हनुमान के दर्जनों शिष्य कुश्ती के गौरवशाली सम्मान 'अर्जुन अवार्ड' और अन्य पुरस्कारों से अलंकृत हो चुके हैं। सन् 1999 में 98 वर्ष की उम्र में एक कार दुर्घटना में जब गुरु हनुमान नहीं रहे, तब से 'गुरु हनुमान अखाड़ा' की कमान महासिंह राव के हाथों में है। लगभग 200 युवक यहाँ निरन्तर प्रशिक्षण पाते हैं।

मुझे स्मरण है कि 9 अगस्त, 2003 को दिल्ली के 'कल्याण बिहार स्टेडियम' में गुरु हनुमान की प्रतिमा का अनावरण दिल्ली के तत्कालीन मुख्यमंत्री मदनलाल खुराना द्वारा किया जाना था, तो इस अविस्मरणीय अवसर के लिए गुरु हनुमान

अखाड़ा के सौजन्य से वीरझन गुरु को भी आमंत्रण-पत्र आया था। गुरुजी उसमें गए भी थे और दिल्ली से लौटकर अखाड़ा के हम शिष्यों को उस समारोह का भावपूर्ण विवरण दिया था।

गुरु हनुमान की गौरवशाली परम्परा आज भी शान-बान से चल रही है। उनके पट्ट शिष्य गुरु सतपाल का 'छत्रपाल स्टेडियम' भी बढ़-चढ़कर कुश्ती प्रशिक्षण में सक्रिय है। यह अखाड़ा 'महाबली सतपाल अखाड़ा' नाम से प्रसिद्ध है। सतपाल के लिए गुरु हनुमान माता-पिता और गुरु सबकुछ थे। सतपाल अब स्वयं गुरु की पदवी पर हैं। गुरु सतपाल को भी पद्मश्री से लेकर अर्जुन और द्रोणाचार्य पुरस्कार से सम्मानित किया जा चुका है। गुरु सतपाल और गुरु दादु चौगले ने अपने-अपने अखाड़ों में हाल-साल में एक से एक फौलादी पहलवान गढ़े हैं। छत्रपाल स्टेडियम के अपने अखाड़ा में गुरु सतपाल ने सुशील, अमित और योगेश्वर सरीखे विकराल पहलवानों को तब से प्रशिक्षित किया, जब वे बच्चे थे। एक बस ड्राइवर का बेटा सुशील जब ओलम्पिक में उतरा, तो लोगों ने करतल ध्वनि से उसका स्वागत किया। गुरु सतपाल के और भी कई पट्ट शिष्यों ने कुश्ती के विश्व चैंपियनशिप में अपना झंडा लहराया। सुना है, गुरु सतपाल ने अपने अखाड़ा को भरसक आधुनिकता दी है। उनके अखाड़ा में मैट की व्यवस्था है। ओलम्पिक में कुश्ती के दौरान मैट पर कैसे सन्तुलन रखा जाए, इसका भरपूर अभ्यास गुरु सतपाल कराते हैं।

दरअसल, मिट्टी के अखाड़ा में घर्षण और खिंचाव होता है, जिससे पहलवान को पाँव को सन्तुलित रखने और मल्लयुद्ध की गति को बीच-बीच में मन्द करने में सुविधा होती है, लेकिन ओलम्पिक के चिकने मैट पर अपने को सन्तुलित रखना एक सर्वथा भिन्न अभ्यास है। मैट पर कुश्ती ख़तरे से भरी है। अखाड़ा को आधुनिक बनाने की प्रेरणा गुरु सतपाल ने अपने गुरु हनुमान से पाई।

सन् 1972 में जब सतपाल ओलम्पिक में जाने को थे, उसके पहले 'गुरु हनुमान अखाड़ा' में उन्होंने जूट के मैट पर भरपूर अभ्यास किया था। दरअसल, पहला जूट मैट गुरु हनुमान ने ही अपने अखाड़ा में मँगवाया था। इसके बीस साल बाद गुरु सतपाल ने अपने अखाड़ा में आधुनिक तर्ज का मैट लगवाया। गुरु सतपाल की तरह उनके समकालीन रामफल और जसबीर भी अखाड़ों के दिग्गज गुरु हैं। इन्हीं गुरुओं के प्रताप से नई पीढ़ी के लड़के और लड़कियाँ अखाड़ों की शान बढ़ा रहे हैं। सुना है, दिव्या सैन नामक लड़की जिसके पिता जांघिया-लंगोटी सीकर जीवनयापन करते हैं, वह कुश्तीदल में मंगोलिया गई और जीतकर आई। महिला पहलवान गीता के बारे में भी कुछ इसी तरह प्रसिद्धि फैल रही है। वीरझन गुरु भी गुरु सतपाल और गुरु रामफल की तरह नई पीढ़ी को अखाड़े से जोड़े रखने में जुटे थे। इसलिए संगतघाट अखाड़ा में युवकों का जोर देखते बनता था।

गया की कुश्ती परम्परा का नाभि था संगतघाट अखाड़ा। पर महाबली राय की नज़र वर्षों से इस अखाड़ा की बेशकीमती ज़मीन पर थी। यों शहर की भव्य रिहाइशी ए.पी. कॉलोनी में दो बीघे के लम्बे-चौड़े परिसर वाला महाबली राय का महलनुमा बँगला है। पर उसकी तीव्र इच्छा थी पहाड़ पर, फल्गु की चोटी के ऊपर बसने की और रह-रहकर उसकी नज़र संगतघाट अखाड़ा के विशाल अहाते पर जाती थी। कहने को यह अखाड़ा आज भी एक ट्रस्ट के अन्तर्गत है। परम्परा से मथुरा के भूतेश्वर अखाड़ा के शिष्य ही इस ट्रस्ट के अध्यक्ष होते थे। कुछ प्रमुख स्थानीय लोग ट्रस्टी। इधर एक अर्से से भूतेश्वर अखाड़ा से संगतघाट अखाड़ा का सम्पर्क नहीं रहा। इसलिए बहुत दिनों से ट्रस्ट का कोई अध्यक्ष नहीं। ट्रस्ट के 75 वर्षीय सदस्य कन्हैयालाल चौरसिया को छोड़ शेष सभी ट्रस्टी दुनिया छोड़ चुके हैं। गयवाल पंडा समुदाय में भी पहलवानी के प्रति वह पहलेवाला उत्साह नहीं रहा।

एक समय था जब गयवाल पंडा समाज से बाबूलालजी राजा, नारायण जात, रामजी पाध्या, नन्हकू लाल पाध्या, रामलाल बारिक और बलदेवलाल टाटक सरीखे एक से एक वीर जलंधर पहलवान थे। स्व. बलदेव लाल टाटक नेपाल नरेश के खानदानी पंडा थे। नेपाल नरेश की कृपा से उनके पास हाथी भी था।

एक बार का किस्सा है कि उनका महावत नादरागंज की तरफ़ से हाथी को लेकर आ रहा था। आषाढ़ का महीना था। जोरों की बारिश। हाथी एक जगह दलदल में धँस गया। बलदेवलाल टाटक को ख़बर मिली। वे पहुँचे और एक झटके में कन्धा अड़ाकर हाथी को निकाल दिया। हालाँकि ऐसा करते हुए कहते हैं कि उनके मुँह से ख़ून आ गया था लेकिन हाथी को दलदल से निकालकर ही उन्होंने दम लिया। इसी तरह नारायणलाल कटरियार उर्फ़ नारूलाल गड़गड़वा भी कम खेले हुए पहलवान न थे। आर्थिक रूप से कमजोर थे। पर बकरी पालते थे। जोर लगाने के लिए जमकर बकरी का दूध पीते थे। एक बार पंजाब का एक पहलवान बुड़िया सरदार गया पहुँचा। उसकी शर्त रहती थी कि वह जिस पहलवान को पछाड़ेगा उसकी लंगोट-चरना ले लेगा। नारायण पहलवान को उसने ललकारा। नारायण ने उसे परास्त कर उसका लंगोट-चरना रखवा लिया। नारुलाल गड़गड़वा का वजन सात मन था। जब वे ऊपरी तल्ले के अपने निवास में गुज़रे, तो रस्सी से बाँधकर उनकी लाश उतारी गई। सीढ़ी से उनकी लाश को उतारना असम्भव था। गड़गड़वाजी चनमहला कठगच्ची मुहल्ला के थे। यह मुहल्ला बर्तन के कारोबारियों का है। गड़गड़वाजी को लेकर गया में आज भी कई दन्तकथाएँ हैं। कहते हैं कि उनके जीवन-काल में ही उनका एकलौता बेटा बापूलाल प्लेग से चल बसा था। उस ज़माने में जो प्लेग से मरता था, उसके शव को सरकार उठवा ले जाती थी। प्लेग से मरनेवालों की अन्त्येष्टि सरकार-प्रशासन द्वारा कराई जाती थी। गड़गड़वाजी के बेटे के शव को लेने जब दारोग़ा नोटिस के साथ पहुँचा, तो गड़गड़वाजी हमेशा की

भाँति अपने ऊपरी तल्लेवाले कमरे में थे। उन्होंने दारोग़ा को ऊपर अपने कमरे में बुलवाया और उसकी मुंडी एक हाथ से पकड़ छज्जे से लटका दिया। दारोग़ा चिल्लाने लगा। गड़गड़वाजी ने कहा 'नोटिस फाड़ो। मेरे बेटे की लाश तुम नहीं ले जा सकते। वह कोई लावारिस नहीं है।' पर अब गड़गड़वाजी सरीखे बलवंतों की बस यादें भर रह गई हैं।

समय के साथ गया की भी दुनिया बदल चुकी है। गया के कई प्राचीन अखाड़ों ने अब जिम की शक्ल ले ली है। यहाँ अब आचार्य चरक और आचार्य कश्यप द्वारा पुरुषार्थ के लिए कही गई बल-वीर्य और वाजीकरण की बातें नहीं होतीं। कई अखाड़े मृतप्राय हैं। अतीव दुर्दशाग्रस्त। मिसाल के लिए उत्तरमानुष अखाड़ा, देवघाट बैठक में पंचम लाल श्याम लाल पाठक का अखाड़ा और इसी तरह रामसागर तालाब के समीप सिजुआर स्टेट परिसर में सिजुआर साहब का अखाड़ा, बस अपना नाम ढो रहा है। अब यहाँ 'जोर' नहीं लगता। हूँ-हूँ की तड़कती आवाज़ के संग ताल नहीं ठोके जाते।

अपनी जजमानी को सुचारू रूप से चलाने के लिए पंडा लोग पहले पहलवानों का पोषण करते थे। गया में गुज़रे दौर में अक़सर डकैतियाँ हो जाती थीं। इससे भी निज़ात पाने के लिए गयवाल पंडों ने गया में अखाड़ों की स्थापना कर पहलवानी को प्राथमिकता दी थी। धन, ऐश्वर्य और वैभव में पहलवानों का अपना स्थान था। पर अब उस वैभव की खुरचनें ही गया में बच गई हैं। ऐसी लावारिस हालत के बावजूद वीरझन गुरु के होते किसी के लिए संगतघाट अखाड़ा में टपना मुश्किल नहीं, असम्भव था। ख़ैर, रास्ते के काँटे को महाबली ने साफ़ तो कर दिया, लेकिन ऐसा करते हुए उसे दूर-दूर तक अनुमान नहीं था कि वह अपने मौत के परवाने पर दस्तखत कर रहा है। शायद उसे मालूम नहीं था कि उत्पाती बन्दर को औकात में लाने के लिए ईश्वर ने लंगूर की रचना कर रखी है। इसलिए महाबली राय का मस्तक ख़ून सने लम्बे फालवाले चाकू के साथ मेरे झोले में पड़ा है। वीरझन गुरु की हत्या के बाद कई बार तन्द्रा में मुझे लगा कि वे मेरे सामने खड़े हैं और मुझे साक्षात चाणक्य की तरह आदेश दे रहे हैं, ''चन्द्रगुप्त! हरनन्द का सिर काट ला। तभी मेरी आत्मा को शान्ति मिलेगी। तेरे समस्त पापों का बोझ मेरे सिर पर होगा शिष्य!'' विष्णु की इस नगरी की सौंगध! मुझे आभास हुआ कि मेरे विष्णु गुप्त की मरणोपरान्त इच्छा है यह, जिसको मुझे हर हाल में पूरा करना है। अन्दर बेचैन करवटें लेते गयासुर को भी परितोष देना है।

और मैं ले आया हूँ महाबली राय का मस्तक अपने साथ। जीवित महाबली गया के पीठ का रिसता घाव था। वह अब सूख गया है। सदैव के लिए। मुरली पहाड़ के मरे हुए पत्थरों की तरह उसका सिर झोले में मेरे सामने लुढ़का पड़ा है। समय बूढ़ी हँसी हँस रहा है। मैं क्या करूँ? वीरझन गुरु तो इस दुनिया में नहीं हैं। वे अगर

अपने बिस्तर पर अचेतावस्था में भी होते, तो जाकर महाबली राय का मस्तक मैं उनके चरणों पर पटक डालता। पर अभी मुझे क्या करना चाहिए? जी करता है महाबली राय का मस्तक हवा में जोरों से उछालूँ जो ढम्म से गया स्टेशन पर जा गिरे। लोगों में भगदड़ और अफरातफरी मच जाए। आख़िर लोग जानें तो सही कि गयासुर को आज मनुष्य रूपी असुर महाबली राय के मुंड की बलि चढ़ी है।

सोचता हूँ तो लगता है, गयासुर वाकई एक अद्‌भुत दैत्य था। आमतौर से मैंने जितने राक्षसों-दैत्यों की कहानियाँ सुनी हैं, उनमें से एक गयासुर को छोड़ लगभग सभी ने घोर तप कर भगवान से वरदान लेकर अपार शक्ति प्राप्त की और अन्तत: भगवान को ही ललकारने व तबाह करने लगे। लेकिन स्वयं ब्रह्माजी द्वारा उत्पन्न गयासुर ने कोलाहल पर्वत पर तप कर भगवान विष्णु से वरदान भी लोक कल्याण के लिए ही माँगा था कि उसके शरीर से जो स्पर्श करे, उसे मोक्ष प्राप्त हो। इस स्थिति से उत्पन्न अराजकता के बाद ब्रह्माजी ने जब गयासुर का शरीर यज्ञ के लिए चाहा, तो उसने सहर्ष दे दिया। यज्ञ के दौरान अपने शरीर में हो रहे कम्पन को रोकने के लिए भगवान विष्णु को अपने शरीर पर रखी धर्मशिला पर बिना किसी हील-हुज़्ज़त के उसने पद रखने दिया और स्थिर हो गया। पर क्योंकि वह असुर था, इसलिए शरीर त्याग कर भी अपनी मूल आसुरी वृत्ति के कारण उसने भगवान विष्णु से कहा कि उसे रोज़ एक मुंड और एक पिंड चाहिए। अन्यथा वह फिर से उठ खड़ा होगा। गया में इसलिए आजतक हरेक दिन एक मुंड और एक पिंड चढ़ता ही है। यहाँ के श्मशान में नित्य एक न एक अन्त्येष्टि होती ही है और यहाँ की समस्त वेदियों पर एक न एक पिंडदान होता ही है।

मुझे लग रहा है कि गया की धरती पर महाबली का मुंड पाकर गयासुर को भी आज बहुत तृप्ति हुई होगी। मुझे लग रहा है कि गयासुर ने सैकड़ों-हज़ारों वर्ष बाद मुझ में परकाया प्रवेश किया है और बड़े उल्लास से महाबली का मुंड ग्रहण किया है। इस मगध अंचल के सीधे-सादे लोगों को यातना देने और प्राण हरने वाला महाबली राय आज गयासुर की बलवती इच्छा से उसका ग्रास बना है। आने वाले समय में गयासुर को उसके और भी कई इच्छित मुंडों से मैं तृप्त करूँगा। महाबली राय के प्रति मेरे मन में घृणा की पहली परत तब जमी थी जब उसके छोटे भाई बीरबल राय ने करसिल्ली में रहने वाले अखाड़ा के मेरे एक साथी दिवाकान्त की बहन को दिन-दहाड़े उठवा लिया था। और सिर्फ़ वही एक घटना क्या, ऐसी कई घटनाएँ!

गया के मुस्लिम अनाथालय की तेरह एकड़ ज़मीन पर भी क़ब्ज़ा करने का कुत्सित खेल इनमें से एक है। अनाथ मुस्लिम बच्चों के लिए अस्सी साल पुराने गया के चेरकी स्थित इस अनाथालय से तेरह एकड़ कृषि की भूमि जुड़ी थी ताकि बच्चों को इसकी उपज से भोजन मिल सके। महाबली के गुंडे इस पर भी चढ़ बैठे। अनाथ

बच्चों के निवाले पर आघात किया। जाने कितनों का रोआँ कूहा महाबली और उसके गुंडों ने। दुष्ट महाबली राय के दरबारियों की जमात कुछ ऐसी थी जैसे चन्द्रग्रहण की घोर कालिमा को और ऊपर से काले बादल ढँक लें। पूरे ज़िले के ठेकों पर क़ब्ज़ा जमा कर उसके दरबारी भी खासे पैसे वाले और जाहिर है रुतबेदार बन गए थे। पर यह बात किसी से छिपी नहीं थी कि महाबली और उसके भाई बीरबल राय के दरबार में विश्वास हासिल करने के लिए इन्हें अपनी स्त्रियों को भी महाबली की सेवा में प्रस्तुत करना होता था। घोर शराबी, अय्याश और परस्त्रीगामी था महाबली राय। उसके दरबारियों में यह निर्लज्ज प्रतियोगिता रहती थी कि किसकी स्त्री महाबली को ज़्यादा अच्छी लगती है। जिन कुछ दरबारियों ने अपनी पत्नी को प्रस्तुत करने से इनकार किया था, वह देखते-देखते माँड़ में गिरी मक्खी की तरह उपलाने लगा।

तीर्थ पुरोहित के अलावा संस्कृत के चूड़ांत विद्वान थे मेरे दादाजी। सनातन धर्म के मार्गी और मर्मज्ञ। अपनी गोद में लेकर उन्होंने ही मुझे भगवान विष्णु के मत्स्य, कूर्म, वाराह, नरसिंह, वामन, परशुराम और कल्कि अवतार की कथा सुनाई थी। वे बताते थे कि राम, कृष्ण और बुद्ध भी विष्णु के ही अवतार थे। इनके अलावा और जितने भी अवतार हुए, वे सब विष्णु के ही अंशावतार माने गए। मत्स्य अवतार के रूप में विष्णु ने प्रथम पुरुष मनु, सप्तर्षियों, उनकी पत्नियों और पृथ्वी की सभी प्रजातियों में एक-एक को बचा लिया। दादाजी बताते थे कि नव सृजन के लिए विष्णु ने कूर्म यानी कछुए के रूप में अवतार लिया, जिसकी व्यापक चर्चा 'शतपथ ब्राह्मण' में है। 'शतपथ ब्राह्मण' में ही 'नारायण' की चर्चा सबसे पहले आई है। नारायण ने ही वाराह अवतार के रूप में जल से पृथ्वी को निकाला और समुद्र के ऊपर स्थित किया। पाप में डूबी पृथ्वी को पाप मुक्त भी किया। नरसिंह अवतार लेकर मनुष्य का विकास करते हुए उसे दोपाया बनाया। इसी तरह वामन और परशुराम अवतार के प्रसंग। दादाजी बताते थे कि विष्णु का उल्लेख सबसे पहले 'ऋग्वेद' में आया है, जिसमें उन्हें आदित्य यानी सौर चक्र का देवता कहा गया है। इस तरह विष्णु ही प्रकाश हैं। दादाजी कहते थे कि विष्णु इन्द्र के मित्र व सहयोगी, यज्ञों और पर्वतों के रक्षक हैं। वही वर्षा कराते हैं, उन्नत कृषि कराते हैं और तीन डग भरकर तत्काल भक्त की रक्षा में उतर पड़ते हैं। वसु यानी समृद्धि भी वही हैं। पशुधन के स्वामी भी वही हैं। वही 'ऋग्वेद' में उल्लिखित 'परमम् पदम्' हैं, जहाँ मुक्ति और मोक्ष है। उन्हीं की नाभि से निकले कमल पर सृष्टिकर्ता ब्रह्माजी विराजते हैं। इसलिए नारायण का एक नाम पद्मनाभ भी है। दादाजी ने ही पहली बार मुझे विष्णु के हाथों में सुसज्जित शंख, चक्र, गदा और पद्म के सन्दर्भों को बताया। उन्होंने ही मुझे बताया कि विष्णु की गदा का नाम 'कौमोदकी' है। उनके हाथ का शंख हमारी चेतना का प्रतीक है। इसी तरह चक्र मन का। दादाजी ने मुझे अनगिनत देवी-

देवताओं की कहानियाँ भी कुछ इस जीवन्तता से सुनाईं कि वे आज भी मेरी स्मृति में ज्यों की त्यों सुरक्षित हैं। जैसे सूर्य और देवलोक के महान शिल्पकार विश्वकर्मा की पुत्री संज्ञा की कहानी कि कैसे सूर्यदेव और संज्ञा का विवाह हुआ, देवर्षि नारद का अहंकार भगवान विष्णु ने कैसे समाप्त किया, देवी दुर्गा और देवी चामुंडा की कथाएँ, हिरण्याक्ष वध की कथा, महिरावण वध की कथा, महर्षि जमदग्नि और उनकी धर्मपत्नी रेणुका के तेज़स्वी पुत्र परशुराम की कथा, सती का शरीर त्याग, मार्कंडेय व भक्त ध्रुव की कहानी और स्यमन्तक मणि का रोचक प्रसंग। यही नहीं, दादाजी ने अनेक श्लोक, गोस्वामीजी के दोहे और चौपाई...जीवन की जाने कितनी लोकोक्तियाँ मुझे कंठस्थ करा दी थीं।

प्रकांड बौद्ध विद्वान नागार्जुन द्वारा मूल रूप से संस्कृत में कही गई कहानियों का भी उनके पास भंडार था। अभी की परिस्थिति में उनसे सुनी 'साँप और कछुए' की कहानी याद आ रही है। कहानी एक राजा, रानी और उसके सुन्दर राजकुमार की थी। पहाड़ों के बीच राजा का एक मनोहर राज्य था। उस राज्य के जल का स्रोत एक विशाल पहाड़ के पीछे स्थित एक मीठे जल का बड़ा-सा सरोवर था। पर उस सरोवर पर एक नाग और एक दैत्य का क़ब्ज़ा था। इसलिए सरोवर से राज्य के लिए जल की निकासी के वास्ते हरेक बार किसी एक व्यक्ति को भेजना होता था। जल की निकासी तो हो जाती थी लेकिन नाग और दैत्य उस व्यक्ति को खा जाते थे। कब किस व्यक्ति के जाने की बारी है, इसका निर्णय पासा खेल कर किया जाता था। राजा न्यायप्रिय था, इसलिए पासे में वह स्वयं और अपने राजकुमार दोनों को शामिल करता था। इस तरह एक बार नाग और दैत्य के पास राजकुमार के जाने की बारी आ गई। अगली सुबह राजकुमार जबकि सरोवर जाने को था कि एक ग़रीब दम्पति के बेटे ने तय किया कि राजकुमार के बदले नाग व दैत्य के पास वह जाएगा। ग़रीब युवक ने सोचा कि उसके जीवन का क्या, लेकिन अगर राजा का एकलौता बेटा नाग और दैत्य का ग्रास बन जायगा, तो राजवंश समाप्त हो जायगा। युवक की बात सुन राजा-रानी भावुक हो रो पड़े। राज्य के लोगों ने बहुत स्नेह-सम्मान के साथ युवक को सरोवर के लिए विदा किया। विशाल पर्वत को पार कर युवक सरोवर के तट पर पहुँचा और सरोवर के एक कोने को काट कर राज्य के वास्ते जल का स्रोत खोल दिया। उसने चारों तरफ़ नज़र दौड़ाई, कहीं कोई नहीं था। मन में स्वाभाविक रूप से भय व्याप्त था। पर थकान इतनी थी कि उसे सरोवर के तट पर नींद आ गई। इस तरह रात गुज़र गई। सुबह जब उसकी नींद खुली तो उसने देखा कि एक विकराल विषधर और एक असम्भव रूप से विशाल कछुए में भीषण विवाद हो रहा है। दोनों एक-दूसरे पर अरोप लगा रहे थे कि कल से शिकार तट पर मौजूद है—लेकिन उसके भक्षण के लिए जगाया क्यों नहीं? विशाल कछुए की शक्ल में जो दैत्य था, उसने नाग पर चिल्लाते हुए कहा, 'तुम्हें सावधान रहना

चाहिए! यदि किसी को मालूम हो गया कि तुम्हारी हत्या करके अगर तुम्हारे जिस्म को धोकर निगलने के बाद उल्टी कर दी जाए तो उसके मुख से सोना ही सोना निकलेगा।' पलटवार में नाग ने कहा, 'तुम्हें भी बचकर रहना चाहिए। अगर किसी को पता चल जाए कि तुम्हें मारने के बाद रंगीन कपड़े में लपेट कर तिजोरी में रखा जाए, तो उसके धन में लगातार कई गुना वृद्धि होती चली जाएगी।' युवक देर तक नाग और कछुए का घमासान दम साधे देखता रहा। देर तक लड़ने के कारण दोनों बुरी तरह निढ़ाल हो गए थे। इस सुनहरे अवसर को भाँप युवक ने दोनों पर हमला कर दिया और दोनों को मार डालने में सफल रहा। ऐसा करने के बाद युवक ने नाग के शरीर को धोने के बाद टुकड़े-टुकड़े कर निगल लिया। फिर उसे उल्टी हो गई। उल्टी में उसके मुँह से सोना ही सोना निकला। युवक ने कछुए के शरीर को लिया और सीधे अपने राज्य जा पहुँचा। राज्य में लोगों की खुशी का ठिकाना न रहा। नाग और दैत्य का भय अब हमेशा के लिए समाप्त हो चुका था। युवक ने कछुए का शरीर रंगीन कपड़े में लपेट राजकोष में जमा करा दिया। रातों रात खजाने में अप्रत्याशित वृद्धि हो गई। युवक की वीरता और उदारता से प्रसन्न राजा--रानी उसे पुत्रवत मानने लगे। युवक अब राजकुमार के संग रहने लगा। राजकुमार के संग-शिकार पर भी जाने लगा। एकबार शिकार के दौरान दोनों एक सघन जंगल में रास्ता भटक गए। अचानक उन लोगों ने आदिवासियों के एक बड़े सशस्त्र जुलूस को आते देखा। दरअसल, वह जंगल के आदिवासी राजा का जुलूस था। आदिवासी राजा अपनी बेटी के वास्ते योग्य वर की तलाश में निकला था। उसने राजकुमार को अपने क़ब्ज़े में ले लिया और चलता बना। राजकुमार से बिछुड़कर युवक बहुत दुखी हुआ। हताशा में वह चलता ही जा रहा था कि अचानक तीन लोगों को उसने रास्ते में लड़ते देखा। तीनों गुत्थमगुत्था थे। युवक ने तीनों को छुड़ाया और लड़ाई का कारण पूछा। तीनों ने बताया कि वे यह सामने रखी तीन चीज़ों के लिए लड़ रहे हैं। युवक को देखकर हैरानी हुई कि उन तीन चीज़ों में जूते की एक पुरानी जोड़ी, एक पुरानी टोपी और एक पुराना बोरा था। भला इन चीज़ों के लिए इतनी लड़ाई? युवक के पूछने पर तीनों ने बताया कि देखने में भले ये चीज़ें पुरानी हैं लेकिन तीनों जादुई हैं। जैसे जूते का जादू यह है कि जूता पहनते ही पहनने वाला जहाँ चाहेगा, जूता पल भर में उसे वहाँ पहुँचा देगा। टोपी का करिश्मा है कि उसे पहनते ही पहनने वाला अदृश्य हो जाएगा और बोरे का कमाल है कि उसे हाथ में लेनेवाला जो भी इच्छा करेगा, बोरा उस सामग्री से भर जाएगा। तीनों की बातें सुन युवक ने सहज मुस्कान के संग कहा, 'तो इसमें झगड़ने की ज़रूरत क्या है? मैं इसका फ़ैसला कर देता हूँ। मेरे सामने तुम तीनों दौड़ लगाओ। जो पहले नम्बर पर रहेगा उसे यह तिलिस्मी बोरा मिलेगा। दूसरे नम्बरवाले को करिश्माई टोपी दी जाएगी और तीसरे नम्बर पर आनेवाले को जूता मिलेगा।'

युवक के प्रस्ताव पर तीनों प्रसन्न हुए और फ़ौरन दौड़ शुरू कर दी। वे अभी दौड़ ही रहे थे कि युवक ने जूते पहने, टोपी पहनी और बोरे को कन्धे पर लादा। ऐसा करते ही युवक अदृश्य हो गया। उसने जूते से इच्छा प्रकट की कि उसे लापता राजकुमार के पास पहुँचा दे। अगले क्षण वह राजकुमार के सामने था। राजकुमार को अपनी इकलौती बेटी से ब्याहने के बाद आदिवासी राजा ने अपना राज-काज भी सौंप कर राजा बना दिया था। इस तरह राजकुमार के पास अब दो राज्य हो गए थे। राजकुमार ने एक राज्य का राजा युवक को बना दिया और दोनों आनन्दपूर्वक अपने राज-काज में व्यस्त हो गए। दादाजी से सुनी इस कथा का मुझे अभी अनायास सुमिरन क्यों हुआ है? मुझे जीवन से कुछ नहीं चाहिए। न कोई राज-काज और न कोई वैभव! सहसा मुझे लग रहा है कि टोपी पहनकर मैं उस युवक की तरह अदृश्य हो चुका हूँ। जूता पहनकर मुरली पहाड़ की चोटी पर पहुँचा हुआ हूँ और बोरे में मेरी सबसे इच्छित सामग्री मौजूद है—महाबली राय का मस्तक। मुझे इस बोरे में सिर्फ़ मगध के आतताइयों का मस्तक चाहिए। अन्धकार में एक कोने में पड़े बोरे को मैं देखने की कोशिश कर रहा हूँ। मुझे याद है, बचपन में मेरे दादाजी महाबली राय सरीखे एक घोर दुष्ट और निरंकुश राजा क्षेमगुप्त की भी कहानी सुनाते थे। लगता है, क्षेमगुप्त ने ही शायद महाबली राय के रूप में गया में जन्म लिया था। उसके अनाचार की लम्बी सूची है। गया के लोग विवश थे। पर महाबली अब अतीत है। वीरझन गुरु की हत्या के साथ ही महाबली के माथे पर साक्षात् सनीचर बैठ गए थे। नंगा धधा रहा था महाबली का खानदान। उसका हिसाब करना ज़रूरी हो गया था।

अतीत की नाना कथाओं से मन की बेचैनी को बहलाने की मेरी कोशिश व्यर्थ हो रही है। अन्धकार में राख के वृक्ष की भाँति मैं मुरली पहाड़ पर खड़ा हूँ। एक अजीब अवसाद रह-रहकर मुझे दबोच रहा है। मैं कहीं नहीं हूँ। मैं अब कहीं का नहीं हूँ। लग रहा है कि हज़ारों-हज़ार मील तक फैली एक मरुभूमि में मैं अकेला हाँफ रहा हूँ। कभी-कभी मुझे यह भी सन्देह होने लगा है कि कहीं मैं पागल तो नहीं हो गया हूँ! मेरा मस्तिष्क मुझे बार-बार झकझोर कर त्रस्त कर रहा है। सहस्त्र आशंकाओं के बीच अन्ततः एक ही प्रश्न सामने है कि अब मैं क्या करूँ? पर मेरे मन की पूछिए तो होता है कि मुरली पहाड़ के शिव मन्दिर पर खड़े होकर इस आधी रात में पूरी ताकत से चिल्लाकर ऐलान करूँ कि, ''मैं नव गयासुर! मैं भगत सिंह और चन्द्रशेखर आज़ाद का वारिस! नेताजी सुभाष का रक्त! आज महाबली राय का मस्तक लेकर गया को भय मुक्त करने का शंखनाद करता हूँ।'' पर मैं खामोश, अन्धकार में खोये मुरली पहाड़ पर वाल्मीकि माँझी की झोपड़ी में घुमड़ रहा हूँ। लोग कैसे कहते हैं कि मुरली पहाड़ के पत्थर मृत हैं? मैं अभी इसके एक-एक पत्थर और चट्टान की धड़कन को महसूस कर रहा हूँ। मुझे लग रहा है कि मैं गयासुर की धड़कन को इस समय सुन पा रहा हूँ। उसे अपने भीतर घुमड़ता पा रहा हूँ।...नेताजी

सुभाष...भगत सिंह...हमेशा रूआब में मूँछों पर हाथ रखे रहनेवाले चन्द्रशेखर आज़ाद...सब मेरे चारों तरफ़ घुमड़ रहे हैं और लगातार बेचैन कर रहे हैं मुझे। सब बता रहे हैं मुझे कि एक न एक दिन आएगी अच्छाई, हमेशा के लिए। हमें चकित करती हुई। क्या आपको लगता है कि आज़ाद भारत को नेताजी सुभाष, भगत सिंह और चन्द्रशेखर आज़ाद की ज़रूरत है? पता नहीं, मैं आख़िर क्या होना चाहता हूँ? गयासुर...नेताजी सुभाष...भगत सिंह...चन्द्रशेखर आज़ाद...या सिर्फ़ अभय! 'नौजवान डायनामाइट...डायनामाइट'...का नारा फिर मेरे भीतर जोरों से गूँज रहा है। अन्ततः मुझे लगता है कि अपने इन तमाम पूर्वजों की शक्ति और आत्मविश्वास से भरपूर बस एक अभय! देश और समाज का अभय! अपने गया का अभय! जो कुछ भी, पर अभय की तुरही गया में मैंने फूँक दी है। अभय अब शरीर नहीं, बस एक प्रबल-प्रचंड भाव है।

मैं जानता हूँ कि अगर एक अदना आदमी भी अनीति और अन्याय को जान पर खेल कर खत्म करने की ठान ले, तो वह उन असंख्य लोगों पर भारी पड़ेगा जो चुनाव में भेड़ की तरह जमा हो वोट गिराते हैं और हमेशा रोते रहते हैं। मैं मगध अंचल में आर-पार करके दम लूँगा। और दम क्या लूँगा, मिटा दूँगा अपने आपको। यह सिर-धड़ की जंग है।

चन्द घंटे बाद सुबह का उजास फैलना शुरू होगा और अभी अँधेरे में गुम यह मुरली पहाड़ फिर तेज़ी से अपने आकार में उभरने लगेगा। विष्णु पद मन्दिर के गर्भगृह में शृंगार-पूजा के समय जब गोल काले पत्थर की शिला को प्रधान पुजारी द्वारा दूध से स्नान कराया जाता है, तो भगवान विष्णु का पद उस काले पत्थर पर दूध के साथ स्पष्ट उभर-निखर जाता है। उसी तरह सुबह के दुधिया उजास में यह मुरली पहाड़ भी नित्य अपनी आकृति का उभार हासिल करता है। सुबह का उजाला और पूर्णिमा की चाँदनी ही इस अभागे पहाड़ का शृंगार-पूजन है। पर इसके पहले कि मुरली पहाड़ आकृति में आने लगे, मुझे अपने बारे में तय कर लेना है।

गया सिर

कुछ घंटे बाद लाल हलद आभा के संग किरण फूटेगी। सुबह होने के पहले मुझे फिर यह शहर छोड़ देना है। आख़िर कब तक मुरली पहाड़ पर बैठकर मैं आकाश से पीठ रगड़ता रहूँगा! अभी यहाँ बस अपने आपको इस घटना के बाद शान्त और स्थिर करने के लिए पड़ा हूँ। मैं कोई भीम का हाथी नही हूँ, जो हमेशा के लिए हवा में

झूलता रहूँगा। मालूम है न भीम के हाथी की कथा? महाभारत युद्ध के दौरान भीम ने जिस हाथी को नचाकर आकाश में फेका था, कहते हैं वह आज भी आकाश में लटका हुआ है। पर मैं हालात की खूँटी से टँगा रहने वाला आदमी नहीं हूँ, जो सुबह से रात तक और यहाँ तक कि नींद में भी रोते-कलपते जीवन गुज़ारते हैं। यह लीचड़ व्यापार मेरी फितरत नहीं, या यों कहें कि मुझे मंजूर नहीं है। ठीक है, बहुत छोटे घास-पानी का हूँ मैं लेकिन थोड़ा अड़बंगापन तो है ही मुझमें। बस दिल की एक बात पर 'फ्लैग मार्च' कर जाता हूँ।

यही कारण है कि आज इस समय महाबली राय के सिर को झोले में लिए मैं यहाँ बैठा हूँ। संगतघाट अखाड़े में वीरझन गुरु के अनगिनत शिष्य हुए पर उनकी हत्या का बदला लेने का भूत मेरे ही सिर में गुँथा हुआ था। मैं ही अपने भीतर अफ्फर धुन रहा था। दरअसल, वीरझन गुरु का बहुत स्नेह पाया है मैंने। मेरे बारे में वह हमेशा कहते थे, "अभय सरेसा घोड़ा है। आने दो समय...देखना इसका कमाल।" उनके आशीर्वाद की छतरी के नीचे अभी भी मैं अपने को पाता हूँ। इसलिए इस स्थिति में उलझने का मुझे कोई अछतावा-पछतावा हो, ऐसा नहीं है। बहुत मन्थन के बाद मैंने इसे अंजाम दिया। और अब जबकि मेरा मन इस घटना से जुड़ी तमाम उत्तेजनाओं से बहुत हद तक बरी हो चुका है, कोई अचानक अभी मुझसे टकरा जाए और झोले की तरफ़ इशारा करके पूछ दे, "अभय! इसमें क्या है?" तो बड़े इत्मीनान से मैं कह सकूँगा कि मुझे कई दिनों से बहुत क़ब्ज़ है और बेल लेकर घर जा रहा हूँ। शायद इसके सेवन से क़ब्ज़ दूर हो जाए। या यह भी कहने में मुझे कोई दिक्कत नहीं होगी कि घर में मुरब्बा तैयार कराने के लिए कोंहड़ा लेकर जा रहा हूँ, क्योंकि बाज़ार में बिकनेवाला रबड़ जैसा मुरब्बा मुझसे चबाया नहीं जाता।

हालाँकि, बेल और कोंहड़ा बताकर महाबली राय के सिर को मैं इज्ज़त ही दूँगा, जिसका हकदार वह कहीं से नहीं। कायदे से मुझे कहना चाहिए कि, "शहर के पेट में पथरी हो गई थी इसलिए इसे काट कर निकाल दिया है मैंने।" पर बड़ा से बड़ा पापी क्योंकि मरने के बाद थोड़ी इज्ज़त का हकदार हो ही जाता है, इसलिए मुझे कोई भ्रामक ही सही, सम्मानजनक बहाना करना होगा।

अक़सर धर्मसंकट की स्थिति में लोग यह कहते सुने जाते हैं कि, "मैं यह बात किस मुँह से किसी को कहूँ?" ऐसा भला क्यों? क्या लोगों के अनगिनत मुँह होते हैं? अलग-अलग मुँह से अलग-अलग बातें। पर मेरे पास ईश्वर का दिया सिर्फ़ एक मुँह है। एकमुखी रुद्राक्ष और एकमुखी मनुष्य मिलना कठिन है। मुझे ईश्वर ने एक मुख दिया है। मैं दशानन रावण नहीं, एकानन अभय हूँ। और इस घोर धर्मसंकट की स्थिति में भी अपने एकमात्र मुँह से कहना चाहता हूँ कि कभी-कभी कोई अपराध किस तरह नैतिक सन्तोष देता है, यह अभी कोई मुझसे आकर पूछे। ग़ौर से देखा से देखा जाए तो अपने देश की ज़्यादातर प्राचीन गौरव गाथाएँ अपराध के

नैतिक सन्तोष का ही खजाना हैं। मुझे लग रहा है कि अभी मैं उसी प्राचीन युग का एक प्रतापी नागरिक हूँ। वैसे, मुझे इस बात का पूरा भान है कि अपराध का यह क्षणिक नैतिक सन्तोष काल का वह लोमहर्षक सिंहद्वार बरबस खोल देता है, जहाँ हिंसा का अनन्त बारीक जाल है। आज उस सिंहद्वार की चौखट पर मैं स्वयं को देख पा रहा हूँ। हाल साल में इस इलाक़े के माओवादी उग्रवादियों में बेशक बहुत गिरावट आई है। जातीय गोलबन्दी का रोग इन्हें भी लगा है। पर मगध में इनकी शुरुआत अपराध के नैतिक सन्तोष से ही हुई थी। इसलिए कमोबेश गया-जहानाबाद के गाँव-गाँव में आज भी ग़रीब-वंचितों के दमन के विरुद्ध इनकी रक्त-रंजित पताका लहरा रही है।

बहुत शुरू में मगध अंचल के छोटे-बड़े अनेक महाबलियों का मस्तक ठीक उसी तरह इनका लक्ष्य रहा, जैसे मेले में एक रुपए देकर बच्चे पूरे रोमांच के संग एयरगन थाम कर गुब्बारों पर निशाना लगाते हैं। अभी भी इन माओवादियों का यहाँ के चप्पे-चप्पे में भूमिगत संगठन है। अत्याधुनिक हथियारों के जखीरे के दम पर इनकी समानांतर सरकार चलती है। इसलिए गया प्रमंडल में कमिश्नर, कलक्टर और एस.पी. तक के पोर-पोर की हड्डियाँ सी.पी.आई. (माओवादी) के जोनल कमांडर मरांडी उर्फ़ तूफ़ान उर्फ़ राणा के नाम से काँपती-थर्राती हैं। वर्ष 1999 में मरांडी गया जेल से भागा था। उस पर हत्या के 38 मामले हैं। हत्या करने के दौरान अधिकांश लोगों के सिर काट लेने के कारण 'मुड़कटवा' नाम से भी वह जाना जाता है। महाबली की हत्या पुलिस के लिए एक भारी अबूझ पहेली होगी। महाबली का सिर जिस तरह मैंने उतारा है, पुलिस-प्रशासन से लेकर गया के आम लोगों का शक मरांडी पर जा सकता था। पर सबको मालूम है कि महाबली राय के मरांडी से हमेशा अच्छे रिश्ते रहे हैं। महाबली ने मरांडी को भरोसे में लेकर अपने कई विरोधियों को परलोक भिजवाया है। यह किसी से छिपा नहीं है कि माओवादी क्रान्तिकारी का लबादा पहनकर दोगला खेल खेलता है मरांडी। इस ख़ूनी खेल से उसने कहते हैं काफ़ी सम्पत्ति अर्जित की है। पर मैं— ? मैं मरांडी नहीं हूँ। इसलिए नैतिकता के अपने जादुई कालीन पर अकेले अपने मनगढ़ंत गणराज्य के संग तरह-तरह के उथल-पुथल से गुज़र रहा हूँ और हिचकोले खाता उड़ान भर रहा हूँ। पर जो भी हो, गया में महाबली राय के अखंड खौफनाक गणराज्य को मैंने आज ढाह दिया है। अब अदृश्य रहकर इसकी बागडोर मैं थामूंगा। मेरा दिल पता नहीं क्यों, यह कह रहा है कि मैं ही गया को एक नई सुबह दूँगा। पर क्या सुबह में दाखिल होने का यह सही रास्ता है? क्या गयासुर ने गया को सचमुच सुबह दी थी?

मुझे जितनी समझदारी है, उसके आधार पर मुझे पता है कि हरेक स्वयंभू मसीहा एक ऐसे अनूठे स्वर्ग की स्थापना का वचन देता है जिसमें सीधे-सच्चे लोग हरगिज नहीं रह सकते। महाबली राय ने भी गया के लोगों को कुछ ऐसा ही दृश्य

दिखाया था। ख़ैर जो भी हो, अभी मेरे मन में बहुत उद्वेलन है। कई सवाल। इन सवालों के साथ मरांडी की तरह मुझे भी भूमिगत रहकर अपना एक गणराज्य कायम करना है। एक देश। ज़रूरी नहीं कि वह एक बहुत बड़ा और बड़ी आबादीवाला देश हो। हाल में अख़बार में एक समाचार पढ़ने को मिला। पढ़कर एक अजीब रोमांच हुआ। उस समाचार को मैंने इतनी बार पढ़ा कि वह मुझे लगभग कंठस्थ हो गया। यह एक ऐसे अजूबे देश का समाचार था, जहाँ मात्र तीन लोग रहते हैं। समाचार में बताया गया था कि पेंसिलवेनिया की 0-2 वर्ग मील को खाली पड़ी ज़मीन को 'कैलसहारा' देश घोषित करने के बाद वर्ष 2009 में ट्रेविस मोंटेग हेनरी यहाँ के राजा बन गए। इस देश का नाम कैलिफोर्निया और सहारा को मिलाकर रखा गया है। इस देश में मात्र तीन से दस लोग रहते हैं। पर औसतन तीन ही लोग।

समाचार में बताया गया था कि यह किसी अलौकिक महान देश का इतिहास नहीं, बल्कि एक व्यक्ति की सनक की कथा है। दिलचस्प बात यह है कि ऐसे ही सनकी लोगों ने दुनिया भर में ऐसे 400 से ज़्यादा अति सूक्ष्म देश बना दिए हैं। इन सबने अपनी आज़ादी और स्वायत्तता का दावा कर रखा है। हालाँकि दुनिया के किसी देश ने ऐसे अफलातून देशों को मान्यता नहीं दी है। एक घुमक्कड़ फ़ोटोग्राफर लिओ डेलाफ्टेन ने ऐसे सूक्ष्म देशों की यात्रा कर वहाँ के जीवन की तस्वीर दुनिया के सामने रखी। यही नहीं, तीन लोगों की आबादी वाले देश कैलसहारा के राजा ट्रेविस मोंटेग हेनरी का ढेर सारे वीरतापूर्ण मेडेल से सुसज्जित शानदार सैन्य वेश में चित्र भी अख़बार में प्रकाशित किया। समाचार में बताया गया था कि ज़मीन के छोटे टुकड़ों को महज़ दुनिया को चुनौती देने के लिए कुछ सनकी-झक्की लोगों ने अलग राष्ट्र घोषित कर रखा है। तब इस लिहाज से मेरा भी नाम निहादी ही सही लेकिन एक देश है, जिसमें अकेले मैं रहता हूँ और सारी दुनिया के लिए मेरा एक ही राजदूत है, मेरा साथी दुलारचन्द। मेरा यह गणराज्य अमेरिका या इजरायल तो नहीं, लेकिन बड़े-बड़ों की नींद हराम करने वाला है। अपने अदृश्य देश का मैं अदृश्य प्रमुख हूँ।

इतने घंटों के मन्थन के बाद मैं कह सकता हूँ कि हर महत्त्वाकांक्षी व्यक्ति के भीतर उसका अपना एक गणराज्य होता है। अपवित्र उतावलेपन की सत्ता होती है। महाबली राय का चाहे जैसा भी, अपना गणराज्य था। एक ऐसे विशाल मकड़े का प्राचीन रोमांचक इन्द्रजाल, जिसमें उलझ कर लम्बे अर्से से यह इलाक़ा छटपटा रहा था। पर अब जबकि मैं उसे परलोक भेज चुका हूँ, उसके कटे मस्तक ने मुझे चमत्कारिक ढंग से लगातार परेशान कर रखा है और बत्तीस साल की उम्रवाला मेरे जैसा निठल्ला-छाँछ आदमी भी सोचने लगा है कि मेरा भी गणराज्य हो सकता है। मेरी भी सत्ता हो सकती है। कुछ उसी तरह जैसे मुरली पहाड़ अचानक जगमगाता पर्वत बन जाए और चारों तरफ़ यह दन्तकथा फैल जाए कि सारे देवतागण अब इसी पर्वत पर निवास कहते हैं। यह वीरान शिव मन्दिर और ईंट की साधारण-सी

चहारदीवारीवाला नवदुर्गे मन्दिर अपनी भव्यता में समाए नहीं समाए। लोग बाग माफ़ी माँगते हुए चारों तरफ़ कहने लगें कि अब तक इस पहाड़ को निठल्ला और कंडम कहकर उन सब ने सचमुच जघन्य अपराध किया है। इसके लिए भारी प्रायश्चित करना होगा। इन काल्पनिक बातों के बीच जो एक असली बात इतनी देर से कहना चाहकर भी नहीं कह पा रहा हूँ वह यह कि वीरझन गुरु की हत्या का बदला लेने के बहाने महाबली राय का सिर उतार कर मैंने स्वयं को नाकारा और कंडम समझने के जघन्य अपराध से मुक्त किया है। यह मेरे लिए आसान नहीं था। पता नहीं क्यों, यह बात अभी बार-बार मेरे जेहन में आ रही है कि वीरझन गुरु की हत्या से बहे रक्त से मेरा पुनर्जन्म हुआ है। इस जीते-जागते छह हाथ के अभय का फिर से एक नया जन्म। मुझे लगता है कि प्रेम और प्रतिरोध, दोनों में पुरुष का पुनर्जन्म होता है। चुनौती और प्रतिरोध के बिना पुरुष क्या है? तीव्र घृणा से उत्पन्न भावावेशपूर्ण प्रतिरोध भी कैसे एक अर्थहीन जीवन को अर्थपूर्ण बना देता है, इसे मैं अभी महसूस कर रहा हूँ। और इसलिए आज मैं यहाँ हूँ। हैसियत से बढ़कर असम्भव बातें सोचता हुआ। कुछ इस हद तक कि मुझे स्वयं पर अचरज हो रहा है। यह शायद इसलिए कि अपनी तथाकथित मौत के बाद से हर चीज़ मुझे एकदम नई और बदली-बदली नज़र आने लगी है। हृदय की बात कहूँ, तो जीवन से ज़्यादा मैं अपनी मृत्यु में खुश हूँ। अब सोचता हूँ, तो सचमुच रोमांचित होता हूँ कि जीवित लोग मृतकों के संग क्या बर्ताव करते हैं। एक मुरली पहाड़ को छोड़कर गया के अधिकांश पहाड़ और मन्दिर सुबह से मृतकों को मोक्ष दिलाने के अभियान में जुटे रहते हैं। मृतकों को मोक्ष दिलाने की व्यग्रता स्वजनों से लेकर पेशेवर पंडों तक में रहती है।

वैसे तो सालों भर, लेकिन सितम्बर माह में, पितृपक्ष के दिनों में यहाँ घमासान मचा रहता है। हर साल भाद्र पक्ष की चतुर्दशी से आश्विन पक्ष की अमावस्या तक गया में पितृपक्ष का मजमा एक स्थायी दृश्य है। छोटे स्तर पर गया के समीप पुनपुन में भी पितृपक्ष मेला होता है। पर गया के पितृपक्ष मेला में दुनिया उमड़ी रहती है। पितरों के इस पखवाड़ा में देश-दुनिया से सनातनधर्मी हिन्दू अपने पितरों को प्रेत योनि से मुक्ति दिलाने के लिए गया आते ही हैं।

इधर कुछ वर्षों से कई दूसरे देशों के लोग भी आकर पितृपक्ष के दिनों में पिंडदान करते हैं। कुछ साल पहले यूक्रेन के केटरिनबर्ग शहर की यूलिया मुझे मिली थी, जो अपने पिता मि. फेडर और माँ अन्ना का पिंडदान करने पितृपक्ष में आई थी। उसने बताया था कि इसकी प्रेरणा उसके देश की महिला धर्मगुरु नतालिया सैफ्रानोवा ने उसे दी थी। कमोबेश हर साल गया-नई दिल्ली महाबोधि एक्सप्रेस से पितृपक्ष में विदेशियों का दल गया उतरता है। फिर इसी ट्रेन से दिल्ली लौटकर अपने देश का विमान पकड़ लेता है। धार्मिक संस्था 'इस्कॉन' के एक लोकनाथ गौड़ महाशय को मैं वर्षों से जानता हूँ, जो अपनी रूसी पत्नी के संग हर बार पितृपक्ष के समय

उन विदेशियों को यहाँ पिंडदान करवाने लाते हैं, जिन्हें उन्होंने वैदिक धर्मशास्त्र का ज्ञान दिया होता है। मुझे याद है यूक्रेन की यूलिया ने अपने माता-पिता को पिंडदान करने से हुई अनुभूति के बारे में लगातार एक साँस में कहा था, 'आई फ़ील पीस इन माइ माइंड...इन माइ हार्ट ऐंड सोल! आफ़्टर दिस आइ फ़ील नो फ़िअर...।' रूस से आई मध्य वय की ल्यूबा ने भी कुछ ऐसी ही बात कही थी। जो रफ़्तार है, मुझे तो लगता है कि एक समय आएगा जब एक अपने देश क्या सारी दुनिया के लोग बड़ी संख्या में यहाँ आकर पिंडदान करेंगे। तब वह 'विश्व पितृपक्ष' हो जाएगा। इसका आरम्भ हो चुका है।

सचमुच, यह एक पखवाड़ा गया के पंडों से लेकर हर छोटे-बड़े कारोबारियों, धर्मशाला और होटल संचालकों, ऑटो-टैक्सी तथा रिक्शा चालकों—सबके लिए सालाना बोनस सरीखा होता है। मृतकों की मुक्ति के लिए इस अवधि में सारी ताकत झोंक दी जाती है। यहाँ तक कि सरकार और शासन को भी जी-जान से जुटना पड़ता है। प्रेत बनकर भटकती आत्माओं को हर हाल में मुक्ति दिलाने की यह वर्जिश देखने लायक होती है। यह है मृतकों के प्रति स्वजनों का अटूट प्रेम! पर उस मृतक को क्या उसके जीवन काल में इतना प्यार किया जाता है? क्या बस किसी की स्मृति को ही प्यार किया जाना चाहिए? यही सच और सर्वसत्य है कि दुनिया आपको मोक्ष दे सकती है, प्यार नहीं। अब जबकि बिना मरे मैं एक मृतक की भाँति सबकुछ देख रहा हूँ, तो इन बातों को ज़्यादा साफ़-साफ़ समझ पा रहा हूँ। दरअसल, श्रीविष्णु की नगरी में वह प्राचीन गयासुर लेटा हुआ है और मैं अभय, इस नगर का नव गयासुर, खड़ा हूँ और सब देख रहा हूँ।

मैं क्या कहूँ? जिसे थोड़ा भी ज्ञान है, उसे पता है कि गया की धरती के कण-कण में साक्षात श्रीविष्णु की सत्ता है। मेरे दादाजी बराबर कहा करते थे, "ब्रह्मा जगत बनावन हारा, विष्णु सबहिं नित देत अहारा...।" गया में भगवान विष्णु की सरकार युगों से यहाँ सबकी परवरिश करती आई है। अनुकरण मनुष्य का स्वभाव है। ईश्वरीय सत्ता की नक़ल में इंसान ने दुनिया भर के अपने-अपने देशों और उसके प्रान्तों में सरकारें कायम कर रखी हैं। दिल्ली में मौजूद भारत सरकार, पटना में बैठी बिहार सरकार, गया-जहानाबाद के गाँवों में हुमकती उग्रवादियों की समानांतर सरकार और अपराध क्षमा हो, तो आज की तारीख से मुझ जैसे एकलौते आदमी की भी एक सरकार। काफ़ी आत्म संघर्ष और आत्म यंत्रणा के बाद अन्ततः मैंने अपनी सरकार की स्थापना आप कर ली है।

ढाई बज रहे हैं। मेरी आँखों में जैसे कौवे की आँख घुस गई है। प्रतिपल सतर्क। चौकस। हालाँकि, अभी हाथ को हाथ नहीं सूझ रहा है। अँधेरा फटने के पहले कुछ ज़्यादा ही गाढ़ा हो जाता है। एकदम से अलकतरा। शरद के आगमन के साथ अब मेघांत हो चुका है। अघन आकाश है। शरद पूर्णिमा भी बीत चुकी है। यह कार्तिक

मास का कृष्ण पक्ष है। चित्रा नक्षत्र है। एकाध बार अच्छी बारिश हुई है। आसिन के दिनों में हथिया के दौरान बस थोड़ा झर-फर होकर रह गया था। ज़मीन की प्यास बनी ही रह गई। चित्रा है भी तो बस पन्द्रह दिन। फिर स्वाति नक्षत्र की दुर्लभ बूँदों का चौदह दिनों तक इंतज़ार। किसानों की मेहनत और चित्रा की थोड़ी कृपा से गया-बोधगया के इर्द-गिर्द के गाँवों के धनकियारी खेतों में इन दिनों धान की हरीतिमा ने जैसे पूरी प्रकृति को अपनी नरम बालियों में भींच रखा है। कितनी प्यारी लग रही है हरी-गुलाबी और नीली-नारंगी यह धरती! कुछ दिन में धान कटने के बाद रबी की बुआई होगी। कार्तिक के बाद चैत-बैशाख की वर्षा पर ही निर्भर है कि रबी की खेती कैसी होगी। गया ज़िले के किसानों के मुँह में दो वक़्त का निबाला अगर जाता है तो खरीफ और रबी की ही खेती के दम पर। चैती फसिल को भुरभुरी माटी वाले भिठारा खेत ही टेकते हैं। कोरियार खेत सब्जियों का जुगाड़ कर देते हैं।

कार्तिक पूरे रंगत में है। रातों की सिहरन अब बढ़ गई है। बीतते अक्टूबर के साथ रातें लम्बी होने लगी हैं। शरद के इन दिनों में ऊपरडीह स्थित मेरे घर के आँगन में लगी शेफाली नन्हे-नन्हे सफ़ेद फूलों से भर उठती है। रात भर झरती है। शरद को शेफाली में महसूस किया जा सकता है। संशय के मेघों का अन्त और टप-टप गिरती शेफाली। ऐसा पहले कभी नहीं हुआ पर अभी इच्छा हो रही है कि कितनी जल्दी घर जाकर आँगन में गिरे शेफाली के तमाम फूलों को अपने लिए चुन लूँ। शेफाली माँ की स्मृति है। वर्षों पहले माँ ने इसे आँगन में लगाया था।

कार्तिक का यह कृष्ण पक्ष मेरे लिए एकदम सटीक है। दादाजी कहते थे, ''जेठ की दुपहरिया, भादो की अन्हरिया और माघ में मुँहअँधेरे कहीं नहीं निकलना चाहिए।'' पर गनीमत से यह कार्तिक मास है। मेरे हाथ में बस यही एक-डेढ़ घंटा है। इसी के भीतर सबकुछ ठौर-ठिकाने लगाकर मुझे निकल पड़ना है। पर मन लगातार दुविधा की इस धुकर-पुकर में बुरी तरह उलझा है कि अपने झोले में गमछे से बँधे पड़े महाबली राय के सिर को मैं कहाँ ठिकाने लगाऊँ? विकल्प के बारे में सोचना सचमुच बहुत तकलीफदेह है। पर एकबारगी तीर की तरह एकदम सीधे निर्णय को साधना आसान नहीं। मेरे पास बस दो विकल्प हैं। पहला तो यह कि मुरली पहाड़ के इस शिव मन्दिर में महाबली राय के सिर को चुपचाप रख दूँ और शिवलिंग के ऊपर पत्थरों पर अटके पड़े घड़े के बचे-खुचे पानी से उसे धो दूँ ताकि उसके मुँह पर लगे मेरी उँगलियों के निशान भरसक धुल जाएँ। दूसरा विकल्प यह कि मुरली पहाड़ से नीचे उतर कर इसे समय रहते कहीं सटीक जगह पर ठिकाने लगा दूँ। पहले विकल्प को लेकर बार-बार मन अटक रहा है कि इस कटे सिर के मिलने के बाद इस अनाथ शिव मन्दिर की और दुर्गति हो जाएगी। मन्दिर की देख-रेख करने वाले इस पहाड़ पर काले बादलों की तरह लटके दलित घरों के युवकों को बेरहमी से दबोचकर पुलिस भेड़िये की तरह निचोड़ेगी-चबाएगी। बिना कसूर

के इस अभागे पहाड़ पर प्रशासन का हमला शुरू हो जाएगा। शहर में इस तरह के किस्से भी फैल जाएँ तो कोई आश्चर्य नहीं कि मुरली पहाड़ पर महाबली राय की आत्मा भटक रही है।

वैसे भी, गया के लोग दन्तकथाओं को गढ़ने में उस्ताद हैं। महाबली की भटकती आत्मा की कहानी सुनकर शहर के मद्रासी फेरीवाले भी मारे भय के चूने जैसा मुँह बनाकर यह कहते हुए यहाँ आना बन्द कर सकते हैं कि, "इप्पो दे यार अंगे वो वथु...अरे अब वहाँ कौन जाएगा?" आपको शायद अचरज हो कि मैं तमिल कैसे जानता हूँ? इसकी वजह यह है कि गया के पंडों से लेकर पान दुकानदार तक, कुली, रिक्शा-ऑटो तथा ताँगेवालों से लेकर होटल-ढाबेवालों और मिष्ठान्न भंडार के मालिकों तक अनेक भाषाओं के जानकार हैं। देश के अधिकांश प्रान्तों की भाषा टूटी-फूटी ही सही, लेकिन बिना किसी संकोच के ये साधिकार बोलते हैं, क्योंकि तमिलनाडु से लेकर पश्चिम बंगाल तक के तीर्थ यात्री यहाँ पिंडदान कराने बिला नागा पहुँचते हैं और सबके साथ इन्हें निभाना पड़ता है। पर एक सिर्फ़ गया ही नहीं, देश के सभी धर्मस्थल में भाषा के इस मनोहर संगम का नजारा मिलता है। पेट और भाषा के अनूप रिश्ते का यही मर्म है। यही है धर्म की ध्वजा, जिसके नीचे सम्पूर्ण भारत का संगम होता है। आस्था की चाशनी में बोली से रोटी चुपड़ती है। हर दिन सारा भारत एक-दूसरे से संवाद-आलाप करता है। चार-चश्म होता है। गया के पंडों को ही लीजिए न। इन्हें दसों-दिशाओं से आनेवाली ट्रेनों का रोज़ मुँह अँधेरे से देर रात गए तक इंतज़ार रहता है। हरेक पंडे के पास पूरी फेहरिस्त है, "अरे भाई, पश्चिम की सारी ट्रेन देखनी पड़ती है, जैसे जोधपुर एक्सप्रेस, चम्बल, सियालदह, जम्मू-तवी, महाबोधि एक्सप्रेस...कितना नाम गिनाएँ? मोटा-मोटी सब ट्रेन। तमिलनाडु, कर्नाटक और केरल वगैरह के ज़्यादातर यात्री तो कोच-बस रिजर्व करके आ जाते हैं। इसलिए उनलोगों के लिए ज़्यादा टानाटानी नहीं करनी पड़ती। पर इन रेल गाड़ियों से राजस्थान, मध्य प्रदेश, हिमाचल और उत्तर प्रदेश तक के लोग आते हैं। महाबोधि एक्सप्रेस दिल्ली से आती है इसलिए उसमें 'मिक्सचर' होता है। उसमें दिल्ली के अलावा दूसरे-दूसरे प्रान्तों के भी लोग होते हैं। सबको समेटकर चलना पड़ता है न।" और सबको समेटने का पहला जरिया है भाषा। अगर आगंतुक के साथ कोई उसकी भाषा में काम चलाऊ गिटपिट भी कर लेता है, उसकी किसी ज़िज्ञासा का उसी की भाषा में फटाक् से जवाब दे देता है, तो सीधे बस उसके दिल में ही घुसने का जुगाड़ हो जाता है।

मिसाल के लिए लम्बे सफ़र के बाद गया में परेशान हाल उतरे किसी मलयाली परिवार से सब कोई पूछता है, "थांगलिक् इन्निलनिन्न इन्द् सहायम् वेनम्...मैं आपकी क्या सहायता कर सकता हूँ?" तो जाहिर है, उसकी सारी हरारत इस एक वाक्य से कर्पूर बनकर उड़ जाती है। राजस्थान के किसी सुदूर इलाक़े से पहुँचा

मारवाड़ी परिवार बस यह बात सुनकर लहालोट हो जाता है, "थे चिन्ता मत करो। मैं थारे साग् हूँ...आप चिन्ता न करें, मैं आपके साथ हूँ... ।" वहीं बंगभाषियों को, "एइ दिगे आसुन...ताड़ा ताड़ी करुन..." और पंजाबी जजमानों को, "ओ तुसी थल्ले बैठके पिंडदान कर लो..." जब कहा जाता है, तो उनकी खुशी का पारावार समाए नहीं समाता है। हालाँकि, कभी-कभी इन यात्रियों के साथ यहाँ के लोगों का कुछ शब्दों को लेकर अजीब पेंच भी फँस जाता है। मसलन हिन्दी में अगर 'सही' कहने का मतलब उचित होता है, तो गुजराती लोग 'सही' का मतलब हस्ताक्षर करना समझते हैं। हिन्दी के 'आग्रह' शब्द को तेलुगू लोग 'आग्रहमु' यानी गुस्सा करना समझते हैं। हिन्दी के 'उचित' को तेलुगूभाषी 'उचितमु' यानी 'मुफ़्त' समझ लेता है। ऐसे अनेक शब्द हैं जिनके अलग-अलग प्रान्तों में अलग-अलग अर्थ हैं। गया का बिहारी आदमी जब अपने शब्दों को इनकी भाषा में फेंटता है तो मजेदार पेंच फँसता है। सो यह कहावत ग़लत नहीं है कि किसी के लिए बैगन बैरी, तो किसी के लिए बैगन पन्थ। ख़ैर, तमिल, तेलुगू, गुजराती या उड़िया-बँगला की बात तो छोड़िए उत्तर बिहार के मिथिला क्षेत्र का कोई यहाँ आता है और जब उसे किसी से सुनने को मिलता है, "की यौ बाबू, अहाँक पंडाजी के छथि...क्या बाबू, आपके पंडाजी कौन हैं?" तब उत्तर देते समय उस मैथिल के चेहरे का हुलास देखिए। भाषा क्या कुछ नहीं देती है? रिश्ता, रोटी-सम्पत्ति, सम्मान और प्यार-दुलार...सन्तोष...सत्कार...सब कुछ ।

एक बार अकस्मात चीन से बोधगया आए एक विद्वान से मेरी मुलाक़ात हुई। उन्होंने चीनी होते हुए भी बड़े लगन से हिन्दी सीखी थी। उन्होंने मुझसे कहा था, 'यह जुड़वाँ नगर एक मिथकीय नगर है। ऐसी जगहों की तहों में कई विस्मय सहज ही रसे-बसे होते हैं।' तब उनकी बात ठीक से समझ में नहीं आई थी। पर धीरे-धीरे इसका रहस्य मुझे खुला। भाषा का ही क्या यहाँ कम विस्मय है! मसलन, गया में देश की भाषाएँ, तो बोधगया में विदेशी भाषाएँ। इस जुड़वाँ शहर का सब कुछ एक-दूसरे से एकदम विपरीत है। एक ईर घाट, तो दूसरा वीर घाट। बोधगया आने वाले जापानी, फ्रेंच, चीनी, थाई और तिब्बतियों से घुलने-मिलने के लिए इन विदेशी-भाषाओं पर स्थानीय टूरिस्ट गाइडों से लेकर फल-फूल विक्रेताओं, टूर एंड ट्रेवेल्स एजेंसियों के स्थानीय संचालकों, होटलवालों, जेनरल स्टोरवालों, दवा दुकानदारों, गले में कैमरे लटका कर पर्यटकों की तस्वीरें उतारनेवाले फ़ोटोग्राफरों और यहाँ तक कि मनकोसी और गंगा बिगहा सरीखे आस-पास के गाँवों से लेकर वजीरगंज, गोह, टेकारी और फतेहपुर तक की नदियों-पोखरों से सुर्ख गुलाबी कमल का टोकरा लेकर महाबोधि मन्दिर परिसर में आकर बेचनेवाले किशोरवय के लड़के-लड़कियों की पकड़ देखने-सुनने की बात है।

जापानी तीर्थ यात्रियों के आगे कमल का टोकरा बढ़ाकर जब झँवायी साँवली

किशोरियाँ या सूखे चेहरेवाले किशोर अपनी सरल आँखों को झपकाते हुए चपलता से कहते हैं, ''हना ओ मोते...हना ओ मोते...यह फूल ले लो...यह फूल... ।'' तब जापानी पर्यटकों को एक पल के लिए ठिठकना ही पड़ता है। पाँच रुपए में एक कमल! महाबोधि परिसर में कुछ तो कमाल ज़रूर है। मेरे मँझले भाई अतुल को महज़ जापानी गुटुर-मुटुर वाक्यों ने कहाँ से कहाँ पहुँचा दिया। सही मायने में ये भाषाएँ अलग-अलग देशों के फूल हैं। इसलिए भाषाओं से प्यार यानी दुनिया के तरह-तरह के फूलों से प्यार। और प्यार से खुशी, उल्लास से उमगती ज़िन्दगी। भाषाएँ इसलिए मुझे एक संग लुभाती और छेड़ती भी रही हैं। भाषा और शब्द कई प्रकार से हमारी आत्मा में निरन्तर निवेश करते हैं। दादाजी कहते थे कि वाल्मीकि ने रामायण में सबसे पहले किसी देवी-देवता को नहीं, शब्द को प्रणाम किया है। शब्द प्रकाशक होता है। बोधक होता है और बेधक भी।

कुछ साल पहले गया पर शोध करने आए एक हिन्दी प्रेमी जापानी प्रोफ़ेसर काजुहिको माचिदा (जिन्हें मैं अपनी सुविधा के लिए प्रो. काजू कहता था) से मेरी मुलाक़ात हुई थी। उन्होंने मुझसे गया के पिंडदान के सन्दर्भ में चर्चा करते हुए हिन्दी में पूछा था, ''भारत में मृत्यु को लेकर इतना आग्रह क्यों है? काशी में लोग बाकायदे मरने जाते हैं। गया में उनके परिजन मृतकों का पिंडदान करने आते हैं। हिन्दी लेखक प्रेमचन्द के उपन्यास 'गोदान' में 'मरना' शब्द का उल्लेख 177 बार हुआ है।''

मैंने उनसे कहा कि, ''जीवन के सत्य को सबसे अधिक भारत के लोग जानते हैं, इसलिए मान्यवर।'' गया-बोधगया में कोई सिर्फ़ आँख-कान खोलकर रहे, तो दुनिया भर के लोगों से यहाँ के बारे में ऐसे-ऐसे ज्ञान मिलते हैं, जो यहाँ के लोगों को यहाँ रहकर नहीं होता। पिछले एक दशक से अधिक से गया-बोधगया के मुसहरों-ग़रीबों की शिक्षा के लिए जुटीं फ्रांस की श्रीमती जीन पियरे उर्फ़ मम्मीजी अक़सर कहती रही हैं, ''जानते हो गया और बोधगया में फ़र्क़ क्या है? ग़ौर से देखोगे, तो समझोगे कि गया के बाहर अँधेरा है लेकिन उसके भीतर आलोक है। बोधगया के बाहर रोशनी है लेकिन भीतर अँधेरा है।'' यह दुरूह सत्य अब मेरे दिमाग में थोड़ा-थोड़ा जा रहा है कि जहाँ बाहर रोशनी है, वहाँ भीतर अँधेरा है और जहाँ बाहर अँधेरा वहाँ उसके भीतर रोशनी है। बाहर का प्रकाश भीतर के प्रकाश को जागने ही नहीं देता। बाहर का प्रकाश बहुत सीफ़त से मारता है, 177 बार से भी ज़्यादा। मन में जारी रोशनी और अँधेरे की छुआछुई में अभी एक संग कई तस्वीरें उभर रही हैं। इन्हीं में से एक तस्वीर राजेश माँझी की भी है। महाबोधि मन्दिर परिसर के विशाल बाहरी प्रांगण में विदेशी पर्यटकों की तस्वीरें उतारते-उतारते महाबोधि के ऐन पिछवाड़े में बसे पचहट्टी मुहल्ले का दलित युवक राजेश गया का सांसद बना। लालू यादव की पार्टी राजद से। 'कबूतरबाज़ी' के कितने गंदे विवाद में फँसा था राजेश माँझी और देश-दुनिया में उसने गया के नाम को कलंकित किया। भारतीय

सांसदों की विदेश यात्रा के दौरान अपनी पत्नी के नाम पर वह किसी दूसरी औरत (शायद गया की किसी तवायफ) को ले गया था। बात खुल गई तो भारी हंगामा हुआ। पर दोष उसका भी नहीं था। उसने बचपन से सिर्फ़ बाहर की रोशनी देखी थी। बोधगया की बाहरी रोशनी। सारी रात अपनी दमक में समाए न समाती दुनिया के एक से एक देशों के मोनेस्ट्री की रोशनी।

मुझमें यही बीमारी है, दिल की बात धड़ाक से दाग देना। हाजी-नाजी मेरे नस में ही नहीं। इस भड़भड़ियापन में मन बहकता है। मुरली पहाड़ के इस शिव मन्दिर में महाबली का मस्तक रख देने से अकेले शिव मन्दिर ही तबाह नहीं होगा। पूरे मुरली पहाड़ पर तबाही-छा जाएगी। मद्रासी फेरीवालों का आगमन ठप होने से मुरली पहाड़ का यह नवदुर्गे मन्दिर भी हमेशा के लिए अभिशप्त हो जाएगा। और मन्दिरों को मरघट में बदलने का पाप मैं नहीं करूँगा। उस पर भी मुरली पहाड़ के इन दोनों मन्दिरों को? हरगिज नहीं। जाहिल-जठ नहीं हूँ मैं। मुरली पहाड़ मेरे नव गयासुर अवतार का मंच है। इस मंच और इसके इर्द-गिर्द बैठे लोगों को मैं तड़पने की हालत में नहीं पहुँचने दूँगा। महाबली का सिर यहाँ से बरामद होने के बाद वाल्मीकि माँझी, बुधनी और भुखमरिया सरीखे ग़रीब-लाचार परिवारों को पुलिस यहाँ से हमेशा के लिए खदेड़ देगी। तब तो यह पहाड़ कहीं का नहीं रह जाएगा। और मर जाएगा। वैसे पूर्व में कुछेक बार मुरली पहाड़ पर लावारिस लाशों के मिलने की घटना ज़रूर हुई है। गया पुलिस ने ऐसे मौकों पर थाना-पहाड़ एक कर दिया था। शक में दलित परिवार के कई लोगों को पकड़कर हाजत में ठूँसे रखा था। फिर भी वे सब क्योंकि लावारिस लाशों के मामले थे, इसलिए किसी तरह रफा-दफा और शान्त हो गए। लेकिन महाबली राय का सिर तो सुनामी बन जाएगा सूखे मुरली पहाड़ के लिए।

मुरली पहाड़ ने आजतक जितनी उपेक्षा बर्दाश्त की है, उससे कम इस पहाड़ पर बसे लोगों ने नहीं। दुख के इस विशाल पिंड पर दरिद्रता और ग़रीबी की एक पूरी सभा सजी हुई है। इस शहर में जीवन से उच्छिष्ट लोगों का एकलौता मोरचा है यह पहाड़। ये दलित-परिगणित लोग अगर इस पहाड़ पर न होते, तो यह एकदम बेजान होता। मगही में एक कहावत है, 'पहाड़ के ओठगन सिलउट'। इस कहावत को आप मुरली पहाड़ के जीवन में चरितार्थ देख सकते हैं। ये दलित परिवार सचमुच इस पहाड़ की टेक हैं। मुरली पहाड़ गया शहर के वार्ड नम्बर ग्यारह में पड़ता है। यहाँ के वार्ड कमिश्नर रामजीबाबू ने कभी भूले से भी शायद ही इस पहाड़ की कभी खोज-ख़बर ली हो। गया में रिक्शा हाँक कर गुज़र करने वाले कृष्णा पासवान से पूछिए। इसी पहाड़ पर एक फटे-पुराने फेल्ट हैट जैसी झोपड़ी है उसकी भी, जिसमें वह सपरिवार रहता है। कृष्णा बताएगा कि बिजली की कल्पना तो ख़ैर असम्भव, इस पहाड़ पर बसे परिवारों को एक-एक बूँद पानी के लिए तरसना पड़ता है। हाँ,

महज़ नज़र जुड़ाने के लिए वर्षों से कंडम और भग्न एक पानी टंकी यहाँ ज़रूर है। एक जर्जर ऐतिहासिक स्तूप की तरह। बस इस पहाड़ पर जो एक मात्र अनमोल सुविधा है, वह यह कि घर बनाने के लिए यहाँ जगह-ज़मीन नहीं खरीदनी पड़ती। स्टेशन पर जूता पॉलिश कर जीवन यापन करनेवाला मोची निरंजनदास पहाड़ पर बने अपने घर में बीवी-बच्चों के साथ बस सोता और खाता है। बाकी तमाम-नित्य क्रियाओं से स्टेशन पर वह बंपुलिस में सपरिवार निवृत्त होता है। मुरली पहाड़ पर लगभग पाव भर चढ़ाई के बाद पत्थर को बड़े यत्न से काटकर मिट्टी के गिलावे पर बना माचिस की डिब्बी सरीखा ईंट का घर है नरेश कुशवाहा का। उसके घर के ऐन सामने विशाल चट्टानों की ढेर के बीच नीम और सहजन के दोनों पेड़ कुछ इस अन्दाज़ में खड़े हैं मानो उन्हें चट्टानों के बीच लाकर किसी ने यत्नपूर्वक खोंस दिया हो। नरेश स्टेशन पर मजदूरी करती है। उसके तीनों बच्चे-बेटा शशि और दोनों बेटियाँ सोनी व बेबी नीचे वजीरगंज के स्कूल में पढ़ते हैं। नरेश की पत्नी उर्मिला अपने छोटे-से आँगन को नीचे से चिकनी मिट्टी लाकर इतना सुचिक्कन लीपती है कि वह साक्षात् पार्वती का आँगन लगता है। उर्मिला-नरेश के घर के बगल में मजदूर जामुन केवट का घर है।

उसके ठीक बगल में घर बनाकर जामुन का कुँवारा भाई रवि भी माता-पिता के संग रहता है। जामुन केवट अपनी साँवली-सलोनी पत्नी मानी और बेटे अंकित तथा बेटी आँचल को लेकर रहता है। मानी का गाँव गया के निकट ही मानपुर में है। शायद अपने गाँव के नाम पर ही उसका नाम है। मानपुर की मानी! गया के भाजपा सांसद रहे ईश्वर चौधरी, जिनकी हत्या हो गई, उनके घर के बिल्कुल पास है मानी का घर। मानपुर में अभी भी हैंडलूम का काम थोड़ा-बहुत बचा-खुचा है। पुराने लोग बताते हैं कि पहले इस गाँव में हथकरघा का अच्छा-खासा कारोबार था।

पिताजी तो कहते रहे हैं कि मानपुर की प्रसिद्धि 'पूर्वी भारत का मैनचेस्टर' के रूप में थी। पर इस गाँव के अधिकांश हथकरघे वर्षों से ठप्प पड़े हैं। हाँ, इधर सुना है, मानपुर के किसानों ने यहाँ की बलुआही मिट्टी पर कपास की खेती का प्रयोग शुरू किया है। अगर यह प्रयोग सफल रहा तो मानपुर को 'मैनचेस्टर' का खोया तगमा शायद वापस मिल जाएगा। तब मुरली पहाड़ की रोज़ की किचकिच छोड़ शायद जामुन केवट भी मानी के संग ससुराल की शरण लेकर घर जँवाई बनने को राजी हो जाएगा और हथकरघे के कामधाम में ही हाथ आजमाएगा। मानी ने विकल हो जामुन से कई बार कहा है कि इस पहाड़ से कहीं अच्छा है मानपुर जाकर बस जाना। मुरली पहाड़ पर जामुन और मानी के बगल में उसके सास-श्वसुर भी रहते हैं। देवर रवि के साथ। रवि अभी कुँवारा है। इसलिए श्वसुर टेनी केवट और सास चुनिया देवी रवि के संग अलग रहते हैं। मानी की सास स्टेशन पर रोटी-भारत बनाकर रिक्शावालों को खिलाती है। इसी से दोनों प्राणी और रवि का पेट चलता

है। टेनी केवट दिनभर अपनी बीवी की ताबेदारी में पानी लाता है, बर्तन साफ़ करता है। रवि दिन भर मटरगश्ती। सास से अक़्सर मानी की तनातनी हो जाती है। उसकी सास कहती है कि मानी बहुत मनबढ़ू[1] और झगड़ाही है। टेढ़े कोरवाली मिरजापुरी थाली, जबकि उसका बेटा जामुन सीधे कोर का मंगलियापुरी थाल है। उधर मानी से पूछिए तो बताएगी कि उसकी बला की चुड़ैल सास कैसे उसके साथ रोज़ 'गारी-घिना' करती है। करैत की अँतड़ी वाली औरत! बोलने में कोई आर-धार नहीं रहता है उसका। जामुन केवट और मानी के घर से ठीक से सटे राजकुमार चन्द्रवंशी का कुनबा रहता है। राजकुमार स्टेशन के समीप के 'बुद्धा होटल' में बैरा है। उसकी पत्नी चिन्ता देवी भी कुछ घरों में बर्तन-बासन माँजकर दो-चार पैसे कमा लेती है। राजकुमार और चिन्ता के तीनों जवान बेटे राजू, मिथिलेश और सरबन शादी-शुदा तथा बाल-बच्चेदार हैं। पर तीनों बेरोज़गार। चिन्ता इसी चिन्ता में हमेशा घुलती रहती है। उसे जरा-सा छेड़ दीजिए और वह पुआल-सी धधकने लगती है, "भगवान बाल-बच्चन देलथुन लेकिन दाना-पानी के उपाय न देलथुन...ईश्वर ने बाल-बच्चे तो दिए लेकिन दाना-पानी का उपाय नहीं किया...क्या करें, चिड़ई का धन बस चोंच...। जीने की ढकफेरी में चोंच घुमाने के अलावा क्या उपाय?" डोभी गाँव के उमा सिंह चन्द्रवंशी ने भी इसी पहाड़ पर घर बना रखा है। हमेशा बीमार रहते हैं उमा।

उनकी पत्नी पति की तीमारदारी में जुटी रहती है। गाँव से अनाज आता है तभी दो कौर परिवार के मुँह में जाता है। अपनी लम्बी बीमारी से खिन्न उमा सिंह बराबर कहते रहे हैं, "मेरी हालत ढही जैसी है। खेत में रखबारी करने के लिए बनाया गया काले बर्तन वाले मुख का पुतुल...।"

उमा की इन बातों पर उनकी पत्नी को बहुत करुणा होती है। उमा सिंह चन्द्रवंशी का बेटा राहुल पहाड़ के नीचे 'लिट्ल एंजेल स्कूल' में दूसरे दर्जे में पढ़ता है। पहाड़ पर पंछी की तरह देर शाम तक फुदकता रहता है राहुल। उसे किसी से कोई डर नहीं लगता। जब कि रात-बेरात मुरली पहाड़ पर पुलिस भी आने से डरती है। पुलिसवाले चाहे जो कह लें लेकिन इस पहाड़ की थाह उन लोगों को भी नहीं है। इस पहाड़ की थाह लेने के लिए पहले इसके पहाड़ जैसे दुख की थाह लेनी होगी। जिस तरह मनुष्य अपने मन के भीतर अनेक रहस्यों को जीवन भर छिपाए रखता है, ऊपर से ठस्स यह पहाड़ भी वैसा ही घाघ है। अपने दुखों के भीतर यह भी रहस्यों के मानो कई दाग दबाए बैठा है। और जिस तरह कई लोग अन्ततः यह मान लेते हैं कि उनका जीवन कभी सहज नहीं हो सकता, इस पहाड़ ने भी यही मान रखा है। अपनी कमजोरी और विडंबना को कबूल लेना भी एक ताकत की बात है। यह अन्दरूनी ताकत इस पहाड़ में है। जन्मजात उपेक्षा ने शायद यह ताकत इसे दी है। अब मैं उतर रहा हूँ। इस घोर अन्धकार में मुरली पहाड़ के अडोल-विशाल पत्थरों और चट्टानों पर पाँव जमाते

1. बढ़े-चढ़े मिज़ाजवाली।

हुए चलना किसी अड़ियल घोड़े की सईसी करने से कम नहीं है। शायद यह मेरा वहम हो, लेकिन पीठ पर लदा झोला भी कम भारी नहीं।

गनीमत है कि हल्की ठंडी हवा है। वरना शरीर पसीने से लथपथ हो जाता। एक बचपन से इस पहाड़ पर नटवर नागर नन्दा की तरह कूदने-फाँदने और धूमक-धैया करने की आदत आज काम आ रही है। अब लगभग नीचे आ चुका हूँ। पलट कर ऊपर देखता हूँ। अन्धकार में कुछ भी नहीं दिख रहा। न शिव मन्दिर और न ही नवदुर्गे मन्दिर। पहाड़ की तथाकथित तलहटी से निकल कर सड़क तक पहुँचानेवाली तंग-काँइयाँ गली में अन्दाज़ से फुसफुसाते पदचाप के संग सरक रहा हूँ। अगल-बगल गंदी नाली है। बुरीतरह बजबजाती। तलहटी से पीठ अड़ाए घरों से निकली गंदगी का प्रतापी दुर्गंध मुँहअँधेरे की ताज़ी हवा का भरपूर उपयोग कर रहा है। इस तंग रास्ते के मुहाने पर मौजूद सहजन और अड़हुल के पेड़ मन्द-मन्द डोल रहे हैं। अपने चूजे के साथ गली में चहलकदमी कर रहे मुर्गे-मुर्गी के दल ने एकाध बार बाँग देकर मेरे पैरों की रफ़्तार और तेज़ कर दी है। थोड़ी देर में कौवे भी कुड़ेरना शुरू कर देंगे। अब फिर से दो विकल्प मेरे मन में तेज़ रस्साकशी कर रहे हैं। या तो मैं महाबली के मस्तक को सीधे जाकर सड़ाक से गया कूप में गिरा दूँ या इसे गया सिर वेदी के ऊपर चुपचाप डाल दूँ। प्राचीन गया कूप को गयासुर की नाभि कहा जाता है। यहाँ प्रेत बाधा से सम्बन्धित त्रिपिंडी श्राद्ध होता है। गया कूप के परिसर में एक बहुत पुराना पीपल का पेड़ है। पीपल की जड़ से सटी खड़ी है ब्रह्माजी की एक छोटी-सी पुरानी मूर्ति। इसी के पास लाल-पीले रंग का एक लघु मन्दिर है जिसमें विष्णु, गौरीशंकर और लक्ष्मी हैं। अगल-बगल में हनुमानजी और गणेशजी भी हैं। गया कूप परिसर का यह मन्दिर पुराने ज़माने की कंगहिया ईंट से बना हुआ है।

वर्ष 2002 में जब यह मन्दिर गिर गया था, तो चौक गया धामीटोला के निवासी विश्वनाथ डालमिया और मोहनलाल सिन्धी ने मन्दिर और गया कूप वेदी का जीर्णोद्धार कराया था। पेड़ के नीचे धूप-बरसात खाते ब्रह्माजी की मूर्ति के लिए एक अलग मन्दिर की योजना है। ब्रह्माजी पीपल की जड़ में पता नहीं कब तक पनाह लिए रहेंगे। इसी पीपल पेड़ के सामने लोहे के चदरे से ढँका यह प्राचीन कुआँ है। नब्बे हाथ का गहरा कुआँ बताया जाता है गया कूप। त्रिपिंडी श्राद्ध के बाद नारियल इसी कुएँ में गिराया जाता है। क्या अपनी पीठ पर लदे इस रक्तरंजित मांस-मज्जावाले नारियल को भी मैं गया कूप मे डाल दूँ? सीधे नब्बे हाथ नीचे जाकर गिरेगा महाबली राय का सिर। नहीं...यह सरासर मूर्खता होगी। कुछ ऐसा करना होगा कि महाबली और उसके चेले-चपाटियों के आल-औलाद सात पुश्त तक अपनी माँद से निकलने की हिम्मत न करें। गया में आज सुबह की किरण रोमांच की फुलकारियों के संग फूटे। मुझे सार्वजनिक स्थल पर महाबली का मस्तक रखकर इस पूरे अंचल को सन्देश देना है कि पोतफुटानी करनेवालों का अन्त क्या

होता है। पहाड़ से उतरकर मैं अब स्टेशन के ऐन सामने स्थित 'अजातशत्रु होटल' के आगे से दक्षिण की तरफ़ जानेवाली सड़क पर बढ़ रहा हूँ। इस सड़क के बाएँ होटलों की कतार है और दाईं तरफ़ सहजन-पीपल के पेड़ों के अलावा बिजली का ट्रांसफरमर, नाला, रेलवे के बीमार पीले क्वार्टरों की जमघट और शनि का मन्दिर है। शनि का मन्दिर भी अभी अन्धकार में डूबा है। मैंने एक पल रुक कर शनिदेव को मन ही मन नमन किया है। दादाजी कहते थे, 'पढ़ै प्रात जो नाम शनि दस...रहैं शनिश्चर नित उनके वश...।' सुबह से शनि मन्दिर में भीड़ उमड़नी शुरू हो जाती है। दिसम्बर के आख़िरी दिनों में शनैश्चरी अमावस्या के दिन तो भीड़ को यहाँ नियंत्रित करना असम्भव हो जाता है। लगभग बीस साल पहले पान दरीबां के निवासी प्रकाश भार्गव ने सड़क किनारे रेलवे और बिहार सरकार की ज़मीन को घेरकर इस छोटे-से मन्दिर को चन्दा-चपाटी करके बनवाया था। प्रकाश भार्गव को मैं क़रीब से जानता हूँ। सुबह-शाम वह खुद इस मन्दिर में बैठता है। शनि देव का स्वघोषित पंडित प्रकाश भार्गव! प्रकाश अभी पान दरीबां स्थित अपने घर में सुबह से रात तक के चढ़ावों को समेट खर्राटे भर रहा होगा लेकिन शनिदेव जाग रहे हैं और अन्धकार में डूबी सड़क पर मुझे जाते देख रहे हैं। शनिदेव मन्दिर के भीतर दो छोटे-छोटे आकार के मन्दिर हैं। एक में शनिदेव की काले पत्थर की मूर्ति है, तो दूसरे में हनुमानजी विराजमान हैं। मन्दिर के बीच में नीम और पीपल जड़ों से जुड़वाँ होकर मन्दिर के ऊपर छत्र की तरह फैले हैं। पेड़ों को समेटते हुए प्रकाश ने सड़क किनारे यह मन्दिर बनवा रखा है। इसलिए मन्दिर की छत पर नीम-पीपल की झुरमुट है। यह जगतविदित है कि शनिदेव पीपल वृक्ष में वास करते हैं और पीपल को साक्षात विष्णु रूप माना जाता है। विष्णु और शनि का यह प्राकृतिक सम्बन्ध मुझे अनुपम लगता है। अन्धकार में रहस्यमय छत्र-सा मौजूद है कोई पचीसेक मीटर ऊँचा शनि मन्दिर का पीपल वृक्ष। नीम का वृक्ष उसकी गोद में घुसा हुआ है। दादाजी कहते थे, ''पीपल को संस्कृत में अश्वत्थ कहते हैं। गीता में भगवान कृष्ण ने पीपल की महिमा में कहा है—अश्वत्थः सर्ववृक्षाणाम! अर्थात् सभी वृक्षों में मैं पीपल हूँ। जड़ से फुनगी तक पीपल में देवताओं का वास है। जैसे जड़ में साक्षात नारायण, शाखाओं पर केशव और इसकी छोटी फलियों में समस्त देवता निवास करते हैं।''

यह पीपल वृक्ष...यह बोधिवृक्ष...अपनी महिमा की विशाल छतरी दुनिया के अधिकांश देशों में फैलाए हुए है। दादाजी बताते थे कि सम्राट अशोक और उनकी बौद्ध पत्नी महारानी देवी की पुत्री संघमित्र ने श्रीलंका के अनुराधापुर जाकर बोधिवृक्ष का बिरवा लगाया था। इसलिए आज भी दिसम्बर मास की पूर्णिमा को श्रीलंका में 'संघमित्त-दिवस' के रूप में मनाया जाता है। कहते हैं अशोक की इच्छा नहीं थी कि उनकी पुत्री भिक्षुणी बने। पर संघमित्र भिक्षुणी बनने की ज़िद पर अटल थी। दादाजी कहते थे कि आज जो ननो की परम्परा है, उसकी शुरुआत भिक्षुणी के रूप

में श्रीलंका से राजकुमारी संघमित्र ने ही की थी। कैसी रही होगी राजकुमारी संघमित्र? बौद्ध भिक्षुणी के रूप में वह कैसी लगती होगी? पीपल के बिरवे को कितने यत्न से लेकर अनुराधापुर गई होगी वह? सोचता हूँ, आज भी पीपल वृक्ष और संघमित्र एकमेक हैं। संघमित्र का संघमित्र है—पीपल। एक पल रुककर जब अभी मैंने शनि देव को नमन किया, तो मुझे लगा कि मेरे सूखते फेफड़े को चौबीसों घंटे ऑक्सीजन छोड़नेवाले पीपल वृक्ष ने नई प्राण शक्ति दे ही है।

अब मैं बाएँ मुड़ चुका हूँ, बाटा मोड़ में। यहाँ से बीस-पच्चीस क़दम आगे दाएँ मुड़ते ही स्वराजपुरी रोड है। कई लोग संक्षेप में इसको एस.पी. रोड भी कहते हैं। लीजिए, स्वराजपुरी रोड आ ही गया। सड़क के दाएँ 'महावीर विद्यालय' है। अँधेरे में अभी इसका लाल सुर्ख मुख्य द्वार और उसके ऊपर स्थित अशोक स्तम्भ के शेरों का मुँह बहुत साफ़ नहीं दिख रहा है। मेरे क़दम तेज़ हैं। स्वराजपुरी रोड के दाएँ स्थित मस्ज़िद के पास का मारुफ़गंज मोड़ भी अब आ चुका है। इसी रास्ते के बाएँ अन्दर की गली में 'कासिमी मिड्ल स्कूल' है। रोड के दाएँ 'फायर स्टेशन, गया' का लाल बोर्ड अभी मुश्किल से पढ़ा जा सकता है। इस बोर्ड के पीछे गया के फायर स्टेशन की पुरानी जर्जर पीली इमारत है। इसके परिसर में फयर ब्रिगेड की सात-आठ लाल गाड़ियाँ लाल गुरिल्लों की तरह सीढ़ी और पाइप से लैस हमेशा खड़ी रहती हैं। फायर ब्रिगेड वाले बोर्ड के आगे नीम, पीपल, शीशम, जामुन और बरगद के पेड़ों की कतार है। नीम पेड़ के नीचे स्थित काली माई का लाल सुर्ख मन्दिर भी अभी शयन में है। इसी नीम की जड़ से सटा टमाटर की तरह एक और लाल सुर्ख नन्हा मन्दिर है। मैं आगे बढ़ रहा हूँ। यह टमाटरनुमा मन्दिर भी गुटुमुटु सोया हुआ है। जामुन, पीपल और बरगद भी अपनी विशाल काया में गहरी नींद में हैं। जामुन का मोटा-ऊँचा पेड़ अभी अन्धकार में अधिक ही काला लग रहा है। जामुन पर यों भी बारहो महीने घनी पत्तियाँ लदी रहती हैं। गहरे हरे रंग की लम्बोतरी नुकीली पत्तियाँ। बचपन में जामुन वृक्ष की घनी छाया में खेलने का अपना आनन्द था। मार्च से मई मास तक नन्हे-नन्हे दुधिया फूलों से जब जामुन का पेड़ गदराता है, तो मधुमक्खियाँ उन पर कुर्बान होने लगती हैं। कई और कीट-पतंग भी। और बरसात में मधुर जामुन पर बच्चे-बूढ़ों से लेकर, तोते और गिलहरियों की दीवानगी देखते बनती है। रात को चमगादड़ों का दल मीठे जामुन पर अलग धावा करता है। शायद भूत भी जामुन पसन्द करते हों, क्योंकि कहते हैं कि रात को भूत ज़्यादातर जामुन पेड़ों पर आते हैं।

दादाजी बताते थे कि भारत का प्राचीन नाम 'जम्बूद्वीप' इस देश में जामुन वृक्षों की अधिकता के कारण ही था। पता नहीं अभी इस समय सड़क किनारे के इस पुराने जामुन वृक्ष पर भूतों की जमघट है या नहीं; लेकिन पेड़ों की कतार में यह झंखाड़ जामुन वृक्ष एकदम बूढ़ा भूत लग रहा है। और इस गहरे सन्नाटे में मैं बढ़ा जा रहा

हूँ। लग रहा है, मानो कोई अदृश्य शक्ति मुझे दबादब हाँके जा रही हो। तेज़ और तेज़। इसी सीध में सड़क के दाएँ गंदे नाले के किनारे 'हादी हाशमी उच्च माध्यमिक विद्यालय' का परिसर है, जिसके बोर्ड पर खास तौर से उल्लेख कर रखा गया है कि इसमें प्लस टू की भी पढ़ाई होती है। सच पूछिए तो तनाव और अन्धकार में आँख धुँधली हो रही है मेरी। तनावग्रस्त व्यक्ति को जल्दी कुछ नहीं सूझता। मैं इस गन्धर्व नगर की सड़क पर लगभग मेंढक की तरह तबसे छलांग लगाता चल रहा हूँ। अँधेरे में दुनिया की शक्ल कैसे आदिम हो जाती है, यह मुझसे अभी कोई पूछे। इसी आदिम दृश्य में 'भारत सेवाश्रम संघ' के लाल सुर्ख मुख्य द्वार पर दोनों तरफ़ घड़ियाल को दबोचे दो सिंहों की मूर्तियाँ भी शामिल हैं।

काशीनाथ मोड़ की चार मुहानी से अब कचहरी मोड़ पर बढ़ रहा हूँ। यह रास्ता गया का डाकबँगला रोड कहलाता है। इसी रोड में सड़क किनारे गया का सिविल लाइन्स थाना है। नींद में डूबे थाना परिसर में कई जब्तशुदा जीपें, मारूति और स्कूटर-साइकिल आदि की ठठरियाँ सड़ रही हैं। डाकबँगला रोड में गया का पुराना 'लेडी एलगिन जनाना अस्पताल' भी है, जो बताता है कि औरतों को सरकारी स्तर पर 'जनाना' कहने की अभद्रता अभी तक गई नहीं है। 'लेडी एलगिन जनाना अस्पताल' के बगल में गया ज़िला परिषद् का खँडहरनुमा लाल भवन है। इस प्राचीन-से परिसर में गया के एक पुराने नेता शत्रुघ्न शरण सिंह की छोटी-सी मूर्ति बरगद और अशोक के पेड़ों के अन्धकार लदे झुरमट में गुम है। यह है गया कचहरी की फालसई रंग की इमारत। कचहरी भी अभी बेसुध सोई हुई है। दिन के दस बजे से वकीलों-मुवक्किलों और दलालों-दफ्तरियों का बदन आपस में रोज़ की तरह छिलना शुरू होगा। कचहरी के बाद सड़क है और उसके पार मगध प्रमंडल के आयुक्त का कार्यालय। एक पीला-गुलाबी भवन। पता नहीं दूसरे सभी सरकारी दफ्तरों की तरह इसका रंग लाल क्यों नहीं है। आयुक्त कार्यालय के सामने सड़क के पार पुराना दिग्घी तालाब। इस तालाब के बीचोबीच टापूनुमा एक झरना है जिसपर कुछ पेड़ लगे हैं, जो अभी अँधेरे में ठीक से दिखाई नहीं दे रहे। सड़क के बीच एक सफ़ेद गोलम्बर और उसके पीछे समाहरणालय भवन। रंग-वही लाल। समाहरणालय भवन से बढ़ चुका हूँ। बाएँ ठाकुरबारी-कोयरीबारी रोड है। और आगे कोयरीबारी-नादरा गंज रोड। यही सड़क सीधे चाँद चौरा जाएगी। चाँदचौरा को विष्णुपद रोड की चौकठ समझिए। रास्ते में बाएँ साधन कुमार राय, एडवोकेट का घर है। गिरने-गिरने को है यह पुराना मकान। गया में पहले अनगिनत बंगाली बाबुओं के परिवार थे। पर उनमें से अधिकतर कलकत्ता पलायन कर गए। जो रह गए हैं, वे ऐसी ही बुरी हालत में हैं। आगे मस्जिद के निकट कल्लू बावर्ची का इश्तहार। और अब यह 'श्री राय सूरजमल बहादुर चेरिटेबुल ट्रस्ट' का नक्काशीदार मुख्य द्वार वाला महलनुमा जर्जर धर्मशाला, जो टिल्हा धर्मशाला के नाम से मशहूर है। टिल्हा धर्मशाला जीरो वाट के

मद्धिम बल्ब में इस समय और भयावह लग रहा है। इसी से सटी गिरने की हालत में विशाल टिल्हा कोठी भी है। यही रोड आगे जाकर नवागढ़ी रोड कहलाता है। नवागढ़ी रामसागर रोड। गुलाबी चहारदीवारी और ग्रिल से घिरा रामसागर तालाब इसी रोड में है, जहाँ से ब्रह्मयोनि पहाड़ दिखाई देता है। ब्रह्मयोनि पहाड़ के ऊपर से गया शहर की पूरी झाँकी मिलती है। शहर के इर्द-गिर्द चारों तरफ़ हरे-भरे खेत। ताड़-खजूर के अलावा अनगिनत बरगद-पीपल और नीम के पेड़। जगह-जगह उबड़-खाबड़ों, खड्डों में पड़े बड़े-बड़े बेडौल भूरे-काले पत्थरों और प्राचीन चट्टानों की ढेर। ठेठ बोली में कहें तो ढकोलबा पत्थरों की जमघट। सबके बीच में शहर और शहर के बीच मन्दिरों की लड़ी। इन सारे दृश्यों के चारों तरफ़ पहाड़ ही पहाड़...। जैसे ऊँगली में अँगूठी होती है, गया के चारों तरफ़ पहाड़ों की अँगूठी बनी हुई है। अनन्त काल में बनी होंगी ये पहाड़ियाँ। और सारे पहाड़ भी लगभग एक टक्कर के। उत्तर में मौजूद रामशिला पहाड़ 715 फीट का है, तो दक्षिण में मोर्चा थामे ब्रह्मयोनि पहाड़ 793 फीट का। शहर के उत्तर-पूर्व में दूर तक हाथ-पाँव फैलाए पड़ा प्रेतशिला पर्वत 873 फीट का। बस एक बेचारा कटारी पहाड़ ही इन सबके मुकाबले छोटा पड़ता है। शहर के पश्चिम में स्थित यह पहाड़ 454 फीट का है। ख़ैर जो भी हो, पाँचों उँगलियाँ एक बराबर थोड़े ही होती हैं। फल्गु के उस पार वाले तट पर का रामगया पहाड़ भी कोई बहुत बड़ा नहीं है। गया और इसके आसपास का ऐसा कौन पहाड़ है, जिस पर दो-चार दर्जन बार मैं नहीं चढ़ा हूँ।

मैं महसूस करता हूँ कि पहाड़ का एक अजीब आकर्षण है मुझको। गया से 15 मील उत्तर लगभग एक हज़ार तेइस फीट ऊँचे बराबर पहाड़ पर मैं अनेक बार गया होऊँगा। बहुत दूर तक फैला काले पत्थर का यह पहाड़ महाकाय काले बाज की तरह दिखता है। इसके नीचे की गुफा में प्राचीन कलाकृतियाँ हैं। बराबर पहाड़ के बिल्कुल पास है कौवा डोल की अनोखी चोटी। एक विशाल पत्थर पहाड़ की नुकीली चोटी पर टिका हुआ, जिसे मौसम और वर्षा ने घिस-घिसकर भरसक गोल कर दिया है। यह मात्र कहने की नहीं, देखने की बात है कि इस विशाल पत्थर पर एक कौवा तक के बैठने से यह डोलने लगता है। इसलिए इसका नाम कौवा डोल है। मेरे भीतर भी द्वन्द्व का कौवा डोल हो रहा है। द्वन्द्व का एक छोटा-सा कौवा भी किसी को कैसे हिला-डुला सकता है, यह मैं महसूस कर रहा हूँ। किसी को भी आश्चर्य होगा कि इस तनाव और घोर ऊहापोह की घड़ी में पहाड़ों को उसके कद-बुत के साथ मैं कैसे और क्यों याद कर पा रहा हूँ। दरअसल, मेरा मन जब कभी अशान्त होता है, तो मैं पहाड़ों को याद करने लगता हूँ। निश्चल, स्थिर और मौन ये पहाड़ करुण-कठिन दिनों में मन को अद्‌भुत शान्ति देते हैं। यह अचूक नुस्खा है, आप भी कभी आजमा कर देखिए। आपके भीतर पहाड़-सी विशालता होनी चाहिए, तभी आपको शान्ति का आनन्द मिलेगा। पागल थोड़े थे इस देश के ऋषि-

महर्षि जो पहाड़ पर तप करने जाते थे। तप के लिए पहाड़ ज़रूरी है। मन के भीतर पहाड़ ज़रूरी है। गया में रहकर भी जिसके भीतर पहाड़ नहीं है, उसकी गति उसी मल्लाह की सी होगी, जिसे अफसोस रहता था कि उसे नदी में डुबकियाँ लगाने से फुरसत ही नहीं मिलती कि वह ठीक से कभी नहा सके।

मुरली पहाड़ से लेकर ब्रह्मयोनि पहाड़ तक को क़रीब से जाकर देखने पर महसूस किया जा सकता है कि गया को गया बनाने में शहर के चारों तरफ़ फैले इन पहाड़ों की क्या भूमिका है। अब मैं रामसागर तालाब के क़रीब हूँ। ब्रह्मयोनि पहाड़ यहाँ से साफ़ दिखता है। यों ब्रह्मयोनि पहाड़ के चारों तरफ़ काफ़ी वृक्ष हैं लेकिन दूर से ब्रह्मयोनि पहाड़ पर बस एक पेड़ और छोटा-सा सफ़ेद मन्दिर दिखता है। पर इस अन्धकार में अभी वह भी कहाँ से दिखेगा? ब्रह्माजी का मन्दिर है ब्रह्मयोनि पहाड़ पर। रामसागर तालाब के तट पर स्थित सूर्यनारायण मन्दिर में मौजूद विशाल सूर्यदेव जब अपने सातों घोड़ों के साथ थोड़ी देर में क्षितिज पर उतरेंगे तब जाकर पूरी दुनिया प्रकट होगी।

अब चाँदचौरा चौराहा आ गया। चाँदचौरा पहुँचने का मतलब है कि विष्णुपद के एकदम मुँह पर आ गए हैं। विष्णुपद तक के इस रास्ते में पीपल, इमली और बरगद के अनगिनत पेड़ हैं। ये तमाम पेड़ बंकिम चन्द्रमा के संग इस समय मन्द-मन्द हवा में आनन्द लेते अपने असंख्य डोलते पत्तों के संग मुझे देख रहे हैं। इन पेड़ों को बचपन से देखता आया हूँ। सीधा, लम्बे तने व गहरी भूरी छालवाले इमली के पेड़ों के नीचे बचपन में हमने कितनी मस्ती की है। किसी नन्ही चिड़िया के पंखों जैसी हल्के हरे रंग की इमली की नन्ही-नन्ही पत्तियाँ भी उतनी ही खट्टी होती हैं जितनी कि इमली। लाल-लाल धारियोंवाले इमली के नन्हें फूलों की पीली पंखुड़ियाँ पहले सूखकर झड़ती हैं तब हरी फलियों से पेड़ भर जाता है। धीरे-धीरे ये फलियाँ हरी से भूरी और गहरी भूरी होती चली जाती हैं। जाड़ों के दिन में इमली की पकी फलियों का मजा बचपन में हमारे साथ-साथ गिलहरियाँ व चिड़िया भी खूब लेती थीं। तोते तो इमली की फलियों के लिए पागल रहते थे। रात के समय इमली की पत्तियाँ सोने के अन्दाज़ में सिमट जाती हैं। अभी अन्धकार में ये सिमटी होंगी। कहते हैं, जामुन के पेड़ की तरह इमली के पेड़ पर भी भूतों का अड्डा जमता है। अन्धकार में तो अभी मैं भी भूत बना हुआ हूँ। सड़क किनारे के एक पुराने कुएँ में मैंने आहिस्ते से चाकू और चिलोही को गिरा दिया है। महाबली राय का सिर कलम करनेवाला एकमात्र सबूत काल के अन्धकार की अतल गहराइयों में जा गिरा है। विष्णुपद से सटे तमाम मुहल्ले यानी पंचमहला, दक्खिन दरवाज़ा और काठगच्ची आदि के लोग अभी भी गहरी नींद में हैं। मैं अब द्वन्द्व से उबर चुका हूँ। मानो रास्ते के दर्जनों पीपल और बरगदों ने मुझे रास्ता सुझा दिया है। मैं महाबली का मस्तक गया सिर वेदी पर डालने जा रहा हूँ। यह उजाड़-सी लेकिन महत्त्वपूर्ण वेदी विष्णुपद मन्दिर प्रांगण के

बाईं तरफ़ है। पीले से रुग्ण मन्दिरनुमा ढाँचे के भीतर। इसमें जंग खाए लोहे के एक पुराने ढक्कन के नीचे पत्थर की एक बड़ी-सी शिला है। यही गया सिर वेदी है।

कहते हैं, गयासुर का सिर यहीं है। गयासिर वेदी के पश्चिम एक घेरे में गया कूप है। गयासुर वेदी से चन्द क़दम की दूरी पर ही श्मशान घाट भी है। गया सिर वेदी पर रोज़ पिंड चढ़ता है। आज सुबह की मंगल आरती के लिए जब विष्णु पद मन्दिर का पट खुलेगा, तो महाबली का मस्तक गया सिर वेदी पर पड़ा पाया जाएगा। सनसनी मच जाएगी पूरे इलाक़े में। साढ़े तीन बज रहा है। बस आधे घंटे बाद विष्णु पद मन्दिर में घंटियों की आवाज़ गूँजनी शुरू होगी।

गया सिर वेदी कार्तिक मास के कृष्णपक्ष की कालिमा में अभी और भुतहा लग रहा है। चारों तरफ़ गहन सन्नाटा है। मैं भीतर जंग लगे लोहे के ढक्कन के सामने खड़ा हूँ। झोले से महाबली के मस्तक को मैंने बाहर कर लिया है। गमछे में बँधे उसके मस्तक को खोलते वक़्त सिहरन की एक तीखी ठंडी लहर एड़ी से उठकर चोटी तक फैल गई है। गमछे से निकाल महाबली के मस्तक को लोहे के ढक्कन पर रख दिया है मैंने। उसकी आँखें वैसी की वैसी फटी हैं। महिषासुर-सी चीत्कारती आँखें। काल का विकाराल फुत्कार उसकी आँखों में स्थिर है। ख़ून के लच्छे उसके मुँह पर जगह-जगह जमे हैं। लगता है—कृष्ण चूड़[1] तथा अड़हुल के लाल सुर्ख फूलों को मसल कर उसके मुँह पर रगड़ दिया गया है। रक्तिम कालिमा से दगा है महाबली का मुख। कभी इसी मुँह से मंत्र की तरह गालियाँ बरसती थीं। उन्मादी आदेश जारी होते थे। पर अब... ? झुककर गमछे से उसके मुँह पर जमे ख़ून के लच्छों को मैंने भरसक रगड़कर पोछ दिया है। अँधेरे में लोहे के जंग खाए ढक्कन पर रखा महाबली का सिर सचमुच भयावह लग रहा है। ज़ेब से माचिस निकाल उसकी जलती तीली की रोशनी में भी उसके सिर को एक बार और निहार कर तृप्ति पाने की हसरत मैं रोक नहीं पाया हूँ। झोले में अब गमछे को डाल मैं एक धाप में श्मशान घाट पर आ गया हूँ। गमछा समेत मैंने झोले में तीली लगा दी है। यह बचखुचा आख़िरी सबूत भी खत्म।

विष्णुपद मन्दिर का घंटा गूँजना शुरू हो चुका है। चार बज रहा है। किरणों का दुपट्टा बाँधे सुबह उतर रही है। मंगल आरती शुरू हो चुकी है। मन्दिर परिसर के सबसे किनारे के नल पर मैंने हाथ-मुँह धोया है। एक इच्छा हुई है कि मन्दिर में जाकर विष्णुपद पर मत्था टेक आऊँ। मेरा नया जन्म हुआ है। नवजात अभय को विष्णु पद पर माथा टेकना चाहिए। पर गयावासियों की नज़र में मैं तीन माह पहले आत्महत्या कर चुका हूँ। ऐसे में विष्णुपद मन्दिर के मुख्य पुजारी मुझे देखकर काँप जाएँगे। पर मैं अपनी माँ और पिछले किसी जनम की अपनी माँ इन्दौर की महारानी अहल्याबाई होल्कर, जिन्होंने विष्णुपद मन्दिर का पूर्ण जीर्णोद्धार कराकर इस महान

1. गुलमोहर

मन्दिर का काया कल्प कराया, को साक्षी रखकर विष्णुपद मन्दिर के सामने कह रहा हूँ कि आज से यह अभय मैं गया को दान कर रहा हूँ। लम्बे समय के लिए गया से मैं फिर अज्ञातवास पर निकल रहा हूँ। जब कभी लौटूँगा, गया की किसी वेदी पर एक मस्तक और चढ़ा जाऊँगा। मैं तो गया से निकल रहा हूँ पर जानता हूँ कि कुछ ही घंटों में विष्णुपद मन्दिर का परिसर गया सिर वेदी पर महाबली के मस्तक की बरामदगी के बाद पुलिस छावनी में बदल जाएगा।

बाप का दिन

और समय रहता तो अपने मँझले भाई अतुल के पास मैं बोधगया निकल जाता। गया से बोधगया के लिए ऑटो और ट्रैकर सेवा मुँहअँधेरे से शुरू हो जाती है। पर अब कहाँ? अतुल के लिए, सबके लिए मैं मर चुका हूँ। अब भटकता हुआ बस एक जीवित प्रेत हूँ मैं। मेरे अटपटे स्वभाव को लेकर मेरा मित्र दुलारचन्द बराबर कहता रहा है, "अभय! गया के राह कोरमत्थू[1]...पता नहीं जीवन में उल्टा-पुल्टा रास्ता पकड़ना तुम कब छोड़ोगे?" अतुल का ख़याल भी आना अब इस बदली परिस्थिति में मेरे लिए गुनाह है। पर मन में कुछ बातें इसी तरह ओस की भाँति टपक कर आप से आप सूख जाती हैं। कहाँ हाथी के कान पर बैठा मेरा भाई अतुल और कहाँ मन में अभी उनचासों पवन झेलता मैं। हीन भावना मुझमें सरसों के दाना बराबर भी नहीं है, पर स्वाभिमान तो है। हालाँकि, लोग ग़लत थोड़े ही कहते हैं कि जिसका धान सूखता है, उसी को कर्ज भी मिलता है। पैसा रहने से जंगल का बाघ भी मिलता है। सच तो यही है कि एक ग्राम खेसारी की भी हैसियत नहीं मेरी। अतुल और मुझमें वही फ़र्क़ है जो खेसारी और मसूर में है। पर स्वाभिमान का सिंह मेरे भीतर है। ख़ैर, जो भी हो, अतुल अभी प्यारी-सी जापानी पत्नी हिसाए कोमात्सु के संग बोधगया के अपने भव्य होटल 'सुजाता इंटरनेशनल' के सुसज्जित शयनकक्ष में सुबह की मीठी नींद में हिलोरें ले रहा होगा।

हिसाए भाभी मधुर हैं। कम से कम ऐसी दिखती तो हैं। याद नहीं कि किस सन्दर्भ में लेकिन एक बार स्वयं उन्होंने मुझे अपने नाम का अर्थ बताया था...एवर लास्टिंग ग्रेस...अनन्त गरिमा। यह है उनमें। हालाँकि ऐसा नहीं कि उन्हें दुनियादारी की समझ नहीं है लेकिन अतुल के संग इतने दिनों तक रहने के बावजूद वे जापानियों की शालीनता और मधुरता से वंचित नहीं हुई हैं। इसलिए उनकी तरफ़ से कभी कोई

1. गया का एक स्थानीय मुहावरा : गन्तव्य तक पहुँचने के लिए ग़लत रास्ता पकड़ना।

दिक्कत नहीं। जो भी अपमान–उपेक्षा या मान–मर्दन है, वह आज तक भाई से ही मिली है। पिताजी को जब कभी अतुल के बारे में नाराज़गी हुई है, तो वे कहते हैं, "गूलर का पिल्लू हो गया है वह... । अपनी दुनिया के बाहर देख ही नहीं सकता।" ख़ैर, क्षणिक क्रोध में पिताजी बड़े भैया और मँझले भाई अतुल के लिए चाहे जो बोल दें लेकिन ये दोनों उनके पारस बेटे हैं। पिताजी के शब्दों में, "हमारा आदित्य एकदम असली विनोबा और अतुल चीलर का चह तोड़ने वाला...भारी कंजूस... ।" फिर एक पल रुककर आहिस्ते–से वे सामनेवाले को बताते हैं, "उसने जापानी लड़का से शादी की। बोधगया में होटल–शोटल का बड़ा कारोबार फैला रखा है उसने।" हालाँकि, मुझे याद है, अतुल ने जब हिसाए भाभी से शादी की थी, तो पिताजी का पारा कितने सालों तक गर्म रहा था। अतुल को घर में क़दम रखने की हिम्मत नहीं थी। अब उसी अतुल पर पिताजी को कितना गर्व और अनुराग है। यही है भव–विभव की माया–महिमा। पर मेरे बारे में कभी कोई भूले–भटके से भी पूछ देता था, तो खीज से उनका चेहरा भभक उठता था, "उनकी पूँछ में आग लगी हुई है। उनके बारे में आप उन्हीं से जाकर पूछिए। वे स्वयं हनुमान पाठक हैं। बी.ए. पास कर घर का आटा गीला कर रहे हैं। अपना भूत, भविष्य और वर्तमान उन्हें ही मालूम है।"

कहते हैं, छोटा बेटा सबसे अधिक दुलारा होता है। लेकिन पता नहीं किस लग्न में मेरा जन्म हुआ कि मैं हमेशा पिताजी की आँख की राख बना रहा। याद है, बचपन में अतुल के साथ स्वराजपुरी रोड स्थित 'आनन्द टॉकीज' में 'शक्ति' फिल्म देखी थी। फिल्म में एक सख़्त मिज़ाज डिप्टी पुलिस कमिश्नर अश्विनी कुमार की भूमिका महान अभिनेता दिलीप कुमार ने की थी और उनके अपराधी–डॉन बेटे विजय का अभिनय अमिताभ बच्चन ने किया था। दोनों टक्कर के सितारे । उस फिल्म का अन्तिम दृश्य मैं आज तक नहीं भूला हूँ जब डिप्टी पुलिस कमिश्नर पिता दिलीप कुमार की गोली से छलनी हो दम तोड़ते अमिताभ उनकी बाँहों में हैं और उखड़ती साँसों को बटोरकर अपने पिता से कहते हैं, "बहुत कोशिश की कि अपने दिल से आपकी मोहब्बत निकाल दूँ...लेकिन मैं हमेशा आपसे प्यार करता रहा। चाहा कि ना करूँ लेकिन...लेकिन ऐसा...ऐसा क्यों हुआ...क्यों ऐसा... ?" और भर्रायी आवाज़ में दिलीप कुमार कहते हैं, "इसलिए कि मैं भी तुमसे मोहब्बत करता हूँ बेटे! मैं भी तुमसे मोहब्बत करता हूँ।" तब अन्तिम हिचकियाँ लेते अमिताभ बस एक वाक्य से मर्म को बेधते हुए स्तब्ध कर देते हैं, "तो कहा क्यों नहीं...क्यों नहीं कहा डैड... ?" मेरा जीवन कोई फिल्म नहीं है लेकिन पिताजी के साथ अपने को लेकर जब कभी सोचता हूँ, तो कल्पना में यही दृश्य बार–बार उभरता है। इससे हर बार स्तब्ध और दग्ध होता हूँ। बस यही एक बात है जिसे सोचकर मेरा मुँह मलिन हो जाता है।

वैसे, मैं यह नहीं कहूँगा कि मेरे लिए पिताजी के हृदय में प्यार नहीं है। पर यह गंगा की धार और हाकिम के मिज़ाज की तरह है, जिसके बारे में कोई नहीं जान

सकता। दो-तीन साल हुए इस बात के। मैं मियादी बुखार में लम्बा घिसट गया था। पिताजी खुद से जाकर डॉक्टर बुला लाए थे। पर्चे पर लिखी सारी दवाएँ लेकर दौड़े आए थे। आदित्य भैया ने कहा भी था कि इसमें परेशान होने की क्या ज़रूरत थी। उनसे कहा गया होता, तो वे डॉक्टर बुला लाते। पिताजी ने कुछ नहीं कहा था, बस घूर कर उन्हें देखा था। आदित्य भैया सहम कर चुप लगा गए थे। उस दौरान बड़ी भाभी जब तक बुखार माप कर मेरे कमरे से नहीं निकलती थीं, पिताजी बाहर बेचैनी से चहलकदमी कर रहे होते थे और भाभी के कमरे से बाहर आते ही उसी व्यग्रता से पूछते थे, ''अभी कितना बुखार है?'' भाभी से पिताजी का यह पूछना मेरे ऊपर दवा से भी ज़्यादा असर करता। पर मुझे लगता कि काश, पिताजी मेरे माथे पर अपनी हथेली रखकर मेरे बुखार का अनुमान करते। मैं भी आदित्य भैया और अतुल की तरह अपने माता-पिता की आत्मा का अंश हूँ। आत्मज हूँ अपने पिता का। पर हमेशा एक दूरी-सी क्यों बनी रह गई है हमारे बीच। सम्भवतः माँ के असमय निधन से मेरे प्रति उनमें विरक्ति आ गई। मुझे संसार के उन तमाम पिताओं पर अफ़सोस होता है, जो अपने चट्टान से सीने में अपने बच्चों के लिए प्यार का अंकुरित बीज छिपाए काल के अवतार बने रहते हैं।

यक्ष प्रश्न के उत्तर में युधिष्ठिर ने कहा है, ''आकाश से भी ऊँचा होता है पिता।'' सचमुच, पिता की छतरी आकाश से ऊँची होती है लेकिन तथाकथित मर्यादा के अहं की कमानियाँ उन्हें जब कुछ ज़्यादा ही ताने रखती हैं, तो छतरी की मूठ थामे बच्चा हमेशा सहमा-सहमा रहता है। आकाश में छाए बादलों के रुख से पिता के रुख का, सूरज की तमक से पिता की तमक का तालमेल बिठाने में ही वह परेशान रह जाता है। समय तेज़ी से बदला है और लोग कहते हैं कि बदलते समय के साथ सम्बन्धों की परिभाषा भी बदलती है। पर मुझे ऐसा कहीं से नहीं लगता। मनुष्य के मूल स्वभाव में थोड़ा-सा भले सही, ज़मीन-आसमान का अन्तर नहीं आ सकता। पुराने ज़माने में भी सहज-आत्मीय या फिर एकदम सख़्त पिता होते होंगे और आज की पीढ़ी में भी इसी प्रकार दो तरह के पिता होते हैं। आगे भी होते रहेंगे। कोई युग हो, मौलिक मनुष्य वही रहेगा। पर एक बात हर युग में ध्रुव सत्य है कि माता-पिता पर आपका जो अधिकार हो सकता है, वह किसी पर नहीं। पिता से लाख धिक्कार सुनकर भी पूरे दावे और अधिकार से आप अटल होते हैं। एक माता-पिता का ही आश्रय है जहाँ किसी भी परिस्थिति और समय में आप बेधड़क जा सकते हैं। शायद इसलिए 'बाप का घर है?' और 'बाप का दिन है?' सरीखे मुहावरे हैं। बाप का दिन! इस छोटे-से वाक्य में कितनी गहराई है! मैंने भी आज तक इस पर ग़ौर नहीं किया था। पर अभी इस वाक्य को जब हर तरह से मन में उलट-पुलट रहा हूँ, तो सिहरन हो रही है। रोमांच हो रहा है। माँ का दूध! बहू-बेटी की इज्जत! और बाप का दिन! पता नहीं कितनी पीढ़ियों से ये मुहावरे चले आ रहे

हैं। निष्कर्ष में यही कहूँगा कि पिताजी से लाख क्षोभ रहने के बावजूद अभी मुझे लग रहा है कि मनुष्य जीवन का हर दिन उसके बाप का दिन होता है। बाप इस संसार में हो न हो, आपका दिन उन्हीं का है।

दरअसल, बाप का मतलब ही है औकात! और औकात-हैसियत से दिन क्या, आपका एक-एक क्षण तय होता है। बाप के दिन के दम पर ही आप किसी की मूँछ उखाड़ ले सकते हैं। पटक कर पसलियाँ तोड़ सकते हैं। नवाबी छाँट सकते हैं। जिससे मन करे कठदलीली कर सकते हैं। इस सबके बावजूद बाप के घर में दाखिल हो सकते हैं। हाँ, बाप की दहाड़ और उनकी धौंस-पट्टी से भयभीत रहने के स्वाँग में निपुण हो जाएँ, तो थोड़ी सुविधा रहेगी। पर मेरे दादाजी मगही की एक मशहूर कहावत कहते थे, "चउठ चतुरदस नौमी रिक्ता, बापो घर न जइह पुत्ता।" बाप के घर जाने में भी इन दो दिनों के वास्ते मनाही है। आज न चउठ चतुर्दशी है, न ही नवमी है। और वैसे भी पिता के घर जाने की मेरी स्थिति अब नहीं है।

जांघिल का जोड़ा पूरे लय के साथ आकाश में ऊपर और ऊपर उठता जा रहा है। लगलग और गिद्ध के आकार-प्रकार की लम्बी गरदनवाली बगुले जैसी मोम सरीखे पीले चेहरेवाली इस चिड़िया की लम्बी भारी चोंच अन्तिम सिरे पर थोड़ी मुड़ी होती है, जिसे यह हँसिये की तरह नचाती रहती है। मछलियाँ और मेढ़क इसके प्रिय भोजन हैं। जांघिल का नर और मादा कमोबेश देखने में एक जैसा होता है और समूह में रहता है। यह चिड़िया लम्बे वृक्षों पर मंच सरीखा घोसला बनाकर रहती है। एक ही पेड़ पर इसके कई जोड़े अपना-अपना घोसला डालकर पूरा गाँव सरीखा बसाए रखते हैं। जांघिल के नाम में ही कितना रूआब है। यह दिखता भी है। गया समाहरणालय परिसर के कई पेड़ों पर जांघिलों का बसेरा है। इनके चूने जैसे श्वेत मल से समहरणालय परिसर हमेशा चितकबरा बना रहता है। पर कोई इन्हें नहीं छेड़ता। जांघिलों को समाहरणालय परिसर का अंग मान लिया गया है। मछलियों का शिकार करने में जिस तरह ये अपने भारी पंखों का उपयोग करते हैं, वह देखने लायक है। इस इलाक़े में पोखरे और नदी-झील के किनारे ये झुंड में घुमड़ते दिखते हैं। लेकिन सिर को कन्धों के बीच साधकर जब ये पंख फड़फड़ाते हुए उड़ान भरते हैं, तो देखते देखते आसमान से बातें करने लगते हैं। निरंजना के किनारे पाँत बाँधकर मछलियों की टोह में उड़ते छोटे-छोटे पंडुक भी कम तीरंदाज नहीं। गया-बोधगया के आसपास की ग्रामीण स्त्रियों से पूछिए, तो विभोर होकर बताएँगी कि पंडुक की आवाज़ में 'विष्णु एकेतु...विष्णु एकेतु...' ध्वनित होता है। यानी 'विष्णु तू ही तो एक है...तू ही तो एक है...। तेरे सिवा कोई नहीं।' और यह सही भी है।

ईश्वरीय आभा की प्रतीति जिसे है, वही ठीक से यहाँ की अनुभूति पा सकता है। यहाँ के कण-कण में साक्षात विष्णु विराजते हैं। गया से बोधगया तक पहाड़ों की कतार है, तो पेड़ भी कम नहीं। चकुंदी का पेड़ ही नहीं कुछ, तो आठ-दस हज़ार

से ज़्यादा है। पीली फलियों के झुमके वाला यह पेड़ जाड़ों में ज़्यादा खिला रहता है लेकिन सालों भर इसमें कुछ न कुछ पीले झब्बे लटके ही रहते हैं। इस जंगली पेड़ को गया के बहुतेरे लोग दुलार में चकुंदी की जगह चकौंध भी कहते हैं। शायद यह चकाचौंध का संक्षेप है। वनस्पतियों के जानकार इसे अकेसिया कहते हैं और अमलतास खानदान का बताते हैं, जो पथरीली शुष्क धरती पर ज़्यादा होता है। वृक्षों की यहाँ भरमार है, तो जीवन के उल्लास से उमगती रंग-बिरंगी चिड़ियों की भी कमी नहीं। रास्ते में जगह-जगह कहुआ के लम्बे-छरहरे वृक्षों पर जंगली सुग्गों के हरे-भरे मेले का दृश्य आम है।

कहुआ इस पेड़ का देहाती नाम है। असली नाम है अर्जुन। आयुर्वेदाचार्य लोग अक़सर अर्जुन के नाम की चर्चा करते हैं। अर्जुन उर्फ़ कहुआ (स्थानीय लोग कभी-कभी ज़्यादा सम्मान में इसे कहुआसन भी कहते हैं) की खट्‌टी-मीठी फलियों पर जंगली सुग्गे जान छिड़कते हैं। इन जंगली सुग्गों की जमघट के समय कहुआ का आनन्द विलास देखते बनता है। सैकड़ों सुग्गे पत्तों की तरह कहुआ की शाखों पर लटके शोर मचाते, अठखेलियाँ करते हैं। एकदम हारिल की तरह झुंड बाँध कर। बोधगया स्थित अतुल के होटल 'सुजाता इंटरनेशनल' के अहाते में भी कहुआ का एक बहुत पुराना पेड़ है। होटल के पिछवाड़े में एक विशाल झंखाड़ बरगद भी। कहुआ की फलियों से लेकर बरगद की पकी फलियों पर सुग्गे-हारिल तो अपनी जगह, लहरदार उड़ान भरनेवाला तरु पिक (स्कूल में मेरे अंग्रेज़ी शिक्षक इसे ट्री-पाई पक्षी कहते थे), बुलबुल और मैना की टुकड़ियाँ भी कुलाँचें मारती हैं और इन फलियों से पेट भर कर तृप्त हो, मस्त रहती हैं।

सच पूछिए, तो ये दोनों पेड़ 'सुजाता इंटरनेशनल' का सुहाग-भाग हैं। बेगुनाह वैभव। प्रकृति की अनुपम फुलकारी। हिसाए भाभी की पहल पर बोधगया में होटल बनवाने के लिए 80 फीट की विशालतम बुद्ध प्रतिमा और जापान के 'दाइजोक्यो' बौद्ध मन्दिर वाले रास्ते में जब ज़मीन खरीदी गई थी, तो यहाँ इन दोनों पेड़ों के अलावा पाकड़, इमली, खजूर और ताड़ के भी पेड़ थे। खजूरबन्नी तो इस इलाक़े में यों भी हर एकाध कोस पर है। अतुल ने बाकी पेड़ों को तो होटल निर्माण के दौरान कटवा दिया लेकिन हिसाए भाभी की ज़िद से ये दोनों पेड़ बच गए। जापान के धार्मिक संगठन 'दाइजोक्यो' द्वारा जब यहाँ 80 फीट यानी 25 मीटर ऊँची विशालतम बुद्ध प्रतिमा बनाने का संकल्प लिया गया था, तब भी इधर सघन खजूरबन्नी ही थी।

दरअसल, बोधगया का यह लगभग बाहरी हिस्सा था। पर यहाँ से महाबोधि मन्दिर का दृश्य अत्यन्त मनोहारी था। बहुत-से प्रेस छायाकार इसलिए इस तरफ़ आकर महाबोधि मन्दिर की तस्वीरें लेते रहते थे। तब्र जापानी मन्दिर 'इन्दोसान निप्पोनजी' को छोड़कर इधर कुछ भी उल्लेखनीय नहीं था। 80 फीट की बुद्ध मूर्ति बनने के बाद इस हिस्से की दुनिया ही बदल गई। बोधगया की इस अनूठी गगनचुम्बी

बौद्ध प्रतिमा के लिए 'दाइजोक्यो' को बिहार सरकार ने दो एकड़ ज़मीन का आवंटन किया था। वैसे दाइजोक्यो के पुरोहित और सदस्यों का आगमन बोधगया में सत्तर के दशक में ही हो गया था लेकिन कमल पर ध्यान की मुद्रा में आसीन इस विराटकाय बुद्ध प्रतिमा के निर्माण का शिलान्यास उन लोगों ने यहाँ सन् 1982 में कराया।

लगभग सात वर्षों तक लगातार, बारह हज़ार कारीगर इसके निर्माण में जुटे रहे और मिर्जापुर-चुनार के गुलाबी सैंड स्टोन से जापान की प्रसिद्ध कामाकुरा शैली में बुद्ध प्रतिमा का निर्माण पूर्ण हुआ। मुझे इस प्रतिमा के उद्घाटन का वह भव्य दृश्य हू ब हू याद है, जब दलाई लामा ने 18 नवम्बर, 1989 को इसका उद्घाटन किया था। दुलारचन्द और अपने अन्य साथियों के संग इस पूरे समारोह को देखने साइकिलों पर हमलोग यहाँ गया से सुबह-सुबह आ गए थे। 'कमल-सूत्र' के मंत्रोच्चार से भिक्खु संघ और लामाओं के संग 'दाइजोक्यो' के प्रधान पुजारी ने कार्यक्रम का आरम्भ किया था। कमल एक तो बौद्ध धर्म का प्रतीक पुष्प है और यों भी कमल को लेकर जापानियों में एक अलग अनुराग और आकर्षण है। हिसाए भाभी के अटल अनुरोध पर अपने होटल के मुख्य द्वार के किनारे अतुल ने भी लाल कमल का एक पॉण्ड बनवाया। कोई भी शुभ कार्य हिसाए भाभी बग़ैर कमल पुष्प के नहीं करती हैं। उन्हें कमल का पुष्प इतना ही जान से प्यारा है कि उन्होंने अपनी बाँहों पर कमल का गोदना गुदवा रखा है। उन्होंने मुझे बताया था कि जापानी लोग पद्म फूल के बड़े अनुरागी होते हैं। जापान के विभिन्न हिस्सों में कमल खिलते हैं। जापान के पवित्र पहाड़ माउंट कोया की चोटी पर खिलने वाले कमल को जापानी लोग अलौकिक कमल मानते हैं।

माउंट कोया समुद्र तल से 800 मीटर ऊँचा है। जापानी भाषा में कमल का नाम 'रेंजे' है। 'रेन' यानी कमल और 'जे' यानी फूल। कमल के बारे में जब कभी हिसाए भाभी ने कुछ कहा तो मुझे लगा कि वे अपने बारे में कुछ बता रही हैं। एकदम कमलिनी हैं हिसाए भाभी। मैंने सुना है कि जापानी लड़कियाँ बहुत खुशदिल होती हैं। साज-सज्जा में भी वे उतनी ही शालीनता बरतती हैं। शान्ति से पुरुषों को नियंत्रित रखने में जापानी स्त्रियों का सानी नहीं । अतुल के संग हिसाए भाभी ठीक इसी तरह निभाती हैं। घर की सफ़ाई, कपड़े की धुलाई और रसोई बनाते हुए भी अतुल और बेटे-बेटी पर लाड़ बरसाती जाती हैं। आम पत्नियों की तरह अतुल से दुलार की आशा में वे गाल फुलाकर बैठने के बजाय उसे हमेशा खुश रखने की जुगत में रहती हैं। सुना है, जापान की महिलाएँ सामान्यतः होती ही हैं ऐसी। तमाम आपाधापी के बीच वे अवकाश पसन्द होती हैं। हिसाए भाभी ने एक बार बताया था कि जापान के सामाजिक जीवन में महिलाओं को लेकर बीती सदियों में कई उतार-चढ़ाव आए। पर जापान की स्त्रियों ने मुस्कुराते हुए सब समय काटा। हिसाए भाभी ने बिहँसकर कहा था, "आठवीं सदी में कई महिलाएँ जापान की साम्राज्ञी बनी थीं

अभय।'' कमलिनी ही होती हैं जापानी स्त्रियाँ। कमल पुष्प की भाँति आत्मशक्ति की प्रतीक। जैसे हिसाए भाभी! आत्मविश्वास से भरी एक शालीन-स्नेही स्त्री। आँखों, ललाट और कपोल से अधिकतर बोलती हैं वे।

दरअसल, ये जापानी लोग आम तौर से संकोची, शालीन और थोड़े शर्मीले स्वभाव के होते हैं और शायद इसलिए शब्दों का सहारा लेने की कम कोशिश करते हैं। मुझे तो जितना अन्दाज़ है, ये अपना प्यार भी सीधे-सीधे नहीं कह पाते। बोधगया में पर्यटकों की फोटोग्राफी कर दो पैसे कमानेवाले मेरे भाई अतुल से भी हिसाए भाभी ने कई यात्राओं के बाद बहुत मुश्किल से अपनी भावना प्रकट की थी। पहली बार तो वे अपने माता-पिता के संग बोधगया आई थीं। उसी यात्रा के दौरान महाबोधि मन्दिर परिसर में पर्यटकों की तस्वीर उतारेवाले सीधे-सादे अतुल में पता नहीं क्यों उनका मन अटक गया था। फिर वे बाद के सालों में दो-तीन बार अकेले आईं और तब जाकर बात बन सकी। हिसाए भाभी के माता-पिता शुरू में इस विवाह के सख़्त ख़िलाफ़ थे। पर उन्हें बेटी की ज़िद के आगे झुकना ही पड़ा। भाभी ने अपने माता-पिता से कहा कि उनका फ़ैसला भावुकता या प्रेम के कारण नहीं, बल्कि यह सच है कि अतुल एक अच्छा-नेक इंसान है। बहुत हद तक व्यावहारिक है।

ख़ैर, अतुल को नकमोती बनाने के लिए भाभी ने अपने घर में जो भी तर्क दिया लेकिन क्या जापान की एक लड़की ने बग़ैर प्रेम और भावुकता के अपने जीवन का इतना बड़ा फ़ैसला लिया था? प्रेम और भावुकता के बिना यह निर्णय असंभव था लेकिन जापानियों के पोर-पोर में प्रेम पगे होने के बावजूद उसे प्रकट करने में क्या झिझक है, यह हिसाए भाभी को अब तक देखकर मैं कह सकता हूँ। अतुल से उनके विवाह के बाद एक बार जब मैंने उनसे बहुत ज़िद की कि वे जापान का कोई 'प्रेम गीत' सुनाएँ, तो उन्होंने कहा कि जापान में भारत की तरह थोक के भाव प्रेम गीत नहीं होते। उन्होंने बहुत याद कर एक जापानी कोरस प्रेम गीत के टुकड़े सुनाए थे, '...आई सी चत्ता...आइ सी चत्ता...अनाता नासी...देवा तोतेमो...इकीते...इकेनाइ...मैं तुम्हारे प्यार में हूँ...तुम्हारे बिना मेरा जीना नहीं हो सकता।'

हिसाए भाभी ने अतुल के पास यह गाया था या नहीं और जहाँ तक मेरा अनुमान है कि नहीं ही गाया था, लेकिन दूर देश से आकर अतुल की जीवन संगिनी बन उन्होंने इन पंक्तियों को सच कर दिया था। कहने की ज़रूरत नहीं कि वे अतुल के किसी ऐश्वर्य-वैभव से आकृष्ट नहीं हुई थीं, न ही ज्ञान-विद्या से क्योंकि यह सब अतुल के पास था भी नहीं। गया के एक मध्यवर्गीय पंडा परिवार का लड़का अतुल उनके लिए बस धरती की सोंधी गन्ध से भरा एक सीधा-सरल और हरा-भरा अर्जुन का पेड़ था...। अपनी मासूमियत में खड़ा कहुआ...कहुआसन का पेड़, जिस पर दूर देश की चिड़िया हिसाए भाभी ने अपनी गृहस्थी का घोसला बसाने का फ़ैसला किया था। शायद इसलिए होटल निर्माण के क्रम में अतुल ने जब कहुआ

और बरगद को भी कटवाना चाहा, तो हिसाए भाभी ने आहिस्ते से कहा था, ''अतुल, इन पर बैठनेवाले परिंदों को हम नहीं गँवा सकते।'' अतुल वहीं रुक गया था। अतुल का चेहरा और उसकी आँखें जितनी मासूम हैं, अन्दर से वह उतना ही सयाना है। चेहरे और आँखों की मासूमियत का उसने जीवन में अच्छा इस्तेमाल किया है। अगर ऐसा नहीं होता, तो टोकियो में होटल के एक बड़े कारोबारी नबरू कोमात्सु की एकलौती बेटी हिसाए उसके जीवन क्या, स्वप्न तक में भी सम्भव नहीं थी। इसलिए अतुल कभी भी हिसाए भाभी के एक शब्द को काटने-लाँघने की ग़लती नहीं करता है। मुझे लगता है कि जो लोग कम शब्दों का उपयोग करते हैं उनके शब्द सामने वाले के लिए पर्वत बन जाते हैं, जिसे लाँघना आसान नहीं होता। इसलिए हिसाए भाभी की इच्छा से ये पेड़ रह गए और अब अतुल को भी लगता है कि इन पेड़ों का रहना उसके होटल के सौंदर्य के लिए अनिवार्य था। हिसाए भाभी जब भी अपने प्यारे शहर टोकियो को याद करती हैं, उनका मन बदरीरक्त सकुरा के गुलाबी फूलों के वसन्त से भर आता है। वे कहती हैं—सकुरा...यानी चेरी ब्लूजम...यानी जापानी चेरी वृक्षों का वसन्त के दिनों में गुलाबी फूलों से छा जाना भला कैसे भूला जा सकता है... ! जापान का यह प्रतिनिधि पुष्प-वृक्ष प्रतीक है जीवन का और जीवन-सौंदर्य की क्षणभंगुरता का! वसन्त के दिनों में बारिश के झकोरों से जब सकुरा की पंखुड़ियाँ झड़कर अपने पेड़ के नीचे मनोहर वृत्त बनाती हैं, वह क्या कम पागल करती है। पर बोधगया में तो बरगद और कहुआसन है। ये भी कोई कम नहीं। अतुल के शब्दों में ये दोनों पेड़ उसके होटल के 'फैंसी ड्रेस' हैं, जो एक नज़र में दूर देश से आनेवाले पर्यटकों की पुतलियों में तत्काल जड़ें जमा लेते हैं।

अतुल ने भी बस पहली नज़र में हिसाए भाभी की पुतलियों में जड़ें जमाई थीं। इसके साथ ही विष्णुपद के समीप ऊपरडीह में कई पुश्तों के निवासी नामी गयवाल पंडा स्व. बच्चूलाल पाठक का परपोता, अमृतलाल पाठक का पोता और मणिलाल पाठक का मँझला बेटा अतुल आवारा और बदजात की श्रेणी में आ गया था। एक निमिष्ठ गयवाल पंडा परिवार में पैदा हुआ कुलांगार और कुल-कलंक। दरअसल, आदित्य भैया एकदम श्रवण कुमार की तरह पिताजी के साथ जजमानी के पेशे में बग़ैर कहे-सुने जुट गए थे। आदित्य भैया ने पिताजी की आज्ञा पर आँख मूँदकर अन्दर गया के काठगच्ची मुहल्ले के गयवाल पंडा भोला लाल झंगड़ की पुत्री शोभा से विवाह भी किया। माँ के निधन के बाद से आँगन वर्षों से सूना था। बड़ी भाभी आईं तो घर में संस-बरक्कत आई। आदित्य भैया का विवाह मुझे यों ही याद है। मगही में गाया जाने वाल वह 'हरदी गीत' भी याद है, जो आदित्य भैया के विवाह में गाया गया था—'कौन बारी उपजे हे काँची रे हरदिया...कौन बारी उपजे पाकल पान हे...कौन बेटी के लगतन काँच रे हरदिया...कौन दुल्हा खइता पाकल पान हे...।'

आदित्य भैया का विवाह पूरे आन-बान से हुआ। गयवालों का विवाह अन्य विवाह पद्धति से भिन्न होता है। एक विवाह के लिए भैया के विवाह के समय तक आठ-आठ बारातें निकलती थीं। सबसे प्रथम 'देखौनी' बारात। इसमें लड़का वधू के घर पूरे तामझाम के संग बारात लेकर पहुँचता है और तिलक लेता है। आदित्य भैया भी हाथी पर चढ़कर बारात के संग अपनी भावी ससुराल काठगच्ची पहुँचे थे। उसके बाद दूसरी बारात 'जोड़े की बारात' गई थी। इसमें वर नहीं जाता। अभय भैया भी नहीं गए थे। जोड़े की बारात में कपड़ों और गहनों को लेकर बारात वधू के घर पहुँचती है और रात भर उनका भव्य स्वागत होता है। एक से एक गवैयों का गायन होता है। इस बारात के ठीक दो-तीन दिनों बाद ही तीसरी बारात निकलती है— 'चढ़ावे की बारात।' इसमें सूखे मेवों और मिठाइयों की परातें वधू के यहाँ वर पक्ष के नौकर-सिपाहीगण लेकर जाते हैं। फिर 'दुअरलग' और 'बिनौकी बारात'। इसके बाद दो और बारातें और आठवीं बारात जब निकलती है, तो वर-वधू का विवाह करा कर ही लौटती है। अपने एकबाली पूर्वजों के ठाठ को याद कर पिताजी ने अपने ज्येष्ठ पुत्र के विवाह में ये आठों बारातें निकाली थीं।

हालाँकि अब गयवालों के बीच ये सब मात्र स्मृतियाँ हैं। विवाह के लिए आठ-आठ बार बाराती निकालने का न किसी के पास समय है और न हैसियत। आदित्य भैया का विवाह गयवाल समुदाय के बीच आठ-आठ बारातियों वाली पुरानी परम्परा का लगभग अन्तिम ही आयोजन था। इस तरह पारिवारिक संस्कार का अक्षरश: पालन करते हुए आदित्य भैया खानदान की इज्जत-प्रतिष्ठा के मुकुट बन गए। पर अतुल के रंग-ढंग को लेकर पिताजी हमेशा सशंकित रहते थे। एक दिन पिताजी से जब उसने झाड़कर दो टूक कह दिया कि, "यह पंडागिरी-वंडागिरी का धन्धा मुझसे सात जनम में नहीं होगा," तो पिताजी बुरी तरह अवाक रह गए थे। किसी ज़माने में गयवाल पंडों के सरताज स्व. बच्चू लाल पाठक के दौहित्र और अपने पिता के एकबाल की ध्वजा रहे स्व. अमृत लाल पाठक के कर्मठ-सुयोग्य पुत्र मणिलाल पाठक को उनका पुत्र तंबाकू की तरह हथेलियों में रगड़ कर झाड़ देने की जुर्रत करे और परिवार की गौरवशाली परम्परा को लेकर इस तरह की अपमानजनक टिप्पणी करे, यह पिताजी के लिए मर जाने लायक बात थी। उस दिन छटपटाते हुए बड़ी भाभी से उन्होंने कहा, "बहू! हो सके तो मुझे जहर दे दो। अरे खेत में खेती नहीं होगी लेकिन पेट तो खाली नहीं रहेगा। बात बनाने और भूख सहने में आकाश-पाताल का अन्तर होता है। इस गधे ने अभी दुनिया नहीं देखी है। गऊ-गंगा की कसम...ऐसे पुत्र को देखने से मर जाना अच्छा।"

पिताजी कई दिनों तक खटवास-पटवास में रहे। अपने आदेश का उल्लंघन उन्हें बर्दाश्त नहीं होता। धीरे-धीरे पिताजी को जब लोगों से जानकारी मिली कि अतुल गया में टूरिस्ट लोगों का फ़ोटो खींचने लगा है और उससे कमाए पैसों को

यार-दोस्तों के बीच में उड़ाता है, तो वे कट कर रह गए। और कुछ समय बाद जब उन्हें पता चला कि अतुल एक जापानी लड़की से विवाह कर जापान की राजधानी टोकियो गया है, तो उन्होंने आदित्य भैया से क्रोध से काँपते हुए कहा, ''इस काग भगोड़े का श्राद्ध अब कर देना चाहिए। इस अभागे ने पूरे खानदान का धर्म भ्रष्ट कर दिया।'' इस बात के कुछ साल गुज़र गए। अतुल ने परिवार में 'बदजात'...'कुलांगार' और 'कुल कलंक' का जो पद रिक्त किया था उसपर पिताजी ने अब मेरा अभिषेक कर दिया था।

समय अपनी गति से गुज़रता गया। धीरे-धीरे जब पिताजी के कानों में ख़बर पहुँचने लगी कि उनकी धनाढ्य जापानी बहू के प्रताप से अतुल बोधगया में पर्यटकों के लिए अन्तरराष्ट्रीय स्तर का एक होटल कुछ करोड़ रुपए की लागत से बनवा रहा है, तो अतुल के प्रति उनका संचित क्रोध तेज़ी से लुप्त होने लगा और अतुल भी थोड़ा ऊपर सरक कर आदित्य भैया की तरह 'पारस-पुत्र' की कोटि में आ गया। होटल 'सुजाता इंटरनेशनल' में पिताजी ने वैसे आज तक पाँव नहीं रखा है। वे कहते हैं कि, ''मैं कभी उसके यहाँ जाकर पेशाब तक नहीं करूँगा।'' पर 'अतुल गान' से उनका मुँह अब टूटता रहता है, ''हमारा अतुल! पूछिए मत। अरे आटा खाई शक्कर से और दुनिया जीती मक्कर से...। जिस तरह आटा को सक्कर मिला कर मधुर किया जाता है, मीठी बातें बनाकर दुनिया जीती जाती है। इसलिए ऊपरडीह के अतुल का एक पैर अब जापान में ही रहता है। अरे वह सूर्य है, सूर्य! जो चाहेगा, करेगा।'' पिताजी द्वारा अतुल की अथाह प्रशंसा पर बड़ी भाभी कुढ़ती हैं। दरअसल, नाम से आदित्य यानी सूर्य तो बड़े भैया हैं, लेकिन पिताजी ने सूर्य की पदवी अतुल के नाम कर दी है। मन ही मन पिताजी की अतुल-चालीस से भैया भी क्षुब्ध रहते हैं।

मुझे लगता है गया-बोधगया के धरती पुत्रों को महात्मा बुद्ध शायद चुपके से यह मधुर वरदान दे गए हैं कि अगर उनके भीतर थोड़ी भी रोशनी जगेगी तो जापान...सिंगापुर...थाईलैंड...श्रीलंका...दुनिया भर की लड़कियाँ उनके भीतर की किरण के पीछे पागल हो उठेंगी। मेरा भाई अतुल इस तरह का कोई एकलौता उदाहरण नहीं है। जापानी लड़कियाँ तो खासकर जान छिड़कती हैं गया की मिट्टी पर। आसाकावा, मिसाको, युकी इनोउवे, नाका, कूरिता, मासाको, मोरिमोतो...कितनी जापानी लड़कियों के नाम गिनाऊँ जो गया-बोधगया के लड़कों से शादी कर यहाँ की बहू बनी बैठी हैं। पर अभी मैं इस मन:स्थिति में नहीं हूँ कि इन सबकी कहानियाँ आपको एक-एक कर सुनाऊँ। मेरी बड़ी भाभी कहती हैं, ''अभी तो सबको बड़ा मजा आ रहा है। पर ख़ून बचाना आसान नहीं। सबका ख़ून-खानदान बर्बाद हो रहा है, इसकी चिन्ता किसी को है?'' शोभा भाभी ने कभी भूले से ' सुजाता इंटरनेशनल' का रुख नहीं किया है।

ख़ैर, मैं हर तरह से निश्चिंत हूँ। क्योंकि अपने परिवार और अपने समस्त परिचितों के लिए मैं अब इस संसार में नहीं हूँ। दुनिया की नज़र में अपने जीवन का मैं अन्त कर चुका हूँ। इसलिए पुलिस को मुझ पर कोई शक है, इसकी कोई गुंजाइश ही नहीं। वारदात को अंजाम देते समय भी मैंने गमछे से कसकर अपना मुँह लपेट रखा था। इसलिए महाबली के दोनों अंगरक्षक व साथ के अन्य लोग भी बारूद के धुएँ की गुबार में मुझे देख नहीं पाए थे। अभी मेरे हृदय से हाथों तक लगातार एक अजीब बनैली खुशी थिरक रही है। महाबली के ख़ून से सने हाथ भले ही मैंने धो लिए हों लेकिन एक बार मानव रक्त से भीगे हाथ क्या सचमुच अब कभी धुल पाएँगे...! गयासुर मेरे भीतर लगातार करवटें बदल रहा है।

प्रेतशिला

रात का तीसरा पहर है और इस बार लगभग आठ–नौ महीने बाद मैं गया स्टेशन पर उतरा हूँ। यह भादो का आरम्भ है और लगातार बारिश हो रही है। कार्तिक में महाबली राय को परलोक भेज मैं गया से निकला था। यह आठ–नौ महीना मेरे लिए कई युग सरीखा था। गया में मेरे प्राण बसते हैं। आत्मा बसती है। मेरा स्वाद बसता है। इन आठ महीनों में गया के तिलकुट और अनरसा का स्वाद मैं कभी नहीं भूला। चार बात सुनकर भी भाभी की पकाई रोटी की याद आती रही। मात्र अपना शरीर लेकर मैं यहाँ से निकला था। मुझे पक्का विश्वास था कि पिताजी मेरे पत्र के आधार पर घर-परिवार और स्वजनों से सलाह कर मेरा श्राद्ध एकाध महीने में सम्पन्न कर देंगे।

अभी पिछले दिनों मेरे मित्र दुलारचन्द ने बताया कि पाँच–छह माह तक प्रतीक्षा करने के बाद बड़े भैया के दबाव पर आख़िरकार पिताजी ने मेरा श्राद्धकर्म पूरा किया। दुलारचन्द से यह समाचार पाकर कुछ देर के लिए गहरी पीड़ा हुई लेकिन अन्त में मन मिट्टी के पिंड की तरह ठंडा हो गया। अपने इन बीते आठ महीने को मैं विस्मयहत देख रहा हूँ। यह आठ महीने मैंने अयोध्या में एक युवा संन्यासी के रूप में व्यतीत किए। अयोध्या की मणिराम छावनी मन्दिर में। राम की नगरी में अज्ञातवास के लिए मैं बहुत उत्साह से गया था लेकिन यहाँ के महन्तों की अन्दरूनी लोमहर्षक दुनिया देखकर मन निरन्तर खिन्न होता रहा। पाया कि महाबली की नस्ल हर जगह है। रूप-रंग और ताना-बाना भले अलग-अलग हो। अयोध्या के अधिकांश मंदिरों के महन्त चौबीस घंटे बन्दूक़ों के साए में रहते हैं। महन्ती और मठ की सम्पत्ति को लेकर कई महन्तों पर जानलेवा हमले हो चुके थे।

मणिराम छावनी मन्दिर, जहाँ मुझे आश्रय मिला, के महन्त नृत्यगोपाल दास पर वर्ष 2001 के मई माह में जब से जानलेवा हमला हुआ, वे सुरक्षा की कड़ी परतों के बीच रह रहे हैं। पर अकेले नृत्यगोपाल दास ही क्या, अयोध्या के दिगम्बर अखाड़ा के महन्त रामचन्द्र परमहंस भी ख़ूनी हमले में बाल-बाल बचे थे। हनुमान गढ़ी के महन्त ज्ञानदास को भी प्रतिपल जान का ख़तरा है। बाबा जगदीश दास, महन्त रामाज्ञादास और रामकृपाल दास की हत्या मठ की दावेदारी के झगड़े में हो गई। बासुदेव घाट के बाबा केशवदास को किसी अज्ञात जगह ले जाकर खत्म कर दिया गया। सन्त-महन्तों की ख़ूनी अदावत के ऐसे नंगे खेल की मैंने कल्पना भी नहीं की थी। यहाँ कोई महन्त बग़ैर गनर की फ़ौज के नहीं रहता। रूसी मन्दिर के एक वयोवृद्ध साधक जानकी शरणजी के सानिध्य में अक़सर मैं जाकर बैठता था। वे महन्तों की लिप्सा-कुत्सा से उत्पन्न अयोध्यानगरी की इस भयावह स्थिति को लेकर मुझसे कहते थे, ''बेटा! उभरे अन्त न होय निबाहु, कालनेमि ना रावण-राहू...। स्वाँग करने से कोई सन्त या देवता नहीं बन जाता। जब कालनेमि, रावण और राहू स्वाँग में समाप्त हो गए, तो इन नक़ली सन्त-महन्तों की क्या हस्ती?'' सीधे-सरल जानकी शरणदास जब यह कह रहे होते थे, तो मैं अन्दर से सिहर कर रह जाता था। एक युवा संन्यासी पूर्णानन्द का स्वाँग करते हुए तो मैं भी वहाँ था। अभी अयोध्या से दूर होकर सोचता हूँ तो लगता है कि अयोध्या को भी एक अभय चाहिए। अशरीरी अभय पर इस सर्वनाशी दुनिया को ठीक करने का ज़िम्मा मैंने नहीं ले रखा है। मेरे सामने बस गया और सिर्फ़ गया है—चिड़िया की आँख की पुतली की तरह।

हाँ, इतना तय है कि इस बार के गया—मिशन के बाद मैं अयोध्या के बजाय कहीं और जाकर अज्ञातवास व्यतीत करूँगा। इस बार का गया मिशन! मेरा मन भी इस मिशन की सिद्धि को लेकर बच्चों की तरह उत्सुक और एक किशोर की तरह रोमांचित है। इस बार गया के दुर्नाम मेयर बमभोला चौधरी का मस्तक प्रेतशिला पहाड़ पर स्थित काली माई यानी प्रेत भवानी के मन्दिर में मुझे अर्पित करना है। अकाल मृत्यु का पिंडदान एकमात्र प्रेतशिला में ही हो सकता है—यह साक्षात ब्रह्माजी का कथन है। बचपन से इसी परिवेश में रहा हूँ, तो कैसे नहीं जानूँगा। मछली का बच्चा तैरना न जाने और चिड़िया का बच्चा उड़ना न जाने, यह कैसे सम्भव है। इसी तरह एक रूढ़िवादी पुरोहित गयवाल पंडा का बेटा पिंडदान के बारे में भला कैसे अनजान रह सकता है।

मेरे दादाजी और पिताजी ने कभी किसी स्कूल-कॉलेज में अध्यापन का कार्य नहीं किया। पर आज सोचता हूँ तो लगता है कि अगर वे लोग इस कार्य में होते, तो बड़े अद्‌भुत आचार्य होते। दादाजी और यहाँ तक कि पिताजी से भी मैंने उन 360 दिव्य पिंड वेदियों के नाम धाराशार सुने, जो कोल्हेश्वरी यानी कोलाहल पर्वत से

लेकर राजगृह तक फैले बताए जाते थे। दादाजी बताते थे कि प्राचीन युग में तो श्राद्ध-पिंडदान सम्पन्न करने में एक-एक साल लग जाया करता था। उन दिनों जीवन में आज की भाँति आपाधापी नहीं थी। पर अब तो अधिक से अधिक तीन दिनों के भीतर लोग श्राद्ध व पिंडदान का कर्म गया की चुनिन्दा वेदियों पर निपटाकर चलते बनते हैं। बहुत से लोग तो एक ही दिन में सब कुछ सम्पन्न कर निकल जाते हैं। समयाभाव में जाहिर है कि धार्मिक क्रियाएँ भी सिमटकर रह गई हैं। गया में सर्वसुलभ 'श्रीगया माहात्म्य कथा' नामक पुस्तिका जो भी पढ़ता है, उसे उसमें मात्र 54 तीर्थवेदियों का उल्लेख मिलता है। पर दादाजी बताते थे कि प्राचीन काल में 360 वेदियाँ थीं। कहना न होगा कि उन वेदियों में से अधिकांश पिंडवेदियाँ समय के साथ काल-कवलित होती गईं। अब इन वेदियों के नाम इतिहास के कान की धूल में ढ़ंके पड़े हैं।

मेरा मित्र दुलारचन्द कभी-कभी बड़े गर्व से कहता रहा है कि एक लगातार बिना रुके वह पाँच सौ गालियाँ पढ़ सकता है। इनमें कोई गाली वह दोहराएगा नहीं। गालियों में सचमुच दुलारचन्द को सिद्धि है। अभी मैं अपने आप में हूँ इसलिए अपनी स्मृति से 360 तो नहीं लेकिन दादाजी की गोद में बैठकर कंठस्थ सबा-डेढ़ सौ पिंड वेदियों के नाम याद कर सकता हूँ। हालाँकि उनमें से अब कुछ ही वेदियाँ अस्तित्व में बची हैं। कभी-कभी सोचता हूँ कि अपने आपमें होना या न होना किन-किन परिस्थितियों में होता है? बीते दिनों में जिस अनुभव से मैं गुज़रा हूँ, उसके आधार पर कह सकता हूँ कि साधारण मनुष्य क्रोध, भय और प्रेम की मनोदशा में अपने आपमें नहीं होता। मोह और भय के कारण इंद्रियों के घोड़े कभी आगे भागते हैं, कभी पीछे। दो टाप पर खड़े होकर तड़पाते हैं। आक्रान्त करते हैं। पर समय की हांडी में सिद्ध होने के उपरान्त जो अपने आप में होकर मुक्त हो जाते हैं, वही चरम है। अब इस मुक्ति का आभास मुझे होता है। यह मेरी आत्मा के लिए धन्वंतरि के मरहम-सा है। अभी चारों तरफ़ मौन है, अन्धकार है। अन्धकार और मौन का अपना प्रतिघोष होता है। जो पिंड वेदियाँ समय के अन्धकार में शनैः-शनैः गुम हो गईं, उनका भी मौन प्रतिघोष इस ब्रह्मांड में सुरक्षित है। अपने दादाजी और पिताजी का स्मरण करते हुए लगभग सबा-डेढ़ सौ वेदियों के नाम मेरे मन के आकाश में तारे की तरह छिटक रहे हैं। इनमें कई वेदियाँ अस्तित्व में हैं और कई नहीं। पर इनके नामों में भारत के पूर्वी भाग में स्थित गया नगर का इतिहास छिपा है। असंख्य आत्माओं की तृप्ति सहेजी हुई है।

मैं अभी चलते-चलते जैसे धरती के उन एक-एक उज्ज्वल धूमिल तारों को नाम के संग गिन रहा हूँ—फल्गुतीर्थ (गदाधर घाट से उत्तरमानस तक फल्गु नदी), प्रेतशिला (रामशिला का कटि भाग), रामशिला वेदी, रामकुंड (रामशिला पहाड़ी से पूरब, सड़क के पूरब), रामेश्वर (रामशिला पहाड़ी के ऊपर), प्रभासतीर्थ (रामशिला

के समीप फल्गु नदी में), नगपर्वत (रामशिला के दक्षिणी हिस्से में), कागबलि (रामशिला के दक्षिणी छोर पर), ब्रह्मकुंड (प्रेतशिला पहाड़ी के नीचे), ब्रह्मवेदी (प्रेत पर्वत के ऊपर), उत्तरमानस (पितामहेश्वर के निकट), उत्तरार्क (उत्तरमानस के समीप का मन्दिर), दक्षिणमानस (विख्यात सूर्यकुंड में), शीतला देवी (उत्तर मानस के निकट का मन्दिर), उदीची (विख्यात सूर्यकुंड में), कनखल (विख्यात सूर्यकुंड में), दक्षिणार्क (सिद्ध सूर्य मन्दिर), सरस्वती तीर्थ (बोधगया के रास्ते में सूर्यपुरा नदी पार करने पर दक्षिण), सरस्वती देवी (संगम के निकट स्थित मन्दिर), धर्मारण्य (संगम से लगभग दो-तीन किलोमीटर दक्षिण), धर्मेश्वर (धर्मारण्य के निकट), रहट कूप (धर्मारण्य के समीप), यूप (धर्मारण्य स्थित धर्म का यज्ञ स्तम्भ), मतंगव्यापी (धर्मारण्य के निकट ही मलतंगी), बोधिद्रुम (बोधगया का विख्यात बोधिवृक्ष), ब्रह्मसर (विख्यात ब्रह्मसत् सरोवर), ब्रह्मयूप (ब्रह्मसत् सरोवर का यज्ञ स्तम्भ), काकबलि (ब्रह्मसर के समीप), वैतरणी (विख्यात जलाशय), मार्कण्डेश्वर (प्रसिद्ध मार्कण्डेय जी मन्दिर), भीम गया (मंगला देवी की सीढ़ियों पर), पुण्डरीकाक्ष (मंगला देवी पर्वत में), जनार्दन (मंगला देवी से सटे भस्मकूट पर स्थित), गोप्रचार (मंगलादेवी के सटे ठीक दक्षिण), आम्रसिंचन (मंगला देवी के दक्षिण), तारकब्रह्म (मंगला मन्दिर के दक्षिणी भाग में), मंगला देवी (विख्यात मंगला गौरी की वेदी), विष्णुपद (सर्वाधिक महत्त्वपूर्ण विष्णुपद मन्दिर), रुद्रपद से दधिची पद तक की 19 वेदियाँ जिसमें एक परिसर में सोलह वेदी मंडप है, पंचगणेश (सोलह देवी मंडप में पश्चिम), रथमार्ग (सोलह वेदी से दक्षिणी हिस्से की भूमि में स्थित), कनकेश (विष्णुपद परिसर में), केदार (विष्णुपद मन्दिर परिसर में), नृसिंह (विष्णुपद मन्दिर परिसर में), वामन (विष्णुपद मन्दिर परिसर में), इन्द्र (विष्णुपद मन्दिर परिसर में), नागकूट (फल्गु नदी के पार की पहाड़ी पर स्थित वेदी), भरताश्रम (नागकूट के दक्षिणी छोर पर जड़ में), रामगया (नागकूट के नीचे पश्चिम की तरफ़), सीताकुंड (रामगया के नीचे, पश्चिम की तरफ़), मतंगपद (नागकूट के ही नीचे), हंसप्रयत्न (भरताश्रम के नीचे), दशाश्वमेध (नागकूट के पश्चिम फल्गु नदी के समीप), जगन्नाथ (विष्णुपद मन्दिर से सटकर दक्षिण), गदाधरजी (गदाधर घाट पर ऊपरी भाग में), गयासिर (गया श्मशान के पश्चिम), गयाकूप (गयासिर के पश्चिम), मुंडपृष्ठा (गया के करसिल्ली मुहल्ले में स्थित वेदी), आदि गया (करसिल्ली मोहल्ला स्थित वेदी), आदि गदाधर (करसिल्ली), धौतपद (करसिल्ली), अक्षयवट (गया के माड़नपुर स्थित वेदी), घृतकुल्या (अक्षयवट के समीप), मधुकुल्या (अक्षयवट के समीप), गदालोल (अक्षयवट के समीप), प्रपितामहेश्वर (अक्षयवट के उत्तर), रुक्मिणी कुंड (प्रपितामहेश्वर से पश्चिम), रुक्मिणी कुंड से पश्चिम कपिलधारा, अग्निधारा, सोमधारा, गन्धर्व पर्वत, कपिलेश्वर, जिह्वालोल (गदाधर घाट के दक्षिण), मधुश्रवा तीर्थ (गदाधर घाट तथा श्मशान घाट के मध्य), भस्मकूट

(मंगला गौरी पहाड़ी), पांडुशिला (घुघड़ीटाँड़), पितामहेश्वर, कोटीश (गया शहर का माड़नपुर स्थित वेदी), कोटितीर्थ (माड़नपुर में कोटेश्वर के निकट), मधुसूदन (कोटेश्वर के दक्षिण), गोदावरी (गया के गोदावरी मुहल्ले में स्थित वेदी), गृध्रेश्वर (गोदावरी मुहल्ला), ऋणमोचन (गोदावरी मुहल्ला), वशिष्ठकुंड (गोदावरी मुहल्ला), पापमोचन (गोदावरी मुहल्ला), काशीखंड (गोदावरी मुहल्ला),महाकाशी (गोदावरी मुहल्ला), आकाशगंगा (गोदावरी के ऊपर पहाड़ी पर), पातालगंगा (गोदावरी के ऊपर पहाड़ी पर), अगत्स्य कुंड (गोदावरी के ऊपर पहाड़ी पर), भैरवजी (गोदावरी के निकट), गयेश्वरी (विष्णुपद परिसर), श्मशान चण्डी (गया के देवचौरा मुहल्ले में स्थित वेदी), फल्गावीश (गया के ब्राह्मणीघाट मुहल्ले में), गयादित्य (फल्गु तट), गायत्री देवी (गया स्थित गायत्री घाट पर), संगमेश (देवघाट मुहल्ला), संकटा देवी (गया के लखनपुरा मुहल्ले में), उद्यंतगिरि (ब्रह्मयोनि पहाड़ी पर), सावित्री देवी (ब्रह्मयोनि के नीचे), धौतपद (ब्रह्मयोनि के नीचे का पदप्रक्षालन), विशाला (विसार तालाब), स्वर्णदीर्घिका (दिग्घी), रामपुष्करिणी (रामसागर), केशव भगवान, नाभिगया (गया के ऊपरडीह मुहल्ले में), कर्दमालय (ऊपरडीह), कर्दमेश्वर (ऊपरडीह), सुषुम्नातीर्थ (सुषुम्ना महादेव के निकट), सुषुम्नेश्वर (सुषुम्ना शिव मन्दिर), कामाख्या देवी (विष्णुपद मार्ग में), बैद्यनाथ शिव (बैद्यनाथ बैठक में), गृध्रकूट (पातालगंगा से उत्तर की पहाड़ी पर), धेनुकारण्य (गया में सिकरिया मोड़ के पास), कामधेनु (गोबछवा के समीप), पुष्करिणी (गोबछवा के पूरब), जम्बूकारण्य (गया के पश्चिम जमकारन में), नारायण तीर्थ (गया के नारायणचुआँ में स्थित वेदी)। बहरहाल, गिनाने को गया में इतनी ढेर सारी वेदियाँ हैं लेकिन अब गिनी-चुनी वेदियों पर ही लोग पिंडदान करते हैं। पिंड चावल, खीर, जौ और खोवा का बनता है। कौवों का झुंड इन श्वेत पिंडों को बड़े चाव से खाता है। पंडे और श्रद्धालु कौवों को पितर का प्रतिनिधि मानते हैं। एकादशी में फल का भी पिंड चढ़ता है। सीताजी के पास बालू का पिंड चढ़ाया जाता है।

धर्मारण्य वेदी पर त्रिपिंडी श्राद्ध की अपनी महिमा है। प्रेतबाधा से मुक्ति के वास्ते अष्टकमल आकार के कूप में नारियल डाला जाता है। 'स्कंदपुराण' के मुताबिक महाभारत युद्ध के समय ज्ञात-अज्ञात जितने भी लोग मौत के घाट उतरे थे उनकी आत्मा की मुक्ति के लिए धर्मराज युधिष्ठिर ने यहीं पिंडदान किया था। इसी तरह 'अग्नि पुराण' में मतंगव्यापी वेदी की महिमा कही गई है। यहाँ कभी मातंग ऋषि ने घोर तप किया था। मतंगव्यापी में पिंडदान के पश्चात मातंगेश शिव पर पिंड सामग्री को अर्पित कर तृतीया तिथि का समापन किया जाता है। सभी वेदियों की अलग-अलग तिथियों में महत्ता है। जैसे पितृपक्ष के पाँचवें दिन ब्रह्मसरोवर, ब्रह्मदर्शन वेदी और कागबलि पर पिंडदान होता है। गया-बोधगया में नश्वर और आत्मा का समन्वय पग-पग पर है।

बहुत लोग यहाँ आकर पारवन श्राद्ध भी करते हैं। पिंडदान की दोनों विधि है—हल्का भी, भारी भी। वी.आई.पी. लोग जब आते हैं तो एक ही दिन में फल्गु, विष्णुपद और अक्षयवट तीनों 'कवर' हो जाता है। वी.आई.पी. लोगों के समयाभाव के अपराध-बोध को गयवाल पंडे यह कहकर दूर कर देते हैं कि सब वेदी पर जाना कोई आवश्यक नहीं। गया की भूमि ऐसी पावन है जहाँ क़दम रखते ही पितरों को मुक्ति मिल जाती है। वैसे, आज भी 17 दिनों तक पिंडदान का विधान है। पर इतना समय आज के दौर में भला किसके पास है?

गया में सम्प्रति गयवाल पंडों के 84 घर हैं। विष्णुपद मन्दिर में हर घर को एक दिन की पारी मिलती है। गया की तीन धार्मिक पहाड़ियों-प्रेतशिला, रामशिला और ब्रह्मयोनि पर समस्त अधिकार धामी पंडा लोगों का है। इन तीनों पहाड़ियों का सारा चढ़ावा धामी पंडा लोग ही लेते हैं। रामशिला को बहुत से स्थानीय लोग कुछ अधिक श्रद्धा में 'पहाश्वर रामशिला' कहते हैं। रामशिला पहाड़ी में सामने से चढ़ने के लिए 332 सीढ़ियाँ हैं। ऊपर पहाड़ पर, शंकर-पार्वती, श्रीराम और बजरंगबली के मन्दिर हैं। श्रीरामजी का चरण और रामशिला वेदी भी है। श्रीरामजी ने यहाँ पूर्वजों का पिंडदान किया था, इसलिए इस पहाड़ का नाम रामशिला पड़ा। सड़क से मात्र 24 सीढ़ी चढ़ने पर एक विशाल-सा चबूतरा बना हुआ है। चबूतरे से गले लगकर खड़ा एक विशाल झंखाड़ बरगद है। प्रेतशिला पहाड़ पर पिंडदान करने के उपरान्त ही लोग रामशिला पर पिंडदान करने आते हैं। जो अतिवृद्ध या शारीरिक रूप से रुग्ण होते हैं और रामशिला पहाड़ी की सीढ़ियों को चढ़ने की हिम्मत नहीं जुटा पाते, वे इसी चबूतरे पर बैठ बरगद की छाँव के नीचे सीमेंट के अष्टकोण से निर्मित श्रीरामजी के चरण की प्रतिकृति पर पिंडदान कार्य कर लेते हैं। इसी चबूतरे के ऊपर 'रामशिला तीर्थ मन्दिर' है। मन्दिर में सीता-राम और लक्ष्मणजी की मूर्ति है। इनकी मूर्ति के बाईं ओर मूंगा से निर्मित गणेशजी की विशाल दीप्त मूर्ति है। फिर सबसे दाएँ स्फटिक का शिवलिंग है। इस मन्दिर को गया के टेकारी स्टेटवालों ने बनवाया था। पर इसकी देखरेख का ज़िम्मा ज़माने से गया के अमावाँ स्टेट वालों के पास है।

दादाजी बताते थे कि टेकारी स्टेट की बेटी भुवनेश्वरी कुँवर अमावाँ स्टेट में ब्याही गई थीं। टेकारी स्टेटवाले बहुत धनी थे। कहते हैं, आधा गया टेकारी स्टेटवालों का ही था। आमावाँ स्टेट की राजकुमारी भुवनेश्वरी कुँवर क्योंकि अपने माता-पिता की एकमात्र सन्तान थीं, इसलिए टेकारी स्टेट की सारी सम्पत्ति अमावाँवालों को मिल गई। हालाँकि, अब न रजवाड़े हैं, न ज़मींदार। पर अमावाँवाले आज भी 'रामशिला तीर्थ मन्दिर' के भोग-राग की ज़िम्मेदारी किसी तरह निभा रहे हैं। हाँ, रामशिला पहाड़ी के प्राचीन मुख्तार धामी पंडे ही हैं।

दादाजी कहते थे कि सनातन से गयवाल और धामी पंडों के अधिकार क्षेत्र का यहाँ बँटवारा है। गयवाल पंडा समुदाय के लोग जहाँ विष्णुपद के पंडा हैं, वहीं धामी

पंडा समुदाय के लोग विष्णुमूर्त्ति—यानी गया गजाधर नाथ के। इसी तरह जहाँ उत्तर मानस वेदी के मालिक-मुख्तार गयवाल पंडे हैं, वहीं शीतला मन्दिर धामी पंडों के अधीन है। कागबलि, पिता महेश्वर और सूर्य मन्दिर के अधिकारी धामी पंडे हैं। इस अधिकार क्षेत्र का हनन होने पर फ़ौजदारी की नौबत आ जाएगी। गयवाल पंडे और धामी पंडों की धार्मिक हिस्सेदारी मोटामोटी व हिस्सेदारी बराबर की है, क्योंकि गयवाल पंडा समुदायवाले विष्णु वेदी यानी विष्णुपद मन्दिर के अधिकारी पंडा हैं, इसलिए धामी पंडा समुदाय में सदैव से एक हीन ग्रंथि है। पंडा बिरादरी के इन दोनों गोलों की बसावट भी अलग-अलग है। धामी टोला जहाँ गया कोतवाली के बग़ल में है, वहीं गयवाल पंडों की रिहाइश अन्दर गया के अन्तर्गत चार दरवाज़े के मध्य है। जितने भी टाटक, सिजुआर, मेहरवार, मिश्र, कटरियार, दुबे, दुमलिया, गुरदा, नकफोफा, भैया, गुप्त, गड़ाईं, चिरैयाँ, बारिक, पाठक, धोकरेश्वर, ढेंढी, ढोलानी, बूटी, विट्ठल, हल और बड्डीहा उपाधि नाम यानी टाइटिल वाले गयवाल पंडे हैं, वे चाँदचौरा, सूर्यकुंड, पिंडबेची, दक्षिण दरवाज़ा, करसिल्ली, ऊपरडीह, उत्तरभर, रामसागर और टिल्हा आदि मुहल्लों में विष्णुपद के इर्द-गिर्द बसे हैं। एक-एक गयवाल पंडे के पास विरासत में तीन-तीन और चार-चार गद्दियाँ विरासत में हैं। पुराने समय में कहते हैं कि 1484 गयवाल पंडों के परिवार गया में थे। आज मुश्किल से 84 परिवार यहाँ बच गए हैं।

गया को समझने के लिए गयापाल उर्फ़ गयवाल पंडा और धामी पंडों के पेंच को समझना ज़रूरी है। देश के जितने तीर्थस्थल हैं वहाँ के पुरोहित कई अन्य जगहों से आकर वहाँ बसे हैं। पर गया के तीर्थ पुरोहित, जो गयापाल या गयवाल कहलाते हैं, मूलत: गया के हैं। ये ब्रह्मकल्पित ब्राह्मण कहलाते हैं और चौदह गोत्रों में विभक्त हैं। इनके बारे में कहा जाता है कि ब्रह्माजी ने अपनी कल्पना से इन ब्राह्मणों को गयाजी के लिए विशेषकर उत्पन्न किया। ये ब्रह्मकल्पित तीर्थ पुरोहित गया के बाहर कहीं नहीं पाए जाते। इनका वैवाहिक सम्बन्ध आपस में ही होता है। गया को नगर का स्वरूप इन्हीं गयापाल उर्फ़ गयवाल तीर्थ पुरोहितों ने दिया। गयापाल तीर्थ पुरोहितों ने सदैव से गया नगर की हर कला-कौशल से हिफाजत की। गयापाल इस इलाक़े के ज़मींदार थे। सम्पूर्ण देश से आनेवाले पिंडदानियों के प्रचुर दान-पुण्य से ब्रह्मकल्पित तीर्थ पुरोहितों की समृद्धि बढ़ी। इन गयापालों ने गया में अनगिनत मन्दिरों का निर्माण कराया। संगीत-साहित्य से लेकर कुश्ती में भी ये महारथी रहे। विष्णुपद मन्दिर के पूजा अधिकारी होने के कारण इनका स्थान सदैव ऊँचा रहा। यों भी अपने सामाजिक कर्तव्यों में अग्रणी रहने के कारण इनका मान-सम्मान समाज में सदैव ऊँचा रहा। पर धामी पंडों का वैसा मान यहाँ कभी नहीं रहा। इसका कारण था कि गयवाल तीर्थ पुरोहितों की भाँति धामी पंडों का कोई उज्ज्वल इतिहास नहीं रहा।

प्राचीन समय में प्रेतपर्वत के दुर्गम रास्ते में भूत-प्रेत तीर्थयात्रियों को भयाक्रान्त करते थे, तो तत्कालीन बिहार के दुमका जनपद (जो अब झारखंड प्रान्त में है) और पश्चिम बंगाल के जनपद मालदह के बीच स्थित धामिनकोहनाम पहाड़ी और उसकी तलहटी के वीर धनुर्धरों को पिंडदान हेतु आनेवाले तीर्थयात्रियों के रक्षार्थ तैनात किया गया। इस सुरक्षा के एवज में इन्हें प्रति व्यक्ति चार पैसा दिया जाता था। क्योंकि पिंडदानियों को सुरक्षित गया लाने और ले जाने में धामी धनुर्धरों की महत्त्वपूर्ण भूमिका थी, इसलिए धामी और पिंडबेचा दोनों को गयापाल तीर्थपुरोहितों ने अपनी आमदनी का मालिकाना-ब्रह्मोत्तर देने का रिवाज आरम्भ किया। धीरे-धीरे जब विधिवत गया नगर बसा, तो नगर की रक्षा में भी धामी समुदाय मुस्तैद रहा। इस तरह कालक्रमेण धामियों को प्रेतशिला, रामशिला और ब्रह्मयोनि आदि की वेदियों पर पिंडदान का अधिकार मिला। आज तक यह व्यवस्था उसी रूप में जारी है।

मैं गयवाल पंडा परिवार का होकर भी धामी पंडा परिवारों से सदैव घुलामिला रहा हूँ। सुरेश पाण्डे धामी का बेटा शैलेश मेरा बचपन का अनन्य मित्र है। इसीतरह धामी टोले का चितरंजन, राजेन्द्र, प्रदीप, अंजनी-कितने नाम गिनाऊँ? सबके संग मेरी दोस्ती रही है। हरदम का उठना-बैठना रहा है। इसलिए पिंडदान के लिए धामी पंडों द्वारा पढ़े जानेवाले मंत्रों को भी मैं जानता हूँ। जैसे अगर कोई जहर खाकर अकाल मृत्यु को प्राप्त हुआ हो तो मंत्र है—'विषपान जे गता प्रेतात्मा ते समुद्धारं-सद्गति, इदम पिंडम् ददाम्यहम्...।' अगर कोई जलकर मर गया हो तो मंत्र है—'अग्निदग्धाश्य प्रेतात्मा अकालमृत्यु ते समुद्धारं, इदम् पिंडम् ददाम्यहम्।' यही नहीं, किसी के ऊपर कोई भूत चढ़ गया हो या कोई आत्मा सता रही हो, तो उसे छुड़ाने के लिए भूत का पिंडदान कर भूत से मुक्ति दिलाई जाती है। इस भूत या आत्मा से मुक्ति का मंत्र कुछ इस प्रकार है—'जे के चित्त प्रेत रूपेना वर्तनते...प्रेतो ममः तेषां उद्धार नाथयि...इदम् पिंडम् ददाम्यहम्...।'

प्रेतशिला पहाड़ की काली माई के चरणों में जब मैं गया के दुर्दांत महापौर बमभोला चौधरी का मस्तक डालूँगा, तो कौन-सा मंत्र पढ़ूँगा? सम्भवतः यह-'मस्तको उच्छेदन जे गता प्रेतात्मा, ते समुद्धार-सद्गति, इदम पिंडम् ददाम्यहम्...।' मैंने सोचा था कि गया के चन्दौती हाईस्कूल के समीप उस श्मशान में बमभोला चौधरी के मस्तक को जाकर रख दूँगा, जिसको वर्षों पहले क़ब्ज़ा कर उसने अपना कलम बाग लगवा रखा है और जिसके लम्बे-चौड़े परिसर में उसने एक तालाब भी खुदवाया हुआ है। तालाब में एक से एक मछलियाँ मस्त-मगन पानी के बुलबुले छोड़ती हुई मेढकों और अन्य जलीय कीटों के संग चुहल किया करती हैं।

मुझे याद है कि जब मेयर बमभोला चौधरी ने इस श्मशान के विशाल भूखंड पर क़ब्ज़ा किया था, तो कितनी हाय-तौबा मची थी। पर धीरे-धीरे मामला शान्त पड़ गया। लगातार मन्थन के बाद मैंने सोचा कि बमभोला चौधरी महापौर यानी

मेयर है। मेयर नगर का प्रथम नागरिक होता है। उसके मस्तक को एक कलमबाग में रख देना प्रथम नागरिक का अपमान होगा। इसलिए मैंने विचार बदल दिया और प्रेतशिला पहाड़ी पर प्रेत भवानी कालीमाई के चरण का स्थान उसके लिए सुनिश्चित किया। अब आगे कालीमाई जाने। गया और उसके इर्द-गिर्द के गाँव के लोग बमभोला चौधरी के नाम पर ख़ून के आँसू टपकाते हैं। शहर के दर्जनों लोगों को दर ब दर कर उसने कीमती भूखंडों पर तो क़ब्ज़ा किया ही हुआ है, चिरैयाटाँड की सैराती ज़मीन को भी अपने दखल में कर लिया। बमभोला चौधरी के आतंक से चिरैयाटाँड मुहल्ले के वे दर्जनों लोग मुहल्ला छोड़कर भागे हुए हैं, जो कई पुश्तों से वहाँ के अपने साबिक घरों में रह रहे थे। मेयर के चुनाव में वर्षों से बमभोला चौधरी के समर्थकों का यह नारा अपने आप में खौफ का पैगाम रहा है—'बम चले या गोला, जीतेगा बमभोला'। इस खौफ को ललकारने का दम भला किसके पास है। महाबली राय की तरह बमभोला की भी छवि यमराज के सगे भतीजे जैसी है। कल शाम बमभोला को भी महाबली के पास जाना होगा। कल चिरैयाटाँड मुहल्ले के मैदान में आयोजित 'हिन्दुस्तान कबड्डी लीग' के मैच का मुख्य अतिथि मेयर बमभोला चौधरी है, इसकी जानकारी दो दिन पहले मोबाइल पर मुझे दुलारचन्द ने दी थी और मैं तत्क्षण मन बनाकर गया के लिए निकल पड़ा। तय करके निकला कि नगर के मेयर को उसी की माँद में मारूँगा। ऐन चिरैयाटाँड में।

गया जंक्शन पहुँचा ही हूँ। रात के तीसरे पहर में प्लेटफॉर्म पर अभी कोई ख़ास चहल-पहल नहीं है। दस प्लेटफ़ार्मवाले गया जंक्शन का एक नम्बर प्लेटफॉर्म नाना प्रकार से गया-बोधगया के मर्म से संस्कारित है। मसलन इस प्लेटफॉर्म के सभी सफ़ेद पायों पर 'वायु पुराण' से लेकर महात्मा बुद्ध के अनेक श्लोक और अमर वाक्य अंकित हैं। 'वायु पुराण' का यह एक श्लोक पढ़ रहा हूँ...'नाम गोत्रं तु मंत्रश्चदत्तमंत्रं नयन्ति तम्...अपि योनि शते प्राप्तास्तृप्तिः तान् अनुगच्छति... ।' इस श्लोक के नीचे यात्रियों की सुविधा के लिए हिन्दी में इसका अर्थ भी लिखा है...'वैदिक विधि से नाम-गोत्र के अनुसार गयाजी में दिया गया पिंड व जल-तर्पण पितरों को पहुँच जाता है, चाहे वे जिस किसी योनि में क्यों न हों।' इसी तरह—'गया की ओर चलने मात्र से एक-एक अश्वमेध का फल मिलता है।' ये और ऐसे अर्थ सहित अनेक श्लोक। महात्मा बुद्ध के अनेक अद्‌भुत कथन। जैसे—'धैर्य सबसे बड़ी प्रार्थना है।' इन श्लोकों और सुभाषितों से सुसज्जित सफ़ेद पायों की कतार में एक पाए पर महात्मा गांधी का फ्रेम किया हुआ बड़ा-सा चित्र ऊँचाई पर टँगा है। चित्र के नीचे अंग्रेज़ी में लिखा है—'फादर ऑफ द नेशन।' एक दूसरे पाए पर शहीदेआजम भगत सिंह की तस्वीर है, जिस पर एक सूखी माला लटक रही है। भगत सिंह की तस्वीर गांधीजी वाली तस्वीर से आधी है। सामने मौजूद ह्वीलर बुक स्टॉलवाला पूछने पर बताता है कि कुछ साल हुए गया स्टेशन पर एक टी.टी. बाबू

अजय कुमार सिंह हुआ करते थे। वे स्टेशन पर 'नेताजी' नाम से विख्यात थे। भगत सिंह के वे अंध भक्त थे। उन्होंने ही स्टेशन पर भगत सिंह की तस्वीर लगवाई। नेताजी रिटायर कर गए हैं और अब हाजीपुर स्थित अपने घर में रहते हैं। मैं प्लेटफॉर्म के बाहर निकल बारिश से अपने को बचाने के लिए तेज़ क़दमों से बढ़ रहा हूँ। सामने स्टेशन परिसर के भीतर का ग्रिल से घिरा अर्द्ध चन्द्राकार हिस्सा हमेशा की तरह रॉड पर जलती बड़ी-बड़ी सफ़ेद गोल बत्तियों से जगमग है। समय-समय पर कटाई-छँटाई न होने के कारण स्टेशन का यह अर्द्ध चन्द्राकार परिसर झाड़-झंखाड़ से भर गया है। स्टेशन के बाएँ स्थित स्कूटर और ऑटो स्टैंड भी अभी उनींदी हालत में हैं। चन्द क़दम आगे रिक्शा स्टैंड में भी कोई हलचल नहीं। सुबह के उजाले के साथ इसी जगह ऑटो स्टैंड पर ऑटो ड्राइवर ट्रेन से उतरे यात्रियों को हाँक लगाते मिलेंगे, "आइए...आइए...! चलिए नदी पार...ऊ पार...सिकरिया मोड़...मेडिकल...।" ऊ पार का मतलब स्थानीय लोग ही समझ सकते हैं। यानी मानपुर मुफस्सिल। इसी तरह स्थानीय लोगों को पता है कि पहले सिकरिया मोड़ आएगा, उसके बाद मेडिकल। चन्द घंटे बाद यहाँ रेलमपेल मची रहेगी।

हालाँकि कुछ गिने-चुने यात्री ऑटो व रिक्शा स्टैंड के पीछे स्थित रेल के डिब्बों सरीखी एक लम्बी जर्जर एकमंजिला इमारत की तरफ़ अभी भी बोरिया-बिस्तर उठाए जा रहे हैं। इस पीली जर्जर इमारत के कोने पर साठ के दशक से 'भारत सेवाश्रम संघ' का छोटा-सा कैम्प कार्यालय है। कार्यालय के बाहर इसका उजाड़-सा पुराना बोर्ड वर्षों से टँगा है। 'भारत सेवाश्रम संघ' के स्टेशन कार्यालय के तीनों बूढ़े वॉलेंटियर रामानन्द सिंह, सच्चिदानन्द पांडे और कृष्णा सिंह 'भारत सेवाश्रम संघ' के नाम पर यात्रियों को बरगलाने में जुटे दलालों को भरसक हड़काते हुए अक़सर परेशान हो कहते रहे हैं, "भारत सेवाश्रम संघ न रहता, तो साधारण और ग़रीब आदमी गया में ठीक से पिंडदान नहीं कर पाता। इन दलालों को बस एक ही लौ लगी रहती है कि कैसे घसोड़ले-पकोड़ले नक़ली 'भारत सेवाश्रम संघ' में लोगों को ले जाकर पहुँचा दें।"

दरअसल, 'भारत सेवाश्रम संघ' द्वारा गया में दशकों से संचालित धर्मशाला स्टेशन से महज़ एक किलोमीटर पर स्वराजपुरी रोड स्थित रामाधारबाबू पेट्रॉल पम्प के बगल में है। इस संस्था में अधिकांश बंगाली लोग हैं। संस्था के प्रमुख स्वामी त्रिदीवानन्दजी महाराज अधिकांशत: कोलकाता में रहते हैं। गया स्थित इस विशाल धर्मशाला का कार्यभार स्वामी अगमानन्दजी सँभालते हैं। कृष्णा महाराज धर्मशाला के कामकाज में स्वामी अगमानन्द के संग कमंडल की तरह हमेशा लटके रहते हैं। गया स्टेशन परिसर में स्थित 'भारत सेवाश्रम संघ' के ये तीनों बूढ़े वॉलेंटियर स्टेशन पर मुँहअँधेरे उतरने वाले यात्रियों को बटोर जान-पहचान की गाड़ी ठीक कर स्वराजपुरी रोड स्थित धर्मशाला भेज देते हैं। सुबह के चार बजे घड़ी देखकर

धर्मशाला से नारायण महाराज सभी यात्रियों का नाम रजिस्टर पर नोट करने के लिए स्टेशन कार्यालय पहुँच जाते हैं। फिर स्टेशन की कवायद शुरू होती है। सबसे पहले सुबह के पाँच बजे दून एक्सप्रेस, फिर पाँच बजकर इक्कीस मिनट पर बम्बई मेल और इसके बाद सवा छह बजे सुबह जोधपुर एक्सप्रेस से पिंडदानी लोग पहुँचते हैं। इसके बाद तो फिर दिन से रात तक लड़ी ही लगी रहती है।

स्वामी अगमानन्दजी के पास पिताजी की पैरवी से झख मारकर कुछ महीने मैंने भी 'भारत सेवाश्रम संघ' में नौकरी की थी। पर चुटकी भर वेतन पर यहाँ घिसते रहना मुझे रास नहीं आया। मुझे स्टेशन के इन तीनों बूढ़े वॉलेंटियरों पर दया आती रही है। लगता है कि इनका जन्म ही 'भारत सेवाश्रम संघ' में तेली के बैल की तरह श्रमदान के लिए हुआ है। घोर महँगाई के इस समय में भी इन्हें मात्र 700 रुपए मासिक मिलता है। हाँ, इसके साथ आश्रम में इन्हें दोनों समय का भोजन भी प्राप्त होता है। यात्रियों से थोड़ा-बहुत इनाम-बख्शीश। यह सब कुछ जोड़ दिया जाए तब भी बारह-पन्द्रह सौ रुपए से अधिक नहीं बनता होगा। पर बावजूद इसके, तीनों का समर्पण देखते बनता है। रामानन्द सिंह गया के टेकारी थाना के टेपा गाँव के हैं। सच्चिदानन्द पाण्डे गया ज़िला के ही वजीरगंज थाने के पूरा गाँव के हैं। तीसरे वॉलेंटियर कृष्णा सिंह गया ज़िला के पड़ोसी जहानाबाद ज़िला के तहत मख्दुमपुर थाना के अकुपुर गाँव के हैं। ये तीनों वॉलेंटियर 'भारत सेवाश्रम संघ' से कोई चार-पाँच दशकों से जुड़े हैं। कृष्णा सिंह के तो पिता और चाचा भी 'भारत सेवाश्रम संघ' में किसी ज़माने में कार्यरत थे। अपने मुलाजिमों को नाम मात्र की पगार देनेवाले 'भारत सेवाश्रम संघ' के बारे में एक पल को भले लगे कि यह आश्रम प्रबन्धन द्वारा सरासर शोषण है। लेकिन दूसरी तरफ़ यह भी है कि इस संस्था पर आजतक किसी तीर्थयात्री ने अनाप-शनाप पैसा लेने का आरोप नहीं लगाया है। यहाँ तीर्थयात्रियों को पहले ही बता दिया जाता है कि पिंडदान के वास्ते एक सौ एक रुपए से लेकर चार सौ एक रुपए का ख़र्च है। वे कितना कर पाएँगे ? यात्रियों द्वारा अपना बजट बताने के बाद उसी राशि में यह संस्था सब कुछ कराती है। यानी पंडाजी का सुफल, पुरोहित की दक्षिणा, पिंडदान हेतु पूजा का सामान आदि। आश्रम द्वारा ही पंडा और पंडित की व्यवस्था की जाती है। जो यात्री जिस क्षेत्र और ज़िला का है, उसी क्षेत्र के पंडा व पंडित के हवाले तीर्थ यात्रियों को कर दिया जाता है। तीर्थयात्रियों को भोजन भी यहाँ निःशुल्क मिलता है। चलते वक़्त आप 'भारत सेवाश्रम संघ' के दान बॉक्स में अपनी खुशी से जो राशि हो, डाल दें। इसके वास्ते न कोई अनुरोध है, न दबाव। यही कारण है कि आज तक इस संस्था की प्रतिष्ठा बरकरार है। पर 'भारत सेवाश्रम संघ' की इस प्रतिष्ठा का फ़ायदा उठाने के लिए गया में कई नक़ली सेवाश्रम संघ भी हैं। जैसे कि मुरारपुर में 'पुरातन भारत सेवाश्रम संघ' है, कन्हैयालाल पाठक तेलबीघा मोड़ पर 'आदि भारत सेवाश्रम संघ' चलाते हैं और गंगा महल के

कोने पर 'जय गुरू भारत सेवाश्रम संघ' है। तीर्थयात्रियों को क्योंकि पता है कि 'भारत सेवाश्रम संघ' का प्रबन्धन बंगालियों के हाथों में है, इसलिए नक़ली भारत सेवाश्रम संघ वालों ने भी अपने यहाँ ज़्यादातर बंगाली मुलाजिमों को रखा हुआ है। ये बंगाली मुलाजिम स्टेशन पर यात्रियों को मुस्तैदी से बताते हैं कि पुराना 'भारत सेवाश्रम संघ' कब का बन्द हो चुका है। दरअसल, आश्रम में कई बार भयंकर मार-पीट के बाद अन्त में मैनेजर अगवानन्द आश्रम पर हमेशा के लिए ताला मार कर कोलकाता के रासबिहारी रोड स्थित हेडक्वार्टर भाग गया है। नक़ली आश्रमों के ये अधिकांश बंगाली वॉलेंटियर 'स्वामी अगमानन्द' का नाम बदलकर 'अगवानन्द' कर चुके हैं।

स्वामी अगमानन्दजी को यह नामकरण शूल की तरह चुभता है। उनका वश चले तो वे इन नक़ली वॉलेंटियरों को फाँसी पर झूला दें। पर पीठ पीछे बोलने वालों के मुँह पर आप कब तक रोक लगा सकते हैं। जब कोई तीर्थयात्री इन नक़ली वॉलेंटियरों की अनसुनी कर हर हाल में 'भारत सेवाश्रम संघ' जाने को तत्पर दिखता है, तो ये नक़ली वॉलेंटियर ब्रह्मास्त्र चलाते हैं, "ओ खाने ग़रीब मानुष जाए। आपनी की दोरिद्रो ?" अगर आप उस दलाल के झाँसे-ललकार में आ गए, तो फँसिए। स्टेशन परिसर स्थित 'भारत सेवाश्रम संघ' के दफ्तर के बगल के कमरे में पूर्व-मध्य रेल द्वारा संचालित तिलकुट और चाय का एक मरियल-सा स्टॉल है, जो अभी बन्द है। इस कमरे के ऐन बगल में पूर्व मध्य रेल का ही एक कभी न खुलने वाला हिन्दी पुस्तकालय है और उसके सटे एक हेयर कटिंग सैलून है, जो अपने समय से खुलता और बन्द होता है। इस समय 'भारत सेवाश्रम संघ' के कार्यालय को छोड़कर सब बन्द है।

फिसफिसाती बारिश और दगदग अन्धकार के बीच मैं स्टेशन परिसर से निकल रहा हूँ। नींद और अन्धकार में बेसुध मुरली पहाड़ को निहारता हूँ। गया जंक्शन का मुख्य आगम-निगम या कहें कि प्रवेश द्वार अपने ऊपर ज़माने से अंकित 'स्वागतम' सम्बोधन के साथ यथावत् है। पर अभी जाने कैसे इस अन्धकार में एक कौंध के साथ मुझे लगा है कि एक पूरे लय के साथ 'स्वागतम' मेरे कानों में गूँज गया है। इस मुख्य द्वार के बाहर बाएँ सटे पीपल का झंखाड़ वृक्ष है, जिसकी पत्तियों से वर्षा की बूँदें मन्द-मन्द झहर रही हैं। मुख्य द्वार के बाहर दाईं ओर स्थित बड़ा-सा ट्रांसफरमर भीग रहा है और चुपचाप बिजली बिखेर रहा है। ट्रांसफरमर के नीचे रोशनी और वर्षा में 'पर्यटक मानचित्र, गया शहर' का पुराना बोर्ड भी भीग रहा है। इस पर गया के नक़्शे के संग अंग्रेज़ी में विष्णुपद मन्दिर समेत तीसेक हिन्दू धर्मस्थलों से लेकर जामा मस्ज़िद, छाता मस्ज़िद, करीमगंज मस्ज़िद, गया कर्बला, नॉर्थ इंडियन चर्च, गया बपटिस्ट यूनियन चर्च, बुद्धिस्ट सेंटर फॉर मैनेजमेंट एक्सेलेंस, मुन्नी मस्ज़िद और कांची कामकोठि पीठम् आदि गया के कुल 51 दर्शनीय स्थलों

के नाम लिखे हैं। इस बोर्ड के बगल में कतार से चाय और भात-दाल की दुकानें हैं, जो 'अहर्निशं सेवामहे' के भाव में चौबीस घंटे खुली रहती हैं। अभी भी खुली हैं। इसके ठीक सामने 'होटल अजातशत्रु' की जगमग रोशनी के बगल में हल्की भैंगी आँखोंवाला लालबाबू केसरी हर रात की तरह अभी भी अपनी चाय दुकान में चूल्हे पर खालिस दूध और इलायची की चाय बनाने में मशगूल है। सिर्फ़ पाँच रुपए में लालबाबू के दुकान की चाय मिट्‌टी के कुल्हड़ में आनन्द कर देती है। पर मैं अभी किसी सूरत में लालबाबू की नज़र में नहीं पड़ना चाहता हूँ। लालबाबू केसरी की दुकान हमारे चन्द प्रिय अड्‌डों में से रही है। नालंदा ज़िला के एकंगरसराय का है लालबाबू। उसके पिता गया में एक बैंक के छोटे मुलाजिम थे। लालबाबू के बचपन में ही वे गुज़र गए। सो आर्थिक खींचतान में बड़े हुए लालबाबू ने चाय की दुकान कर ली। स्टेशन और उसके आसपास चाय की लगभग एक सौ दुकानें हैं लेकिन खालिस दूध-इलायचीवाली लालबाबू की चाय दुकान सबसे नामी।

सुबह के उजाले के साथ स्टेशन के बाहर फुटपाथ पर पान-पत्ती की दुकानों की बिसात पूरी तरह फैल जाएगी। हालाँकि इस मध्य रात्रि में भी पान की कुछ दुकानें चहक रही हैं। स्टेशन के प्रवेश द्वार के दूसरे कोने पर सुखदेव यादव और सोनू कुमार की पान दुकान अभी भी खुली है। हालाँकि इस समय दुकान पर न सुखदेव है, न सोनू कुमार। रात की पाली में इनके मुलाजिम मोर्चा थामते हैं। किरण फूटने के साथ स्टेशन के ठीक बाहर की फुटपाथी दुनिया की चहक पसरेगी। फुटपाथी धन्धे का यह समरस समाज सचमुच अनूप है। इस फुटपाथ पर यादव, माहुरी और वर्णवाल आदि समुदायों के लोग पान-पत्ती की दुकानें चलाते हैं। पान दुकानदार जयप्रकाश रवानी बिहँसकर कहता रहा है—फुटपाथ पर हम सब 'बैकवर्ड माल' हैं। पहले शहर के पान व्यवसाय पर सिर्फ़ चौरसिया समुदाय के लोगों का एकछत्र राज था। बाद में मुस्लिम पनवारियों ने भी उनसे होड़ शुरू कर दी। पानदरीबां गया की एक मात्र बड़ी पान मंडी है। शहर के दिग्गज पान आढ़तिये यहीं बैठते हैं। पांडरिमा में चौरसिया और वर्णवाल लोग बड़े पैमाने पर खुदरा पान की बिक्री करते हैं, जबकि छाता मस्ज़िद के किनारे मुस्लिम पान कारोबारियों की तूती बोलती है। पानदरीबां, बजाजा रोड, जी.बी. रोड सब एक-दूसरे से गुँथे घने बाज़ार हैं। छाता मस्ज़िद जी.बी. रोड में अपने हरे-भरे गुम्बद के संग छाता की तरह तना है। छाता मस्ज़िद के बगल से होकर बारी रोड है। दूर से ही देखकर लगता है कि इन सभी सड़कों के मुँह में पान की गिलौरियाँ दबी हैं और सबकी जान से फाज़िल व्यस्तता है। शुरुआत पानदरीबां से होती दिखती है, क्योंकि पान के खुदरा से लेकर सभी जाकड़ आढ़तिये सुबह से पानदरीबां में ही जुटते हैं। पानदरीबां से ही पान का रस चारों तरफ़ फूटता है। हरेक दिन लगभग पचास टोकरा पान यहाँ उतरता है। यहाँ से पान बनारस, पटना और राँची तक जाता है। पहले तोड़ में पांडरिमा और छाता

मस्जिद के खुदरा विक्रेता पान उठाते हैं। इसके बाद गया के मानपुर आदि के पान विक्रेताओं का नम्बर आता है। मानपुर के लखनलालजी मानपुर बाज़ार के बहुत पुराने खुदरा विक्रेता हैं। वह मानपुर से दस बजते न बजते हर रोज़ पानदरीबां पहुँच जाते हैं। पांडरिमा और छाता मस्जिद के कई पनेरी बारह बजे दिन तक यहाँ मँडराते रहते हैं, जबतक उस दिन के आढ़त का काम समेट नहीं लिया जाता। छाता मस्जिद के खुदरा पनेरी–फजलुर्रहमान, हजरत उर्फ़ इसराइल, ताहिर रहमान और शकील उर्फ़ चीना पूरे आढ़त के समय पांडरिमा के पनेरियों मनोज चौरसिया, बीरु, बबलू वर्णवाल, मनोज चौधरी, उपेन्द्र सिंह और रंगू कानू के संग चूने–कत्थे की तरह घुले रहते हैं। पान के पत्ते और पान की डंटी की तरह जुटे रहते हैं।

बिहार के इस अंचल को धान–पान की कमी नहीं। गया का मगही पान देश ही क्या, दुनिया भर में प्रसिद्ध है। मगही पान जहाँ अपनी सुकुमारता के लिए लोकप्रिय है, वहीं बनारसी पान अपने मनोहर रूप के कारण। दोनों का रस भी अपने किस्म का है। गया मगही पान की राजधानी है। गया ज़िला के इर्द–गिर्द के गाँवों के अलावा मगही पान पड़ोसी ज़िला नवादा के तुंगी, मंजबे और जमुआवाँ आदि गाँवों से भी मंडी में आता है। औरंगाबाद और देव से भी। पान बहुत दुलारू फसल है। बहुत झाँप–तोप कर इसकी खेती होती है। गया की दोनों पान मंडियों में कलकतिया पान की खेप श्रीरामपुर और मिदनापुर आदि से पहुँचती है। पर कलकतिया पान और कलकतिया आम की एक जैसी फितरत। कलकतिया आम और पान दोनों हारे को हरिनाम। पर कलकतिया पान की कीमत में भी कम नखरेबाज़ी नहीं। पान का शौकीन मेरा मित्र दुलारचन्द बताता है कि बँगला पान की कीमत सौ रुपए में हज़ार पत्ता से लेकर पाँच रुपए में हज़ार पत्ता तक है। मगही पान भी दो रुपए ढोली से सौ रुपए ढोली तक। हालाँकि, गुटखा के धन्धे ने पान को बहुत छलनी किया है। पानदरीबां में चार बड़े आढ़तियों—विनोद चौरसिया, बबलू चौरसिया, सुरेन्द्र चौरसिया और विनय चौरसिया का सिक्का चलता है। माघ–फागुन पान का राजा महीना है। दिसम्बर से मार्च तक पानदरीबां में आला पान उतरता है। बाकी आठ महीने बस गाड़ी किसी तरह चलती रहती है। पान का इतना ज्ञान मुझे पान के शौकीन अपने पिताजी से हासिल हुआ है। वे कहते हैं कि पान ही वह दुर्लभ पदार्थ है, जो स्वर्ग में भी उपलब्ध नहीं। जैसे मछली पानी के बिना नहीं रह सकती, पिताजी पान के बिना नहीं रह सकते। पिताजी से बड़े भैया ने पान का रस पाया है। पान का शौक बड़ी भाभी को भी है। मेरा मित्र दुलारचन्द भी पान प्रेमी है।

मैं अब स्टेशन परिसर के प्रवेश द्वार के बाहर हूँ। किनारे के फुटपाथों पर अँधेरे में डूबी वीरानी है। पर भोर के उजास से देर रात गए तक फुटपाथ दुकानदार की गहमागहमी यहाँ कायम रहती है। कुछ साल पहले जब गया के कमिश्नर के.पी. रमबय्या थे, तो उन्होंने स्टेशन के इर्द–गिर्द के फुटपाथ दुकानदारों को उजाड़ने का

अभियान चलाया था। इसके विरोध में शहर के फुटपाथी नेता डॉ. बी.पी. निराला ने अपने छह समर्थकों समेत कचहरी के पास एक सप्ताह तक अनशन किया था। गया के सटे जहानाबाद ज़िला के मख्दुमपुर क्षेत्र के नेर गाँव के मूल निवासी बेलदार जाति के डॉ. बी.पी. निराला की जहाँ गाँव में थोड़ी खेती-बाड़ी है, वहीं वे लम्बे अर्से से गया में रहकर कम्पाउंडरी भी करते हैं। शहर के कई मुहल्लों में इसलिए 'डॉक्टरसाहब' के नाम से उनकी पहचान है। कम्पाउंडरी के साथ-साथ डॉ. बी.पी. निराला सक्रिय राजनीतिक प्राणी हैं। उन्होंने 'भारतीय समाज पार्टी' नामक अपनी एक पार्टी बना रखी है, जिसके वे राष्ट्रीय अध्यक्ष हैं। पार्टी का कार्यालय गया की अनुग्रहपुरी कॉलनी (ए.पी. कॉलनी) की एक कोठरी में उन्होंने खोल रखा है। उनकी इस पार्टी के उँगलियों पर गिने छह-सात समर्थक डॉक्टर साहब के बजाय जब उन्हें 'अध्यक्षजी' पुकारते हैं, तो उनकी छाती बहत्तर इंच की हो जाती है। स्टेशन के इर्द-गिर्द के फुटपाथ दुकानदारों को जब कमिश्नर के आदेश पर उजाड़ा जाने लगा, तो डॉ. बी.पी. निराला के लिए 'भारतीय समाज पार्टी' की उपयोगिता सिद्ध करने का स्वर्णिम अवसर था। वे इसके विरोध में कचहरी के पास अनशन पर बैठ गए। उनके साथ अनशन पर बैठनेवालों में उनका बेटा रवीन्द्र कुमार निराला, डेल्हा मुहल्ला का दीपक सरकार, वजीरगंज से पार्षद का चुनाव हार चुकीं तारा देवी, स्थानीय म्युजिकल ऑर्केस्ट्रा का चवन्नी गायक चाँद चौरा का संजय कुमार (जिसने संगीत के क्षेत्र में अपनी अलग पहचान के लिए अपना नाम बदल कर राज मल्होत्रा कर लिया है।) और बोधगया का डब्लू भंते शामिल था। सातवें दिन गया प्रशासन ने इन छहो अनशनकारी धरनैतों को चार-पाँच घण्टे तक हवालात में रखने के बाद छोड़ दिया और फुटपाथ दुकानदारों को उजाड़ने का अभियान भी बन्द कर दिया।

इस घटना के बाद से फुटपाथ दुकानदारों के बीच डॉ. निराला का मान बढ़ गया। अनशन की सफलता के बाद डॉ. निराला इतने भाव विभोर हो गए कि अपने बेटे रवीन्द्र के साथ बौद्ध हो गए और बाकायदा गेरुआ वस्त्र धारण कर दोनों 'भंते' की तरह रहने लगे। अपने नेता डॉ. निराला की क्रान्तिकारिता से प्रभावित 'भारतीय समाज पार्टी' का महासचिव आर्केस्ट्रा गायक संजय कुमार उर्फ़ राज मल्होत्रा भी बौद्ध धर्म में दीक्षित हो गेरुआ वस्त्र धारण कर रातों रात 'भंते' बन गया। कुछ ही हफ़्ते बाद अचानक उसको पैण्ट-शर्ट में देख मैंने पूछा, "भंते! अब यह क्या?" संजय उर्फ़ राज मल्होत्रा ने गहरी साँस लेकर कहा, "घर के लोगों ने भंते बनने पर मुझे बहुत डाँटा। घर से निकल जाने की चेतावनी दी। आख़िर क्या करता? भंते का चोला उतार फेंकना पड़ा।" भंते बन जाना वाकई कोई हँसी-ठट्ठा नहीं। तिब्बत-भूटान के कई भुजंग लामा जो भंते हैं, बोधगया में सुबह से रात तक जप-अराधना में जुटे रहते हैं। पर गया-बोधगया का कोई व्यक्ति जब विरह-विकलता या उपलब्धि की किसी चरमावस्था के कारण वैराग्य में पहुँचता है, तो फ़ौरन महाबोधि मन्दिर

जाकर बौद्ध धर्म ग्रहण कर भंते बन जाता है। भंते बनकर घर लौटने पर घर के लोग आम तौर से उसकी भली भाँति दुर्गति करते हैं। अपने नेता डॉ. बी.पी. निराला के वैराग्य–जाल में फँसकर शायद संजय कुमार उर्फ़ राज मल्होत्रा की भी घर में दुर्दशा हुई थी। इसलिए चन्द हफ़्ते में उसने भंतेवाला चोला उतार फेंका। बाद में एक दिन मिलने पर उसने बताया कि 'भारतीय समाज पार्टी' से भी उसने त्यागपत्र दे दिया है क्योंकि डॉ. बी.पी. निराला ने पार्टी सदस्यता अभियान का पैसा खा जाने का अनर्गल आरोप उस पर लगाया था। गया–बोधगया में डॉ. बी.पी. निराला और संजय कुमार उर्फ़ राज मल्होत्रा सरीखे चरित्र हर दूसरी गली और चौराहे पर मिल जाएँगे। यही लोग इस महान शहर के कौतुक और दैनन्दिन जीवन के आनन्द हैं। पहले वाला समय होता, तो समय की बिना परवाह किए अभी सीधे घर जाता। पर घर अब मेरे लिए बस एक कसक है। मरे हुए आदमी का घर कहाँ होता है। इसलिए घर जाने का तो कोई प्रश्न ही नहीं लेकिन बचपन से चिर–परिचित विष्णुपद मन्दिर की गलियों से होकर एक बार गुज़रने की इच्छा आज फिर बलवती हो रही है। सुबह के समय उधर जाना बवंडर को आमंत्रित करने जैसा होगा। उन गलियों का कण–कण मुझे पहचानता है। मुँहअँधेरे की इस नीरवता में ही वहाँ जाया जा सकता है। वर्षा की ऐसी झिरझिरी और अन्धकार में यह शहर पहली बार यहाँ उतरनेवाले किसी यात्री को भयावन लगेगा लेकिन मुझे इस समय मेरा यह शहर बहुत मासूम लग रहा है। नींद के अँधेरे में उजालों के स्वप्न देखता। मैं विष्णुपद मन्दिर की तरफ़ बढ़ रहा हूँ। विष्णुपद से सटे पचमहला, दक्खिन दरवाज़ा, काठगच्ची और चाँदचौरा मुहल्ले हैं। चाँदचौरा चौराहा विष्णुपद मन्दिर का दालान समझिए। अभी मैं स्टेशन से चाँदचौरा और विष्णुपद के रास्ते में हूँ। 'अग्रे–अग्रे विप्रानाम्' वाला स्वाभाव मेरा भी है। चाँदचौरा अभी पहुँचा नहीं हूँ लेकिन वहाँ पहुँचा हुआ महसूस कर रहा हूँ।

चाँदचौरा चौराहे का चारो तरफ़ हाथ–पैर है। मसलन चाँदचौरा से जो रास्ता स्टेशन की तरफ़ जाता है, उसी रास्ते में रामसागर तालाब है। इसलिए यह रामसागर रोड कहलाता है। पर रामसागर रोड को बहुत से लोग विष्णुरोड भी पुकारते हैं। रामसागर के पीछे नवागढ़ी है। रामसागर उर्फ़ विष्णु रोड में ही किसी ज़माने में राजस्थान के झुंझुनू ज़िला के चिरावाँ गाँव के मूल निवासी और बड़े कारोबारी रहे सेठ सूरजमल का बनवाया खँडहरनुमा एक विशाल टिल्हा धर्मशाला है। धर्मशाला वाली इस सड़क का नाम टिल्हा रोड है। टिल्हा रोड में ही बहुआर मुहल्ला घुसा हुआ है। मुहल्लावासी इसे बहुआर रोड भी कहते हैं। गया में रोड, चौराहे और मुहल्ले के नाम का बहुत घंजमंज है। इस शहर में एक–एक बाँस पर रोड और मुहल्ला का नाम बदलता है। टिल्हा के पीछे राजेन्द्र आश्रम रोड है। बहुआर–टिल्हा जहाँ हिन्दू–बहुल इलाक़ा है, वहीं इसके ठीक बाद मुस्लिम बहुल इलाक़ा शुरू हो जाता है। इस रोड का नाम है—नादरागंज। 'कसाना–ए–अंजुम' जैसी कुछ खूबसूरत इमारतों से लेकर

मीट काटनेवाला चिक—सब इस रोड में ठसे पड़े हैं। नादरागंज के बाएँ कोयरीबारी रोड है। यह शहर के खुदरा व्यापारियों का मुहल्ला है। यहाँ मंडी भी है। कोयरीबारी रोड के आगे डाकबँगला रोड, समाहरणालय और कचहरी है। डाक बँगला रोड से स्टेशन की तरफ़ के रास्ते में स्वराजपुरी रोड भी पड़ता है, जहाँ 'भारत सेवाश्रम संघ' और 'हादी हाशमी उच्च माध्यमिक विद्यालय' है। 'महावीर विद्यालय' भी। स्वराजपुरी रोड से स्टेशन तक के रास्ते में इमली-कनैल से लेकर गुलमोहर और अमलतास के अनेक पेड़ हैं। स्वराजपुरी रोड के बगल से एक गली फूटती है, जो बारी रोड है। स्वराजपुरी रोड में 'कापोड़ दोकान' और जेनरल स्टोर है। आगे बाटा मोड़ टेकारी रोड है। टेकारी रोड स्थित 'श्रीराम तिलकुट भंडार' गया में तिलकुट की सबसे पुरानी दुकान है। यहाँ का अनरसा भी वैसा ही स्वादिष्ट। टेकारी रोड के बाद स्टेशन रोड और इसके ठीक सामने मेरा प्यारा मुरली पहाड़। इस अन्धकार में प्रेत की तरह चाँदचौरा की तरफ़ मेरे क़दम तेज़ हैं और एक-एक रास्ता, गली-कूचा मेरे मन में कौंध रहा है। अन्धकार में डूबा विशाल झंखाड़ बरगद-सा यह टिल्हा धर्मशाला है, जिसके सामने से अभी गुज़र रहा हूँ। यह धर्मशाला 77-77 कमरों के दो खंडों का है। मैं 154 कमरों के इस उजाड़ बरगद में ही इसबार पनाह लूँगा।

मैं अब चाँदचौरा चौराहे पर खड़ा हूँ। सुबह होते ही फल-मूल, सब्जी और दूध की दुकानें यहाँ हलचल में आ जाएँगी। फूल बेचने वाले स्त्री पुरुषों का दल बीच-बीच में आसन लगाएगा। डॉक्टर का क्लीनिक, मिठाई की सभी दुकानें, दवा और पान की दुकानें भी खुलकर तैयार मिलेंगी। विष्णुपद मन्दिर के लिए इस चौराहे से जो मोड़ है, वहाँ कोने पर 'श्रीराम मिष्ठान्न भंडार' है। मिठाई की इस दुकान के आजू-बाजू फल व सब्जीवाले ज़माने से अपनी जगह बनाए हुए हैं। श्रीराम मिष्ठान्न भंडार के दाएँ 'संजय पान दुकान' है। इस मिष्ठान्न भंडार के सामने सड़क के पार एक ही पुराने विशाल मकान में एक लगातार 'शिव रतन साव बर्तन दुकान', 'श्री बीकानेर मारवाड़ी भोजनालय' और 'प्रीति किराना ऐंड जेनरल स्टोर्स' है। आगे विष्णुपद की तरफ़-रिक्शा, टमटम, मोटरसाइकिलों की भीड़ सुबह के साथ कश्मकश शुरू कर देती है। 'श्रीराम मिष्ठान्न भंडार' से मैं अब आगे बढ़ रहा हूँ। इसके दाएँ एक जर्जर-सा 'लक्ष्मी भोजनालय' है। शुद्ध शाकाहारी उत्तम भोजन का उद्घोष इसके जंग खाए बोर्ड पर मानो युगों से अंकित है। इसी की कतार में इसी तरह के कई खस्ताहाल होटल हैं, जिनमें एक 'श्रीविष्णु भोजनालय' भी है। सड़क के पार 'लक्ष्मी भोजनालय' के सामने 'वैशाली खैनी दुकान' से लेकर 'कृष्ण द्वारिका टूरिस्ट बस एजेंसी' का नीली दीवारों वाला खपड़ैल का छोटा-सा कार्यालय। इसके ठीक सटे एक पक्के के मकान पर धूल से भरा अंग्रेज़ी में लिखा 'वीनस क्लब' का बोर्ड लगा है। 'वीनस क्लब' के मोटे अक्षरों के नीचे लिखा है—'वन ऑव द ओलडेस्ट ऐंड एमिनेंट क्लब ऑव गया'...यानी गया का सबसे पुराना और प्रमुख क्लब।

हालाँकि, इस भवन और बोर्ड के मुखड़े को देखकर किसी को भी लगेगा कि अब यह क्लब बराएनाम ही है। इसी भवन में 'संगीत साधना केन्द्र' का एक बोर्ड ज़माने से देखता आ रहा हूँ। बोर्ड पर घुँघरू, तबला, सितार और बाँसुरी के चित्र बने हैं, जो समय के संग बहुत धूमिल पड़ चुके हैं। इसी भवन के आगे डॉ. के.एन. आचार्य, एम.बी.बी.एस. का दवाखाना है। इसके ठीक बगल में 'पंजाबी भवन' है, जो 'मुक्तिधाम न्यास' से पंजीकृत है। 'पंजाबी भवन' के बोर्ड पर अंकित है कि पंजाब, हिमाचल और जम्मू-कश्मीर के लोगों के वास्ते यह यात्री निवास है। 'पंजाबी भवन' से लगा 'शोभा ज्वेलरी', 'मार्बल मूर्ति आर्ट' और 'गया मूर्तिकला केन्द्र' है। गया के मूर्तिकारों के बाज़ार का भी यह गढ़ है। गया के पत्थरकट्टी गाँव में मूर्तियों के लिए पर्याप्त काला पत्थर उपलब्ध है। पत्थरकट्टी और खुखरी-ये दो गाँव हैं, जो मूर्ति कला में सदैव से लीन हैं। वैसे नाम और मान अधिक पत्थरकट्टी का ही है। यहाँ के कारीगर राजस्थान से मौके-मौके पर मकराना का पत्थर भी मँगवाते हैं। यह जो अभी अन्धकार में डूबा 'सावित्री सदन' है, इसमें मूर्तिकारों की एकमुश्त कई दुकानें हैं। पहले गया में मूर्तियाँ बनानेवाले सिर्फ़ गौड़ सारस्वत ब्राह्मण समुदाय के लोग थे। इन गौड़ सारस्वत मूर्तिकारों के सानिध्य में अब अन्य समुदायों के लोग भी मूर्तिकला के क्षेत्र में आ गए हैं। पर गया में मूर्तिकला के मुकुट अभी भी ये गौड़ सारस्वत ही हैं।

रानी अहिल्याबाई होल्कर ने इन गौड़ सारस्वत ब्राह्मण मूर्तिकारों को विष्णुपद मन्दिर बनवाने के लिए राजस्थान से लाकर पत्थरकट्टी गाँव में बसाया था, जो गया के टेकारी स्टेट के अन्तर्गत था। कभी टेकारी स्टेट की यहाँ कचहरी थी। महारानी अहिल्याबाई होल्कर के अनुरोध पर टेकारी महाराज ने पत्थरकट्टी से बथानी तक लगभग तीन सौ कलाकारों को परिवार समेत बसने और खेती-बाड़ी के लिए ज़मीन तो दी ही थी, गाँव के पार्श्व में स्थित काले पत्थरों का सात पहाड़ भी दिया था ताकि उसके पत्थरों को काट-तराश कर वे मूर्ति निर्माण कर सकें। पत्थरकट्टी गाँव का काला पत्थर बहुत पवित्र माना जाता है। आज भी काला पहाड़ और गौड़ सारस्वत ब्राह्मण एक-दूसरे के पर्याय माने जाते हैं। पत्थरकट्टी से लेकर गया तक मूर्तिकला के उस्ताद अभी भी गौड़ सारस्वत ब्राह्मण ही हैं। सरकार द्वारा मूर्तियों का सबसे अधिक ऑर्डर गौड़ सारस्वत ब्राह्मणों को ही मिलता है। पत्थरकट्टी से सटे सात पहाड़ों में बथानी और धनमहुआ भी बड़े पहाड़ हैं। कहते हैं, टेकारी महाराज ने बतौर कर साल में एक हथौड़ी पर सबा रुपया बाँध रखा था। कृषि कर्म का अनुभव नहीं होने के कारण विष्णुपद मन्दिर निर्माण के बाद टेकारी स्टेट को खेत-पथार सौंप अनेक गौड़ सारस्वत ब्राह्मण मूर्तिकार वापस अपने गृह प्रान्त राजस्थान लौट गए। पर उनमें से कुछ मूर्तिकार पत्थरकट्टी में ही टिके रह गए और मूर्तियाँ बनाकर जीवन यापन करने लगे। कुछ कलाकारों ने गया शहर में घर बनाकर मूर्तियों की

दुकानें खोल लीं। पर अभी भी पत्थरकट्टी गया के मूर्तिकारों के लिए 'ब्रह्म स्थान' है। यह भारत में काले पत्थर की मूर्तियों का एकमात्र कलाग्राम है। पर यहाँ गौड़ सारस्वत ब्राह्मण मूर्तिकारों के परिवार अब मुश्किल से तीन-चार रह गए हैं। अब गया के चाँदचौरा, विष्णुपद रोड और पचमहला में गौड़ सारस्वत ब्राह्मण मूर्तिकारों की संख्या पत्थरकट्टी गाँव से कहीं अधिक है। गया को गुड़ की भेली मान भले अधिकांश गौड़ सारस्वत मूर्तिकार गया के इन हिस्सों से चिपके हैं पर इन काले पत्थर की मूर्तियों का ट्रेड मार्क अभी भी पत्थरकट्टी ही है। गया में मूर्तिकला के सबसे नामचीन व्यवसायी किशोरलाल गौड़, जिनका नारायण चुआँ में 'शंकर मार्बल मूर्ति भंडार' है, का हाथ पकड़ने की क्षमता आज भी किसी में नहीं। उनके बाद उन्हीं के रिश्तेदार 'विष्णु मार्बल मूर्ति भंडार' वालों का स्थान है। ये लोग पत्थरकट्टी से ही यहाँ आकर बसे।

गया ज़िला के नीमचक बथानी अंचल में महकार थानान्तर्गत के खुखरी पंचायत का गाँव पत्थरकट्टी मूर्तिकला का कुमकुम ग्राम हो सकता था। पर पत्थरकट्टी के पहाड़ समस्त दुनियावी ऐषणाओं से दूर, तमाम उतार-चढ़ावों से विरक्त औघड़ की तरह खड़े हैं। वैसे तो पूरा गया ज़िला ही अनेक छोटे-बड़े पर्वतों से घिरी एक विशाल उपत्यका की तरह है लेकिन पत्थरकट्टी गाँव के पहाड़ों की विस्तीर्ण कालिमा की महिमा ही कुछ अलग है। जन्म-जन्मांतर और इहकाल-परकाल का महाशून्य इस अनूठे गाँव की जिल्द और कण-कण में है। दुलारचन्द के साथ मात्र दो बार पत्थरकट्टी गया हूँ मैं। सैकड़ों वर्षों से कट-कट कर अनन्त मूर्तियों को कच्चा माल उपलब्ध कराते पत्थरकट्टी के स्थितप्रज्ञ बैरागी पहाड़ पता नहीं क्यों मुझे गया के पूजित पहाड़ों से कहीं अधिक मंत्रमय लगे। गया के दर्शनी और पिंडदानी पहाड़ों में जैसी लालसा लिथड़ी-पुती है, वैसा यहाँ कुछ नहीं। अनवरत छलनी होते रहकर एक विचित्र निर्विकार भाव से मुझे सिद्ध लगे पत्थरकट्टी के काले पहाड़। वैसे, काले पत्थर का विशाल बराबर पहाड़ पास के जहानाबाद क्षेत्र में भी है लेकिन महारानी अहिल्याबाई होल्कर ने विष्णुपद मन्दिर के निर्माण के लिए पत्थरकट्टी के इन काले पहाड़ों को ही क्यों चुना? कहते हैं, इस सम्पूर्ण क्षेत्र का निरीक्षण करवाने के बाद महारानी अहिल्याबाई होल्कर ने राजस्थान के अलवर, भरतपुर, जयपुर, दौसा और सवाई माधोपुर आदि जगहों से चुनिन्दा गौड़ सारस्वत ब्राह्मण मूर्त्तिकारों को लाकर टेकारी महाराज को सहमत किया कि इन्हें पत्थरकट्टी में बसाकर विष्णुपद मन्दिर के नवनिर्माण में वे महत्त्वपूर्ण पुण्य योगदान करें। टेकारी महाराज की अनुमति से बसने के बाद मूर्तिकारों ने एक लगातार जुटकर पत्थरकट्टी में पूरे विष्णुपद मन्दिर को काले पत्थर से निर्मित किया। काला पत्थर ग्रेनाइट से भी कीमती होता है और इसे काटना-तराशना इसीलिए कठिन है क्योंकि यह संगमरमर से कड़ा है। पत्थरकट्टी के स्थानीय लोगों के शब्दों में यह काला

पत्थर 'लोहबो से बरियार' है। इस तरह इस सख़्त काले पत्थर को काट तराश कर पत्थरकट्टी के मूर्तिकारों ने मन्दिर के सारे ब्लॉक नक़्शे के आधार पर पत्थरकट्टी में ही तैयार किए और सब कुछ तैयार हो जाने के बाद विष्णुपद मन्दिर के नक़्शे में उल्लिखित-चिन्हित एक-एक ब्लॉक को जमाकर गया में मन्दिर खड़ा कर दिया। इस लिहाज से यह भारत का अनूठा मन्दिर है। कहते हैं, पत्थरकट्टी के मूर्तिकारों की योजना थी कि विष्णुपद मन्दिर के गुम्बद को इतना ऊँचा बनाया जाए कि यह पत्थरकट्टी गाँव से दूरबीन द्वारा आसानी से देखा जा सके। पर गगनचुम्बी गुम्बद की योजना साकार होती कि इसके पहले महारानी अहिल्याबाई होल्कर चल बसीं। उनके निधन ने पत्थरकट्टी के मूर्तिकारों को दाने-दाने के लिए मोहताज कर दिया। अपने जीते जी महारानी अहिल्याबाई होल्कर पत्थरकट्टी के मूर्तिकारों की छोटी से छोटी सुविधा का ख़याल करती थीं। उनकी मृत्यु ने पत्थरकट्टी के मूर्तिकारों को हताश कर दिया। बहुतेरे मूर्तिकार फाकाकशी की इस हालत में सपरिवार अपने गृह प्रान्त राजस्थान लौट गए। गगनचुम्बी गुम्बद की योजना भी खत्म हो गई। बाद के वर्षों में भी पत्थरकट्टी के मूर्तिकारों ने अनेक उतार-चढाव देखे। जब औरंगज़ेब बादशाह बना, तो पूरे देश के मूर्तिकारों पर संकट के बादल घिर आए। दरअसल, औरंगज़ेब मूर्ति पूजा का घोर विरोधी था। इस आतंक का असर पत्थरकट्टी के कलाकारों पर भी पड़ा। यहाँ के मूर्तिकारों ने तब मूर्तियों के बदले काले पत्थर का चकला, कठौत और आयुर्वेदिक औषधि कूटनेवाला खरल बनाना शुरू किया। इस खरल की माँग 'ढाका फार्मेसी' में बहुतायत में थी। दादा जी बताते थे कि ढाका दो बातों को लेकर प्रसिद्ध था—ढाका का मलमल और ढाका फार्मेसी। ढाका फार्मेसी से पत्थरकट्टी का नाता लम्बी अवधि तक रहा। पर भारत विभाजन के बाद यह सिलसिला टूट गया। भारत विभाजन के बाद भी पत्थरकट्टी के मूर्तिकारों की रोजी-रोटी बहुत प्रभावित हुई और बड़ी संख्या में तब भी उनका पलायन हुआ। पत्थरकट्टी के मूर्तिकार मूर्तियाँ व दैनन्दिन उपयोग की चीज़ें तो बना रहे थे पर इस देहात से दुनिया का वैसा व्यावसायिक सिलासिला किसी भी प्रकार से मजबूत नहीं हो पा रहा था। सो काफ़ी मन्थन के बाद पचास के दशक में पत्थरकट्टी के बचे खुचे मूर्तिकारों ने 'श्री आदि गौड़ ब्राह्मण कलाकार सहकारी समिति' की नींव डाली और इस तरह धीरे-धीरे सहकारी समिति के माध्यम से पत्थरकट्टी की मूर्तियाँ व दैनन्दिन उपयोग के लिए बनी काले पत्थर की चीज़ें सारे देश में जाने लगी।

कुछ साल हुए दुलारचन्द को अपने दादाजी की छोटी-सी मूर्ति बनवानी थी। दुलारचन्द ने कहा कि यह मूर्ति वह पत्थरकट्टी के मूर्तिकार से ही बनवाएगा। दुलारचन्द के साथ उसकी मोटरसाइकिल पर उसी मूर्ति अभियान में मैं पहली बार पत्थरकट्टी गया था। पत्थरकट्टी जाने के लिए गया से सरबदा रोड पकड़ना होता है। मानपुर, खंजाहापुर, बरेव, उपथु, मियांबिगहा, आज़ादनगर, पाली, टेउसा और

बेलाबिगहा आदि गाँवों के चौराहों से होते हुए हम पत्थरकट्टी पहुँचे। गया ज़िला को यह कुदरती वरदान है कि जगह-जगह अँगूठी के नग की तरह छोटी-छोटी नयनाभिराम पहाड़ियाँ मौजूद हैं। पत्थरकट्टी के चारों तरफ़ भी दूर-दर तक अनगिनत नन्ही-मुन्नी हरी-भरी पहाड़ियाँ ठुमकी पड़ी हैं। पत्थर-कट्टी जाने के लिए गया-सरबदा रोड का सफ़र सुहावन है। हालाँकि, पत्थरकट्टी पहुँचने पर वहाँ के ग्रामीणों ने बताया कि साठ के दशक तक इधर धूल-गर्द भरी कच्ची सड़क थी। तब पत्थरकट्टी से 20 किलोमीटर खिजरसराय की दूरी तय कर यहाँ के लोग गया-पटना की बस पकड़ते थे। पर जापान से आए एक मूर्ति के ऑर्डर ने इधर का रास्ता पक्का करवा दिया। दरअसल, सन् 1963-64 में जापान से तेरह फीट की एक बुद्ध मूर्ति बनाने का ऑर्डर पत्थरकट्टी के मूर्तिकारों को मिला था। जब तैयार होकर वह मूर्ति पत्थरकट्टी से जाने लगी, तो कच्चे रास्ते के गड्ढे में गाड़ी बुरी तरह फँस गई। राजगीर से 25 किलोमीटर पैदल चल-चलकर जापानी लोग इस फँसी हुई मूर्ति को देखने आने लगे। यही नहीं, जापान से आए लोगों ने पटना जाकर सरकारी अधिकारियों को इस घटना से अवगत कराया। इसके बाद ही बिहार सरकार ने पत्थरकट्टी तक सड़क और बिजली की युद्ध स्तर पर व्यवस्था कराई।

दुलारचन्द के संग पत्थरकट्टी पहुँचकर और वहाँ के कलाकारों की हालत देखकर मुझे बड़ा क्लेश हुआ था। पता चला कि महारानी अहिल्याबाई होल्कर द्वारा यहाँ बुलाकर लाए गए तीन सौ गौड़ सारस्वत ब्राह्मण परिवारों में से अब मात्र सुरेशलाल गौड़, अमरनाथ गौड़ और रवीन्द्रनाथ गौड़ के तीन परिवार बच गए हैं। सुरेशलाल गौड़ की यह छठी पीढ़ी गाँव में है। उनके पिता स्व. धन्नालाल गौड़ पाँच भाई थे। चार भाई वापस राजस्थान चले गए। पर यह जानकर सन्तोष हुआ कि पत्थरकट्टी और इसके असपास के कुछ गाँवों के लगभग पाँच सौ परिवार इन गौड़ सारस्वत मूर्तिकारों के सान्निध्य में रहकर मूर्तिकला में भरसक पारंगत हो गए हैं। पत्थरकट्टी से एक-एक किलोमीटर दूर गाँव खुखरी और नियामतपुर में भी कई स्थानीय ग्रामीण सिद्ध मूर्तिकार बन चुके हैं। गाँव के लोगों ने बताया था कि तीन दशक पहले पत्थरकट्टी में बिहार सरकार का मूर्तिकला प्रशिक्षण केन्द्र था, जिसमें इस गाँव के चार-पाँच गौड़ सारस्वत मूर्तिकार ही प्रशिक्षक थे। पर सरकारी लापरवाही में यह केन्द्र बन्द हो गया।

दुलारचन्द अपने दादाजी की मूर्ति बनवाने के लिए उनकी तस्वीर लेकर गया था। स्थानीय मूर्तिकारों ने हमें बताया था कि आम तौर से व्यक्ति विशेष की छोटी-मोटी मूर्तियाँ सीधे फ़ोटो देखकर बना दी जाती हैं। दूसरा व्यापक तरीका है कि मूर्ति के लिए पहले मिट्टी का मॉडेल तैयार किया जाता है। मिट्टी के मॉडेल में सुविधा है कि आप इसमें जहाँ से चाहें मिट्टी नोचें और चिपकाएँ। इस तरह मिट्टी का सन्तोषप्रद मॉडेल जब तैयार हो जाता है, तो उसी के नाप से पत्थर को काट-तराश

कर मूर्ति बनाई जाती है। पत्थर की मूर्ति बनाने का शास्त्रीय तरीका यही है। हालाँकि धार्मिक मूर्तियों में पत्थरकट्टी के पारंगत मूर्तिकारों को अधिक मगजमारी नहीं करनी पड़ती। देवी-देवताओं की मूर्तियाँ बनाते-बनाते उन्हें सबकी भाव-भंगिमा, शस्त्र और सवारी के निर्माण का पूरा अभ्यास है। उन्हें मालूम है कि किस देवी-देवता के कितने मस्तक और हाथ हैं। बुद्ध मूर्ति दो तरह से बनती है। एक भारतीय शैली और एक विदेशी शैली। विदेशी शैली में तो बुद्ध की अनेक भाव-भंगिमाएँ हैं, लेकिन भारतीय शैली में उनके बस दो रूप हैं—एक साधना और दूसरा भूमि स्पर्श। बुद्ध की मूर्तियाँ भी पत्थरकट्टी के मूर्तिकार आँख मूँदकर बनाते हैं। वैसे, बोधगया में कई विदेशी मोनेस्ट्री ने सैंड स्टोन की बड़ी-बड़ी बुद्ध प्रतिमाएँ बनवाई हैं। मिर्जापुर के सैंड स्टोन का इसमें बहुतायत में उपयोग किया गया है। बोधगया स्थित बुद्ध की प्रसिद्ध 80 फुट की प्रतिमा सैंड स्टोन की ही है। सैंड स्टोन की कला में पत्थरकट्टी के कलाकारों की पकड़ नहीं। हालाँकि विदेश से राम और कृष्ण की मूर्तियों के ऑर्डर भी पत्थरकट्टी आते हैं। विदेशी शैली में राम और कृष्ण बनते हैं। विदेश से अर्द्धनग्न सजावटी शो-पीस की भी फरमाइशें होती हैं। पर पत्थरकट्टी के काले पत्थर से ज़्यादातर शिवलिंग, पार्वती, नन्दी, गणेश, कार्तिक, हनुमान, दुर्गा, सरस्वती, भैरव, सूर्य और लक्ष्मी-नारायण की मूर्तियाँ बनती हैं। इसके अतिरिक्त विधायकों-मंत्रियों और पदाधिकारियों की विकास योजना के शिलापट्ट, अनेक प्रकार के स्मृति पट्ट और नाम पट्टिका का खुदरा ऑर्डर पत्थरकट्टी से लेकर गया तक के मूर्तिकारों को मिलता रहता है। पत्थरकट्टी के काले पत्थर से बने शनिदेव की मूर्ति की भी बहुत प्रसिद्धि है। पर पत्थरकट्टी से लेकर गया तक के मूर्तिकार चाहे किसी की भी मूर्ति बना दें, लेकिन शनिदेव की मूर्ति बनाना जल्दी स्वीकार नहीं करते। दरअसल, मूर्तिकारों में एक वहम है कि शनिदेव की मूर्ति बनाते ही उनका कुछ अनिष्ट हो जाएगा। अगर कभी विशेष दबाव पर वे बना भी देते हैं, तो पारिश्रमिक का पैसा बिना एक पल विलम्ब किए ग़रीबों में बाँट देते हैं। इस गहन अन्धकार में अभी मुझे लग रहा है कि शनिदेव के अथाह स्याह आभा मंडल में मैं बढ़ा जा रहा हूँ।

विष्णुपद रोड के मोड़ पर बरगद के प्राचीन वृक्ष से सटा अम्बिका सिंह का बहुत पुराना मकान अभी अन्धकार में बरगद का ही एक अंग-सा लग रहा है। करामाती बरगद है यह। बरगद के पेड़ के नीचे बहुत कला से बना एक सँकरा-सा टेलीफ़ोन और मोबाइल चार्ज कराने का बूथ है। इसका संचालक सुनील कुमार चाँदचौरा का आशिक है। वह कहता है, ''चाँदचौरा विष्णुपद मन्दिर का होंठ है।'' सुनील के बूथ के साथ बरगद के आश्रय में पान की एक टेनी-सी गुमटी भी है। बरगद के पेड़ से सीधे वाली गली में एक सिरे से गयवाल पंडों के घर हैं। मेरा भी घर है। मेरे दादाजी कहते थे कि पहले चाँदचौरा से विष्णुपद मन्दिर तक पहाड़ी ही

पहाड़ी थी। साठ के दशक में पहाड़ियों को काट-काटकर चाँदचौरा से विष्णुपद मन्दिर तक रोड तैयार कराया गया। बीते दशकों में और कई परिवर्तन आए हैं। विष्णुपद मन्दिर का प्रवेश पथ यह सामने है। 'विष्णु द्वार' के कुछ पहले लाल सुर्ख पत्तों वाला बादाम का बहुत पुराना पेड़ है। किसी प्राचीन मठ के महन्त-सा मोटा-सोटा। मैं अभी उसके नीचे से गुज़रा हूँ लेकिन इसकी सुर्ख-सी प्यारी पत्तियों का रंग मुझे अन्धकार में नहीं दिखा है। किरण फूटने पर इसकी सुर्खी अनुपम होती चली जाती है। पितृपक्ष के दिनों में विष्णुपद कमेटी, पंडा समाज और स्थानीय प्रशासन बादाम के इस वृक्ष के कुछ ही क़दम आगे से एक लगातार पिंडदानियों के स्वागत में चार-पाँच 'विष्णु द्वार' बनवाता है। बाँस और रंगीन कपड़ों से निर्मित इन आकर्षक द्वारों को बनवाने में स्थानीय बैंकों और गया में सक्रिय सामाजिक संस्थाओं का भी पूरा सहयोग रहता है। पितृपक्ष के समय चाँदचौरा से लेकर विष्णुपद मन्दिर के बीच भले ही बाँस-बल्ले और कपड़े के कई 'विष्णु द्वार' बनवाए जाते हों लेकिन विष्णुपद मन्दिर से दस बाँस पहले कत्थई मेहराब से सुसज्जित मोटे लाल पाए का एक स्थायी प्रवेश द्वार है। इसके कत्थई मेहराब पर अंकित है—श्री विष्णुद्वार। अन्धकार में दूसरे किसी नवागंतुक के लिए यह अभी साफ़ नहीं दिखाई पड़ने वाला है। पर 'श्री विष्णुद्वार' इस गहरे अँधेरे में भी पूरी दमक के साथ मेरी आँखों के सामने है। यहाँ से चन्द क़दमों पर विष्णुपद मन्दिर है। 'श्री विष्णुद्वार' के पाए की जड़ से सटा यह छोटा-सा पीला बोर्ड भी इस समय किसी को नज़र नहीं आएगा, जिस पर काले अक्षरों में लिखा है—'जय माता दी। स्व. मथुरा प्रसाद गुप्ता के पुत्र ने लगाया। कामरूप कामाख्या मन्दिर। नीलांचल पर्वत। निकट-विष्णुपद, गया। पुजारी-बालक बाबा।' बालक बाबा विष्णुपद मन्दिर के समझिए द्वारपाल हैं। 'श्रीविष्णुद्वार' से चन्द क़दम दाएँ एक नन्ही-मुन्नी पहाड़ी है। इस पर चढ़ने के लिए पहाड़ी को काटकर 17 सीढ़ियाँ बनी हुई हैं। नीलांचल पर्वत नामक इसी पुट्टू-सी पहाड़ी पर कामरूप कामाख्या माई का मन्दिर है। मन्दिर के पुजारी व महन्त बालक बाबा हैं। सदैव लाल वस्त्र में रहने वाले औसत कद और दोहरे शरीर के बालक बाबा की कहानी अदरक की गाँठ जैसी है। उन्हीं की तरह टेढ़ी-मेढ़ी और गठीली। ख़ैर, कामाख्या माई मन्दिर की सीढ़ी के मुख के दोनों छोर पर दो नन्हे-मुन्ने सिंह की मूर्ति है। नीलांचल पर्वत की सीध में उतनी ही ऊँचाई पर स्व. मोहनलाल महतो वियोगी पंडाजी का पुश्तैनी निवास है। वे गयवाल पंडा समाज के सिरमौर थे। बड़े लेखक थे। विधायक भी रहे थे। उनके लड़के किशोरबाबू और गोविन्दबाबू भी पंडा हैं। कायदे से वियोगी जी के घर को 'साहित्य-तीर्थ' का दर्जा मिलना चाहिए था। पर वियोगीजी को गयावासियों ने लगभग विस्मृत-सा कर दिया है। 'श्री विष्णुद्वार' के पास मैं खड़ा हूँ और नीलांचल पर्वत को निहार रहा हूँ। ऊपर बालक बाबा अभी अपनी पत्नी शिप्रा गिरि, बेटी पूजा और बेटे विष्णु के संग नींद में विभोर होंगे। संजय कुमार उर्फ़ राज

मल्होत्रा से कम रोचक नहीं हैं बालक बाबा। वे अपने किस्म के अधेड़ राज मल्होत्रा हैं। पूरे हनुमान पाठक! अकल के कठतुम्बा! नीलांचल पर्वत पर धुनी रमाए रहने वाले बालक बाबा पता नहीं किन कारणों से मुझे हमेशा अपना सच्चा शुभचिन्तक मानते आए हैं।

बालक बाबा मूलतः पश्चिम बंगाल के हावड़ा ज़िला के श्यामपुर गाँव के हैं। उनके अनुसार बचपन से उनमें अटूट भगवद् प्रेम देखकर उनके पिता इन्द्रजीत भट्टाचार्य ने पुकार के कई दुलार नामों के बाद अन्ततः उनका नाम संन्यासी भट्टाचार्य रखा। स्वयं इन्द्रजीत भट्टाचार्य अपने और आस-पास के गाँवों में पूजा-पाठ कराकर अपने परिवार का भरण-पोषण करते रहे थे। श्यामपुर के प्राचीन मन्दिर के वे प्रधान पुजारी थे। बचपन से धर्म-कर्म के परिवेश और सम्भवतः कुछ अपने नाम के असर के कारण भी बालक बाबा बहुत छोटा वेला में अचानक एक दिन धुन चढ़ने पर चुपचाप हरिद्वार के लिए निकल पड़े।

दरअसल, अपने पिता से उन्होंने कई बार 'हरिद्वार-हरिद्वार' का नाम सुना था। उन्हें लगा कि हरिद्वार जाने पर ईश्वर का दर्शन हो जाएगा। ख़ैर, वहाँ ईश्वर तो नहीं मिले लेकिन हरिद्वार में आश्रम-आश्रम भटकते हुए एक दिन ये 'तपोनिधि श्री निरंजिनी अखाड़ा' जा पहुँचे। वहाँ गुरु श्रीकृष्णानन्द महामंडलेश्वर की पारखी आँखों ने इस किशोर की भगवद्-श्रद्धा को भाँपा और बिना विलम्ब किए इन्हें गुरुमुख किया। नाम दिया—प्रयाग पुरी। जिस तरह स्कूल-कॉलेज में परीक्षा उत्तीर्ण करने पर सर्टिफिकेट मिलता है, संन्यासी भट्टाचार्य उर्फ़ बालक बाबा के पास भी 'तपोनिधि श्रीनिरंजिनी अखाड़ा पंचायती, मायापुर, हरिद्वार' द्वारा निर्गत प्रमाण पत्र है, जिस पर त्रिशूल के चित्र के साथ उस समय का उनका फ़ोटो सटा है। अब तो अर्सा हुए बालक बाबा कामाख्या माई मन्दिर के पीर, बावर्ची और भिश्ती सबकुछ हैं लेकिन नीलांचल पर्वत पर कामाख्या माई के शरण में वे बहुत मुसीबत से पहुँचे थे।

दरअसल, हरिद्वार में गुरुमुख होने के कुछ समय बाद समय की धार में बहते हुए एक दिन किशोर संन्यासी भट्टाचार्य गया पहुँच गए और यहाँ बभनी घाट स्थित फलकेश्वर महादेव के उजाड़-से मन्दिर में रहने लगे। फलकेश्वर महादेव का मन्दिर उन दिनों गुंडा-डाकुओं का अड्डा था। हर रात जाने कहाँ से गया और आसपास के अपराधी लूटे गए माल का बँटवारा करने वहाँ पहुँच जाते थे और मन्दिर के पुजारी समेत सबका दम ऊपर हो जाता था। वर्षों तक उन्होंने किसी तरह यहाँ समय व्यतीत किया पर जब एक रात गुंडे मन्दिर की कई प्राचीन मूर्तियाँ उठा ले गए, तो आतंकित संन्यासी भट्टाचार्य को लगा कि इस माहौल में किसी दिन वे बेकसूर जेल चले जाएँगे। इसी आक्रान्त मनोदशा में रातों रात ट्रेन पकड़कर अपने गुरु श्रीकृष्णानन्द महामंडलेश्वर की शरण में ये हरिद्वार पहुँचे। महामंडलेश्वर ने उन्हें सान्त्वना देते हुए कहा कि वे गया लौट जाएँ और विष्णुपद मन्दिर के मार्ग

में नीलांचल पर्वत पर स्थित कामाख्या माई मन्दिर के महन्त सरस्वती गिरि से उनका नाम लेकर मिलें। श्री कृष्णानन्द महामंडलेश्वर ने संन्यासी भट्टाचार्य से कहा कि, ''वे तुम्हारे बड़े गुरु भाई हैं।''

गुरु के निर्देश पर संन्यासी भट्टाचार्य उल्टे पाँव गया लौटे और सरस्वती गिरि से मिलकर उन्हें सारा वृत्तांत सुनाया। सबकुछ सुनकर महन्त सरस्वती गिरि ने उन्हें कामाख्या माई के स्थान पर स्थायी रूप से रहने को कहा। बड़े गुरु भाई महन्त सरस्वती गिरि ने ही उनका नव नामकरण किया—बालक बाबा। आगे जाकर महन्त सरस्वती गिरि इनकी सेवा से इतने प्रसन्न हुए कि इन्हें विधिवत् अपना उत्तराधिकारी घोषित किया। लगभग पन्द्रह साल पहले जब महन्त सरस्वती गिरि ने देह त्याग किया, तो स्थानीय लोगों ने एकजुट हो पगड़ी बाँधकर बालकबाबा को कामाख्या माई मन्दिर के महंत की गद्दी पर आसीन कर दिया। इस कामाख्या माई मन्दिर में कई सन्त गुज़र गए। श्रीनाथजी उर्फ़ गुजराती बाबा से लेकर महन्त गुलाब गिरि और महन्त सरस्वती गिरि तक। नीलांचल पर्वत पर माई के मन्दिर के किनारे इन तीनों महन्तों की समाधि है। बालक बाबा तीनों समाधि पर नित्य फूल चढ़ाते हैं। नीलांचल पर्वत पर कामाख्या माई का यह स्थान कैसे बना, इसकी पुरानी कथा है।

मेरे दादाजी बताते थे कि गया में कन्हैया धोकड़ी पंडा के पिता अपने समय के बड़े एकबाली पंडा थे। पर लम्बी अवधि तक वे एक सन्तान का मुख देखने के लिए तरस गए थे। अहर्निश यज्ञ-जाप के संग-संग विकल हो वे सन्त-संन्यासियों से भी गुहार करते रहे। एक दिन सौभाग्य से गया में उनकी भेंट श्रीनाथजी उर्फ़ गुजराती बाबा से हो गई। उनसे भी उन्होंने अपनी व्यथा कही। कहते हैं कि श्रीनाथजी उर्फ़ गुजराती बाबा उनके घर गए और उनके आतिथ्य से गदगद हो उन्हें आशीर्वाद दिया कि उन्हें एक पुत्र रत्न की प्राप्ति होगी। पर गुजराती बाबा का आदेश हुआ कि गया में कामाख्या माई के स्थान के लिए उन्हें ज़मीन और कुछ बाग-बगीचा दान में देना होगा।

गुजराती बाबा ने उनसे कहा, ''धोकड़ी! माई ही तुम्हारा कल्याण करेंगी।'' कन्हैया धोकड़ी के पिता ने एक पल की भी देरी नहीं की और विष्णुपद मन्दिर के मार्ग में स्थित नीलांचल पर्वत का नौकेड़ा बगेचा[1] वाला अपना बेशकीमती भूखंड दान में दे दिया। कामाख्या माई की यहाँ स्थापना के साथ ही गुजराती बाबा की बात फलित हुई और कन्हैया धोकड़ी का जन्म हुआ। आज भी कन्हैया धोकड़ी का बेटा अमर धोकड़ी ही माँ के 'जोत' के वास्ते नियमित घी देता है। नीलांचल पर्वत नाम से अनजान बाहरी व्यक्ति को किसी भारी-भरकम पर्वत का नहीं, तो कम से कम किसी अच्छे-खासे पहाड़ का भ्रम अवश्य हो सकता है। पर कामाख्या माई का नीलांचल पर्वत मुश्किल से दो बाँस ऊँची पहाड़ी है। लोकल मगही बोली में यह टाँड़ है। पर माई के कारण इस टाँड़ की अपनी महिमा है। बालक बाबा की मानें,

1. फलदार वृक्षों के छोटे बगीचे को गया अंचल में यही कहा जाता है।

तो असम में कामाख्या माई का बायाँ भाग है; जबकि गया के इस मन्दिर में माई का दायाँ भाग है। मन्दिर के अन्दर माई की कमर है। मैं कभी जगन्नाथपुरी नहीं गया हूँ, लेकिन पिताजी बताते हैं कि भगवान जगन्नाथ मात्र कहने को पुरी में नीलांचल पर्वत पर स्थित हैं पर वह नीलांचल पर्वत धरती में मिलकर समतल हो चुका है।

ख़ैर, गया का नीलांचल पर्वत अभी तक धरती में नहीं मिला है। पर शहर के कुछ दादा व गुंडों की मदद से नीलांचल पर्वत के पश्चिमी हिस्से में गप्पू चौरसिया व डबलू सिंह ने पुरानी पानी टंकी को ध्वस्त कर चहारदीवारी देकर अपने क़ब्ज़े में ले लिया। माई परिसर के एक किनारे घने नीम वृक्ष के नीचे स्थित गुजराती बाबा, गुलाब गिरि और सरस्वती गिरि की समाधि को क्षतिग्रस्त कर दिया। यही नहीं, माई मन्दिर के पृष्ठ भाग को भी तोड़ डाला। थाने के दारोग़ा और गुंडों को इस काम के लिए गप्पू चौरसिया और डबलू सिंह ने लाख-लाख रुपए दिए। इस दौरान बालक बाबा की कई बार पिटाई भी गुंडों ने की। अन्त में डी.आई.जी. के पास जब वे अर्जी लेकर गए, तो किसी तरह शान्ति हुई। पर जाली काग़ज़ात दिखाकर गप्पू चौरसिया और डबलू सिंह ने क़ब्ज़ा किए हिस्से को अभी तक नहीं छोड़ा है। माई परिसर में क़ब्ज़े की घटना के बाद से बालक बाबा का मन प्रतिपल सशंकित रहता था कि उन्हें कुछ हो-हवा गया, तो उनकी पत्नी शिप्रा गिरि और बेटे-बेटी विष्णु गिरि व पूजा गिरि का क्या होगा? बालक बाबा ने अपने माता-पिता के दबाव पर बहुत विलम्ब से विवाह किया था। बचपन में बालक बाबा के घर से चुपचाप पलायन के वर्षों बाद जब उनके माता-पिता को एक दिन पता चला कि वे गया में देखे गए हैं, तो माता-पिता फ़ौरन गया पहुँचे। दोनों ने बेटे से आख़िरी ज़िद की कि वह शादी कर लें। पिता ने कहा कि उनके विवाह न करने से खानदान निर्वंश हो जाएगा। माँ ने आँखों में आँसू भरकर कहा कि कुलदेवी के आगे तब दीपक कैसे जलेगा? इस तरह काफ़ी घेरेबन्दी के बाद माता-पिता ने बालक बाबा को विवाह के लिए तैयार कर लिया। बालक बाबा के पड़ोसी गाँव चलतापाड़ा की शिप्रा प्रामाणिक विवाह की अवस्था पार कर रही थी लेकिन घोर विपन्नता के कारण उसके पिता उसका विवाह कहीं तय नहीं कर पा रहे थे। तीखे नाक-नक्श के बावजूद शिप्रा का दबा ताम्बई रंग भी विवाह में आड़े आ रहा था।

बालक बाबा के पिता इन्द्रजीत भट्टाचार्य से भी शिप्रा के पिता ने अपनी समस्या कई बार बताई थी। इसलिए गया में अपने पुत्र संन्यासी भट्टाचार्य यानी बालक बाबा को ढूँढ़ उन्हें विवाह के लिए राजी करने के साथ ही इन्द्रजीत भट्टाचार्य ने मन ही मन तय किया कि शिप्रा से वह बालक बाबा का विवाह कराएँगे। बालक बाबा गया से हिलने को तैयार नहीं थे पर बहुत मिन्नत कर इन्द्रजीत भट्टाचार्य उन्हें गाँव ले गए और वहीं के मन्दिर में शिप्रा प्रामाणिक के संग उनका विवाह सम्पन्न करा अगले दिन सपत्नीक गया भेज दिया। इस तरह कामाख्या माई के मन्दिर में

शिप्रा के संग बालक बाबा की गृहस्थी चल पड़ी। बालक बाबा की वे 'माया राम हैं'। इसी नाम से वे शिप्रा को पुकारते हैं। विवाह के कई वर्षों बाद भी मायाराम की गोद नहीं भरी, तो बालक बाबा गहरी हूक में रहने लगे। अपने प्राण की फोंफी मायाराम की उदासी उनके लिए असहनीय हो रही थी। अन्ततः कामाख्या माई ने कृपा की।

एक बार विष्णुपद मन्दिर के झूलन में अकस्मात मन्दिर के वयोवृद्ध गजाधर पंडा ने बालक बाबा के हाथ में जल, फूल और तुलसी देकर आशीर्वाद दिया, "तुम्हारे यहाँ बहुत शीघ्र विष्णु आएँगे।" गजाधर पंडा की भविष्यवाणी सच हुई। शिप्रा की गोद भर गई। बालक बाबा ने गजाधर पंडा के आशीर्वाद के साल भर बाद ही पुत्र का मुख देखा। बालक बाबा ने बेटे का नाम रखा—विष्णु। लगभग दो साल बाद शिप्रा फिर गर्भवती हुई। इस बार बेटी हुई। बालक बाबा ने बिटिया का नाम रखा—पूजा। इस तरह भगवान विष्णु और कामाख्या माई ने बालक बाबा और उनकी पत्नी शिप्रा को भरपूर माया दे दी। मुझे यों ही याद है कि कई साल पहले गुंडों के हमले और माईस्थान के एक हिस्से पर क़ब्ज़े के बाद मुझे साथ लेकर आतंकित बालक बाबा कचहरी गए थे। वहाँ संजीवन प्रसाद नामक एक नौसिखिये वकील को पचास रुपया फीस थमाकर अपनी हत्या के बाद पत्नी व दोनों बच्चों के भविष्य को चाक-चौबन्द करने के लिए एक मजमून तैयार करवाया और उसी नौसिखिये वकील की सलाह से पचास रुपए के स्टाम्प पेपर पर एक उत्तराधिकार-पत्र बनवाया। बालक बाबा को हमेशा से मुझ पर बड़ा भरोसा रहा है।

हालाँकि, मैं मन ही मन समझ रहा था कि इस उत्तराधिकार-पत्र से भला क्या होना जाना है। पर यह काग़ज़ बनवाकर बालक बाबा को बड़ा चैन मिला। बाद के दिनों में जिस-तिस को वे वह काग़ज़ दिखाकर कहते थे कि उनकी अगर हत्या भी हो जाती है, तो गुंडे उनकी पत्नी-बच्चों को माई के स्थान से अब कभी बेदखल नहीं कर सकेंगे। वे खुश होकर कहते, "चारों तरफ़ से मैंने इस स्टाम्प पेपर पर छान्ह-बान्ह दिया है। ठोका-ठठाया काग़ज़ है यह।" और बालक बाबा की बालसुलभता पर मैं भीतर से अफसोस कर रह जाता। उनकी निश्छलता को टोककर मैं उन्हें दुखी नहीं करना चाहता था। बालक बाबा के उस ठोके-ठठाए 'उत्तराधिकार पत्र' की एक-एक पंक्ति मुझे आज तक याद है—

1. यह कि लेख्यकारी वर्तमान में गया के विष्णुपद रोड के नीलांचल पर्वत पर स्थित कामाख्या माई मन्दिर में बहैसियत प्रबंधक व महन्त कार्यरत हैं।

2. यह कि माई के मन्दिर में दान द्वारा जो आय होता है, उसी से माँ का भोग-राग चलाते हुए गृहस्थ महन्तजी अपने परिवार का लालन-पालन करते हैं।

3. यह कि लेख्यकारी वृद्ध हो चुके हैं। ज़िन्दगी का कोई ठिकाना नहीं कि किस पल प्राण निकल जाए। या असामाजिक तत्वों द्वारा हत्या हो जाए। इसी सब को

ध्यान में रखकर घोषित किया जाता है कि चाहे जिस किसी परिस्थिति में, लेख्यकारी की मृत्यु के बाद महन्त की सारी शक्ति उनके उत्तराधिकारी विष्णु गिरि में निहित हो जाएगी और वे नीलांचल पर्वत पर स्थित कामाख्या माई के मन्दिर व प्रांगण में बहैसियत महन्त कार्य करेंगे। वे मन्दिर से होने वाली आय से माई का भोग-राग और सारे परिवार का भरण-पोषण करेंगे। महन्ती के कार्य संचालन में अपनी माता श्रीमती शिप्रा गिरि का सदैव मन्तव्य लेंगे और उनके आदेशों का पालन करेंगे। आदेश का किसी भी प्रकार से उल्लंघन करने पर उनकी माता श्रीमती शिप्रा गिरि को पूर्ण अधिकार होगा कि श्रीविष्णु गिरि को महन्त पद से विमुक्त कर स्वयं महन्त बन जाएँ या किसी दूसरे महन्त का चयन करें। इस वास्ते वसीयत-दस्तावेज लिख दिया कि वक़्त पर काम आवे। मुहल्ला-करसिल्ली, विष्णुपद रोड, गया। वार्ड नम्बर-8 प्र.। 15-2-2005 को वसीयत कराया।

कामाख्या माई मन्दिर का मुश्किल से बारह वर्षीय भावी महन्त विष्णु गिरि अपने माता-पिता शिप्रा गिरि और बालक बाबा तथा छोटी बहन पूजा के संग अभी नींद में विभोर होगा। किरण फूटने के ऐन पहले विष्णुपद मन्दिर अजीब अलौकिक लग रहा है। अन्धकार में चुपचाप अपनी अलौकिक आभा में निमग्न विष्णुपद किरण फूटने के साथ अपने परम शान्त नेत्र खोलेगा और शुरू होगी प्रातःकालीन आरती की प्रक्रिया। अलख भोर में जब दिन तेज़ी से सींग घुसेड़ता है, तो विष्णुपद मन्दिर ही क्या पूरा शहर व्याकुल भारत हो जाता है। 'श्री विष्णु द्वार' के सुर्ख लाल पाए से सटे चबूतरे पर बूढ़े शिवप्रसाद लाहकार भी लाल-पीला, कोलैया और रक्ताभ लालीवाला कत्थैया सिन्दूर के साथ-साथ श्रीखंड, चन्दन व बिन्दी से लेकर 'गया महात्म्य' की नाना पतली किताबें बेचने के लिए सुबह के आठ बजते न बजते कुछ इस अन्दाज़ में सब कुछ बिखेर कर बैठ जाते हैं, मानो युग-युगांतर से वे यहीं पालथी जमाए हों। शिवप्रसाद लाहकार हैं तो राठौर राजपूत लेकिन अपना परिचय सुगम करने के लिए अपने नाम के संग उन्होंने 'लाहकार' टाइटिल जोड़े रखा है। दुनिया को समझाने के लिए आदमी को क्या कुछ नहीं करना पड़ता है। यह तो ख़ैर बहुत साधारण-सी बात है। लाह की चूड़ियाँ बनाना उनका पुश्तैनी पेशा रहा है। इसलिए इतना तो ज़रूरी है।

वैसे, बचपन में मैंने लाहकारजी को शहर के 'किरण टॉकिज' के पास लकड़ी का क़ोयला बेचते भी देखा है। पर जैसा कि ये खुद ही बताते हैं कि उस धन्धे में वे लगातार घाटा ही खाते रहे। सवाल है कि हलवाई अगर लुहार बन जाए, तो क्या नतीजा होगा। वर्षों तक लकड़ी वाले कोयले के धन्धे में धुआँते रहने के बाद उनकी हमेशा ऊँघती रहने वाली आँखें खुलीं कि अरे, वे तो लाहकार हैं। तब से उन्होंने लाह पिघलाना शुरू कर दिया। लाह की चूड़ियाँ बनाने लगे। फिर उस पर चमकदार चिमकियाँ साटने लगे। लाह की चूड़ियों के संग नाना किस्म के सिन्दूर, चन्दन और

'गया महिमा' की किताबें बटोर विष्णु द्वार के पाए से सटे चबूतरे पर हमेशा के लिए चिपक गए। हालाँकि इसमें भी उन्हें कोई खास फ़ायदा नहीं। पर ऐसी ज़िन्दगी व्यतीत करने का शौक लाहकारजी इसलिए भी पूरा कर सके क्योंकि किसी धन्धकधोरी में न पड़कर वे चिरकुमार रह गए हैं। बालक बाबा की तरह अगर उनकी भी कोई 'माया राम' होती, तो कबके उन्हें पटरी पर ला चुकी होतीं।

लाहकारजी बहुत समय तक भाड़े के घर में रहे लेकिन अब अपनी बहन सुदमिया के घर में नई सड़क पर रहते हैं। सुदमिया बाजबर्दस्ती एक दिन उनका सामान उठा-पुठाकर अपने यहाँ ले आई।

"अकेले कौआ-काठी की तरह आपको रहने की आदत पड़ गई है।" सुदमिया ने बूढ़े भाई को झिड़का था।

लाहकारजी को मायाराम नहीं मिली, तो नहीं मिलीं। पर बालक बाबा की माया राम उनपर हमेशा सदय रहती हैं। वे जब कभी कुछ विशेष पकाती हैं, तो बेटे विष्णु के हाथों चट् से एक तश्तरी में लाहकारजी को भिजवा देती हैं। बदले में लाहकारजी मायाराम को 'अन्नपूर्णा...लक्ष्मी' सरीखे विशेषणों से अशीषते हैं। नीलांचल पर्वत की सँकरी सफ़ेद सीढ़ी पर दो सिंहों की पुरानी मूर्ति के बीच खड़ी माया राम को दिन भर में एकाध झलक देखकर लाहकारजी मुदित रहते हैं। अर्से तक बाल गोविन्द बने रहे बाबा बालक दास को भी नीलांचल पर्वत पर हमेशा साफ-सफ़ाई और घर-गृहस्थी में जुटी शिप्रा प्रामाणिक को देखकर लगता है कि इस धरती पर हरेक पुरुष को एक मायाराम चाहिए ही चाहिए। बालक बाबा के जीवन में दो ही स्त्रियाँ हैं—एक तो साक्षात कामरूप कामाख्या माई और दूसरी उनकी अर्द्धांगिनी शिप्रा प्रामाणिक। यही दो स्त्रियाँ बालक को खिलाती-पिलाती और दुलारती हैं। मायाराम न होतीं, तो शिवप्रसाद लाहकार की सीध में मिठाई की दुकान चलाने वाले विनोद प्रसाद गुप्ता से बालक बाबा को किराया मिलना कभी नसीब न होता। यह दुकान कामरूप कामाख्या माई स्थान के हिस्से की है। शहर के कोयरीबारी मुहल्ले का विनोद यहाँ लाई, लड्डू और पेड़ा से लेकर तिलकुट भी दुकान में रखता है। पर इस दुकान पर मिल्कियत को लेकर मुहल्ले के दादाओं ने महीनों तक ताला मारे रखा था।

बालक बाबा जब सारी कोशिश कर हताश हो गए, तो किसी पाड़ा के दादा की तरह मायाराम ने आख़िरकार एक दिन हुड़क कर कहा, "अब तुमको कुछ बोलने की दरकार नहीं। सब कुछ मुझ पर छोड़ दो। मैं सबका गोमड़ झाड़ दूँगी।"

उस दिन मायाराम ने जो चंडी रूप धारण किया कि बालक बाबा भी सन्न रह गए। उन्हें लगा कि तीन फुट के अपने गर्भ गृह से कामरूप कामाख्या माई विकराल रूप में बाहर निकल आई हैं। गुंडों के सामने मायाराम ने दुकान का ताला तोड़कर अपना ताला मारा और विनोद गुप्ता को बुलाकर कहा, "तुम अपनी मिठाई की दुकान फिर से चालू करो। देखते हैं, कौन दादा और घोड़परास मेरे सामने आता है।"

बालक बाबा ने देखा कि डोके जैसी आँखोंवाली उनकी छरहरी साँवली मायाराम की आँखों से चिंगारी फूट रही थी। इस तरह विनोद गुप्ता की दुकान फिर मिठाइयों से सज गई। विनोद गुप्ता पहले की भाँति बालक बाबा को प्रतिदिन 25 रुपया किराया देने लगा। महीने के 750 रुपए किराया देने से ज़्यादा सहूलियत विनोद गुप्ता को दैनिक 25 रुपया किराया देने में होती है। विनोद गुप्ता प्रकरण के बाद बालक बाबा आश्वस्त हैं कि अगर उन्हें कुछ हो-हवा गया, तो उनकी मायाराम शिप्रा गुंडों से नौ-छौ कर लेगी। मन खुश रहने पर शिप्रा उनसे मुसकराकर कहती है, "एक पहेली बूझ मेरी रानी...एक घड़े में दो रंग पानी...। एक औरत को समझने के लिए किसी मर्द को सात जनम लेना पड़ेगा।"

स्थानीय गुंडों से इसी गली में बच्चों का स्कूल 'लिट्ल फ्लावर एकेडेमी' चलानेवाली किरण पाण्डे उर्फ़ बेबीजी भी त्रस्त रहती हैं। बेबीजी के पिता स्व. चंद्रिका भट्ट शिक्षक थे। सन् 2002 में उनका निधन हो गया। पिता के साथ मिलकर उन्होंने इस स्कूल को शुरू किया था। नर्सरी से छठे दर्जे तक की पढ़ाई यहाँ होती है। दो-ढाई सौ बच्चे पढ़ते हैं यहाँ। अधिकांश बच्चे विष्णुपद रोड, चाँदचौरा, पंचमहला, करसिल्ली और ऊपरडीह के ही इसमें आते हैं। बेबीजी के पति बालेन्द्र पाण्डे बोधगया प्रखंड के परेबा गाँव के हैं। समय-समय पर गाँव की खेती-बाड़ी देख आते हैं। अपने भाइयों शशिभूषण, मणिभूषण और रविभूषण के लिए दुर्गा महारानी हैं बेबीजी। उनके तीनों भाई एकदम सरल-सुधंग प्राणी हैं। बेबीजी न होतीं तो स्थानीय गुंडे पता नहीं तीनों को कबके भगाकर उनके पुश्तैनी घर को हथिया लेते। गनीमत हुई कि पिता के जीवनकाल में ही मायकेवाले इस घर में बेबीजी ने स्कूल खोल दिया। एक समय में चाँदचौरा के दादाओं का चारों तरफ़ दबदबा था। बैजू, श्रीकान्त, विश्वनाथ सरीखे एक से एक चाँदचौरा के तुर्रम थे। पर जबसे चाँदचौरा और विष्णुपद में दादाओं का अवतरण ठप पड़ा, पास के गोदावरी मुहल्ले आदि के कई चिरई-चुनमुन दादावेश में चाँदचौरा से लेकर विष्णुपद और करसिल्ली-पँचमहला में सक्रिय हो गए। बेबीजी के भाई की ज़मीन पर एक गुंड़े ने सीना तान दिया, तो बेबीजी डरी नहीं। पूरा थाना-पुलिस और मुकदमा हो गया।

विष्णुपद, पँचमहला, देवघाट, करसिल्ली और मसान घाट वार्ड नम्बर-40 के अन्तर्गत है। कहने को गया का वार्ड नम्बर-40 भले बहुत महत्त्वपूर्ण है, लेकिन इसके वार्ड काउंसिलर जयशंकर राउत के पास पूरी सूची है कि इस वी.आई.पी. वार्ड के कण-कण में पीने के पानी की कितनी किल्लत है। बराएनाम वाटर सप्लाई सिस्टम सरकार ने दे रखा है। पर वह हमेशा से मृत है। जबकि इस इलाक़े के विधायक प्रेम कुमार स्वयं बहुत समय तक बिहार सरकार में पेयजल महकमे के मंत्री रहे। गंदगी की समस्या भी इस हिस्से में अथाह है। यही नहीं, मुझे याद है कि श्रमविकास योजना से श्मशान घाट और देवघाट में प्याऊ भी बने, पर कभी उसमें से पानी नहीं निकला।

विष्णुपद मन्दिर की सीढ़ी पर माथा टेक मैं टिल्हा धर्मशाला के लिए निकल पड़ा हूँ। किरण फूटने से पहले वहाँ एक कमरा लेकर मुझे स्थापित हो जाना है। दुलारचन्द वहीं मुझसे मिलेगा। इस बार गया आते समय ही रास्ते में मैंने सोच लिया था कि मुझे टिल्हा धर्मशाला में डेरा गिराना है। प्रागैतिहासिक युग का बना दिखनेवाला विशाल टिल्हा धर्मशाला अभी नींद से जागने के उपक्रम में है। राजस्थान के झुंझुनू ज़िले के सेठ सूरजमल ने जब इसे यहाँ बनवाया होगा, तो कल्पना न की होगी कि उनके वारिसों के आपसी झगड़े में गया का यह विशालतम धर्मशाला एक दिन खँडहर की दुर्गति में पहुँच जाएगा। सुना है, सेठ सूरजमल ने देश के और भी कई हिस्सों में धर्मशालाओं का निर्माण कराया। पर कहते हैं कि गया के टिल्हा धर्मशाला के निर्माण में पूरी उदारता से उन्होंने अपनी तिजोरी खोल दी थी। टिल्हा धर्मशाला दो खंड में है। दोनों खंडों में 77-77 कमरे हैं। धर्मशाला की बनावट अपने आप में अजायब घर-सी है। मसलन दोनों खंड में नीचे के आगेवाले चौक में जहाँ एक लगातार 21-21 कमरे हैं, वहीं पिछले चौक में 20-20 कमरे। फिर बीचवाले चौक में आगे 14-14 कमरे और बीचवाले चौक के पीछे 11-11 कमरे। दोनों खंडों के बीचवाले चौक में ऊपर की मंजिल पर कुल 11-11 कमरे। इन कुल 154 कमरों की चाबियों को सँभालते-सँभालते टिल्हा धर्मशाला के बूढ़े मैनेजर उमाशंकर तिवारी दोहरे होते रहते हैं।

तिवारीजी उत्तर प्रदेश के बलिया ज़िले के बाँसडीह रोड थाना के शंकरपुर गाँव के निवासी हैं। जब यहाँ उन्होंने मैनेजरी सँभाली थी, तो गबरू जवान थे। अब बुढ़ापे में दाखिल हो चुके हैं। जब वे यहाँ आए थे, तो टिल्हा धर्मशाला का प्रति रूम चार्ज 5 रुपए था, अब 25 रुपए है। आज के युग में यह भी बस नाम मात्र ही है। वरना 25 रुपए में पूरे गया में ऐसा कमरा किसी तीर्थयात्री को भला कहाँ से मिलेगा? मैनेजर उमाशंकर तिवारी को यही बात कचोटती है कि सेठ सूरजमल के वंशज अपनी धरोहर की ईंटें उड़ाने पर आमादा हैं। टिल्हा धर्मशाला 'राय बहादुर सूरजमल झुनझुनवाला चेरिटेबुल ट्रस्ट' के अन्तर्गत है। वर्ष 2001 से इस ट्रस्ट के प्रधान ट्रस्टी बनने की लड़ाई कलकत्ता की कचहरी में फ़ँसी हुई है। सेठ सूरजमल के परपोता महेश तुलस्यान और परपोती सरोज अग्रवाल की कानूनी अदावत का पता नहीं कहाँ अन्त होगा। सुना ही है कि ट्रस्ट पर वर्चस्व हासिल करने के भाई-बहन के इस कानूनी झगड़े में अदालत ने फ़िलहाल ट्रस्ट का कामकाज देखने का ज़िम्मा कलकत्ता के नामी बैरिस्टर दीपक बसु को रिसीवर बनाकर सौंपा हुआ है।

टिल्हा धर्मशाला में ऊपरवाले कोने का एक कमरा मुझे मिल गया है। यह छोटा-सा कमरा मेरी ज़रूरत के अनुरूप है। कुछ अधिक ही शान्त। बाहर के कोलाहल का रत्ती भर भी कमरे में प्रवेश नहीं। मौन मन को शान्त करता है। पर मन अभी लगातार उद्विग्न है। कल नगर के मेयर बमभोला चौधरी को ऐन कबड्डी लीग मैच के दौरान मुझे ठिकाने लगाना है। और कैसे इसे अंजाम दूँगा, सोचकर ही

मन में बेचैनी की लहरें रह-रहकर तूफ़ान बन रही हैं। दुलारचन्द ने मुझे बताया था कि पिछली बार महाबली राय की हत्या के बाद मगध रेंज की पुलिस ने एक दाढ़ीवाले युवक का काल्पनिक चित्र पोस्टर बनवाकर पूरे इलाक़े में लगवाया था, जिसने महाबली की हत्या की थी। पकड़ने में सहयोग करने वाले को ढाई लाख का इनाम घोषित किया गया था। दाढ़ीवाला वह युवक आज तक अदृश्य है। इस बार सिख युवक की वेश-भूषा में मैं पहुँचा हूँ। सुना है, आज़ादी की लड़ाई के दौरान क्रान्तिकारी भी वेश बदलते थे। आत्मा का संकल्प महत्त्वपूर्ण है। पर इस छल-छद्म से भरी दुनिया में बहुरूपिया बनना पड़ता है। बहुरूपिया बनकर भी मैं निस्संग हूँ। गया उग्र पृष्ठ है। कहते हैं, जो यहाँ निस्संग होकर नहीं रहेगा वह हर प्रकार की मुसीबत में रहेगा। स्वयं गयासुर ने इसी निस्संगता में यज्ञ के लिए अपने शरीर को समर्पित कर दिया था। मेरे भीतर का गयासुर ही मुझे कल की मुहिम के लिए पूरी तरह निस्संग बनाएगा। यह मुहिम ईश्वर के निमित्त है। वही मेरे मन को इस यज्ञ को सम्पन्न करने के लिए शान्त करेंगे। देर शाम को दुलारचन्द आएगा। मोटरसाइकिल और हथगोलों का झोला लेकर। लम्बे फालवाला धारदार चाकू मैं अयोध्या से ही खरीद लाया हूँ। बहुत तजवीज कर इसे पसन्द किया था मैंने। गया के महापौर का गला यह एक से दो वार में उतार लेगा।

शाम उतर रही है। कबड्डी लीग मैच अपने चरम पर है। चिरैयाटाँड़ मुहल्ले के इस मैदान के चारों तरफ़ भीड़ उमड़ी हुई है। मैच लगातार उतार-चढ़ाव पर है। 'वीर चिरैयाटाँड़' और 'सुपर स्वराजपुरी' टीम के बीच कड़ा मुकाबला है। टॉस सुपर स्वराजपुरी टीम के कप्तान सुधीर ने जीतकर प्रथम रेडिंग का निर्णय लिया। मैंने देखा, सुधीर ने ग़ज़ब की रेडिंग की। हालाँकि वीर चिरैयाटाँड़ के कप्तान निखिल ने अपने साथियों समेत बेहतरीन रेडिंग और कैचिंग कर पहले हाफ में 23 अंक और तीन लोना अंक प्राप्त किए।

उधर सुपर स्वराजपुरी टीम ने पहले हाफ में 15 लोना अंक प्राप्त किए। शुरू में लग रहा था कि वीर चिरैयाटाँड़ टीम के खिलाड़ी मैदान मार लेंगे। पर चाक-चौबन्द रणनीति और रेडिंग के दम पर सुपर स्वराजपुरी टीम के खिलाड़ियों ने अन्ततः वीर चिरैयाटाँड़ टीम पर बढ़त बना ली और 35-23 से जीत दर्ज कराकर ही दम लिया। कबड्डी ने बीतते वर्षों के साथ अपना खोया सम्मान फिर से हासिल किया है। अब क्रिकेट, हॉकी और फुटबाल के समाचारों के संग कबड्डी की ख़बरें भी बिहार के अख़बारों में पूरे-पूरे पेज छपती हैं। गया और बोधगया में भी कबड्डी की कई टीमें हैं। 'गया जायंट' के कप्तान अजीत रौशन ने भी अपनी टीम के संग बिहार के कई हिस्सों में खेलकर काफ़ी नाम कमाया है।

बहरहाल, सुपर स्वराजपुरी टीम की जीत के साथ तालियों की गड़गड़ाहट के बीच गया के महापौर बमभोला चौधरी का मुख्य अतिथि पद से भाषण शुरू हो चुका

है। अब मेरे भीतर के टाइमबम की टिक-टक तेज़ हो गई है। स्वयं को शान्त करने की लाख कोशिशों के बावजूद मन-मस्तिष्क में बरबस प्रलय छा रहा है। ब्रह्मयोनि पहाड़...रामशिला पहाड़...प्रेतशिला...बराबर पहाड़...मन में ये सभी काली पहाड़ियाँ अभी हूँ-हूँ कर उड़ रही हैं...। फुत्कार कर उड़ रही इन विकराल काली पहाड़ियों के बीच मैं खड़ा हूँ। सुन्न-निस्पंद। चेतना शून्य। और...यह कोई और अभय है जिसने मंच के सामने...दाएँ-बाएँ हथगोलों को धुआँधार पटकना शुरू कर दिया है। हथगोलों की बौछार। आकाश के शून्य को छूता बारूद के धुएँ का पर्वत। अनवरत धमाकों के बीच भगदड़, क्रन्दन, तेज़ चीख-पुकार। पर मैंने लगातार सावधानी रखी है कि एक चींटी तक को क्षति न पहुँचे। धुएँ के गुबार में गुम मंच पर अकेले हताश काँपते खड़े गया के महापौर बमभोला चौधरी के गले में बिना विलम्ब किए बिजली की गति से मैंने धारदार लम्बी फालवाला चाकू झोले से निकालकर घुसेड़ दिया है। ख़ून का फव्वारा उसके गले से किसी झरने की तरह फूट पड़ा है। मंच पर मौजूद बमभोला के तथाकथित अंगरक्षकों और आयोजकों का कोई अता-पता नहीं। बम के धमाकों के बीच सब भाग चुके हैं। कबड्डी टीम के खिलाड़ी भी अनहोनी से आशंकित हो उड़न-छू हैं। इस सूने मंच पर बमभोला चौधरी के साथ बस मैं हूँ। उसका मुक्तिदाता! उसका यम! चाकू को मैंने एक वृत्ताकार लय में उसके गले के भीतर तेज़ी से घुमा दिया है। चाकू घूमाते समय जिस भीत त्रस्त मुख से चीखते हुए बमभोला चौधरी ने मेरे हाथों को पकड़ने की कोशिश की, वह भयानक दारुण था।

महापौर बमभोला चौधरी का रक्त चूता मस्तक अब मेरे हाथों में है। उसका धड़ मंच पर कटे हाथी की तरह अर्राकर धड़ाम से गिरा है। मंच पर मैं प्रेत की तरह अकेले डोल रहा हूँ। मैंने तीव्र गति से बमभोला चौधरी के मस्तक और रक्तरंजित चाकू को झोले में रखा है और तेज़ क़दमों से भागता हुआ दूर किनारे खड़ी ग़लत नम्बर प्लेट की अपनी मोटरसाइकिल पर आकर बैठ गया हूँ। सिख युवक वाली पगड़ी मैंने उतार फेंकी है, क्योंकि पुलिस पागलों की तरह लोगों की शिनाख़्त पर सिख युवक को चन्द मिनटों में ढूँढ़ना शुरू कर देगी। अब मैंने मोटरसाइकिल को रफ़्तार दे दी है। इस इलाक़े के कई सूने रास्ते मुझे मालूम हैं। दुलारचन्द को मैंने कह रखा है कि 'गया कॉलेज' के मुख्य द्वार के बगल में मोटरसाइकिल छोड़ जाऊँगा। मोटरसाइकिल को वहीं लगा, उसका ग़लत नम्बर प्लेट झोले में डाल, असली नम्बर प्लेट झोले से निकाल कर लगा दूँगा और दुलारचन्द को फ़ोन कर दूँगा ताकि वह मोटरसाइकिल वहाँ से ले जाए। जहाँ 'गया कॉलेज' है, वह गया कॉलेज रोड या रामपुर जेल रोड कहलाता है। रामपुर थाना के बगल में ही गया जेल है। पर मुझे इससे मतलब नहीं। मोटरसाइकिल को मैं 'गया कॉलेज' गेट पर छोड़ूँगा। यह मोटरसाइकिल जिसकी भी हो, मुझे दुलारचन्द से मिली है। पिछली बार भी 'ऑपरेशन महाबली' के लिए मोटरसाइकिल उसी ने उपलब्ध कराई थी।

सचमुच, दुलारचन्द मेरा साथ न देता, तो मैं कुछ न कर पाता। आटे की लोई रोटी बेलते समय कहीं चकले से सट न जाए, इसलिए लोई बेलने के लिए सूखे आटे को चकले पर छिड़कने की यानी 'पलेथन' छिड़कने की अनिवार्यता होती है। दुलारचन्द मेरा 'पलेथन' है। मोटरसाइकिल स्टार्ट कर मैं निकल पड़ा हूँ। कहना न होगा कि सड़क पर दहशत और सन्नाटा है। तय है कि चन्द मिनटों में यह चिरैयाटाँड़ इलाक़ा पुलिस सायरन और पुलिस वैन की घरघराहटों से पागल हो उठेगा। धर-पकड़ और गिरफ़्तारियों का सिलसिला तेज़ होगा। पर मेरी तरफ़ भला किसकी दृष्टि जाएगी? मैं तो मर चुका हूँ। एक काल्पनिक मौत ही सही, लेकिन मैं मृत्यु को जी रहा हूँ। ऐसी मृत्यु दुर्लभ है। स्वाभाविक रूप से इन बीते महीनों में मेरे स्वजनों और परिचितों के मुख से यह वाक्य कई बार गूँजा होगा—'अभय मर गया।' पर मैं इस नश्वर दुनिया में इब्नबतूता का जूता पहनकर घुमड़ रहा हूँ। अभी घुमड़ता रहूँगा। हाँ, इतना सही है कि मैंने अभय का सब कुछ त्याग दिया है। अभय मेरे वास्ते भी बस एक स्मृति है।

शाम के झुटपुटे में 'गया कॉलेज' का गुलाबी रंग का मुख्य द्वार खोया हुआ है। कॉलेज के सामने 'युवा शक्ति' द्वारा निर्मित 'गया कॉलेज खेल परिसर' ब्रह्मयोनि पहाड़ के पार्श्व में खामोश पड़ा है। इसके किनारे कुछ बन्द गुमटियाँ, स्कूल की गाड़ियाँ और कुछ सड़े हुए ट्रक व बसों के अस्थिपंजर लगे हैं। खेल परिसर के मुख्य प्रवेश द्वार के किनारे 'शत्रुघ्न होटल' है। कॉलेज की पढ़ाई के दिनों में अक़सर मैं यहाँ साथियों के संग चाय पीने आता था। होटल मालिक वीरेन्द्र कुमार बड़े प्यार से बत्तीसी फैला कर हम सबका स्वागत करता था। उसका प्रिय जुमला था, "चीनी रोक के और पत्ती ठोक के तुरन्त चाय पिलाता हूँ।" यह होटल मालिक वीरेन्द्र ही है, जो होटल के सामने वाले हिस्से को थोड़ा साफ-सूफ रख इस खेल परिसर की घुटन बचाए रहता है। वैसे, पूरे खेल परिसर का मुखड़ा बर्बाद बना पड़ा है। चर्चा वर्षों से है कि बदहाल खेल परिसर को मगध विश्वविद्यालय ने 'जी.बी.एम. महिला कॉलेज' को दे दिया है। खेल परिसर के समीप ब्रह्मयोनि पहाड़ की तलहटी में बसी कॉलनी भी कम अस्त-व्यस्त शक्ल में नहीं। इसका पता इस कॉलनी की सूरत की तरह ही हुच-पुच है—'साउथ पुलिस लाइन रामपुर, गया कॉलेज के समीप।' 'गया कॉलेज' के गुलाबी मुख्य द्वार के किनारे मोटरसाइकिल खड़ी कर मैं निकल रहा हूँ। मुख्य द्वार के भीतर अपने बड़े-से परिसर में गया कॉलेज का दोमंजिला सफ़ेद प्रशासनिक भवन गहराती साँझ में अपने इर्द-गिर्द के अशोक, बरगद, जामुन, खिरनी और पीपल के पेड़ों की झुरमुट में डूब-उतरा रहा है। गया कालेज से ही मैंने बी.ए. की पढ़ाई की थी। इसके कोने-कोने से मैं परिचित हूँ। इसलिए मैंने यहाँ मोटरसाइकिल लगाते वक़्त दूर से चारो तरफ़ देखा। मुझे आशंका थी कि वर्ष 1985 से यहाँ बतौर माली काम कर रहा कैलास न अचानक मिल जाए। वह गया कॉलेज का माली और दरबान दोनों है। दैनिक भत्ते पर कॉलेज को वर्षों से अपनी सेवा देने

वाले कैलास का हमेशा एक ही राग रहा है, "मर रहे हैं काम करके। पर आज तक कॉलेज में मेरी नौकरी पक्की नहीं हुई। छाँछ[1] हो गए यहाँ काम करके। मेरे बाद मेरे बीवी-बच्चे सड़क पर ढरकेंगे।"

जान बची। कैलाश नहीं दिखा। मैं प्रेतशिला पहाड़ी की तरफ़ भारी झोला लिए बढ़ रहा हूँ। दन्तकथाओं से भरी प्रेतशिला पहाड़ी की ओर मेरे क़दम तेज़ हैं। रामशिला से मात्र चार मील की दूरी पर है यह पहाड़ी। प्रेतशिला का प्राचीन नाम प्रेतपर्वत था। कहते हैं प्रेतशिला पर कभी स्वयं ब्रह्माजी ने यज्ञ किया था। दूध का तालाब और स्वर्ण का पहाड़ गया के पंडों को दान में दिया था और कहा था कि यह कभी घटेगा नहीं। इसलिए अब इसके बाद किसी से कोई दान मत लेना। पर इसके कुछ ही समय बाद धर्मराज ने विशाल यज्ञ किया। यज्ञोपरान्त पंडों को छप्पन प्रकार के व्यंजनों का सुस्वादु भोजन कराया। पर जब वे दक्षिणा देने लगे, तो ब्रह्माजी की बात स्मरण कर पंडों ने दक्षिणा लेने से मना कर दिया। धर्मसंकट में पड़े धर्मराज ने सोचा कि पंडे अगर दक्षिणा नहीं लेंगे, तो उनका यज्ञ अपूर्ण रह जाएगा। कहते हैं, तब धर्मराज ने चलते समय पंडों को पान में स्वर्ण का लौंग डालकर खाने को दिया। पान मुँह में डालते ही पलक झपकते स्वर्ण का पहाड़ पत्थर के पहाड़ में बदल गया। दूध का तालाब पानी का हो गया। रोते-पीटते पंडे ब्रह्माजी के पास निराकरण के लिए पहुँचे। बहुत अनुनय पर ब्रह्माजी ने कहा कि बस इतना रास्ता मैं निकाल सकता हूँ कि तुम लोगों की दाल-रोटी चलती रहे। उन्होंने कहा कि स्वर्ण से पत्थर में बदल चुकी इस प्रेतशिला पहाड़ी पर आकर जब तक कोई कर्त्ता-यात्री पंडों से पीठ नहीं ठुकवाएगा, उसका उद्धार नहीं होगा। प्रेतशिला पहाड़ी पर पंडों से आशीर्वाद लेकर ही उसके पितर की प्रेतयोनि से मुक्ति होगी। प्रेतशिला पहाड़ी की 676 सीढ़ियाँ चढ़कर प्रेत भवानी कालीमाई की विशाल मूर्ति के चरणों में गया के बावले महापौर बमभोला चौधरी के मस्तक को इस प्रार्थना के संग अर्पित करुंगा कि वे इसे मुक्ति दें। नव गयासुर के हाथों प्राण त्यागने का इतना सुफल तो बमभोला को मिलना ही चाहिए।

प्रेतशिला तक जानेवाली सड़क अत्यन्त जर्जर है। इसी रास्ते में एक किनारे बीते वर्षों में 'कॉटन मिल कॉलनी' बसी है। किसी समय यहाँ सरकारी 'गया कॉटन मिल' था। पर मिल बस अब अतीत है। वह बर्बाद होकर बन्द हो गया। मिल की मशीने सुना कि कूड़े के भाव बेच दी गईं। मिल का विशाल भवन भी ढहा दिया गया। अब उसी ज़मीन पर मिल के भूतपूर्व कामगारों द्वारा बसाई 'गया कॉटन मिल कॉलनी' है। रास्ते की हवा बकुल पुष्प की सुगन्ध रह-रहकर बिखेर रही है। मौलसिरी यानी बकुल पुष्प की सुरभि भी क्या स्वर्गिक होती है। इसी हवा में बल्लमटेर की तरह मैं बढ़ा जा रहा हूँ। रात गहरा रही है। प्रेतशिला पहाड़ी की

---

1. बंजर ज़मीन

तलहटी में मौत-सा सन्नाटा है। ब्रह्मकुंड तालाब और चारों तरफ़ के छोटे-छोटे मन्दिर गहन अन्धकार में गुम हैं । कोई बिजली-बत्ती नहीं। रात के समय प्रेतशिला पहाड़ी के परिसर में रुकने का दुस्साहस कोई नहीं करता। इस परिसर के सभी दुकानदार प्रेतशिला पहाड़ी से सटे अगल-बगल के अपने गाँवों छत्तूबाग, कुरमा, शेरपुर, चन्ना और कलदासपुर सूरज डूबने के साथ चले जाते हैं। तीर्थ यात्रियों की सुविधा के लिए सुबह से भाड़े पर पालकी ढोने वाले शेरपुर गाँव के लोग भी चल देते हैं। रात के इस सन्नाटे का फ़ायदा उठाकर चोरों ने कई बार यहाँ से दुर्लभ मूर्तियों की चोरी की है। शायद वे चोर प्रेत-सिद्ध हों, क्योंकि कहते हैं कि मध्य रात्रि से यहाँ प्रेतों का साम्राज्य होता है। कुछ साल पहले एक बार चन्ना गाँव के एक युवा दुकानदार की इसी उत्सुकता में मृत्यु हो गई। वह देखना चाहता था कि रात को सचमुच यहाँ क्या होता है। सो रात को सबके मना करने के बावजूद वह अपनी दुकान पर ही सो गया। सुबह लोगों को उसका शव मिला। उसकी गरदन बुरी तरह ऐंठी थी और आँखें लगभग बाहर निकली हुई थीं। सब कुछ जान-सुनकर भी इस गहन रात में मैं प्रेतशिला की सीढ़ियों पर चमगादड़ की तरह झूल रहा हूँ। एक ही बात मेरे पक्ष में है कि मैं घोषित रूप से मृत हूँ। पिताजी ने मेरा श्राद्धकर्म कर प्रेतों की दुनिया में मेरे लिए प्रविष्टि का मार्ग बना दिया है।

अब जो होना हो सो हो, प्रेतशिला पहाड़ी पर प्रेतों को एक ज़िन्दा प्रेत से मिलकर मजा आएगा। चारो तरफ़ से चमगादड़ों के फड़फड़ाने की आवाज़ें हालाँकि रह-रहकर रोंगटे खड़े कर रही हैं। मन में फिर कोहराम शुरू हो गया है। एक हरहराती हड़फूटन से शरीर ध्वस्त-सा हो रहा है। मैं अन्धकार में लिपटे प्रेतशिला को आँख गड़ाकर देख रहा हूँ। क्या पता, सचमुच आसपास प्रेतों का दल विचर रहा हो। अचानक अभी मुझे लगा है मानो गयासुर ने मुझे आसमान तक उठाकर धड़ाम से ज़मीन पर पटक दिया है। मेरा सारा डर बरबस काफूर हो गया है। मुझे लग रहा है कि धामी पंडे की तरह मेरी पीठ ठोकते हुए गयासुर मेरे ललाट पर रक्त तिलक उलीच रहा है।

प्रेतशिला के प्रवेश मुख पर स्थित राधा-कृष्ण ठाकुरबाड़ी में भगवान शंकर और बजरंगबली की मूर्तियाँ गहरे अन्धकार का परदा लगाए शयन में हैं। ठाकुरबाड़ी की चौकठ पर एक बुझी हुई भी लालटेन तक नहीं है। मन में एक लम्बा हेला-सा उठ रहा है। प्रेतशिला की तलहटी से सटे सभी मँझोले-छोटे मन्दिर और वृक्ष भी अन्धकार में एक-दूसरे से एकमेक हो गुम हैं। एक अजीब अदृश्य भयावह तिलस्म का सा मूक कम्पन महसूस हो रहा है चारों तरफ़। बचपन से इन मन्दिरों और वृक्षों से इतना हिलमिला रहा हूँ कि आँख मूँद कर अन्धकार में भी सबका विवरण दे सकता हूँ। पंचमुखी महादेव मन्दिर के बगल का आम और नीम, साथ ही कनैल का जोड़ा पेड़ मेरे सामने झिलमिल कर रहा है। इसी तरह ब्रह्माजी के मन्दिर के पीछे कहुआ के संग-संग अनगिनत अनाम जंगली पेड़ हैं। प्रेतशिला तलहटी परिसर में

तीन मँझोला और एक छोटा मन्दिर है। यह छोटा-सा मन्दिर बजरंगबली का है। यह गुटुमुटु नन्हें-मुन्हें बजरंगबली 'बालकिया बाबा' के नाम से प्रसिद्ध हैं।

कहते हैं कि जिसको बच्चा नहीं होता अगर वह हृदय से बालकिया बाबा के समक्ष मनोकामना कर दे, तो उसे बच्चा होकर रहता है। पंचमुखी महादेव का अपना तामझाम है। पूरे मंत्रिमंडल के साथ यानी माता पार्वती, बाल गणेश व कार्तिकेय तथा बैलबाबा के संग त्रिशूल गाड़कर महादेव आसन जमाए हुए हैं। चतुर्मुखी ब्रह्माजी भी अपने मन्दिर में कम आल-बाल के संग नहीं हैं। उनके मन्दिर में उनके संग सूर्यनारायण, गणेशजी और बैल बाबा हैं। तीसरा मन्दिर भूतनाथ का है। इसमें भूतनाथ के संग पार्वती माई की एक सीमेंट की मूर्ति है। दरअसल, कुछ साल पहले पार्वती माई की असली मूर्ति जब इस मन्दिर से चोरी चली गई, तो धामी पंडों ने आपस में चन्दाकर पार्वती माई की सीमेंट की मूर्ति एक स्थानीय मूर्तिकार से बनवाकर स्थापित कर दी। प्रेतशिला की तलहटी से चोटी तक की लगभग बारह आना मूर्तियाँ चोरी हो चुकी हैं और धामी पंडों ने उन रिक्त स्थानों पर सीमेंट की मूर्तियों को लगवाकर भरपाई की है। कहते हैं कि तीस साल पहले पंचमुखी महादेव की मूर्ति भी चोरी चली गई थी। तब डालमिया सेठ ने दूसरी मूर्ति बनवाकर लगवाई थी। इसी तरह प्रेतशिला की चोटी पर स्थित रामजी के मन्दिर से रामजी की मूर्ति कई साल पहले चोरी हुई। वह कसौटी पत्थर की दिव्य मूर्ति थी। छह बार प्रयास करने के बाद चोरों का दल उसे चुरा पाया था। अन्ततः थक-हारकर धामी पंडों ने रामजी की भी सीमेंट की मूर्ति बनवाकर राम मन्दिर में लगा दी।

भूत और चोरों से त्रस्त प्रेतशिला आत्मा की मुक्ति का एक महत्त्वपूर्ण दरवाज़ा है। इसकी तलहटी से ही मुक्ति के लिए दस्तक देने का कार्य शुरू हो जाता है। प्रेतशिला तलहटी परिसर में ही पिंडदान छोड़ने के वास्ते गोशाला है। शास्त्र में पिंड को लेकर कहा गया है कि पिंड बनाकर या तो जल में डालें या गऊ को खिलाएँ। इसलिए पिंडदानी जब पिंड तैयार कर लेते हैं, तब पूजन के बाद गोशाला या तलहटी परिसर के ब्रह्मकुंड में पिंड को डाल देते हैं। तर्पण कार्य ब्रह्मकुंड में भी किया जाता है। हालाँकि वर्षों से सफ़ाई के अभाव में ब्रह्मकुंड का जल बेहद गँदला है। प्रेतशिला के दिग्गज धामी पंडों—नरेश पंडा, देव पंडा और राजू पंडा टोपीवाले का भी ध्यान कभी ब्रह्मकुंड की दुर्गति पर नहीं गया है। आस्था के मारे तीर्थ यात्री भी कभी इस सबके लिए नहीं टोकते। पितर को मुक्ति चाहिए। कर्ता को पितर से किसी भी तरह जल्दी मुक्ति चाहिए। अपने शरीर के, आत्मा के फोड़ों की मुक्ति के लिए निस्पंद पागल आदमी सब कुछ करने को उतारू रहता है। उसके पास कोई विवेक नहीं, कोई अवकाश नहीं। मैं भी अपनी आत्मा पर उगे फोड़ों को नोचता हुआ प्रेतशिला की 676 सीढ़ियों को इस नीरव अन्धकार में पागलों की तरह माप रहा हूँ। मुझे आधी रात तक बमभोला का मस्तक काली माई के चरणों में अर्पित कर प्रेतशिला से निकल जाना

है। अभी तक आधी से कुछ कम सीढ़ियाँ मैं चढ़ पाया हूँ। प्रेतशिला की इन सीढ़ियों का भी अपना इतिहास है। पहले इस पहाड़ी पर कुल 396 पत्थर की सीढ़ियाँ थीं, जिसे कलकत्ता व्यापार-बोर्ड के प्रमुख मदन मोहन दत्त ने श्रद्धावश बनवाया था। बाद के दिनों में कहते हैं कि सन्तान की कामना के संग कलकत्ता का एक सेठ यहाँ पहुँचा था। यहाँ की सीढ़ियों की दुर्दशा देख उसने मनौती मानी कि अगर उसे सन्तान का मुख देखने का सौभाग्य मिला, तो वह यहाँ नए सिरे से सीढ़ियाँ निर्मित कराएगा। सेठ को सन्तान की प्राप्ति हुई। उसने उस सस्ती के ज़माने में आठ लाख रुपए ख़र्च कर यहाँ 676 सीढ़ियाँ बनवाईं। मैं धौला बादल की तरह अब प्रेतशिला की चोटी पर हूँ। शरीर पसीने से लथपथ और चूर है। पर मेरा हौसला इस चोटी से आकाश को सहलाने का है। महापौर बमभोला चौधरी के मस्तक वाले भारी झोले को मैंने ब्रह्माजी के चरण के पास रखकर राहत की गहरी साँस ली है। प्रेतशिला की चोटी पर स्थित ब्रह्माजी के चरण पर तीन स्वर्ण रेखा है। इसी चरण पर पिंड दिया जाता है।

प्रेतशिला दरअसल ब्रह्माजी का चरण ही है। चरण के ठीक सामने साक्षी स्वरूप भगवान विष्णु की मूर्ति है। यहीं एक तीन भाग में फटी बड़ी-सी शिला है। इस पर कर्त्ता द्वारा जौ चूर्ण, सत्तू, आटा आदि का छिड़काव कर परिक्रमा की जाती है। प्रेतशिला की चोटी पर इमली और पीपल के वृक्ष से लेकर इन्द्रजौ तक के वृक्ष हैं। मध्य रात्रि की सिहकती हवा में राख के वृक्ष की भाँति खड़े इन वृक्षों के पत्ते अद्‌भुत डोल रहे हैं। अब ब्रह्माजी के चरण से बमभोला चौधरी के मस्तक वाला झोला उठाकर बगल के प्रेत भवानी काली माई मन्दिर में खड़ा हूँ। मस्तक को झोले से सावधानीपूर्वक बाहर निकाल मैंने प्रेत भवानी के चरण में रख दिया है। माचिस जलाकर मैंने माई की मूर्ति को निहारा है। अन्धकार के बीच बूँद भर रोशनी में माई लगता है सामने प्रकट हैं। फिर दूसरी तीली जलाकर मैं माई के चरण पर पड़े बमभोला चौधरी के मस्तक को देख रहा हूँ। एक विकल आर्त्त उत्कट मुख। प्रेत भवानी इस पापी को मुक्ति दें। बमभोला चौधरी की बाहर लटकती आँखें और खुला मुख तीली बुझने के साथ अन्धकार में डूब गया है। मैं प्रेतशिला पहाड़ी की सीढ़ियाँ उतर रहा हूँ। बारिश फिर शुरू है। सुबह के पहले मुझे हर हाल में गया से कूच कर जाना है।

मरांडी उर्फ़ तूफ़ान उर्फ़ राणा

शरद के कारण मेघांत है। स्वच्छ-झिलमिल मुक्ताकाश। कण-कण में शरद मानों एक उन्मुक्त जिजीविषा छेड़ देता है। शायद इसलिए सौ शरद जीने की प्रार्थना होती

है। पर शरद की मोहक माया की उलझन से मैं मुक्त हूँ। मेरे न कोई आगे है, न कोई पीछे। इसलिए अपने जीवन के लिए मेरी कोई प्रार्थना नहीं। मेरे पास बस कुछ कठोर संकल्प हैं, जिन्हें सीने में दबाए मैं उसी तरह छिपा हुआ हूँ जैसे इलाहाबाद के अल्फ्रेड पार्क में ब्रिटिश सिपाहियों से चारों तरफ़ से घिरे चन्द्रशेखर आज़ाद अपने माउजर को सीने में दबाए एक पेड़ की ओट में खड़े थे। मैं जानता हूँ कि मेरे भीतर लेटा गयासुर मेरा अन्त चन्द्रशेखर आज़ाद की तरह करा कर दम लेगा। गयासुर ने मेरी पटकथा लेटे-लेटे रच दी है। मैं नेताजी सुभाष की तरह ही रहस्यमय ढंग से लापता हूँ और मेरी मौत को लेकर उन्हीं की भाँति नाना अटकलें हैं। यही नहीं, महाबली राय और बमभोला चौधरी को क़ब्ज़े में लेने के लिए जब मैं धुआँधार बम पटक रहा था, तो मेरे ऊपर फेल्टहैट सिर पर डाले भगत सिंह सवार थे। हथगोला हाथ में लेते ही जाने कैसे हमेशा भगत सिंह मेरे सिर पर लहराने लगते हैं। नेताजी सुभाष...भगत सिंह...!! गयासुर मानों बार-बार मेरे कान में फुसफुसाता है—चन्द्रशेखर आज़ाद मेरे जीवन के अन्तिम अध्याय होंगे...। क्या चन्द्रशेखर आज़ाद पराधीन भारत के गयासुर नहीं थे, जिन्होंने अपने बलिदान से अपनी अभिशप्त मातृभूमि को पवित्र कर दिया?

बमभोला चौधरी की घटना के बाद विगत कुछ समय से मैं गया के बाराचट्टी इलाक़े में भटक रहा हूँ। दुलारचन्द ने जो कुछ रुपए इंतज़ाम कर दिए थे, उसी से अनाज खरीद-बरकाकर जीवन चल रहा है। राणा प्रताप जंगल में घास की रोटी खाते थे। मैं तो चावल बरकाकर खा रहा हूँ। बचपन से बाराचट्टी...बाराचट्टी सुनता रहा था। पर यहाँ के भयावह जीवन से अब परिचित हो रहा हूँ। बाराचट्टी प्रखंड से लगभग पाँच किलोमीटर पूरब दनुआ-भलुआ नामक यह भयावह मगरूर जंगल मेरा आश्रय है। सागवान, शीशम, महुआ, कहुआ, चकौंधी, बबूल, बेलधौन, जंगली बेल, सीधा और शिरीष के वृक्षों की सघनता ही यह कारण है कि माओवादियों ने इसे अपना मुख्यालय-सा बना रखा है। हालाँकि इस भीषण जंगल में बाघ और चीता से लेकर जंगली हाथी, जंगली सुअर, बारासिंगा, भालू, हिरण और नीलगाय भी बहुतायत में हैं। खरगोश, बन्दर और सियारों का तो कहना ही क्या। पर जंगल और ख़तरनाक जानवरों के बीच जान हथेली पर लेकर हज़ारों की तादाद में इस क्षेत्र के ग़रीब-गुरबा घुसते हैं और जलावन चुन-बेचकर, मवेशियों के लिए चारा जुटाकर जीवन यापन करते हैं। इन पाँच महीनों के जंगल प्रवास में मैंने पाया है कि मनुष्य से बड़ा क़ठजीव कोई नहीं। जिस लोमहर्षक जीवन की कल्पना मात्र से नगर क्षेत्र के लोगों की रूह काँप जाएगी, उसे बाराचट्टी प्रखंड के ग़रीब लोग किस तरह हँस-मुसककर आगे खिसकाते चलते हैं, यह यहाँ के जीवन से अन्तरंग साक्षात्कार करके ही समझा जा सकता है। जंगल के चारों तरफ़ बसे गाँवों के किसान मानो यम की जीभ के ऊपर-नीचे होते रहते हैं। हाड़तोड़ मेहनत कर धान-गेहूँ से लेकर

मडुआ-जिनौरा उगानेवाले यहाँ के किसान सेठ और महाजनों की मनमानियों के शिकार हैं। अपनी उपज से मुनाफ़ा कमाने का कोई रास्ता इन किसानों के पास नहीं। अनाज की बिक्री के लिए कायदे का कोई बाज़ार नहीं। इसलिए बाराचट्टी के सेठ-महाजन अपनी शर्तों पर इन्हें सोखते रहते हैं। भूखमरी से बचने के लिए बाराचट्टी के दो-ढ़ाई प्रतिशत अति निर्धन लोग सूप, चटाई, जंगली बाँस की टोकरी, सखुआ के चौड़े पत्तों से पत्तल और पत्थरों से मसाला पीसनेवाला सिलौट-लोढ़ा आदि तैयार कर गया-बोधगया तक बेचने जाते हैं।

वैसे, बाराचट्टी इलाक़े में कई बरसाती नदियाँ हैं—हरैया, गुलसकरी, छिनारी और गोखुला। बरसाती नदी होने के कारण इनमें हमेशा पानी नहीं होता। हाँ, वर्षा के महीनों में ये नदियाँ किसानों की मददगार ज़रूर होती हैं। ख़ैर, ये नदियाँ अपनी जगह हैं पर बाराचट्टी की प्रमुख नदी मुहाने है, जो इस क्षेत्र के किसानों को सिंचाई के लिए साल के नौ-दस माह तक पानी उपलब्ध कराती है। लेकिन यह प्रति वर्ष दो-चार लोगों के प्राण अपनी तीव्र लहरों में समेट कर चल भी देती है। दरअसल, मुहाने एक पहाड़ी नदी है और यह जंगल, पहाड़ियों और गुफाओं के गर्भ में चट्टानों-पत्थरों से टकराते हुए बाराचट्टी होकर बहती है। इसकी धारा अत्यधिक प्रचंड होती है। खासकर आषाढ़ से सावन-भादों तक जब-जब पहाड़ के ऊपरी हिस्से में तेज़ वर्षा होती है, यह नदी पागल हो जाती है। बाराचट्टी से मुहाने नदी दक्षिण का रुख करते हुए बोधगया के समीप फल्गु नदी में समाहित हो जाती है। बाराचट्टी से गया रेलवे स्टेशन 45 किलोमीटर पर है और इससे 25 किलोमीटर की दूरी पर एक उजाड़-वीरान पहाड़पुर स्टेशन भी मौजूद है। बाराचट्टी के समीप के पहाड़पुर स्टेशन के नाम से किसी अनजान व्यक्ति को भ्रम हो सकता है कि बाराचट्टी पहाड़ों से घिरा-भरा क्षेत्र होगा। पर ऐसा कोई मातवर पहाड़ इधर एक भी नहीं। हाँ, बाराचट्टी के दक्षिण-पूर्वी हिस्से में एक तेतरिया पहाड़ी और बाराचट्टी से लगभग पाँच किलोमीटर आगे मड़ेरिया पहाड़ी है। इन दोनों छोटी-छोटी पहाड़ियों पर सावन में मेला लगता है। बाराचट्टी का असली तिलस्म दनुआ-भलुआ जंगल है। और इस विकराल जंगल में पिछले पाँच महीनों से मैं मगध क्षेत्र के माओवादी जोनल कमांडर मरांडी उर्फ़ तूफ़ान उर्फ़ राणा उर्फ़ चीफ की एक झलक पाने के लिए भटक रहा हूँ। महापौर बमभोला चौधरी को परलोक भेजने के बाद से एक ही संकल्प मेरे दिमाग में लगातार पंखे की तरह-नाच रहा है कि कैसे मैं मरांडी की शरण पाऊँ और उसका विश्वास प्राप्त करूँ। इस अवसन्न अंचल में जब कोई मेरा परिचय पूछता है, तो मैं कहता है, ''मैं एक बेरोज़गार युवक हूँ और जीवन से हताश हो चुका हूँ।''

मैं अपने मन का संकल्प भला यहाँ किससे कह सकता हूँ कि मैं लोभी और शातिर शैतान मरांडी से हर हाल में मिलना चाहता हूँ। वर्ष 1999 में गया जेल से

फरार मरांडी उर्फ़ तूफ़ान उर्फ़ राणा उर्फ़ चीफ पचास से अधिक लोगों को मौत के घाट उतार चुका है। आधिकारिक तौर पर हत्या के 38 मामलों का वह अभियुक्त है। मरांडी पहले मगध क्षेत्र के सी.पी.आई. (माओवादी) का सब जोनल कमांडर था। सी.पी.आई. (माओवादी) की शीर्ष कमिटि पोलित ब्यूरो के वरिष्ठ सदस्य जगदीश मास्टर उर्फ़ अखिलेश उर्फ़ प्रभातजी का दाहिना हाथ। पर वर्ष 2011 में जब गया के गुरारू क्षेत्र स्थित 'शारदा सेवा केन्द्र' नामक एक निजी क्लीनिक से जगदीश मास्टर को पुलिस ने गिरफ़्तार कर लिया, तो मगध क्षेत्र में संगठन की पूरी कमान मरांडी उर्फ़ तूफ़ान उर्फ़ राणा के हाथों में आ गई। मरांडी जबकि सुना है जगदीश मास्टर के पैर की धूल भी नहीं है। धूल क्या, जगदीश मास्टर के पैर का कीचड़ तक नहीं। कहाँ हमेशा अपने उसूल की नोक पर जीनेवाले जगदीश मास्टर और कहाँ यह फरदैल-चालाक दैत्य मरांडी। गया के पड़ोसी ज़िला औरंगाबाद के कसमा थाना के गम्हरिया गाँव के मूल निवासी जगदीश मास्टर के बारे में वीरझन गुरु बहुत आदर से चर्चा करते थे।

उन्होंने ही एक दिन हमलोगों को बताया था कि जगदीश मास्टर पहले एक सरकारी शिक्षक थे और साधारण गृहस्थ जीवन व्यतीत करते थे। पर अपने क्षेत्र के ग्रामीण अंचलों में मँझोले सामन्तों व सरकार के दमन को लगातार देख-देखकर उनका आदर्शवादी मन बुरी तरह क्षुब्ध हो भड़क उठा। इसके बाद से ही वर्ष 1969 में वे नक्सली संगठन की गतिविधियों से जुड़ गए। नक्सल नेता कन्हाई चटर्जी उनके आदर्श थे। नक्सली संगठन के प्रमुख आन्ध्र प्रदेश के गणपति से उनका सीधा संवाद बना हुआ था। भाकपा (माओवादी) की शीर्ष पोलित ब्यूरो कमेटी में उनका विशेष प्रभाव था। जगदीश मास्टर पिछले कुछ समय से गया के डुमरिया-इमामगंज के लुटुआ और हंटरगंज के जंगल को अपना मुख्यालय बनाकर काम रहे थे। उनकी गिरफ़्तारी से माओवादियों में सनाका छा गया था। पर यह मरांडी के लिए बिल्ली के भाग्य से छींका टूटा था। जगदीश मास्टर के परिदृश्य से हटते ही माओवादी प्रमुख गणपति के निर्देश पर मरांडी की ताजपोशी हो गई। सुना है, मरांडी ने जगदीश मास्टर की भरपूर नक़ल करने की कोशिश की लेकिन किसी की नक़ल कर आप भले उसका खोल पा लें, अन्दर का तत्व नहीं मिल सकता। जगदीश मास्टर बहुत पढ़े लिखे और गुने हुए आदमी थे, वहीं मरांडी हिंसा के अलावा कुछ नहीं जानता। आते ही अपनी धाक ज़माने के लिए मरांडी ने अनेक जगह विस्फोट करवाया। गया-जहानाबाद इलाक़े में कई मोबाइल टावरों को दनादन फूँक दिया गया। जन अदालत लगवाकर कई लोगों का सिर कलम करवाया। पूरे मगध क्षेत्र में पोस्टर चिपकाकर उन लोगों की सूची जारी की, जो पुलिस के कथित मुख़बिर थे।

पोस्टर में ऐलान किया गया था कि इन मुख़बिरों को जनअदालत में फाँसी दी जाएगी। मरांडी जहाँ पुलिस-प्रशासन और पूरे इलाक़े में अपने नाम का खौफ पैदा

करने की दीवानगी में था, वहीं माओवादियों के ख़िलाफ़ लगातार सिर उठा रहे समानांतर वामपन्थी संगठन 'तृतीय प्रस्तुति कमिटि' (टी.पी.सी.) को भी थर्राने की रणनीति को उसने अंजाम दिलाया था। गया और झारखंड के चतरा की सीमा पर टी.पी.सी. के 16 सदस्यों को मरांडी ने एकमुश्त मौत के घाट उतरवा डाला था। यह मरांडी ही था, जिसने लातेहर में एक दर्जन सी.आर.पी.एफ. जवानों को लैंड माइन लगाकर उड़वा डाला था। फिर मृत सी.आर.पी.एफ. जवानों के पेट में बम डालने का पाशविक नुस्खा भी इसी का था। मरांडी पर बिहार सरकार ने जहाँ पाँच लाख इनाम घोषित कर रखा है, वहीं झारखंड सरकार ने 25 लाख रुपए। पर मरांडी शैतान उस्ताद है। बिहार, झारखंड और छत्तीसगढ़ की पुलिस उसकी छाया तक न तक न छू सकी है। उसका अखंड राज जारी है। अपने दाएँ हाथ सुबीर उर्फ़ उपेन्द्र उर्फ़ वेलु के मार्फत बड़ी कम्पनियों, ठेकेदारों और अफसरों से साल में लाखों की लेवी तो मरांडी लेता ही है, बड़े शिकारों को भी उठवाकर मोटी रकम वसूलता है। मरांडी के पैसे की भूख यहीं तक सीमित नहीं है। गया ज़िले के गुरुआ, शेरघाटी, इमामगंज, बाराचट्टी, बोधगया, टिकारी, बेलागंज, अतरी और वजीरगंज के साथ-साथ पड़ोसी ज़िलों अरवल, जहानाबाद तथा औरंगाबाद के ग्रामीण क्षेत्रों में तैनात स्कूल शिक्षकों आंगनबाड़ी कार्यकर्ताओं, पोस्टमास्टर और पंचायत सेवकों सरीखे अल्पवेतनभोगियों को भी उसे मासिक 'लेवी' भिजवानी पड़ती है। इसी को कहते हैं कि-कहाएँगे सैयद, चुराएँगे छुच्छी[1]। पैसे को लेकर मरांडी का कोई स्तर ही नहीं है। ठेकेदारों और अधिकारियों से जहाँ वह लाखों रुपए वसूलता है, वहीं किसी तरह जीवन चलाने वालों की तनख्वाह से हज़ार रुपए ऐंठने में भी उसे शर्म नहीं। वह कहने को शेर है, पर है दरअसल सुअर। घिनौने खौफ के दम पर वह अपना खेल चला रहा है। मरांडी का साफ़ सन्देश है—'सुरक्षा के लिए लेवी।' बीते पाँच महीनों में सामान्य बातचीत के दौरान बहुतेरे लोगों ने इस बात की पुष्टि की। कुछ जानकारों ने भयवश फुसफुसाते हुए बताया कि मरांडी ने लेवी के रुपयों से बेंगलूर और चेण्णै में अकूत सम्पत्ति बनाई है।

मेरा संकल्प इससे और मजबूत हुआ। सिद्धांत के नाम पर ख़ूनी खेल खेलनेवाला मरांडी भला महाबली राय और बमभोला चौधरी से क्या कम है। मुझे हर हाल में ब्रह्म पिशाच मरांडी का सिर चाहिए था।

गुज़रे दिनों में बाराचट्टी क्षेत्र और विशेषकर दनुआ-भलुआ जंगल में भटकते हुए माओवादियों की कई टुकड़ियों से मेरी मुलाक़ात होती रही और सबसे मैं मरांडी के पास अपनी अर्जी भिजवाता रहा कि मैं मगध के बेताज राजा मरांडी का दर्शन और उनका सानिध्य चाहता हूँ। मैं उन सबको बताता गया कि घर-परिवार से तिरस्कृत और बेरोज़गार यह युवक हमेशा उनका दासानुदास रहेगा। अपने तमाम

1. स्त्री की नाक का छोटा आभूषण।

प्रयासों के बावजूद जब मुझे कामयाबी नहीं मिल रही थी, तो मेरी झुँझलाहट और व्यग्रता यह सोच-सोचकर बढ़ रही थी कि पता नहीं मरांडी तक मेरा सन्देश पहुँच भी पा रहा है या नहीं। पर इस बात की पुष्टि मुझे कल रात तब हुई जब मड़ेरिया पहाड़ी की तलहटी के समीप स्थित एक छोटे-से वीरान मन्दिर में मैं ध्वस्त-निढाल लेटा था। देर रात गए अचानक वहाँ कुछ मोटरसाइकिलों के रुकने की आवाज़ हुई। अन्धकार में धड़धड़ाते हुए छह बन्दूक़धारी छायाएँ उभरीं। उनमें से एक गठीले-गबरू व्यक्ति ने आगे बढ़कर कहा, "मैं वेलु हूँ।"

"सुबीर उर्फ़ उपेन्द्र उर्फ़ वेलु?" मैंने एक साँस में विस्मित होकर पूछा।

"हाँ, वही।" उसने भारी आवाज़ में महज़ दो शब्द कहे।

"मुझे क्या करना है?" मैंने तनिक सचेष्ट होते हुए कहा।

"तुम चीफ के पास जाना चाहते हो?" उसकी भृकुटि तनिक टेढ़ी थी।

"हाँ, बिल्कुल सही। मैं तुम्हारे चीफ मरांडी उर्फ़ तूफ़ान उर्फ़ राणा की शरण में जाने के लिए कब से व्याकुल हूँ।"

"उनका नाम नहीं लो। बस चीफ! उन्हें तुम्हारे बारे में ख़बर है। चलो।" वेलु ने आदेश दिया, "तुम्हारा जो भी कपड़ा-लत्ता है, साथ ले लो।"

"मेरे पास पहने हुए कपड़ों और इस एक अँगोछे के सिवा कुछ भी नहीं।" मैंने मन्दिर से उनलोगों के संग निकलते हुए कहा।

चारों तरफ़ अन्धकार गहगहाया हुआ था। अमावास्या की कालिमा में पास की मड़ेरिया पहाड़ी भी ठीक से नहीं दिख रही थी। पर मोटरसाइकिलों के स्टार्ट होने पर एक संग जगमगा उठी कई हेडलाइट की रोशनी में मड़ेरिया पहाड़ी बरबस कौंध गई। चार मोटरसाइकिलों में से एक पर दो लोगों के बीच मुझे बैठा दिया गया। मेरी आँखों पर काली पट्टी कसकर बाँध दी गई। हालाँकि, इस घोर अन्धकार में मेरी आँखों पर काली पट्टी बाँधने का कोई मतलब न था। पर इन लोगों से किसी प्रकार की भी आपत्ति करना व्यर्थ है, यह मैं जानता था। लगभग दस किलोमीटर तय करने के बाद अचानक एक धचके से मोटरसाइकिलें रुक गईं और मेरी आँख की पट्टी खोल दी गई। एकदम हाथ को हाथ नहीं सूझ रहा था वहाँ भी।

मुझे भ्रम हुआ कि गंतव्य आ चुका है। पर ऐसा नहीं था। यहाँ सात साइकिलों के संग सात लोग अन्धकार में कुछ ही पल बाद प्रकट हुए। 'लाल स्लाम...लाल सलाम...' का सबके बीच अभिवादन आदान-प्रदान हुआ। उन सात लोगों द्वारा हमारे साथ आए छह लोगों को साइकिलें सिपुर्द कर दी गईं। मोटरसाइकिलों से वे साइकिलवाले चले गए। अब हम सातों लोग साइकिल हाँक रहे थे। वेलु हमारे संग था। एक साइकिल इस जमात ने मुझे भी चलाने को दी थी। शरद की रात थी। इसलिए गर्मी नहीं थी। अर्से बाद साइकिल चलाने में मुझे मजा आ रहा था। मुझे

वेलु समेत छहो लोगों पर हैरानी हो रही थी कि कन्धे पर बन्दूक़ टाँगकर इतनी सुविधा से ये साइकिल कैसे चला पा रहे हैं। बहरहाल, लगभग एक घंटे तक खामोशी से साइकिल चलाने के बाद सामने एक सपाट बरसाती नदी का तट था। नदी में एड़ी से ऊपर पानी था। वेलु समेत हम सातों लोग नदी पार करने साइकिल से उतर पड़े। फिर साइकिल हाथ से सरकाते हुए बढ़ने लगे। कुछ फ़र्लांग आगे ही हरी वर्दी में एक सशस्त्र दल ने अचानक कोरस कर चौंका-सा दिया-'लाल स्लाम...लाल सलाम...।'

चौंका बस मैं था, वेलु समेत बाकी लोग सहज थे। वेलु ने अपनी साइकिल एक वर्दीधारी युवक के हवाले कर दी। वह आगे-आगे चल रहा था। अजीब हाल है...अब और कितनी दूर? लगता है, रात भर चला-चलाकर ये मार ही डालेंगे। तेज़ भूख ने मेरी बेचैनी बढ़ा दी थी। मैं अधीर हो रहा था। गला सूख रहा था। पर कुछ भी बोलना मुनासिब न था। हम दनुआ-भलुआ जंगल में घुस रहे थे। सशस्त्र हरे दस्ते के संग क़रीब ढाई किलोमीटर का सफ़र तय करने के बाद पेड़ों की सघन झुरमुट में जुगनू सरीखी रोशनी के बीच एक सशस्त्र गोल घेरा। पचास से अधिक की संख्या में लाइट मशीनगन, एके-47 और स्वचालित राइफलों से लैस हरी वर्दी वाले गुरिल्ले। फिर 'लाल स्लाम' का कोरस।

मुझे लगा, मुकाम आ गया। पर यह मेरा भ्रम था। थोड़ा सफ़र और बाकी था। मेरे मन में बार-बार प्रश्न उठ रहा था कि मुझ एक अकेले निहत्थे के लिए ये लोग इतनी परतों में सावधानी क्यों बरत रहे हैं। एक उद्विग्नता इस बात से भी मन में भड़क उठी कि क्या इन्हें मेरे बारे में पहले से सबकुछ मालूम तो नहीं। इनका खुफिया तंत्र तो सरकारी खुफिया तंत्र से कहीं अधिक मजबूत है। ये और ऐसी उत्सुकताओं और उद्विग्नताओं का कोई ओर-छोर न था। वेलु और हरी वर्दीवाले गुरिल्लों की जमात के संग लगभग एक किलोमीटर चलने के बाद महुआ, कहुआ, सीधा, बेलधौन, सागवान, शीशम, जंगली बेल और चकौंध वृक्षों की सघन झुरमुट में लगभग सौ की संख्या में हरी वर्दीवाले गुरिल्लों की जमघट दीख पड़ी। वहाँ बड़ा-सा अलाव जल रहा था और सबके लिए भोजन तैयार करने में कई रंगरूट जुटे थे। वेलु ने दूर ही एक सेकेंड के लिए अपना पेन टॉर्च जलाकर बुझा दिया था और बुदबुदाकर मुझसे कहा था, "हम चीफ के पास आ गए।" यह दनुआ-भलुआ जंगल का एकदम बीच का हिस्सा था।

चीफ को पहचानने में मुश्किल नहीं हुई क्योंकि तमाम हरे गुरिल्ले उसके चारों तरफ़ कुछ ज़्यादा ही अदब में खड़े थे। बिल्लौरी आँखों वाला वह औसत कद और गठीले बदनवाला व्यक्ति था, जिसके बाल झबरे-घुँघराले थे। अन्धकार में जल रहे अलाव की रोशनी में उसका रंग तजवीज करना कठिन था। पर उसकी पैनी नाक के नीचे रूआबदार घनी झाऊ मूँछ थी, जो उसकी जलती आँखों का जलवा बढ़ा

रही थी। चीफ आदिवासी है, दक्षिण भारतीय या स्थानीय यह उसकी शक्ल-सूरत से तय करना पहली नज़र में मेरे लिए कठिन था। इतनी देर में उसने कुछ वाक्य हिन्दी के बोले थे और मोबाइल पर किसी से किसी दक्षिण भारतीय भाषा, शायद तेलुगू में संक्षिप्त बात की थी। ओह! तो ये है मरांडी उर्फ़ राणा उर्फ़ तूफ़ान उर्फ़ चीफ! सुरक्षा की सात परतों के तिलस्म में रहनेवाले चीफ से निपटना मेरे लिए असान नहीं होगा। कोई भी पेड़ सिर्फ़ एक वार में नहीं गिरता है। चन्द मिनटों में कई किस्म के ख़याल जहन में बिजली की तरह कौंध कर चले गए ।

ख़ैर, बाघ के होंठ तक जब आ चुका हूँ, तो आगे जैसा होगा, देखूँगा। चीफ को लाल सलाम कर वेलु ने अपनी कमर के फेंटे से, जिसे अँधेरे और अफरातफरी में इतनी में देर से मैंने ग़ौर नहीं किया था, चीफ के आगे बड़े सम्मान से रुपयों की गड्डियाँ झरझरा दीं, ''ये ठेकेदारों की लेवी के 55 लाख रुपए हैं।''

''टीपू! इसे मेरे झोले में डाल दो। '' कहुआ के पेड़ के नीचे पालथी मार कर बैठे चीफ ने भारी खरखराती आवाज़ में लापरवाह अन्दाज़ के संग कहा और मुझ पर आँखें टिका दीं, ''तो यही है वह!'' चीफ के इस नन्हे-से वाक्य से एक पल के लिए पूरी पलटन निःशब्द हो गई। शायद इस प्रतीक्षा में कि चीफ आगे क्या बोलनेवाला है।

''नाम?''

''अभय।''

''कहाँ के हो?'' अलाव की रोशनी में सुलगती आँखों से चीफ मुझे घूर रहा था।

''मैं गया का हूँ। विष्णुपद के हिस्से में ऊपरडीह है, वहीं का।'' मैंने भरसक संयत स्वर में कहा।

''किसके लड़के हो?''

''श्री मणिलाल पाठक का।''

''वे क्या करते हैं?''

''तीर्थ पुरोहित।''

''तुम मुझसे क्यों मिलना चाहते थे?'' चीफ की आँखें अब मेरी आँखों में थी।

''अपनी लम्बी बेरोज़गारी से मैं हताश हो गया था और...और परिवार में भी लगातार अपमान महसूस कर रहा था।'' लगभग एक साँस में मैंने अपनी बात पूरी की।

''फिर?'' चीफ पूरे खुफिया तेवर में था।

''फिर मैं एक रात घर से निकल पड़ा पिताजी को एक पत्र लिखकर कि मैं अपने जीवन का अन्त करने जा रहा हूँ।''

''तब?''

"सुना है, महीनों की प्रतीक्षा के बाद पिताजी ने मुझे मृत मानकर मेरी अन्त्येष्टि कर दी।" मैंने कुछ अधिक शान्ति से कहा, "मुझे मेरे परिवार से न कोई मतलब है न अब कोई लगाव। मेरे लिए मेरा परिवार मर चुका है।" परिवार के लिए मैं मर चुका हूँ और उनके ज़रिये सारी दुनिया के लिए भी मैं मृत घोषित हूँ—मेरा यह संवाद बहुत सुचिन्तित और कूटनीतिक था। मैं यह जता देना चाहता था कि अपने परिवार से मेरा कोई भावात्मक सम्बध नहीं रह गया है। मैंने सोचा कि ऐसा करना मेरे लिए ज़रूरी है क्योंकि कल को जब मेरे संगीन करतब से इस जमात का गुस्सा मुझ पर भड़केगा, तो आवेश में ये मेरे पिता और भाइयों का मर्मांतक शिकार न करें।

"बहुत खूब। तुम सचमुच हमारे लिए काम के आदमी हो।" चीफ ने बच्चों की तरह खुश होकर तालियाँ बजाते हुए कहा, "दुनिया की नज़र में मर चुके लोग हमारे लिए एकदम ऐटम बम होते हैं।" चीफ ने आँखों से मुझे तौलते हुए वाक्य पूरा किया।

"मैं ऐटम बम ही हूँ चीफ।" मैं कोर्निश की भंगिमा में था।

"तुम ऐटम बम हो, यह कैसे प्रूव होगा?" अलाव में चीफ की आँखें जल रही थीं।

"जो काम सौ लोग करेंगे, उसे मैं अकेले कर दूँगा चीफ! सन की नहीं, पुआल की रस्सी हूँ मैं।" मैंने बर्फ़ जैसे ठंडे स्वर में कहा। मैंने देखा सहसा सबकी आँखें मुझे पर तन गई थीं। अलाव और तेज़ हो उठा था।

"तुम क्या कहना चाहते हो? यह कि तुम अकेले मेरे इन सभी साथियों पर भारी हो?" झबरे-घुँघराले बालवाले चीफ ने क्रूर कटहँसी के संग सिर को झटका दिया।

"ये सभी लोग बहादुर हैं। पर मैं अपनी बात कर रहा हूँ। जिसको भेड़ चरती है, वह पेड़ नहीं कहलाता।" मैंने उसी शान्त ठंडे स्वर में कहा।

"तो तुम इन सबसे ज़्यादा बहादुर हो?"

"ऐसा मैंने नहीं कहा। मैंने सिर्फ़ अपनी बात कही।"

"चलो ठीक है। तुम्हें अपनी जमात में हमने शामिल किया। पर अपनी बात को प्रूव करने के लिए तुम्हें कोई एक कमाल तो दिखाना होगा।" अपनी बात खत्म कर चीफ ने अट्टहास किया, "बोलो क्या करोगे?"

"चीफ! मैं फेल खेल नहीं खेलता...। मैं रोने वाला बाघ नहीं हूँ।" मेरे स्वर में किंचित् आवेश की धमक थी, "शेरघाटी जेल में बन्द पड़े इस जमात के तीन सौ साथियों को जेल से निकाल लेने की कोशिश कई बार की गई, लेकिन वह नहीं हो पाया। मैं उन साथियों को निकाल लाऊँगा।" पता नहीं किस झोंक में स्वयं बढ़कर बड़ी चुनौती मैं ले बैठा।

"तुम मुझ पर चोट कर रहे हो? मुझ पर?" चीफ ने मारे आवेश के अब उछलकर मेरा गला पकड़ लिया था। चीफ को उत्तेजित देख पूरी हरी पलटन सचेत हो उठी।

"आप पर चोट करने की मेरी औकात नहीं चीफ!" मैंने विनयपूर्वक आहिस्ते-से गला छुड़ाते हुए कहा, "आपने प्रूव करने की बात कही, इसलिए कहा।" मैंने झुककर विनम्रता का पूरा नाटक करते हुए कहा। मुझे मालूम है कि कोमल शब्द कड़े तर्क होते हैं। चीफ मेरी बात पर अन्दर से बौखला गया था।

"सही है कि हमारे तीन सौ से अधिक साथी गया के शेरघाटी सबजेल में वर्षों से बन्द हैं। हमने कई बार शेरघाटी सब जेल को उड़ाने की भी कोशिश की। पर हम नाकाम रहे। ख़तरा भाँपकर प्रशासन ने हमारे कई हार्डकोर साथियों को शेरघाटी सबजेल से गया सेंट्रल जेल ट्रांसफर कर दिया। पर अभी भी हमारे तीन सौ साथी वहाँ क़ैदी बने पड़े हैं।" चीफ सिर धुनने की भंगिमा में देर तक एकालाप करता रहा और अचानक चुप हो गया।

कुछ देर तक छाए डरावने सन्नाटे को फिर उसीने तोड़ा, "तो ठीक है। तुम अपने को प्रूव कर दो। इस 'ऑपरेशन' के लिए तुम्हें क्या सब चाहिए, यह बता दो। जो हथियार, जैसा भी ताकतवर बम।" चीफ अब दरियादिल औलिया बन गया था।

"बस आपका भरोसा। बस! हिम्मत को हथियार की ज़रूरत नहीं होती चीफ!" मैंने पूर्ववत ठंडे स्वर में कहा, "अगर बेअदबी न मानें, तो कहना चाहूँगा कि मैं काँख में मांस सिझानेवाला आदमी हूँ।"

"वेलु! ये तू किसको उठा लाया? ये तो मुझको पागल करके दम लेगा।" चीफ फिर मेरी तरफ़ मुखातिब हुआ, "सच,कोई हथियार या बम नहीं चाहिए तुमको? फिर क्या किसी मंत्र से निकालोगे सबको?"

"आपके तीन सौ साथी चाहे जैसे भी, जल्दी ही आपके क़दमों पर होंगे चीफ।"

"तब तुम्हें एक लाख रुपए का इनाम दूँगा।" चीफ ने बिहँसकर कहा।

"मेरी ज़िन्दगी में रुपयों की ज़रूरत लगभग खत्म हो चुकी है चीफ।" मैंने पूरी वार्ता का उपसंहार करते हुए कहा।

अलाव पर भोजन तैयार हो चुका था। सब भोजन कर रहे थे। कुछ घंटे बाद सुबह होनेवाली थी।

सुबह की किरण फूटने को थी और हरी पलटनें अपने अगले पड़ाव के वास्ते चाक चौबन्द हो रही थीं। चीफ और वेलु ने अचानक घोर प्रश्नवाचक मुद्रा में मुझ पर परेशान नज़र डालते हुए देखा।

"हाँ तो अब?" आख़िरकार चीफ ने रूखाई से पूछा, "क्या करोगे तुम?"

"आपका आदेश हो तो मैं 'मिशन शेरघाटी' पर निकलूँ।" ऊब को दबाते हुए मैंने धीमे से कहा, "मुझे इस काम के लिए पन्द्रह दिन चाहिए।"

"लेढ़ाई हुई बात चीफ को नागवार है।" बीच में बोलते हुए कंजी आँखोंवाले वेलु ने कहा, "कोई ऐंच-पेंच होगा, तो बहुत बुरा भुगतोगे। चूहा अगर हाथी जैसी छाया पेश करना चाहे, तो बर्बाद ही होगा। कभी-कभी घोड़ों को देखकर गधा भी अपने खुर में नाल ठुकवा लेता है। कान फाड़कर सुन लो...हमारे लाइन में ऐयारी नहीं चलती।"

"जान ले ली जायगी...यही न? धरस कर रहनेवाला नहीं हूँ मैं। दुनिया की नज़र में मेरा कफ़न अभी मैला नहीं हुआ है। मुझे न अपने जीवन से प्रेम है, न अपने परिवार से। आप बाद में क्यों, मुझे अभी खत्म कर डालिए।" मैंने बग़ैर किसी उत्तेजना के उदासीन और थके भाव से कहा।

"अबे चूतियम सल्फेट! तुम लोग ये क्या अंड-बंड कर रहे हो," चीफ ने बात को बिगड़ने से बचाते हुए वेलु को झिड़ककर कहा, "वेलु! घर की पहरेदारी से अधिक कुत्ते स्वभाववश अधिक भूँकते हैं। तुम कच-कच बन्द करो। अरे ये लड़का पत्थर है, पत्थर। और तुम पत्थर से ख़ून नहीं निकाल सकते।"

अपनी बात को मोड़ देते हुए चीफ अब मेरी तरफ़ मुखातिब हुआ, "अभय! बिल्ली हमेशा अपने पाँव पर ही गिरती है। मैं ज़्यादा कुछ नहीं कहूँगा। पर एक बात हमेशा याद रखना कि वायदा करने में भले देर लगे लेकिन उसे पूरा करने में देरी नहीं होनी चाहिए। गुड लक... ! तुम निकलो और काम हो जाने पर आज से सोलहवें दिन वेलु को वहीं मिलो, जिस मन्दिर पर तुम मिले थे।"

"सोलहवाँ क्या, आज से ठीक पन्द्रहवें दिन मैं उसी मन्दिर पर होऊँगा।" इस बार मैंने तनिक मुस्कुराकर कहा। चीफ और मेरे बीच के इस निष्कर्ष वक़्तव्य के बाद कुछ पल के लिए सन्नाटा छा गया। किरण फूट रही थी और चीफ अपनी हरी पल्टन के संग चल पड़ा था। पीले फूलोंवाले चकौंध वृक्षों के हरे-भरे सिर के नीचे से होकर हरी वर्दीवाले हथियारबन्द गुरिल्लों को जाते हुए मैं देर तक देखता रहा। पर मेरे मन में क्रान्ति मची हुई थी। सुनहरी किरणें चकौंध के पीले फूलों पर खेल रही थीं। मैं इस दुनिया में शाश्वत रहने नहीं आया हूँ। यह चीफ और उसके हरे गुरिल्ले भी शाश्वत नहीं हैं। पर अपने को झुलसा-झुलसाकर मस्तक की हड्डियों व नसों को उभारते उन तीन सौ अभागे युवा बन्दियों को मुझे शेरघाटी जेल से हर हाल में जल्दी आज़ाद कराना है, जो इस चालाक दैत्य मरांडी उर्फ़ राणा उर्फ़ तूफ़ान उर्फ़ चीफ के क्रान्तिकारी झाँसे में अपनी ज़िन्दगी बर्बाद कर एक-एक दिन को तड़प के साथ धक्के दे रहे हैं। मेरे भीतर गयासुर बार-बार विपत्ति की भाँति घुमड़ रहा है। मेरी विपत्ति बना गयासुर मुझे और कुछ दे न दे, अपने संकल्प को पूरा करने की बुद्धि तो अवश्य देगा।

बैताल पचीसी यानी दास्तान-ए-पचहट्टी

बीते दिनों के अनुभव ने मुझे अच्छी तरह समझा दिया है कि मौत हमें हर जगह मिलती है और मौत से हम हर जगह मिलते हैं। मौत जीवन का अभिन्न पार्टनर है। मैं जीवित प्रेत के रूप में इन दिनों मृत्यु की पूजा कर रहा हूँ। पिताजी कहते थे कि दो अक्षरों से बने 'पूजा' शब्द का मतलब होता है—पूरा जानना। एक कर्मकांडी परिवार का होने के बावजूद मैं कभी पूजा-पाठी या आध्यात्मिक रुझान का नहीं रहा हूँ। पर अब जबकि मृत्यु का लबादा पहनकर मैं विचरण कर रहा हूँ, तो मुझे यह तृप्ति-सी हो रही है कि पहली बार मैं सब कुछ पूरा जानने की कोशिश कर रहा हूँ। मुझे पता चल रहा है कि स्वर्ग का रास्ता कितना सँकरा और नरक का रास्ता कितना चौड़ा होता है कि सुन्दर से सुन्दर गुलाब अन्त में मुरझाता ही है। कि हर आगंतुक घटना अपना संकेत पहले दे देती है।

यह अलग बात है कि हम उस संकेत को आमतौर से समझ नहीं पाते। बात की तह में नहीं जा पाते। मरांडी को भी उसके आगंतुक ने संकेत दे दिया है। बेशक मर्दसूरत आदमी रहा है मरांडी। सुना है, उसे दोनों हाथों से समान गति में घंटों गोली चलाने की सिद्धि है। पर प्रचंड लालच ने उसे खोखला कर दिया है। एक क्रान्तिकारी महान् आत्मा फटी कमीज़ में छिपी होती है, इसे वह भूल गया है। क्रान्ति का पाठ पढ़कर भी लोभ का मारा मरांडी जर्जर हो चुका है। सरकार और शासन लाख उससे अब भी दहशत खाए पर एक मुलाक़ात में मैंने उसे परख लिया है। वह न राणा रह गया है, न तूफ़ान। बस एक हमेशा डरा हुआ शक्की-झक्की और बेहद कमजोर आदमी। अगर वह अपने शुरुआती समय वाला मरांडी उर्फ़ राणा उर्फ़ तूफ़ान होता, तो शेरघाटी जेल में बन्द पड़े अपने साथियों को निकाल लाना उसके लिए एक फूँक का खेल था। पर मरांडी को इस काम के लिए अब मुझ पर भरोसा है। मुझे उससे किए वायदे को निर्धारित समय में पूरा भी करना है। और वह इसलिए कि मुझे अपने आपको दिए आश्वासन को हर हाल में पूरा करना है। मरांडी से मैंने पन्द्रह दिनों की मोहलत ली है।

हालाँकि, यह काम मेरे लिए एक दिन का है। वह भी महज़ एक घंटे में ताली बजाकर मैं इस काम को अंजाम दूँगा। मेरे दिमाग में सब कुछ साफ़ है कि मुझे 'ऑपरेशन शेरघाटी' को कैसे अंजाम देना है। 'ऑपरेशन महाबली' के समय मैं एकदम फुच्चा था। पर अब सुनामी हूँ। सरेसा घोड़ा। एकदम बबूल की लकड़ी । बबूल की लकड़ी से ही किसान लोग हल बनवाते हैं। हल बनाते समय कई बार बढ़ई के औजार की पत्ती टूट जाती है, इतनी मजबूत-कठोर होती है बबूल की लकड़ी। वैसे भी वीरझन गुरु मेरे बारे में कहते थे कि, ''ये जो अभय है, एकदम

कछुइया मिट्टी का बना है।" दरअसल, कुएँ की खुदाई के समय जो बहुत नीचे तल से ढोल चिकनी मिट्टी निकलती है, वही कछुइया मिट्टी कहलाती है। वीरझन गुरु मुस्कुराकर कहते थे, "बहुत नीचे गड़ा हुआ लड़का है अभय।"

साँझ उतर रही है और मैं बाराचट्टी से बोधगया के लिए निकल चुका हूँ। बाराचट्टी का यह इलाक़ा सड़कों के नाम पर बेजार है। जो कुछ गिनी-चुनी सड़कें हैं, उनमें एक पूरब-उत्तर दिशा में बाराचट्टी से मोहनपुर की ओर जाती है। यही सड़क इटमा होकर बोधगया और फतेहपुर का रुख करती है। बोधगया जानेवाली अन्तिम बस में मैं सवार हूँ। यह कराहती फटीचर बस देर रात गए बोधगया पहुँचेगी। बोधगया को याद करता हूँ, तो बरबस मन आनन्द से भर उठता है। बोधगया हमारे लिए खेल के मैदान की तरह रहा है। किशोरावस्था से लेकर यह वर्तमान सद्गति प्राप्त करने के पहले तक अपनी मित्र मंडली के संग बोधगया हमारी खरमस्ती का केन्द्र था। वह एक उम्र थी, जिसमें बस हमें यही मालूम था कि हर हवा में कैसे खुश रहा जाए। इन बारह-चौदह दिनों में वैसी ही खरमस्ती करूँगा। आधी रात की चाँदनी में निरंजना और मुहाने नदी में पालथी मारकर नहाऊँगा...चाँदनी से अपनी आत्मा को नहलाऊँगा। मलंग-लवंग बन जाऊँगा। मेरा मँझला भाई अतुल भले बोधगया में रस-बस गया है और फायँ-फायँ जापानी बोलता है लेकिन बोधगया के डी.एन.ए. को जितनी बारीकी से मैं जानता हूँ, उसका एक शतांश भी अतुल नहीं जानता। वहाँ के लोगों से जितना सरोकार मेरा रहा है, उतना अतुल का भी नहीं। अतुल तो पहले टूरिस्ट गाइड बनकर विदेशियों के संग चक्कर मारता रहा और बाद में जापानी दामाद बन राजा भोज हो मचान पर बैठ गया। पर गया और बोधगया-यह दोनों हमारी किशोरावस्था का पंख था। गया से बोधगया के बीच घुघड़ी टाँड के रास्ते में सड़क के दोनों किनारे मौजूद खजूरबन्नियों, ताड़, बरगद, पीपल, चकौंध, सेमल, पलाश, शीशम, आम, इमली, गुलमोहर, अमलतास, कनैल, पाकड़, कचनार, जंगली कैक्टस, बेल, नीम और महुआ के बेशुमार वृक्षों पर जिस तरह जंगली तोतों, नीलकंठ, बुलबुल, हारिल, तीतर, बटेर, लगलग, ललमुनिया, मैना, गोरैया, कूरेड़, कठफोड़वा और कौवों का झुंड आनन्द से उभचुब करता था, हमारी मित्रमंडली भी इस रास्ते में साइकिलों पर अपने मासूम सपनों के संग सरपट दौड़ती, मन मरजी करती और जेठ की धूल की तरह उड़ान भरती बगल की पहाड़ी पर स्थित ढूँढ़ेश्वरी देवी के मन्दिर की परिक्रमा करती, निरंजना और मुहाने नदी की धार में नहाती। रास्ते में पड़नेवाले स्कूलों, पॉलिटेकनिक, बैंकों व झोपड़ियों पर उड़ती नज़र डालती। कभी-कभी जमात बाँधकर देर रात तक बोधगया के आकाश में रूपहले चाँद को निहारती। भादो की पूर्णिमा की तीखी चाँदनी में दमकती निरंजना अलसा कर लेटी महारूपा परी-सी लगती थी। निरंजना नदी के पास स्थित गाँवों-हथियार, बकरौर और रत्तीबिगहा में चाँदनी में घूमना हमारी शगल थी। नीली धरती पर गिरे सफ़ेद घोड़े थे हम!

जीवन को अब भले ही पूरा जानने की कोशिश कर रहा हूँ, लेकिन अपनी गदहपचीसी के दिनों में संगी-साथियों के संग प्रकृति को जितना कुछ जाना, वह सोचकर रोमांच-सा होता है। गया से बोधगया तक की पहाड़ियाँ और दूर तक फैली काले पत्थर की बराबर पहाड़ी वर्षा के दिनों में घास से ढँक जाती है और गर्मी के दिनों में घास की वह परत झुलस कर भूरी-पीली हो जाती है। वृक्ष से लेकर झाड़ियों तक का अध्ययन उन अलमस्त दिनों में हम सबने कुछ यों किया जैसे हम बहुत बड़े आयुर्वेदाचार्य हों और जड़ी-बूटी तथा औषधीय महत्त्व की झाड़ियों के शोध में निकले हों। इस इलाक़े में पाई जानेवाली बाकस की झाड़ी और रेगिनी की काँटेदार लत्ती को पहली नज़र में पहचानना और उसके उपयोग को बता पाना अच्छे-अच्छे वनस्पति विज्ञानियों के लिए असम्भव होगा। पर हमारी मित्रमंडली के हम तमाम उजबकों को भलीभाँति ज्ञात था कि बाकस से कफ का इलाज होता है और कैसी भी पुरानी खाँसी हो बैंगनी फूलोंवाली रेगिनी की काँटेदार लत्ती में उसको ठीक करने की अक्सीर ताकत है। पहाड़ की तलहटी और ढलान पर पीली छतरी की तरह तने महुआ के पेड़ों की महत्ता बोधगया आने वाले देश-विदेश के पर्यटकों को भले मालूम न हो लेकिन हमें मालूम रहा है कि तलहटी में बसे ग़रीबों के लिए महुआ कितना बड़ा अवलम्ब है। यह भोजन, शराब, तेल और जलावन-सब कुछ उपलब्ध कराता है। 'जंगल की आग' पलाश का जड़, तना, फूल, फल और बीज रतौंधी से लेकर त्वचा और पेट के रोग के लिए रामबाण है। पलाश की पत्ती चबाकर आप मधुमेह को काबू में ला सकते हैं। पलाश के सगे भाई-सा गुलमोहर भी मधुमेह से लेकर मलेरिया तक में काम आता है। बोधगया के इर्द-गिर्द के गाँवों-खिरियावाँ, सोनू बिगहा, राजापुर और पचहट्टी के ग़रीब-गुरबा सिरदर्द और बुखार में इसकी छाल उबालकर पीते हैं। मेरा मित्र दुलारचन्द अब उन अलमस्त-रँगीले दिनों को याद कर आहें भरता है, ''सब सटक सीताराम।'' पर सच है कि अपने सावन के उन सुनहरे दिनों में हमने पेड़-पक्षियों से लेकर पहाड़ और वनस्पति की असम्भव जानकारियाँ प्राप्त कीं। श्वेत और लाल कमल के खिलने का इन्द्रजाल भी दम साधकर देखा। पुरबा का झकोरा निरंजना और मुहाने नदी को किस दुलार से सहलाता है, हम इसके साक्षी थे। अपने बीहड़पने में बेवजह घूमने-बौराने के लिए निरंजना और दोमुहान को टपकर हमलोग जाने कितनी बार मनकोसी घूम आए होंगे। मनकोसी गाँव के समीप एक ऊँची जगह पर अखाड़ा भी लगता रहा है। कई बार उस अखाड़े में कुश्ती देखने के लिए हम गया से कूच करते थे। बोधगया के दक्षिण में स्थित उरैल, टीकाबिगहा, भोजवर बगीचा और उससे भी थोड़ा आगे मोचारिम बस्ती के लोगों को भी कुश्ती के प्रति ग़ज़ब की दीवानगी थी। मौके-मौके हम सब वहाँ भी जाते थे।

बस अभी जबकि कुछ समय बाद बोधगया पहुँचने को है, चलचित्र की तरह वहाँ के अनगिनत स्थल और चेहरे मन में कौंध रहे हैं। महाबोधि मन्दिर और उसका भव्य परिसर, महाबोधि मन्दिर परिसर के ठीक बगल में ज़माने से झोपड़ी में स्थित वाग्देवी मन्दिर, बोधगया मठ का विशाल उजाड़-सा परिसर और अनगिनत देशों की मोनेस्ट्री की छवि दिमाग में तेज़ी से आ-जा रही है। जब से यह आशंका हुई है कि महाबोधि मन्दिर आतंकवादियों के निशाने पर है, महाबोधि परिसर की सभी दुकानें हटा दी गई हैं और चौबीस घंटे सुरक्षा की गश्ती को सख़्त कर दिया गया है। पर परिसर के ऐन बाहर की दुकानें बड़े जहद्दम से अभी तक अपना अस्तित्व बचाए हुई हैं। महाबोधि परिसर के सामने के सुर्ख लाल पत्थरों से सुसज्जित विशाल चबूतरे से उतरिए, तो 'शाही टेलर्स' ऐन दाएँ मिलेगा। अपनी सिलाई मशीनों और कारिंदों के संग जुटे इसके संचालक अब्दुल अजीज की सूई वर्ष 1970 से कपड़ों पर रेल गाड़ी की तरह छुक-छुक चल रही है। 'शाही टेलर्स' पार्टनरशिप पर है। अब्दुल अजीज और उसका साथी अब्दुल सत्तार मिलकर इसे चलाते हैं। दोनों ग़रीबी रेखा से नीचे थे। एकदम फल्लर पायजामा। इसलिए बोधगया प्रखंड कार्यालय से सरकार द्वारा दोनों को एक-एक मशीन मिली थी। पहले से भी दोनों के पास एक-एक मशीन थी। इस तरह चार मशीनों को लेकर 'शाही टेलर्स ' शुरू हुआ। अजीज का पार्टनर सत्तार स्वभाव का शान्त-चुप्पा आदमी है, इसलिए ग्राहकों का मोरचा अजीज ही सँभालता है। लामा और आनी (महिला लामा) लोगों से वही निपटता है। अजीज को लामा लोगों पर हालाँकि बहुत कोफ्त रहती है, क्योंकि अजीज के शब्दों में लामा लोग बहुत 'मोलई' करता है।

लामा लोगों का खास वस्त्र सीने का उस्ताद है अजीज। वह एक दिन में अनगिनत 'तोंगा' (लामा लोगों का जैकेट), 'म्यो' (तिब्बती स्त्रियों का साया), 'छोबा' (तिब्बती स्त्रियों का ऊपरी परिधान) और 'इंजु' (तिब्बती लोगों की शर्ट) सिलकर तैयार करता है। बगल के पचहट्टी का रहनेवाला अब्दुल अजीज हालाँकि इतने वर्षों में तिब्बती भाषा नहीं सीख पाया है। वह उसी तिब्बती से बात करता है, जो हिन्दी बोल पाते हैं। बाकी लोगों से उसका काम इशारे में चलता है। हाँ, अजीज का शागिर्द गुलरेज आलम, जिसे दुलार से अजीज 'गुलेल' पुकारता है, टो-टा कर तिब्बती बोल लेता है। वैसे लद्दाख, शिमला और दार्जिलिंग से भी लामा लोग बोधगया में उमड़े रहते हैं, लेकिन तिब्बती लामा लोग अलग से ही पहचान में आ जाते हैं। तिब्बतियों के लिए मेरे मन में अपार आदर है। हम भारतीय लोग एक प्रान्त से दूसरे प्रान्त जाते ही अपनी बोली बानी और सारा संस्कार भुला देते हैं लेकिन दशकों से अपने देश से निर्वासित तिब्बती लोग अपनी भाषा, संस्कृति, खान-पान, पहनावे-ओढ़ावे और रहन-सहन में आज भी पक्के तिब्बती हैं। इन्हें देखकर मुझे हमेशा लगता रहा है कि देश सिर्फ़ एक भूगोल नहीं, संस्कार भी है। यह जितना बाहर

होता है, उतना ही मन के भीतर भी। नवम्बर से जनवरी तक का समय एक टेलर अजीज क्या, पूरे बोधगया बाज़ार के लिए हलचल भरा होता है। तिब्बती और भोटिया लोगों की 'काजू पूजा', 'करमापा पूजा' और 'नीमा पूजा' इसी अवधि में होती है। अजीज का अलमस्त शागिर्द गुलरेज उर्फ़ गुलेल छेड़ने पर बिहँसकर कहता है, "सारा गुलफुल और ब्योंत यही तीन महीना। सीजन के बाद तो हाय-हुल्ला और घर खुल्ला... ।" सीजन के बाद यों आम दिनों में तिब्बती लोग बोधगया में महाबोधि मन्दिर से लेकर यहाँ के गली-कूचों में ढुलकते रहते हैं। भारत ने इन्हें भले आश्रय दिया हुआ है लेकिन अजीब बात है कि इतने दशकों में तिब्बतियों और भारतीयों के बीच संवाद-संगति जैसी स्थिति नहीं बन पाई है। तिब्बती अपनी ही दुनिया में आत्मलीन रहते हैं। उन्हें किसी अदर-कदर की भी परवाह नहीं। शायद ये लोग इस मूल मंत्र को लेकर चलते हैं कि खामोशी शायद ही कभी किसी का नुक़सान करती है। इसलिए ज़्यादातर तिब्बती अपना मुँह और बटुआ-दोनों बन्द रखते हैं। जीवन यापन के लिए इनकी चुप मेहनत देखते बनती है। ये जानते हैं कि व्यवसाय की उपेक्षा व्यवसाय की मौत है।

महाबोधि मन्दिर से चन्द फर्लांग दूर पचहट्टी मुहल्ले की थोड़ी चढ़ाई पर एक कतार से तिब्बतियों के ढाबे हैं। इन्हीं में एक मेरा हमउम्र है—ताशी। रंगीन तिरपालों से सुसज्जित ताशी का मिट्टी का ढाबा है—'एमडो विंड हॉर्स रेस्टोरेंट'। मेरी ही तरह अविवाहित ताशी मेरा एक चुप दोस्त है। वह तिब्बत के खुखनुर शहर का है। किशोरावस्था तक ताशी अपने माता-पिता के संग खुखनुर में रहा। पर जब वहाँ की गुलामी रास नहीं आई, तो माता-पिता के संग भारत चला आया और कोई छह साल पहले बोधगया। ताशी से मेरी मित्रता एक दिन अनायास हो गई थी, जब मैं दुलार चन्द और बोधगया के अन्य कुछ मित्रों के संग उसके रेस्टोरेंट में एमडो-टी यानी एमडो चाय पीने पहुँचा था। ताशी ने अपने होटल के आगे रंग-बिरंगे पताकों को लहरा रखा है। इन बड़े-बड़े पताकों पर घोड़े का चित्र अंकित है। घोड़ा (ताशी की तिब्बती जबान में 'लुंगता') सिंहासन पर बैठा है। सिंहासन के नीचे तिब्बती लिपि में कुछ पंक्तियाँ हैं। ताशी मुसकराकर कहता था, "इसका अर्थ विस्तार से तिब्बती लामा लोग ही बता सकते हैं।" फिर वह हँसकर जोड़ता, "लामा लोग तिब्बती ब्राह्मण होते हैं। पर इस पंक्ति का सामान्य अर्थ है—हमारा सभी कार्य सफल हो। सब हमारी मदद करें।" ताशी का ढाबा है तो मिट्टी और तिरपाल का लेकिन प्लास्टिक की ही मेज पर वह अपने रेस्तराँ का छपा हुआ मेनू बड़े होटलों की भाँति सज़ा कर रखता है। ताशी के पास अक़सर बैठकी लगाते हुए उसके रेस्तराँ का मेनू मुझे 'हनुमान चालीसा' की तरह याद हो गया था...टिंग मॉक...एमडो टी...मीट मोमो...एमडो मोमो...और नुडुल्स के नाम तो ग़ज़ब जैसे...मीट थेन थक, वेज थेन थक, एग थेन थक, फाइ थेन थक, मीट थपका, वेज थपका...।

ताशी से मैं कहता था कि उसके तिब्बती नुडुल्स के नाम बिल्कुल कत्थक नृत्य के बोल जैसे हैं। बहुत कम बोलनेवाला ताशी तब भीनी मुस्कान के संग कहता, "अभय! पेट सारी कला सिखा देता है। पेट के वास्ते नाचना ही होता है।" अपने रेस्तराँ में ताशी मेरा बादशाही स्वागत करता था।

मुझे याद है, एक दोपहरी जब मैं उसके रेस्तराँ में पहुँचा, तो ताशी भी ऐन उसी समय पसीने से लथपथ पीठ पर रेस्तराँ के वास्ते चावल का बोरा लादे हुए कहीं से पहुँचा था। उसे तीखी गर्मी में लस्तपस्त देख मैंने पूछा, "अबे करामाती कद्दू! इस जलती दोपहरी में ही तुझे चावल खरीदने जाना था?"

"अभय! एक रसोइये के लिए हीरे से अधिक चावल उपयोगी होता है।" ताशी ने बोरे को फ़र्श पर रखते हुए कहा। उसका चेहरा पसीने की बूँदों से दमदमा रहा था।

पचहट्टी मुहल्ले की मुंडेर पर रेस्तराँ चलानेवाले तिब्बतियों के ख़ून-पसीने में उनका तिब्बत ऐसे ही दमकता है। ताशी के चेहरे की तरह। ताशी के रेस्तराँ से सटा खावा कारपो रेस्तराँ, लोभाग् तिब्बती रेस्तराँ और कई अन्य हैं। वैसे सक्सेना मोड़ पर भी कुछ तिब्बती रेस्तराँ हैं। पर पचहट्टी की मुँडेर पर तिब्बती रेस्तराँ की जमघट है। रेस्तराँ की इस कतार के समीप ही तिब्बती रिफ्यूजी मार्केट भी है। कहने को पचहट्टी महज़ एक मुहल्ला है। पर यह पूरा बाज़ार बन चुका है। पचहट्टी का बाहरी हिस्सा पूरा बाज़ार है और इसके बीच में है पचहट्टी बस्ती। इस बस्ती में महलनुमा घरों और बेजार झोपड़ियों की अद्‌भुत युगलबन्दी है। पचहट्टी बाज़ार के सामने बोधगया मठ का विशाल उजाड़ परिसर है। मठ की चहारदीवारी के बाहर सटकर मठ के स्वामित्व की एकाध सौ दुकानें हैं, जिससे मठ को अच्छा-खासा किराया मिलता है। वैसे महाबोधि मन्दिर के पास भी मठ की कुछ दुकानें हैं। मठ और मन्दिर की दूरी ही कितनी है—बस पाँच मिनट। महाबोधि मन्दिर की तरह बोधगया मठ का भी अपना प्राचीन इतिहास है, जो मठ के पहले महन्त घमंडी गिरि के संग सन् 1590 से शुरू होता है। पर बोधगया की नाभि है—पचहट्टी। बोधगया के चारों तरफ़ कई गाँव हैं—पचहट्टी, मियाँ बिगहा उर्फ़ सिद्धार्थ नगर, मस्तीपुर उर्फ़ न्यू बुद्धाग्राम और पीपरपाती आदि। लेकिन पचहट्टी का सुमेर[1] फेरे बग़ैर बोधगया को कोई भी ठीक से नहीं समझ सकता। पचहट्टी अपने आप में पंचतंत्र है, जिसमें कबूतरबाज़ी को लेकर देश में कुख्यात हुए गया के पूर्व सांसद राजेश मांझी से लेकर जापानी लड़की यूकी से शादी कर राई से पहाड़ बन चुके 'होटल महामाया' के मालिक सुदामा कुमार, जापानी लड़की असाकावा से विवाह कर 'दीप गेस्ट हाउस' चला रहे अमरदीप कुमार सरीखे एक से एक दिलबाग सितारे रहते हैं, वहीं मुसहर-दलित बच्चों की शिक्षा

1. उन्नीस दाने वाली पूजा-माला।

के लिए 'जीन अमिताभ ट्रस्ट' चला रही फ्रांस की श्रीमती जीन पियरे उर्फ़ मम्मीजी का दफ्तर भी यहीं चलता है।

पचहट्टी में वैसे फुटकर तौर पर यादव, वैश्य, कहार, मारवाड़ी, मुसलमान, स्वर्णकार और विदेशी तक रहते हैं लेकिन मूलतः यह दलित मुसहर व पासी बहुल मुहल्ला है। इन दलितों के पास सम्पत्ति के नाम पर बस एक-एक झोपड़ी है। पासी लोग जहाँ ताड़ी-दारू बेचकर जीवनयापन करते हैं, वहीं मुसहर लोग रोज़ की मज़दूरी कर दिन गुज़ारते हैं। एक लाइन में कहें, तो एकदम निपनिया फसल हैं ये लोग, जो बिना पटाए उगते-बढ़ते हैं। पचहट्टी की सारी ज़मीन पहले बोधगया मठ की थी। मठ पूरा हड़पनारायण था। कई सौ सालों तक पचहट्टी के दलितों ने मठ में कमरतोड़ गुलामी की थी। पर अब समय बदल चुका है। मठ भी अब पूरी तरह लचर कर हारे को हरिनाम है। सत्तर के दशक में छात्र-युवा संघर्षवाहिनी ने मठ के विरुद्ध वर्षों तक आन्दोलन कर मठ की बहुत-सी ज़मीन पर दलित-ग़रीबों को क़ब्ज़ा दिलवाया। उस समय से बोधगया मठ की सरस्वती मन्द है। बीते समय में जबकि यह मठ ही पचहट्टी का मुरेठा था। पर मुरेठा खुलकर धूल-काई चाट रहा है। बोधगया मठ परिसर के समीप चन्द क़दम पर बोधगया थाना है। थाना के ठीक पहले 'श्रीहरि संस्कृत पाठशाला' की विशाल हल्की नीली इमारत है। इस भवन में जगह-जगह लाल बॉर्डर भी है। पर लाल कोरों वाले इस आसमानी नीले भवन की आभा धूल-गर्द की अहर्निश जमती परतों के कारण मरी हुई रहती है। दरअसल, हमेशा वीरान पड़े इस संस्कृत विद्यालय की चिन्ता ही किसे है। अगर कर्मकांडी लोग हत्थे से न उखड़ते और मेरा वश चलता, तो मैं इसके प्रवेश द्वार पर एक बोर्ड लगवा देता 'संस्कृत शिक्षा की एक दर्शनीय समाधि।' और क्या संयोग है कि संस्कृत विद्यालय की सीध में बोधगया थाना है। थाना परिसर में जहाँ एक तरफ़ पीपल का विशाल वृक्ष है, वहीं दूसरी तरफ़ खजूर, आम, ताड़, नीम व कनैल की जमघट है। थाना भवन खपरैल का है। थाना के गेट से लगे नीले बोर्ड पर लाल धूमिल अक्षरों में अंकित है—'राष्ट्रीय सम विकास योजनांतर्गत बोधगया थाना परिसर की घेराबन्दी। प्राक्कलित राशि-8,07,700 रुपए। कार्यकारी एजेंसी-प्रखंड विकास पदाधिकारी, बोधगया। कार्य प्रारम्भ की तिथि—31 जुलाई, 2006।'

बोधगया थाना विभिन्न सरकारी योजनाओं की दया-माया पर आश्रित है। एक प्रकार से यह 'बौद्ध भिक्षु थाना' है। भंते थाना। लामा थाना। पचहट्टी बोधगया थाना का मस्तक है। पचहट्टी में भले ही दीन-हीनों की बहुलता है लेकिन बोधगया के एकबाली-असेसर लोग अधिकतर इसी में रहते हैं। मेरा साथी दुलारचन्द कहता भी रहा है कि, ''पचहट्टी में एक से एक बैतालों का बसेरा है। पचहट्टी का ताल-माल 'बैताल पचीसी' की कथा से कम नहीं।'' सचमुच अनगिनत लोगों का पंचप्राण और पंचकृत्य है पचहट्टी। इस मुहल्ले में ग़रीबी-अमीरी की

खाई भले ही बहुत साफ़-साफ़ दिखती है, लेकिन क्या ग़रीब क्या अमीर, सबका मन-मिज़ाज एकदम बहत्तर है। इस लिहाज से दुलार चन्द की बात सही है। ग़रीबी के रौरव पाताल और अमीरी के हिमालय पर्वत के अन्तर को अगर एक मिनट के लिए किनारे कर दें, तो यह पूरा मुहल्ला हर नाप के छँटैलों से भरा पड़ा है।

पिताजी कहते थे कि 'पचीसी' एक ही तरह की वस्तुओं का समूह होता है। यह गणना का एक प्रकार है, जिसमें पचीस चीज़ों की एक इकाई मानी जाती है। उदाहरण के लिए पचीसी गाही फल का मतलब है एक ही तरह का 125 फल। वैसे तो पूरा पचहट्टी मुहल्ला ही मधुमक्खी का छत्ता है। एक से एक मछंदर-कलंदर और जौहरवालों का बसेरा। पर पचहट्टी के पचीसी गाही बैतालों का चेहरा अभी मेरे सामने कौंध रहा है। कहानी लिख पाने की क्षमता अगर मुझ में होती, तो इन सबकी पूरी कथा मैं लिख डालता। मेरे पास पचहट्टी के पचीसी गाही बैतालों की कथा है। इस मुहल्ले के बारह आना लोगों को मैं निकट से जानता हूँ। जापानी लड़कियों की तो ख़ैर यह ससुराल ही है। बोधगया दर्शन के लिए आनेवाली चीनी, थाई, कोरियन, श्रीलंकाई और सिंगापुरी लड़कियाँ तो बोधगया के लपाड़ियाँ छोकरों को कोई भाव नहीं देती हैं। उनकी जबान पर ह्वाई...ह्वाट...क्यों...क्या...हमेशा चिपका रहता है लेकिन जान से फाज़िल शालीन और भावुक जापानी लड़कियाँ यहाँ के तोताचश्म लड़कों के चक्कर में फँस जाती हैं।

दरअसल, बोधगया के कई तेज़-तर्रार छोकरे 'हनुमान चालीसा' की तरह अचूक जादुई जापानी वाक्यों को कंठस्थ किए रहते हैं, जो कामदेव के बाण की तरह बोधगया दर्शन को आई जापानी गुड़ियों के सीने में सीधे जा धँसते हैं। मसलन कई सनातन मधुर जापानी वाक्य...'आई शीते इमासु'...मैं तुम्हें प्यार करता हूँ...'आनातावा तोतेमो किरेइ देस'...तुम बहुत सुन्दर हो...'आनातावा वातासीनो सोरायी देस'...तुम मेरी किस्मत हो... । जापानी लोग तो यहाँ तक मानते हैं कि शब्दों में भी पत्ते और फूल निकलते हैं। पतझड़ आता है। अपनी भाषा की जीवन्तता पर जापानियों की यह आस्था ही है कि वे इस पर किसी दूसरी भाषा का हावी होना एकदम स्वीकार नहीं करते। हृदय और मस्तिष्क को एकमेक करने के लिए भाषा को ये सबसे बड़ा स्रोत मानते हैं। यह जापानियों की भाँति सरल है। दूर से जापानी भाषा भले दुरूह लगती हो लेकिन जापानी और हिन्दी की वाक्य संरचना में बहुत-सी समानताएँ हैं। जैसे वर्तमान काल के लिए हिन्दी में 'है' कहते हैं, वह जापानी में 'देस' है। भूतकाल के वास्ते हिन्दी में 'था' है, तो जापानी में 'देसिता' है। भविष्यकाल के लिए हिन्दी में 'होगा' को जापानी 'देसो' कहेंगे। हिन्दी-जापानी शब्दों की कई समानताएँ भी हैरान करती हैं...जैसे हिन्दी में 'मेरा नाम अभय है' को जापानी में बोलेंगे...'वातासीनो नामाए अभय देस'... ।

मेरे भाई अतुल के तो दाँत के नीचे ही जापानी भाषा रहती है। हिसाए भाभी के कारण भारत में बसे अधिकांश जापानी परिवारों से वह परिचित और अन्तरंग है।

अतुल ने मुझे एक बार बताया था कि जापानी भाषा सिखाने के लिए दिल्ली में कई संस्थाएँ चलती हैं। जैसे बाराखम्बा रोड के 'न्यू दिल्ली हाउस' की बारहवीं मंजिल पर 'मोसाई इंस्टीच्यूट ऑफ जैपनिज लैंग्वेज', हौजखास में श्रीमती नोरिको नासुकावा का 'निहोंगो सेंटर' आदि। श्रीमती नासुकावा एक भारतीय सज्जन से विवाहित हैं। उनके 'निहोंगो सेंटर' में नब्बे फीसदी जापानी शिक्षक हैं। हिसाए भाभी की वे मित्र हैं। हिसाए भाभी ने मुझे बताया था कि श्रीमती नोरिको नासुकावा की तरह ही पूना में एक जापानी महिला हैं, जो एक मराठी सज्जन से विवाह कर श्रीमती खांडेकर बन चुकी हैं और पूना में जापानी भाषा का स्कूल चलाती हैं। अतुल के मुताबिक दिल्ली के 'मोसाई इंस्टीच्यूट' की अधिकांश शिक्षिकाएँ जापानी हैं। बंगालियों और पंजाबियों के संग विवाह कर कोई श्रीमती माशाको मित्र हैं, कोई श्रीमती काजुए खुराना, कोई श्रीमती ओकामोतो, तो कोई श्रीमती नन्दी बनी हुई हैं। हालाँकि, भारत के अपने घरों में बंगला, पंजाबी, मराठी और मगही-बोलनेवाली ये जापानी गृहस्थिनें जापान को याद कर अब भी विभोर रहती हैं। हिसाए भाभी गया की ठेठ मगही में कहती हैं, ''बोधगया हम्मर ससुराल ही लेकिन जीबुन नो कुनी दाइ सुकी देस...मैं अपने देश को बहुत प्यार करती हूँ...।'' यही गाना पचहट्टी की जापानी बहुओं आसाकावा केइको, यूकी इनोउवे, नाका, कूरिता और मासाको मोरिमोतो के भी होठों पर बसा है। हालाँकि, अपने देश से रत्ती भर भी कम प्यार इन्हें अपनी ससुराल से नहीं है। इस लिहाज से बोधगया की ये जापानी बहुएँ धूपहारा[1] स्त्रियाँ हैं। अपने हिंडोले भरे अलमस्त दिनों में हिसाए भाभी के कारण इन सभी प्यारी जापानी भाभियों से अन्तरंग मुलाक़ात की यादें हैं। सबसे पहले आसाकावा भाभी और फिर यूकी भाभी की कहानी।

जापान के यामानाशिकेन नामक क़स्बे की मूल निवासी आसाकावा केइको ने स्वप्न में भी नहीं सोचा था कि बोधगया उसकी ससुराल बन जाएगी। पर आसाकावा की बोधगया के पचहट्टी मुहल्ला निवासी अमरदीप कुमार के साथ शादी हुई और अब वह आठ साल के बेटे अर्जुन की माँ है। गया स्थित मगध विश्वविद्यालय से प्राचीन इतिहास विषय में एम.ए. कर चुके अमरदीप ने वर्ष 1997 में गया में 'दीप गेस्ट हाउस' की शुरुआत की। यहीं उसकी मुलाक़ात आसाकावा से हुई थी। एक साल तक अमरदीप और आसाकावा में पत्रचार चलता रहा लेकिन आसाकावा दोबारा जब बोधगया आई, तो उसने खुद ही विवाह का प्रस्ताव रखा। कहाँ गहरे दबे रंग का अमरदीप और कहाँ दूध में छिड़के सिन्दूर के रंगवाली आसाकावा। पर ठीक ही कहते हैं कि काला आदमी गोरी औरत की नज़र में आभूषण होता है। यही हुआ। वर्ष1998 में अमरदीप जापान गया। विवाह वर्ष 1999 में होना था लेकिन अमरदीप की माँ के निधन के कारण यह विवाह वर्ष 2000 में जापान में हुआ। अमरदीप की

1. धूप जलानेवाला पात्र।

जापानी बीवी बोधगया के माहौल में अब पूरी तरह रच-बस गई है। बोधगया में उसका 'दीप गेस्ट हाउस' भी चल निकला है। जापानी पर्यटक यहाँ आकर रुकना पसन्द करते हैं।

अमरदीप और सुदामा कुमार की सुनहरी ज़िन्दगी बोधगया के युवकों के लिए सचमुच उदाहरण है। बतौर पर्यटक हर साल बड़ी संख्या में बोधगया आने वाली जापानी लड़कियों से विवाह कर सुखद-समृद्ध गृहस्थी बसाने का आकर्षण बोधगया और उसके आसपास के गाँवों के युवकों में बहुत तेज़ी से बढ़ा है, जो टूटी-फूटी जापानी भाषा में इन जापानी लड़कियों के गाइड का काम करते हैं। यह कारण है कि साल दर साल बोधगया के मूल निवासियों के घरों में जापानी पुत्रवधुओं की संख्या में वृद्धि हो रही है। हालाँकि, जापानी बीवी पाने के चक्कर में कई स्थानीय युवकों को हवालात और जेल तक का चक्कर खाना पड़ा है। पर लगभग अनेक युवकों की तो सचमुच दुनिया ही बदल गई है, जिनके लिए जापान और बोधगया में अब कोई दूरी ही नहीं रह गई है। कुछ ऐसा ही किस्सा पचहट्टी के निवासी सुदामा कुमार का है, जो अपनी जापानी बीवी यूकी इनोउवे के संग बोधगया में होटल से लेकर ग़रीब बच्चों के लिए स्कूल चलाकर बेहद खुश हैं। सुदामा अब एक भव्य होटल का मालिक है और पहले किसी तरह कराहकर चल रही उसकी हैंडीक्राफ्ट की दुकान का भी कायाकल्प हो चुका है।

बोधगया के साधारण-से बुद्धा स्कूल में पढ़ाई करने के बाद पचहट्टी के मंगल चन्द स्वर्णकार और लाखो देवी के बेटे सुदामा ने 'गया कॉलेज' से इंटर की पढ़ाई सम्पन्न की। बहुत दिनों तक उसने बोधगया में टूरिस्ट गाइड का काम किया फिर किसी की सलाह पर वह दिल्ली चला गया। जापानी भाषा पर उसकी पकड़ थी, इसलिए 'जेट एयर' तथा 'कॉक्स एंड किंग्स ट्रैवल एजेंसी' में उसे दुभाषिए की नौकरी मिल गई। पर दिल्ली में बहुत दिनों तक उसका मन नहीं लगा। वह वापस बोधगया लौट आया और टूरिस्ट गाइड के अपने पुराने काम में जुट गया। एक दिन बोधगया में उसकी मुलाक़ात जापानी लड़की यूकी इनोउवे से हुई और कामदेव ने अपना करतब कर दिया। इस प्रथम यात्रा में तो यूकी जल्दी ही वापस जापान लौट गई लेकिन यूकी का पूरा परिवार वर्ष 1998 में बोधगया आया और हिन्दू रीति-रिवाज से गया के विष्णुपद मन्दिर में दोनों की शादी सम्पन्न की। यूकी के पिता ताका हिरो इनउवे ओसाका में पेंटिंग के प्रोफ़ेसर थे। तलवारबाज़ी और संगीत के दीवाने थे वे। गनीमत हुई कि सुदामा की गरदन पर ताकाहिरो इनउवे की तलवार नहीं चली।

हालाँकि बेटी का फ़ैसला शुरू में उन्हें बहुत नागवार गुज़रा था। मैंने सुना कि मीठे दिलवाली यूकी की माँ कुमेको इनउवे ने अपने कलाकार सह तलवारबाज़ पति के हाथ से तलवार छीन ली। जो भी हो, यूकी का परिवार मीठे स्वभाव का है। सुना

है, यूकी का भाई तेत्सुसी इनउवे टोकियो में मिठाई की दुकान चलाता है। ख़ैर, वर्ष 1999 के दिसम्बर माह से यूकी के सहयोग से सुदामा ने बोधगया में 'महामाया होटल' की शुरुआत की। साथ ही सुदामा ने अपने पिता की दुकान का जीर्णोद्धार कर उसका नया नामकरण किया—'महामाया जनरल स्टोर्स।' इसके बाद सुदामा और यूकी ने मिलकर 'बोधगया चिल्ड्रेन ऐंड चेरिटेबुल ट्रस्ट' की भी नींव डाली और बोधगया व उसके आसपास छह स्कूलों की शुरुआत कर दी। इन स्कूलों में आज सैकड़ों निर्धन बच्चे पढ़ते हैं। इन स्कूलों पर बनी डाक्यूमेंट्री फिल्म जब जापान में दिखाई गई, तो उसे काफ़ी पसन्द किया गया। यह स्कूल न केवल पूरे बोधगया में एक आदर्श के रूप में देखा जाता है बल्कि पूरे बिहार में इसकी चर्चा होती है कि कैसे ग़रीब बच्चे यहाँ तालीम पाते हैं। यूकी ने इन्फोटेक की पढ़ाई कर रखी है। यूकी व सुदामा के दो बच्चे हैं। एक बेटा हिकारू और एक बेटी माया। माया के प्रसव के समय यूकी अपने माता-पिता के पास जापान में थी। बोधगया की ये जापानी पुत्रवधुएँ आम तौर से जाड़ों में बोधगया में और गर्मियों में जापान में रहती हैं। गया की तीखी तपिश उन्हें बर्दाश्त नहीं होती।

बोधगया के विनय ने भी जापानी लड़की नाका से शादी की। विनय का समय ज़्यादातर जापान और बोधगया में व्यतीत होता है। जापानी कन्याओं से बोधगया वासियों के विवाह की यह सूची लम्बी है जिसमें राजेन्द्र, अजय साव, परवेज़, दिलीप चक्रवर्ती जैसे तमाम नाम हैं। अजय को अपनी पत्नी कूरिता से तीन बच्चे हैं। पर दोनों में तलाक भी हो गया। अजय इन दिनों ज़्यादातर जापान में रहकर कुछ कारोबार कर रहे हैं। बोधगया के कई लोगों ने पैसे और रूप के आकर्षण में भी अपनी पहली पत्नी के बावजूद जापानी लड़कियों से दूसरा विवाह किया। उदाहरण के लिए नन्दलाल ने जापानी लड़की मासाको मोरिमोतो से कोलकाता जाकर कोर्ट में दूसरी शादी की। मासाको उनके घर में क्या आई, साक्षात लक्ष्मी का आगमन हो गया। नन्दलाल को उसने दो-तीन किश्तों में 15-20 लाख रुपए दिए। नन्दलाल ने कई बार जापान की यात्रा भी की है और मासाको के दिए रुपयों से 'लक्ष्मी गेस्ट हाउस' नामक एक भव्य होटल की शुरुआत भी बोधगया में कर दी। नन्दलाल का अपनी इस जापानी पत्नी से एक बेटा भी है।

बोधगया प्रखंड के शेखवारा पंचायत के मुखिया अजय सिंह हमेशा कहते हैं, "जापानी लड़की से शादी का मक़सद है रातोरात धनी बनना। ऐसे स्वार्थी लोगों को छरकी[1] और डगरन[2] से कसना चाहिए। जापानी लड़की से शादी करने के चक्कर में कुछ लोगों ने पहली पत्नी की हत्या तक कर दी।" बोधगया के थाना प्रभारी रामस्वारथ पासवान के पास तो ऐसे किस्सों का सन्दूक़ ही है। उनकी एक

1. उच्छृंखल पशु को जिस दोहरी रस्सी से बाँधा जाता है, उसे गया के इलाक़े में छरकी कहते हैं।
2. बेकाबू मवेशी के गले में दंडस्वरूप जो डंडा बाँधा जाता है, गया इलाक़े में उसे डगरन कहते हैं।

प्रिय वीरगाथा है कि कैसे टूटी-फूटी जापानी बोलकर दुभाषिए का काम करने वाले दो लड़कों ने एक जापानी लड़की से काफ़ी पैसे लेकर उसका दैहिक शोषण किया। अन्त में लड़की की शिकायत पर कैसे उन्होंने दीपक कुमार और धर्मेन्द्र यादव नाम के लड़कों को गिरफ़्तार कर जेल भेज दिया था। पर पचहट्टी की शोभा सिर्फ़ जापानी पुत्रवधुएँ ही नहीं हैं। कई मनमौजी जापानी पुरुष भी अपनी सनक में यहाँ डेरा डाले रहते हैं। पचहट्टी के मेरे परिचित ताँगेवाले कृष्णा यादव का तो सनसे हिकारी नामक एक जापानी कारोबारी ने उद्धार ही कर दिया। लगमग सत्तर वर्षीय सनसे हिकारी कई बड़े-बड़े पानी के जहाज का मालिक है। कुछ साल पहले वह बोधगया दर्शन के लिए आया और संयोग से पचहट्टी के ताँगेवाले कृष्णा यादव से उसकी मुलाक़ात हो गई। ताँगा चलाने के संग-संग विदेशी पर्यटकों को खुश कर कुछ और कमाने के लिए कृष्णा यादव निरंजना नदी के पुल के पास एक छोटा-सा 'एक्यूप्रेशर सेंटर' भी बोधगया के कुछ बेरोज़गार युवकों को रखकर चलवाता रहा है। वह स्वयं भी अच्छा एक्यूप्रेशर करता है। इस तरह यह कहानी यों आगे बढ़ी कि गया से बोधगया तक उस अरबपति जापानी सनसे हिकारी को कृष्णा यादव ने अपने ताँगे पर झूम-झूम कर घुमाया और उसका एक्यूप्रेशर भी किया।

ताँगे की सवारी और एक्यूप्रेशर से गदगद वह जापानी कृष्णा यादव के लिए अलादीन का चिराग़ बन गया। जापानी अरबपति सनसे हिकारी को कृष्णा यादव ने ही पचहट्टी के ज्योति प्रसाद गुप्ता का घर किराए पर दिलवाया और स्वयं कृष्णा के शब्दों में वह उसका पूर्णकालिक 'सेवकिया' बन गया। कई महीनों तक कृष्णा यादव के ताँगे पर घूमने के बाद सनसे हिकारी ने एक दिन इच्छा जाहिर की कि वह बोधगया में अब ताँगे के बदले सिर्फ़ घोड़े पर घूमना चाहता है। उसके हुकुम का इक्का बन चुके कृष्णा यादव ने ताँगे से अपने छोटे-से घोड़े राजू को खोलकर उसकी सेवा में हाजिर कर दिया। छह फुट से कुछ अधिक ही लम्बा और कद्दावर सनसे हिकारी अकेले राजू को लेकर एक सुबह निरंजना नदी की तरफ़ प्रभात फेरी में निकला। ताँगा खींचने का अनुभवी घोड़ा राजू कोई राणा प्रताप का चेतक तो था नहीं, सो निरंजना के कछार पर वह बदनसीब सनसे हिकारी को लिए दिए मुँह के बल गिर गया। कुछ अधिक ही अनुशासनप्रिय और झक्की सनसे हिकारी को न आदमी की ग़लत हरकत बर्दाश्त थी, न पशुओं की। बहरहाल, निरंजना के कछार से उठकर उसने पहले अपने शरीर में लिथड़े धूल-कीचड़ को साफ़ किया और फिर राजू को किसी तरह वहाँ से गुस्से में ढुलकाते हुए पचहट्टी पहुँचा। वह आपे से बाहर था। पर जापानी लोग क्योंकि भयानक गुस्से में भी चीखते नहीं, इसलिए उसने आरक्त तमतमाए चेहरे के संग कृष्णा यादव से कहा, "कृष्णा, तुम्हारा ये राजू डंकी है...हॉर्स नहीं...। मुझे जल्दी एक तगड़ा हॉर्स चाहिए।" मालिक और घोड़े की

हालत देख कृष्णा को बात समझते देर न लगी। अपनी कमजोरी पर शर्मिन्दा राजू बस आँखें मिचमिचा रहा था।

ख़ैर, रातों रात बस पकड़ कर कृष्णा यादव नए तगड़े घोड़े की खोज में राजगीर भागा। वहाँ किस्मत से उसे चेतक का एक वंशज मिल गया। उस घोड़े के मालिक ने पूरे एक लाख रुपए की माँग की। बहुत जिरह-मिन्नत के बाद बात 71,000 रुपए पर टूटी। कृष्णा यादव तीर की गति से वापस बोधगया लौटा। सनसे हिकारी को टैक्सी पर लेकर फिर राजगीर गया। सनसे हिकारी ने वहाँ घोड़े की थोड़ी देर सवारी की और घोड़ा उसे पसन्द आ गया। घोड़े के मालिक को भुगतान कर सनसे हिकारी को कृष्णा यादव ने उसी टैक्सी से वापस बोधगया भेज दिया और स्वयं घोड़े से बारह घंटे में बोधगया पहुँचा। अपनी ही तरह के कद्दावर घोड़े के पुट्ठे पर हाथ फेरते हुए सनसे हिकारी ने कृष्णा यादव से कहा, "ये मून को छुएगा...इसका नाम क्या रखोगे?" और कृष्ण यादव भी कम तपाकी दरबारी नहीं, उसने छूटते हुए कहा, "चाँद राजा...मून किंग...।" सनसे हिकारी इस बात पर जब कृष्णा यादव की पीठ ठोक रहा था, तो किनारे बँधे राजू की आँखों में दुख उमड़ा आया। राजू जो भी हो पर कृष्णा यादव की ताँगेबाज़ी का पुराना हमदम था। कृष्णा यादव ने महसूस किया कि मालिक की नज़र से ही घोड़ा मोटा रहता है। पर अर्से से उसने राजू पर ठीक से ध्यान नहीं दिया था। कृष्णा यादव ने स्वयं यह प्रसंग मुझे सुनाया था और कहा था कि तब उसने देर तक कातर राजू को सहलाया-पुचकारा था। कृष्णा यादव की इस बात से उस दिन मुझे लगा था कि बोधगया क्यों बोधगया है, क्यों करुणा भूमि है...।

बस अब जाकर बोधगया पहुँची है। रात का पहला पहर अब थोड़ी देर में बीत जाएगा। हालाँकि महाबोधि मन्दिर के दस किलोमीटर की परिधि में रात परास्त रहती है। दुनिया के अनगिनत देशों की मोनेस्ट्रियों के मुख्य द्वार से परिसर तक चकाचौंध किए रहनेवाली प्रकाश-व्यवस्था इस परिधि में रात को पूरे औकात में रखती है। बस से उतर कर मोनेस्ट्रियों की शृंखला और महाबोधि को निहारते हुए पता नहीं क्यों बरबस मैं पचहट्टी के अन्धकार की तरफ़ बढ़ रहा हूँ। मन में अनायास कई प्रसंग डूब-उतरा रहे हैं। बोधगया के लिए दादाजी को भी बड़ा अनुराग था।

चर्चा-परिचर्चा के क्रम में मेरे दादाजी लोगों से कहते थे कि यह देश के प्रथम प्रधानमंत्री पंडित जवाहरलाल नेहरू थे, जिनके प्रयासों से बोधगया को अन्तरराष्ट्रीय स्वरूप मिला। दरअसल, सन् पचास के दशक में यह विवाद था कि बोधगया स्थित महाबोधि मन्दिर को आख़िर किस दृष्टान्त या रूपावली के अन्तर्गत पारिभाषत किया जाए? बौद्ध या हिन्दू? बोधगया मठ के महन्त हरिहरनाथ गिरि जो परम्परागत हिन्दू मठ के महन्त थे, का तर्क था कि महात्मा बुद्ध क्योंकि भगवान विष्णु के नवें

अवतार थे इसलिए इस पर हिन्दुओं का स्वाभाविक अधिकार बनता है। महन्त हरिहरनाथ गिरि ने इसी दावे के संग महाबोधि सोसाइटी और सरकार के संग हर सम्भव कानूनी लड़ाई लड़ी कि महाबोधि मन्दिर की व्यवस्था को बोधगया मठ के ज़िम्मे रहने दिया जाए। बोधगया मठ हर प्रकार से मजबूत था। इस मठ के पास हज़ारों एकड़ ज़मीन की ज़मींदारी थी। इसी दमखम पर बोधगया मठ महाबोधि मन्दिर पर हावी था। पर हरिहरनाथ गिरि महाबोधि मन्दिर की दावेदारी में विफल रहे क्योंकि तत्कालीन प्रधानमंत्री पंडित जवाहरलाल नेहरू महन्त की दावेदारी से असहमत थे। वे अडिग थे कि बोधगया बौद्ध धर्म के धार्मिक मुख्यालय के स्वरुप में रहे न कि हिन्दू धर्म के एक उपकेन्द्र के रूप में। इसी क्रम में बोधगया मन्दिर प्रबन्धन समिति की सदस्यता से बोधगया मठ के महन्त को उस समय अपदस्थ कर दिया गया। दरअसल, महाबोधि मन्दिर की व्यवस्था की देखरेख के लिए बौद्ध व हिन्दू सदस्यों को शामिल कर तब भी यह समिति थी। दादाजी अपना आँखों देखा परिवर्तन बताते थे कि सरकार ने बोधगया मठ की बहुत-सी ज़मीन का अधिग्रहण किया। नेहरूजी मठ की निरंकुश ज़मींदारी को खत्म करना चाहते थे। हालाँकि अभी भी महबोधि मन्दिर के पास स्थित बाज़ार की अधिकांश ज़मीन बोधगया मठ की है, जिसका किराया मठ को मिलता है। दादाजी के अनुसार परिवर्तन कई प्रकार से आया। महाबोधि मन्दिर के प्रथम अधीक्षक अंगारिका मुनीन्द्र ने महाबोधि मन्दिर को हिन्दू परम्परा से अलगकर विशुद्ध बौद्ध परम्परा में ढाला। इस परिवर्तन के अन्तर्गत महाबोधि मन्दिर की मूर्तियों पर सिन्दूर लगाना और लाल वस्त्र डालना रोका गया। दादाजी बताते थे कि अंगारिका मुनीन्द्र चटगाँव के थे और उनका मूल नाम मुनीन्द्र बरूआ था। उनके पहले अंगारिका धर्मपाल महाबोधि मन्दिर की व्यवस्था देखते थे। धर्मपाल के निधन के बाद ही मुनीन्द्र ने महाबोधि की व्यवस्था सँभाली थी। इस गहरे अन्धकार में कई भूले-बिसराए प्रसंग और नाम जाने कैसे और कहाँ से मन के धूसर आकाश में उज्ज्वल नक्षत्रों की तरह दमक रहे हैं। जवाहरलाल नेहरू ने अगर बोधगया में बौद्धों के प्रभुत्व को प्रोत्साहित न किया होता, तो आज बोधगया की ऐसी अन्तरराष्ट्रीय शोभा न होती। यूनेस्को ने तो महाबोधि मन्दिर को 'विश्व विरासत' ही घोषित कर रखा है। बोधगया एक संग धर्म और पर्यटन केन्द्र दोनों है। अर्सा हुए महाबोधि मन्दिर को पूरी तरह बौद्ध परम्परा में ढले। पर आज भी पितृपक्ष के दिनों में इसका विशाल परिसर बौद्ध मंत्रोच्चारों के संग सनातनी मंत्रों से गूँजता रहता है। विशेषकर पितृपक्ष की तृतीया तिथि को पिंडदानी बड़ी तादाद में यहाँ पहुँचकर महात्मा बुद्ध की प्रतिमा का दर्शन-नमन करते हैं। दादाजी बताते थे कि 'वायु पुराण' में इसकी स्पष्ट चर्चा है कि महाबोधि मन्दिर में किस विधान से पिंडदान किया जाए। देवकुल, ऋषिकुल और पितृकुल को पिंडदान करने का आरम्भ बहुत-से पिंडदानी महात्मा बुद्ध से करते हैं। महात्मा बुद्ध को देवकुल के

अन्तर्गत पिंडदान किया जाता है। यही नहीं, बोधगया से पाँच किलोमीटर दूर पूरब-उत्तर दिशा के कोण पर मुहाने और निरंजना नदी के तट पर स्थित 'सरस्वती वेदी' पर भी जाकर पिंडदानी जलांजलि देते हैं और उसके बाद वहाँ स्थित सरस्वती मन्दिर में दर्शन करते हैं।

लगता है, कई युगों के बाद बोधगया लौटा हूँ। वह क्या अजीब समय था, जब दुनिया मेरे लिए हमेशा आँधी की धूल से भरी होती थी और कुहासा कभी फटता नहीं था। पर अब भूतावास का सबकुछ मेरे समक्ष है। घनघोर कालिमा में भी मेरे सामने सब कुछ आग के समान दमकता है। यह दमक मुझ जैसा एक जीवन्त प्रेत ही देख सकता है। प्रकाश से अधिक गूढ़ और गहन है अन्धकार का झिलमिल। बहुत सूक्ष्म, बेहद बारीक। जीवन के सीमान्त पर बैठे लोग भी मेरे प्रश्न को सुनें, तो बिहँस पड़ें—कि क्या देश भी घूमता है? आपका नगर और आपका गाँव भी? मृतकों की पार्थिव योनि में आकर मैं कह सकता हूँ कि फल्गु नदी की रेत पर मैंने देश को विकल हो चक्कर काटते और घूमते देखा है...कि निरंजना और मुहाने नदी के पानी में...रात की नीरव चाँदनी में मैंने गया को...बोधगया को अक़सर घूमते और उल्लास काटते देखा है। अपने देश और अपने जुड़वाँ शहर की उदासी और उल्लास को मैं किसे और कैसे समझाऊँ?

मैं पचहट्टी के मुँह पर खड़ा हूँ। पचहट्टी अभी मरमर अन्धकार में पनडुब्बी की तरह चुपचाप नींद में तैर रहा है। इस अन्धकार में रहट के समान मैं धीरे-धीरे चलते हुए पचहट्टी के बाहर घूम रहा हूँ। पचहट्टी की चीटियों से लेकर समस्त बैताल अभी सुख की नींद में हैं। चन्द घंटे बाद, सुबह की क़िरण के संग हर दिन की भाँति पचहट्टी चकरघिन्नी की तरह नाचना शुरू कर देगा। पूरे पचहट्टी बाज़ार में बिजली के पोल से लटके एक मरियल बल्ब के अलावा मुश्किल से एकाध जगह जीरो वाट का बल्ब इस समय जल रहा है। यह 'जीन अमिताभ ट्रस्ट' का दफ्तर है, जिसके बोर्ड से एक नन्हा-सा दुधिया बल्ब जलता लटक रहा है। यह फ्रांस की श्रीमती जीन पियरे की संस्था का कार्यालय है। गया-बोधगया में जीन पियरे, 'मम्मीजी' के नाम से मशहूर हैं। एकदम इसी दुधिया बल्ब की तरह हैं मम्मीजी। ऐसी ही, गोरे-चिट्टे छिलके वाली। लगभग पन्द्रह वर्षों से यहाँ के दलित-मुसहर और ग़रीब बच्चों की पढ़ाई-सेहत के लिए वे 'जगत मम्मी' बनकर जुटी हैं। जामुन की टोकरी की तरह काले-काले दलित बच्चे इनके स्कूल के यूनीफॉर्म में सजे-धजे देखते ही बनते हैं। बोधगया और इसके आसपास के रत्तीबिगहा, उरई, खिरियावाँ और चरकी में इनके ट्रस्ट का स्कूल तो है ही, छाँछ में मुस्लिम बच्चों के लिए इनका एक उर्दू विद्यालय चलता है। आधुनिक मदरसा की तर्ज पर। कभी-कभी मम्मीजी को लेकर मुझे हैरानी होती है कि फ्रांस की एक औरत को भारत की गंगा-जमुनी संस्कृति की इतनी समझदारी कैसे है? शायद यहाँ इतने दिनों से रहते हुए गया के

जीवन में भी चीनी-पानी की तरह घुले इस देश के मीठे मर्म को वे समझ चुकी हैं। मन्दिर-मस्ज़िद, पीर-मज़ार, हिन्दी-उर्दू सबकी महिमा वे जान गईं हैं। इसलिए स्कूल है, तो मदरसा भी। मुझे याद है कि दादाजी अक़सर पीर-मज़ारों और एक से एक फ़कीरों की चर्चा करते

हुए कहते थे, "हद तपे तो औलिया, बेहद तपे तो पीर, हद-बेहद दोऊ तपे, ताको नाम फ़कीर...।" दादाजी यह भी कहते थे कि, "गया विशुद्ध अकर्मक क्रिया है। गया का अर्थ ही है—जाना, यानी भूतकालिक रूप। गए हुए समय का सब कुछ। गए हुए की ही गहरी अनुभूति है गया।"

दादाजी की इतनी भारी-भारी बातें बचपन में समझ में नहीं आती थीं। पर अब सब कुछ साफ़ दीख रहा है। सनातन और बौद्ध धर्म के ध्वजवाहक हमारे इस जुड़वाँ नगर ने सिर्फ़ मन्दिर ही क्या, ईदगाह-मज़ार और प्राचीन क़ब्रिस्तानों से लेकर ब्रिटिश राज के अंग्रेज़ अधिकारियों तक की क़ब्रों को बड़े सम्मान से सहेज रखा है। यहाँ के समाज की खिल्लत-मिल्लत ही कुछ ऐसी है कि कभी भी यहाँ हल्की-सी भी सम्प्रादायिक तनातनी शायद ही हुई हो। गया के बनिया पोखर, मारूफगंज, मखलौटगंज, नादरागंज, नकबतिया, अलीगंज, पुराना करीमगंज और न्यू करीमगंज आदि मुस्लिम बहुल मुहल्ले भगवान विष्णु और गयासुर की इस प्राचीन नगरी में बड़े प्यार से दुआ-सलाम लेते और देते हमेशा से खुश हैं। पर यही नहीं, गया में मुस्लिम बहुल कई और मुहल्ले हैं, जैसे—गयवाल बिगहा पथ में सामिर तकिया मुहल्ला को ही ले लीजिए।

दरअसल, इसका मूल नाम शाहमीर तकिया है, जो समय की धूल-धक्कड़ खाते-खाते सामिर तकिया बन चुका है। बोधगया से अगर किसी को सीधे विष्णुपद मन्दिर पहुँचना हो, तो गयवाल बिगहा पथ के शाहमीर तकिया वाले रास्ते से ही जाना होगा। शाहमीर तकिया से चाँदचौरा, विष्णुपद, मंगला गौरी और गोदावरी सरोवर का रास्ता निकलता है। चाँदचौरा लड्डू बगीचा भी इसी रास्ते में है। शाहमीर तकिया मोड़ पर 'श्रीदुर्गा स्थान' की पीली इमारत है। शाहमीर तकिया अड्डा में ही पंडित हीरानाथ दाढ़ीवाले का 'पंजाबी धर्मशाला' भी है। हीरानाथ दाढ़ीवाले पंजाब, कश्मीर, हिमाचल और हरियाणा तक के पुरोहित हैं। शाहमीर तकिया गया का अनूठा हिस्सा है। इस मुहल्ले में पहाड़, मन्दिर और धर्मशाला—क्या कुछ नहीं है। बस वर्षा के महीने शाहमीर तकिया पहाड़ी के निवासियों के लिए कलपाने वाले होते हैं।

वीरझन गुरु जब तक थे, तो कई बार शहमीर तकिया की तलहटी में स्थित उनके घर जाना हुआ था। शाहमीर तकिया पहाड़ मुरली पहाड़ से बिल्कुल भिन्न है। इस पहाड़ और इसकी तलहटी पर कभी गया के नामचीन पंडा रायबहादुर नकफोफाजी की ज़मींदारी थी। शाहमीर तकिया पहाड़ पर जहाँ 200 से अधिक घर पिछले पचास वर्षों से आबाद हैं, वहीं इसकी तलहटी में भी एक कतार से सैकड़ों घर गुँथे हैं।

शाहमीर तकिया पहाड़ से लेकर तलहटी तक मिश्रित आबादी है, जिसमें कायस्थ, यादव, प्रजापति, कहार, सोनार और तेली से लेकर दुसाध तक हैं। वीरझन गुरु बताते थे कि सन् 1965 में जब गया में 'बुढिया धार' यानी घनघोर वर्षा हुई थी, तब भी इस पहाड़ का एक पत्थर इधर से उधर न हुआ था। पर पिछले साल की घनघोर वर्षा ने शाहमीर तकिया पहाड़ पर बसे लोगों को दहला दिया था। विकराल वर्षा से इस पहाड़ के कई विशाल पत्थरों के नीचे की मिट्टी बह गई थी। शाहमीर तकिया की तलहटी में बसे कुम्हार लक्ष्मी प्रजापति से लेकर पहाड़ पर रह रहे हीरा प्रसाद, रंजीत, भोला और द्वारिका आदि कई को मैं जानता हूँ। बादाम बेचनेवाले बूढ़े रामवृक्ष ताँती के घर के बगल में वीरझन गुरु का घर है। वे स्वयं अविवाहित थे। अब उनके भाई लोग सपरिवार इस घर में रहते हैं। वीरझन गुरु के संग कई बार शाहमीर तकिया पहाड़ की चोटी पर घूमा हूँ। वैसे तो इस पूरे पहाड़ पर पीपल, नीम, बरगद आदि के अनेकानेक वृक्ष हैं लेकिन इसकी चोटी पर तुतमलंगा का घना जंगल है। औंधे घाव को पकाकर पस निकालने के लिए तुतमलंगा रामबाण है। वीरझन गुरु ने अपने हाथों से लाल-गेरु रंग में इस पहाड़ के एक विशाल चट्टान पर बजरंगवली का चित्र उकेर रखा था। शाहमीर तकिया पहाड़ पर बसे लोग धीरे-धीरे वहाँ पूजा-आरती करने लगे। आज भी यह परम्परा वहाँ चल ही रही होगी। पहाड़ से तलहटी और शाहमीर तकिया की चौहद्दी में इस्लाम से लेकर हिन्दू धर्म तक के कई छोटे-बड़े आस्था-स्थल हैं।

यह सच है कि रास्ते भले हर धर्म के अलग-अलग हों लेकिन निचोड़ सबका एक ही है। आम लोग समझते हैं कि पिंडदान की परम्परा मात्र हिन्दुओं में है लेकिन शब-ए-बारात के अवसर पर मुस्लिम लोग भी आटे का प्रसाद बनाकर अपने पितरों को प्रस्तुत करते हैं। हिन्दुओं के छोटे-बड़े धार्मिक स्थलों की तरह गया में कई पीर-फ़कीरों के मज़ार हैं, जहाँ क्या हिन्दू और क्या मुस्लिम, ज़िन्दगी और सेहत से जुड़ी मन्नतें मानने यहाँ पहुँचते हैं। हर पीर की मज़ार की अपनी विशेषता है। गया के पुराने जजेज कोर्ट कम्पाउंड में स्थित मंसूर पीर की मज़ार पर जहाँ बीमारी और जायदाद के झगड़ों को निपटाने की दुआ की जाती है, वहीं माड़नपुर पीर की मज़ार पर बाँझ औरतें रात को आकर बच्चे के लिए मन्नत करती हैं। शेख सद्दू और कमालो बीवी की मज़ार का अलग महकमा है। जो लोग भूत-प्रेत या जिन्न-जिन्नात से तबाह रहते हैं, वे सब खस्सी-मुर्गी चढ़ाकर शेख सद्दू की मज़ार पर सिर पटकते हैं। कमालो बीवी की मज़ार से तो एक अद्भुत कथा जुड़ी है।

कहते हैं कि बौद्धकालीन दौर में राजा कनक का शासन था। कमालो बीवी उन्हीं दिनों गया में हुआ करती थीं। कहते हैं कि राजा कनक ने जब कमालो बीवी की सिद्धि की कहानियाँ सुनीं, तो उनकी परीक्षा लेने के वास्ते चूहों का मांस पकवाकर उन्हें सोने के मर्तबान में भिजवाया। कमालो ने जब मर्तबान को हाथ में

लिया ही कि सारे चूहे जीवित होकर मर्तबान का ढक्कन उड़ाते हुए कूद पड़े। राजा कनक के इस दुर्व्यवहार से कमालो बीवी बहुत क्रुद्ध हुई और कनक को श्राप दे डाला। राजा कनक की तत्क्षण मृत्यु हो गई। कमालो बीवी की मज़ार पर हर रोज़ गया-बोधगया और इस अंचल के हिन्दू-मुस्लिम बड़ी तादाद में उमड़ते हैं। कमालो बीवी की मज़ार पर एक अद्‌भुत पत्थर लगा हुआ है। लोगों की आस्था है कि जिसे भी बोलने में कठिनाई होती है, उसको अगर इस पत्थर पर तेल रगड़ कर उसी हाथ से जीभ पर लेप दिया जाए, तो उसकी वाक्-शक्ति एकदम से दुरुस्त हो जाती है। हालाँकि हिन्दुओं के अनुपात में मुस्लिमों की आबादी गया में कम है, लेकिन मुस्लिम क़ब्रिस्तानों और मज़ारों की यहाँ कमी नहीं। गया में कर्बला मुहल्ले के पीछे 'मौलाना अबुल कलाम आज़ाद उर्दू मध्य विद्यालय' चलता है। विद्यालय का प्रवेश द्वार रामशिला पहाड़ी की तलहटी के सम्मुख है। वैसे, रामशिला पहाड़ी पर सामने से चढ़ने के लिए 332 सीढ़ियाँ हैं, लेकिन यह मध्य उर्दू विद्यालय पहाड़ी के पीछे वाले हिस्से में है। इधर से भी रामशिला पर चढ़ने के लिए कुछ अव्यवस्थित बेतरतीब-सी सीढ़ियाँ हैं। और इधर से जो सीढ़ियाँ हैं, उसमें लगभग 60-70 सीढ़ी ऊपर किसी ज़माने में एक परम सिद्ध योगी लाल बाबा रहा करते थे। उनसे आशीर्वाद लेने वालों की यहाँ भीड़ लगी रहती थी। पर वर्ष 1964 में जब लाल बाबा गुज़र गए, तो रामशिला पहाड़ी के पीछे वाले हिस्से में सन्नाटा-सा फैल गया। अर्से बाद नए सिरे से यहाँ हलचल फिर तब शुरू हुई जब रामशिला की तलहटी में यहाँ उर्दू मध्य विद्यालय खुला। फ़िलहाल इस विद्यालय में आठवीं कक्षा तक की पढ़ाई होती है। बच्चों के कलरव से रामशिला की यह तलहटी एक सुबह से गूँजने लगती है। इसी उर्दू मध्य विद्यालय के बगल में पूरे गया शहर का एकलौता ईदगाह और शहर का इकलौता कर्बला है। यह दोनों तीन सौ साल से अधिक पुराना है। गया के कर्बला (इमामबाड़ा) का इतिहास अनूठा है; क्योंकि एक मायने में यह साम्प्रदायिक सौहार्द्र का प्रतीक है।

दरअसल, गया में कर्बला और ईदगाह के वास्ते शहर के रईस राय बागेश्वरी के परिजनों ने ही अपनी बेशकीमती ज़मीन दान में दी थी। गया रईसों, नवाबों, ज़मींदारों, गयवाल पंडों और मेहनतकशों का शहर रहा है। शहर के रीवर साइड रोड में किरण सिनेमा के सामने राय बागेश्वरी के खानदान के रईस राय हरिहर प्रसाद का बँगला था। उस बँगले की शान का अन्दाज़ा आज भी उसके फाटक से लगाया जा सकता है। राय हरिहर प्रसाद ने एक मुस्लिम स्त्री से विवाह किया था। उनका नाम था जीनत बेगम। मेरे दादाजी बताते थे कि एक रात जीनत के सपने में हसन-हुसैन ने दर्शन दिया। दूसरे दिन जीनत ने इस सपने का हवाला देते हुए पति से इच्छा जाहिर की कि वे इराक़ के शहर कर्बला जाना चाहती हैं। दादाजी कहते थे कि राय हरिहर प्रसाद अपनी जीनत को दिलोजान से चाहते थे। सो, वे अपनी जीनत बेगम

को लेकर कर्बला जा पहुँचे। वहाँ से जीनत अपने पल्लू में हजरत इमाम हसन और इमाम हुसैन की कुर्बानी से हुई लाल मिट्टी प्रसाद के रूप में सहेज कर गया लाईं। राय हरिहर प्रसाद भी बड़े दिलवाले थे। उन्होंने कर्बला से जीनत द्वारा लाई गई आलूदा मिट्टी को गया में दफ़न कर कर्बला (इमामबाड़ा) बनाने के लिए अपनी बेशकीमती ज़मीन दान कर दी और गया का यह कर्बला देश का नायाब कर्बला बना। ईद और बकरीद के दिन तो यहाँ नजारा देखते बनता है। शहर का सारा मुस्लिम समुदाय यहाँ उमड़ा रहता है। मोहर्रम के दिन भी यहाँ खासी गहमागहमी रहती है। मेरे पहचान के सफ़दर ख़ाँ अक़सर गर्व से कहते रहे हैं कि, ''बिहार में गया के माफ़िक मोहर्रम कहीं नहीं होता।'' और सिर्फ़ एक मुहर्रम क्या, गया यों भी दुनिया के उन प्राचीनतम शहरों में एक है, जो आज भी कायम है।

वीरझन गुरु कहते थे, ''फाह्ययान और ह्यूएनत्सांग से लेकर कनिंघम तथा ब्रिटिश आई.सी.एस. ओमेली तक ने गया का कलम तोड़ गुणगान किया है।'' मेरे दादाजी बताते थे कि गया में व्रात्यों का वास स्थान था, इसके कई प्रमाण यहाँ हैं। बाद में आर्य-अनार्य संस्कृति का यहाँ अद्‌भुत योगायोग हुआ। दादाजी गया के कवि बुलाकी मियाँ 'अधम' के कई पद सुनाते थे, जो राम भक्ति परम्परा के अन्यतय कवि थे।

रात्रि की इस गहन नीरवता में स्मृतियों और सुनी हुई कथाओं की आवाजाही मन के पथ पर तीव्र है। महाभारत के पथ पर तीव्र है। 'महाभारत' के 214, 778 पदों की तरह धाराशार हम भारतीय तीव्र पथिक हैं। कहीं कोई विराम-चिन्ह नहीं। न अल्प विराम...न अर्द्धविराम। अंग्रेज़ी वाले इसे 'कॉमा' और 'सेमिकॉलन' कहते हैं। महाभारत, रामायण, भागवत और पुराणों में विराम चिन्हों की कोई बहुत चिन्ता-परवाह नहीं। मैं अपने पुरखों के ऐसे ही श्रवण-मनन और चित्त का वारिस हूँ। मेरी स्मृति और मेरी सुनी हुई मेरे पूर्वजों की स्मृति कथाओं में भी विराम-चिह्नों का व्यर्थ अवरोध नहीं। एकदम श्रीसत्यनारायण कथा की भाँति। श्रीसूत उवाच:। पुराकाल में शौनकादि ऋषियों ने मनोहर नैमिषारण्य क्षेत्र में समस्त प्राणियों के कल्याण के लिए सत्संग का आयोजन किया। व्यासजी के परम शिष्य महर्षि सूत अचानक वहाँ पहुँचे, तो ऋषियों की प्रसन्नता का पारावार न रहा। शौनकादि ऋषियों ने सूतजी से लौकिक-पारलौकिक लक्ष्य की प्राप्ति का सुगम मार्ग पूछा, तो महर्षि सूत ने उन्हें सनातन सत्यरूपी विष्णु की महिमा धाराप्रवाह सुनाई...पूरी सत्यनारायण कथा...। कथा सुनाने की परम्परा अपने देश में अनन्त काल से रही है। ब्रह्माजी जब सृष्टि निर्माण करते हुए थक-से गए, तो नारायण ने उन्हें कथा सुनाई थी। यह सृष्टि की प्रथम कथा थी। इसी तरह कागभुशुंडिजी ने गरुड़ जी को कथा सुनाई। दादाजी कहते थे कि कथा अन्तर का उपचार करती है। मुझे आज भी सत्यनारायण कथा की कई आरंभिक पंक्तियाँ याद हैं...'एकदा मुनयः सर्वे सर्वलोकहिते रता:...सुरम्ये नैमिषारण्ये

गोष्ठीं चक्रुर्मनोरमाम्...।' बचपन में सैकड़ों बार सुनी यह कथा कैसे भूल सकता हूँ। मैं सूतजी तो नहीं हूँ लेकिन बचपन से भगवान विष्णु के श्रीचरणों में पला-बढ़ा तो हूँ। और इसलिए अब गणपति...इन्द्रादि...दशदिक्पालों को साक्षी रख...गयासुर को अपनी काया में धड़कता महसूस कर महाबली और बमभोला सरीखे लौकिक लिप्सा में लथपथ लोगों को मुक्ति दिलाने में जुटा हूँ।

ख़ैर, यह सब तो अपनी जगह। सम्प्रति, इस घुप्प अन्धकार में मेरी स्मृति तेज़ी से गया में विचर रही है। मेरे मन में अभी गया का ईदगाह दमक रहा है। ईदगाह और कर्बला गया में एकदम पास-पास है। जुड़वें भाई की तरह। गया उर्दू मध्य विद्यालय से बिल्कुल सटा हुआ है मुस्लिमों का क़ब्रिस्तान, जो ईदगाह परिसर में ही पड़ता है। इस क़ब्रिस्तान में शहर के एक से बढ़कर एक अपने समय के नामचीन लोगों की क़ब्र है। क़ब्रिस्तान के बीच से स्त्रियों के सींथ की तरह एक रास्ता है, जिसके दूसरी तरफ़ गया के आम मुस्लिमों को दफ़नाया जाता है। आम लोगों के इस क़ब्रिस्तान का नाम 'गौर ग़रीबा' है। क़ब्रिस्तान भी ट्रेन के डिब्बों की तरह होते हैं, जिसमें जनता बोगी से लेकर वातानुकूलित वी.आई.पी. बोगियों का प्रावधान है। इसी तरह लाशें भी हैसियत से बर्थ पाती हैं।

इस क़ब्रिस्तान के एकदम सटे उत्तर ब्रिटिश ज़माने के अंग्रेज़ अधिकारियों का भी एकलौता क़ब्रिस्तान है। एक से एक वृक्षों और जंगल-झुरमुट से भरे इस पुराने क़ब्रिस्तान में सन् 1800 से यहाँ दफ़नाए गए अंग्रेज़ अधिकारियों की मज़ारें हैं। पर क्योंकि अब अंग्रेज़ों के कोई आल-औलाद यहाँ नहीं रहे, इसलिए मुस्लिम लोग ही धरोहररूपी इन गोरे साहबों के मज़ारों और पूरे परिसर को साफ़-सुथरा रखते हैं। अंग्रेज़ों की क़ब्रगाह वाले परिसर के बीच ही बाबा एकबाल शाह की मज़ार है। महान फ़कीर। वही, मेरे दादाजी के शब्दों में 'हद-बेहद दोऊ तपे वाले'। बाबा एकबाल शाह के नाम पर ही इस मुहल्ले का नाम एकबाल नगर है। पुराने लोगों के मुताबिक ब्रिटिश राज में गया स्थित इस हिस्से को 'रिवर साइड रोड' कहा जाता था। आज़ादी के बाद इसका नाम लालबहादुर शास्त्री रोड रखा गया।

बाबा एकबाल शाह की मज़ार का रुतबा आज तक बरकरार है। अभी भी लोगबाग इस मज़ार पर मत्था टेकने और मन्नत मानने आते हैं। पर उनके ऐन बगल में मौजूद सर फ्रांसिस की मज़ार को देखने की फुर्सत किसी को भी नहीं। सर फ्रांसिस वर्षों तक गया में कलेक्टर रहे। पिंडदान करने आने वाले तीर्थ यात्रियों से जो टैक्स वसूली होती थी, उसके वे सर्वेसर्वा थे। उनकी मज़ार पर अंकित ये पंक्तियाँ अभी भी इस अँधेरे में मेरी स्मृति में चमक रही हैं...'फ्रांसिस गिलेंडर्स एसक्वायर्स...मेनी इयर्स कलेक्टर ऑफ टैक्सेस ऑन पिलग्रिमेज ऐट गया...ह्वेयर ही डिपार्टेड दिस लाइफ ऑन द 24 अगस्त, 1821...एन्ड सिक्स्टी इयर्स...। मात्र साठ वर्ष की उम्र में 27 अगस्त, 1821 को वे गया में ही चल बसे थे। इस ब्रिटिश

क़ब्रिस्तान में सबसे बड़ी मज़ार सर फ्रांसिस की ही है। पर सर्वथा उपेक्षित। इस तरह अनेक अंग्रेज़ युवा-युवतियों और बूढ़ों की मज़ारें...। मात्र 17 वर्ष की उम्र में चल बसी एक कमसिन लड़की की मज़ार के पास अक़सर मैं ठिठक जाता था...'सेक्रेड टू द मेमोरी ऑफ होनोविया लेटिटिया...द इन्फैन्ट डॉटर ऑफ फ्रांसिस एमेलिया एंड चारलोटे एमेलिया...हू बॉर्न ऐट गया ऑन द 4 दिसम्बर, 1833 एंड डायड ऐट द सेम प्लेस ऑन द 14 जुलाई, 1850।' होनोविया की क़ब्र पर क्रॉस के ऊपर पंख फड़फड़ाती एक परी की संगमरमर की छोटी-सी मूर्ति है, कुछ इस तरह जैसे यह होनोविया की ही मूर्ति हो। समय की धूल खा-खाकर यह परी पीली-सी पड़ गई है। होनोविया की क़ब्र की हालत अच्छी है या बुरी यह तय करना मेरे लिए सदैव से कठिन रहा है। दरअसल, क़ब्र के भीतर से जड़ें निकालते हुए पाकर के विशाल वृक्ष ने पूरे क़ब्र को अपने गहन आलिंगन में ले रखा है। भीतर-भीतर जड़ों के पसरने से क़ब्र में जगह-जगह दरारें भी आ गई हैं। पाकर के पेड़ को इस क़ब्र से अलग करना अब असम्भव-सा है। पाकर और परी का यह क्या संयोग है!

कभी-कभी मुझे लगता है कि पिछले जनम में क्या मैं इस मासूम लड़की से प्यार करता था...। क्या अब भी करता हूँ...? स्वर्णाभ केश राशिवाली होनोविया कितनी सुन्दर और प्यारी रही होगी! होनोविया की क़ब्र पर अंकित धुँधले पड़े समाधि-लेख की ये पंक्तियाँ शायद मैंने सैकड़ों बार पढ़ी हैं और यही कारण है कि वे मुझे स्कूली कविता की भाँति कंठस्थ हैं...। क्या मेरे हृदय में भी चोरी-छिपे वसन्त झाँकता है? क्योंकि इन पंक्तियों को मैं जब याद करता हूँ, मेरा मन विकल हो उठता है...'डू नॉट स्टैंड ऐट माई ग्रेव ऐंड वीप...आइ एम नॉट देयर...आइ डू नॉट स्लीप...आइ ऐम ए थाउजेंड विंड्स दैट ब्लो...आइ ऐम द डायमंड ग्लिंट्स ऑन स्नो...आइ ऐम द सनलाइट ऑन राइपेंड ग्रेन...आइ ऐम द जेंटिल ऑटम रेन...डू नॉट स्टैंड ऐट माइ ग्रेव ऐंड क्राइ...आइ ऐम नॉट देयर...आइ डिड नॉट डाइ...' मेरी क़ब्र के आगे खड़े होकर मत रोओ / मैं वहाँ नहीं हूँ / मुझे नींद नहीं आती / मैं सहस्त्र हवाओं का झोंका हूँ / बर्फ़ पर कौंधती हीरे की दमक हूँ मैं / गेहूँ की पकी बालियों पर चमकती सूरज की किरण / हूँ मैं शरद की सौम्य बारिश / मत बिलखो मेरी क़ब्र के आगे खड़े होकर / मैं वहाँ नहीं हूँ / मैं मरी नहीं हूँ...।

पता नहीं क्यों, जब भी मैं ब्रिटिश क़ब्रिस्तान गया, होनोविया की क़ब्र के सामने मेरे पाँव बरबस जम जाते थे। एक सौ साठ-पैंसठ साल पहले दफ़न होनोविया मरी नहीं है। आज भी जीवित है। दुनिया की नज़र में मृत होकर मैं भी जीवित हूँ। फ़र्क़ यही है कि होनोविया की तरह मैं प्राचीन नहीं हूँ। होनोविया अंग्रेज़ है, इसलिए नहीं उसका आकर्षण है मुझे। होनोविया सहस्त्र हवा, बर्फ़ पर हीरे की दमक, गेहूँ पर चमकती सूर्य की किरण, शरद की मृदुल वर्षा है—इसलिए वह मुझे प्यारी लगती है। और इसलिए कि वह अभी भी है। कि मरी नहीं है वह।

प्यार की अनुभूति मुझे सिर्फ़ होनोविया को लेकर ही आज तक हुई। वैसे, मैं हमेशा आवारा बादल रहा। शहर के अभिशप्त पहाड़...मज़ार...क़ब्रिस्तान...कुमुदिनी और कमल से छाए अथाह एकान्त में खोये गया-बोधगया के अनेक झील-पोखरवाले इलाक़े मेरी पनाह थे। मैं इन्हीं सब से प्यार पाता था। होनोविया की क़ब्र पर लगे पत्थर की पंक्तियों ने मुझे पता नहीं कैसे समझा दिया कि एक लड़की क्या होती है? होनोविया के समाधि लेख की पंक्तियों ने मुझे प्रेम और वासना के अन्तर को सुलझा-समझा दिया। किशोरावस्था की दहलीज पर पाँव रखते हुए मैंने वासना की अनुभूति की थी और बुरी तरह महीनों तक परेशान रहा था। वासना की तीव्र अनुभूति से गुज़रनेवाले किशोर को काम-क्रिया का ज्ञान नहीं होता और बेचारा काम और वासना की गुत्थियों की सूली पर हर दिन चढ़ता-उतरता है। याद करता हूँ तो अब स्वयं पर हँसी आती है और थोड़ी खीज भी होती है। अगर यह बात किसी से कहूँ, तो शायद उसे मुझ पर घिन भी आएगी। पर किशोरवय में कामदेव ने मुझे बहुत यातना दी। विष्णुपद मन्दिर परिसर में चाय-समोसे और ज़िलेबी की दुकानों से लेकर रूद्राक्ष, चूड़ी और चढ़ावे के सामान की दुकानें हैं। रामनाथ गुरदा की पेड़ा की दुकान और शशिलाल पाठक की पान दुकान भी है। शशि पंडा हैं और पान की दुकान भी चलाते हैं।

विष्णुपद मन्दिर परिसर में उमेश मधुकर उर्फ़ मालीजी की फूलों की दुकान भी है। इसी के बगल में नीचे बैठकर फूल-माला बेचनेवाली दोहरे शरीर की एक अधेड़ स्त्री ने मेरे भीतर एक अजीब-सा अन्धड़-बवंडर ला दिया था। पता नहीं किस मुहूर्त में कामदेव ने मेरे संग यह खिलवाड़ किया था। सुबह से शाम तक मैं अनेक बार उसके पास से गुज़रता और मेरी रगें तड़कने लगतीं। गहरी संध्या में हर हाल में वहाँ होना मैं पसन्द करता, क्योंकि अपने सामान बटोर जब वह जाने को खड़ी होती, तो कमर से नीचे बँधी उसकी साड़ी से उसका बड़ा-सा साँवला धारीदार पेट ढ़लक जाता और मेरी इच्छा होती कि बढ़कर उसके बड़े-से पेट से लिपट जाऊँ और उसकी नाभि को चूम लूँ। पूरी तरह उसमें समा जाऊँ। अक़्सर अपने इर्द-गिर्द मेरे मँडराते रहने के कारण वह मुझे देखकर मुस्कुरा देती और मैं एकदम-से निहाल हो जाता। एक संध्या उसके बड़े-से फूल के टोकरे का सन्तुलन सिर पर रखने के समय जब गड़बड़ा गया, तो दौड़कर टोकरे को उसके सिर पर स्थिर करने के बहाने मैंने उसके बड़े-से गुलगुले पेट को भरपूर छू लिया। उस आधी रात को स्वप्नदोष से विच्छिन्न होकर जब मैं जागा तो, बाकी रात मैं बुरी तरह परेशान रहा कि जिस तरह उसके पेट को मैंने हिलोर दिया, उससे कहीं उसे बच्चा तो नहीं ठहर जाएगा? एक स्त्री को बच्चा कैसे ठहरता है, मुझे एकदम मालूम नहीं था। घर में रखी कुछ पौराणिक पुस्तकों की कथाओं में मैंने पढ़ा था कि अमुक स्त्री को लेकर अमुक ऋषि ने कल्पना की और उनका तप-पुण्य नष्ट हो गया। वह स्त्री गर्भवती हो गई। इस

आधार पर मेरा सोचना स्वाभाविक था कि जिस तड़प के साथ मैंने उसे छुआ था, उससे वह अवश्य गर्भवती हो गई होगी। कुछेक महीनों तक मैं उससे कन्नी काटता रहा और दूर से छिपकर ग़ौर करता रहा कि क्या उसका बड़ा-सा पेट मेरा गर्भ ठहरने से कहीं और बड़ा तो नहीं हो गया है। इस बारे में किसी से शंका समाधान करना भी मेरे लिए सम्भव नहीं था।

बहुत बाद में एक दिन अपनी आशंका को लेकर दुलारचन्द से जब मैंने झिझकते हुए घुमा-फिराकर पूछा, तो वह देर तक पागलों की तरह हँसता रहा। उसने मुझे समझाया कि प्राचीनकाल और पौराणिक कथाओं में भले किसी की कल्पना करने से गर्भ ठहर जाता था पर आज के वास्तविक जीवन में ऐसा नहीं है। फिर भी प्रायश्चितस्वरूप विष्णुपद मन्दिर में जाकर चाँदी से आवेष्ठित अष्टकोण कुंड स्थित श्रीविष्णु के चरण-चिह्न पर मस्तक रखकर मैंने शपथ लिया था कि अगर भविष्य में किसी स्त्री के प्रति मेरे मन में ऐसा कुभाव उत्पन्न हो, तो मेरा शरीर गल-गलकर इसी विष्णु चरण पर बह जाए। इस तरह वह मुझ 'कुटिल-खल-कामी' की प्रथम और अन्तिम वासना अनुभूति थी।

और होनोविया लेटिटिया का वह समाधि लेख! उस विचित्र अतीन्द्रिय-अगोचर प्रेम के बारे में क्या कहूँ? जंगल-झुरमुट में खोये उस क़ब्रिस्तान की निन्द्राविहीन होनोविया! सचमुच मैं पागल हूँ। अगर पागल न होता, तो मि. ओवेन की क़ब्र के इर्द-गिर्द रात-बेरात न घुमड़ा होता।

सर फ्रांसिस और होनोविया लेटिटिया की मज़ारों के संग-संग मि. ओवेन की समाधि पर जाने कितनी बार रातों को मैं ज़ेब में समोसे लेकर गया था। पर पता नहीं क्यों मि. ओवेन मुझे कभी नहीं मिले। मि. ओवेन की समाधि जितनी कसीदेदार है, उतनी ही कसीदेदारी उनकी समाधि से जुड़े किस्सों में है। मुझे उनकी समाधि पर अंकित एक-एक हर्फ़ याद है। 19 सितम्बर, 1806 को गया में गुज़रे मि. ओवेन को यहीं उनकी पत्नी एनी टॉकिंसन ने दफ़नाया था, जिसके विवरण वर्षों की धूल-धूप और बारिश में धुँधले पड़ चुके हैं। गयावासियों के बीच यह कपोल कथा अर्से तक चर्चित रही कि मि. ओवेन का भूत रातों को इधर से गुज़रने वाले यात्रियों से अंग्रेज़ी में चाय-समोसे माँगता है। मुझे हसरत थी कि काश मैं मि. ओवेन को समोसे खिलाकर खुश करता और उनके संग खड़े-खड़े चाय पीता। पर शायद मुझे मुफलिस-बेरोज़गार समझ मि. ओवेन मुझसे मिले ही नहीं। मिलते, तो हम दोनों को मज़ा आता। बाद में मैंने सुना कि एक परम सिद्ध फ़कीर को बुलाकर मि. ओवेन की रूह को बाँधा गया। आश्चर्य होता है कि क्या रूह भी कहीं बाँधी जा सकती है? फिर भी दुनिया आत्माओं को अपने तरीके से ठौर लगाती है। पर इन दुनियावी कुटिल खेलों के अलावा जो अदृश्य है, मनुष्य उसकी कल्पना तक नहीं कर सकता। क्या मनुष्य सोच भी सकता है कि गहन

मौन रातों में कैसे बिल्लियाँ आकाश जोतती हैं...कि कैसे उसमें अपने आँसू बोती हैं...। मैं अभी बोधगया के आकाश में घुमड़ती सैकड़ों बेचैन बिल्लियों को देख रहा हूँ।

पर इससे क्या? क्या होगा इससे? मुँह अँधेरे आकाश की ये सारी व्यथित बिल्लियाँ धरती पर बग़ैर आवाज़ के आ गिरेंगी। सच है कि आकाश में आँसू बोने से कोई फ़ायदा नहीं। आँसू, प्यार, आशा और श्रद्धा धरती का सच है। 'जीन अमिताभ ट्रस्ट' की श्रीमती जीन पियरे उर्फ़ मम्मीजी को उनके लिए गाड़ी चलाने से लेकर हर काम करने वाले मुन्ना ने यही कहा था, "हम डू सब थिंग फॉर यू...बहुत टेक केयर फॉर यू...।" गया ज़िला स्कूल के चपरासी बोधगया प्रखंड अन्तर्गत दोमुहान के समीप स्थित इलरा गाँव के तालकेश्वर का बेटा है मुन्ना पासवान। तालकेश्वर से मैं दुलारचन्द के ज़रिये परिचित हूँ। मुन्ना अनपढ़ था। हाँ, उसका छोटा भाई मैट्रिक में था। शुरू में वह मम्मीजी के स्कूल की गाड़ी चलाता था। अपने ग़रीब परिवार को सहारा देने के लिए मुन्ना ने ड्राइवरी सीखी थी।

संयोगवश, मम्मीजी की संस्था में उसे नौकरी मिल गई। उस समय मम्मीजी की गाड़ी का ड्राइवर था प्रमोद। मुन्ना हमेशा सपने में देखता था कि वह मम्मीजी की गाड़ी चला रहा है। और एक दिन उसका सपना सच हो गया। आकाश में बैठे 'हुकुम' ने उसकी हसरत देख ली। फिर एक दिन जब अपने ड्राइवर प्रमोद को बदमिजाजी के कारण मम्मीजी ने हटा दिया और मुन्ना से गाड़ी चलाने को कहा, तो मुन्ना के हाथ-पाँव काँप रहे थे। मुन्ना घबराया हुआ था कि मम्मीजी अंग्रेज़ी में कुछ बोलेंगी और वह बात नहीं समझेगा, तब सीधे बर्खास्त हो जाएगा। उसने अंग्रेज़ी में मम्मीजी से बात करने वाले संस्था के एक सदस्य से मिन्नत कर मम्मीजी को कहलवाया कि वह उनकी गाड़ी चलाने में डरता है। पर मम्मीजी ने मुस्कुराकर कहा, "नो, मुन्ना विल ड्राइव माई कार।" अब दो-तीन साल हो गए। मुन्ना ने एक दिन राहत की साँस लेकर कहा, "अब अंडरस्टैंड का प्रोब्लम नहीं है। हाँ, सबको मुझसे जियोलॉजी (जेलेसी) होता है कि मम्मी का ड्राइवर मुन्ना क्यों है?" मम्मीजी को देवी-महारानी से कम नहीं मानता है मुन्ना।

एक दिन मम्मीजी ने जब उसे पीठ ठोक कर सबके बीच शाबाशी दी, तो भावावेश में टपकती आँखों से मुन्ना ने कहा, "माइ जान गिभ फॉर यू मम्मी! यू आर नॉट घमंडी...। आप एकदम मालती फ्लावर...झुक-झुककर...वो क्या कहते हैं...डाउन-डाउन होकर खिलना...।"

तब मुस्कुराते हुए मम्मीजी ने पूछा, "और जब मम्मी मरना?"

मुन्ना ने फ़ौरन भर्राये गले से कहा, "मम्मी मरना, तो मुन्ना मरना।"

जीन पियरे की संस्था 'जीन अमिताभ ट्रस्ट' में कार्यरत गार्ड पिंटू, रज्जू, कृष्णा सर जितने भी हैं—सब मम्मी के लिए जीने-मरने वाले।

मम्मीजी भी इन सबके लिए जीती-मरती हैं। मॉरिशस की सीमा से सटे फ्रांस के एक सुन्दर-से द्वीप 'ला रियूनियन' के पर्वतीय ग्राम 'प्रात' की हैं मम्मीजी। फ्रांस में भी 'प्रात' शब्द है और हिन्दी में भी-प्रात। फ्रेंच में इसका जो भी अर्थ होता हो। हिसाए भाभी के संग मैंने एक बार कुछ घंटे तक जीन पियरे की बातें सुनी थीं। उनके गाँव प्रात की यादें। किसानों के उस गाँव में कैसे वहाँ की स्त्रियाँ देर रात तक गा-गाकर फसल को चालती-चुनती थीं और उसका भंडारण करती थीं। छह भाई-बहनों वाली जीन पियरे उस उमंग को याद करते हुए मुझे नन्ही बच्ची-सी दिख पड़ीं, जिसका जन्मदिन मनाया जा रहा हो। जीन पियरे जब भाव-विभोर होकर बता रही थीं कि अपने सीमित साधनों के बावजूद उनके पिता उनके जन्मदिन के अवसर पर जादूगर को बुलाकर शो कराना नहीं भूलते थे, तो मुझे लगा जीवन के जादू में खोई एक बच्ची को मैं देख रहा हूँ।

बोधगया में ये और ऐसी कई हस्तियाँ हैं। जैसे उत्तरी इटली के मि. वेलेंटिनो। वर्ष 1993 में वे भारत आकर दलाई लामा से मिले, फिर सारनाथ में अनाथ-ग़रीब बच्चों का स्कूल शुरू किया। वहाँ से जब इत्मीनान हुए, तो बोधगया से आठ किलोमीटर दूर बरवट्टा में दलित-ग़रीबों के वास्ते स्कूल खोला। लगभग चार-पाँच सौ बच्चे वहाँ हैं। और मिनेहाहा! जापान में सुश्री मात्सुकी मिने यानी मिनेहाहा का नाम पॉप संगीत का जादू माना जाता है। बोधगया में सब उसे जापान की लता मंगेशकर-आशा भोसले कहते हैं। बोधगया प्रखंड के ज्ञानखाप गाँव में मिनेहाहा ने अपने नाम पर स्कूल खुलवा रखा है। रामपुर कटोरवा के निरंजन को इन्होंने स्कूल की ज़िम्मेदारी सौंप रखी है। इस स्कूल के प्राचार्य चन्द्रदेव दास गया के चन्दौती के हैं। मेरे पुराने परिचित। गया कॉलेज में मुझसे दो साल सीनियर थे। उन्होंने ही मुझे मिनेहाहा से मिलवाया था। चन्द्रदेवजी की इच्छा थी कि मैं 'मिनेहाहा स्कूल' में बतौर शिक्षक जुड़ जाऊँ। पर मुझसे लम्बी बातचीत के बाद मिनेहाहा समझ गईं कि मैं एक स्वतंत्र स्वभाव का प्राणी हूँ और नौकरी की छपरबन्दी में टिकनेवाला नहीं। निरंजन और चन्द्रदेवजी समेत सभी लोग अचरज में थे कि जापान की इतनी नामचीन गायिका मुझसे इस तरह देर तक भला बात कैसे करती रही। अपने चुनिन्दा गाने उसने इतनी तन्मयता से कैसे गाए...और अपनी असफल प्रेम-कथा सुनाकर अन्त में मेरे सामने रो क्यों पड़ी?

गया-बोधगया में जन्मे और पले-बढ़े होने के कारण थोड़ी-बहुत जापानी मैं भी समझ लेता हूँ। उस रात पहली ही मुलाक़ात में पता नहीं क्यों, अंग्रेज़ी और जापानी मिश्रित भाषा में मिनेहाहा अपने विफल प्रेम-प्रसंग को मुझसे छेड़ बैठी थी। देर तक अपने बीते हुए स्वप्न में धूल-धूसरित होती रही थी। कोयल सिर्फ़ विरह के गीत गाती है, संयोग और मिलन का नहीं। मन दुखी हो गया। लगा कि क्या मिनेहाहा के स्वर में इतनी मिठास इसलिए है कि उसके पास विरह है! मिनेहाहा का

ऐसा विकल स्वरूप निरंजन और चन्द्रदेवजी ने कभी नहीं देखा था। जापान का सुपर स्टार जिसने 'लास्ट समुराई' फिल्म से विश्व ख्याति पाई थी, मिनेहाहा का प्रेमी था। पर जाने क्या हुआ कि चुपचाप एक दिन उसने एक अभिनेत्री से शादी कर ली। हालाँकि उसकी वह शादी बहुत दिनों तक नहीं चली। वह फिर मिनेहाहा के पास आया। पर मिनेहाहा ने यह कहते हुए इंकार कर दिया कि, "इस जनम में तुम जूठे हो चुके हो। अगले जनम में तरोताजा होकर मेरे पास आना।" जापान की लता मंगेशकर आँसुओं से भीग रही थी। अनायास मुझे ब्रिटिश क़ब्रिस्तान के क़ब्र में सोई 17 वर्ष की उम्र में चल बसी होनोविया लेटिटिया की याद आई। सन् 1833 में जन्मी और सन् 1850 में गुज़र गई यह कमसिन लड़की भी क्या किसी के प्यार में इस तरह रोई थी? क्या इसने भी जापान की लता मंगेशकर की तरह सुबक कर किसी से कहा था, "आइ लव्ड हिम...आई मिस हिम...।" अच्छा हुआ कि किसी लड़की ने मुझसे प्यार नहीं किया। मेरे विछोह के गहरे दुख में गुम नहीं हुई। आहत हवा की तरह मेरी साँसों में नहीं घुली। ऐसा होता, तो आज मैं यहाँ नहीं होता। अभी पता नहीं क्यों मुझे लग रहा है कि सारंगी बजाते बैरागी राजा भर्तृहरि मेरे आगे-आगे चल रहे हैं।

अभी मैं इस रात्रि की गहन श्यामल योनि में घुमड़ रहा हूँ। बोधगया की सड़क पर गुरु गोरखनाथ के शिष्य भर्तृहरि की भाँति असंख्य विदेही आत्माओं को चारो तरफ़ महसूस कर रहा हूँ। हालाँकि, मैं राजा भर्तृहरि कहाँ से होऊँगा? उज्जैन के राजर्षि भर्तृहरि, जिन्होंने बैरागी जीवन अपनाने के बाद अपने अनुज विक्रमादित्य को राजगद्दी सौंप दी थी, मैं उनके वैराग्य का कण भी कभी पा सकूँगा क्या? बचपन में गेरुआ वस्त्र में सारंगी बजा-बजाकर भर्तृहरि और गोपीचन्द की कथा सुनाने वाले जब दरवाज़े पर आते थे, तो मैं बग़ैर कथा समझे भी उसके करुण लय में खो जाता था। दादाजी बताते थे भर्तृहरि के अनुज राजा विक्रमादित्य की कथा। विक्रमादित्य की प्रसिद्ध 'बैताल पचीसी' की कथाएँ। स्वप्न...यंत्रणा...मृत्यु और मोक्ष की चौकठ पर अभी मैं भी एक बैताल की भाँति डोल रहा हूँ। बोधगया के बैतालों का मुहल्ला है पचहट्टी। इस मुहल्ले में एक जीवित प्रेत...एक विछिन्न बैताल की तरह प्यार-दुलार और करुणा के तमाम विराम चिह्नों, कॉमा और सेमिकॉलन को लाँघकर मैं काल भैरव की भाँति घूम रहा हूँ। भर्त्सना, तिरस्कार और अपमान ही काल भैरव का पेय है। मेरी परवरिश इसी से हुई है। मुन्ना पासवान की तरह मैं आँखों में आँसू भरकर यह भी किसी से नहीं कह सकता..."मम्मी मरना...मुन्ना मरना।" ऐसा कुछ भी नहीं है मेरे जीवन में। एक प्रेत-बैताल को क्या मतलब आमोद से? क्या अन्तर विषाद से? क्या लेना-देना करुणा से? प्रेम और करुणा के निर्मल कुओं को मैंने कभी का पत्थरों से पाट दिया है। ये पत्थर वज्र सरीखे मेरे विचार और संकल्प हैं। अनन्त आक्रमण के निर्मम आयुध। मैं पचहट्टी के उत्तर बढ़ रहा हूँ, जिधर राजापुर, सोनूबिगहा, डेहरिया बिगहा, नेवतापुर और अम्मा ठोकर गाँव है। बहुत दिन हो गए

इन गाँवों को देखे। मैं फूटती किरणों में इन गाँवों को निहारना चाहता हूँ। दिन भर कहीं उधर ही रहूँगा। पर रात को लौटकर मस्तीपुर उर्फ़ न्यू बुद्धा ग्राम और कालचक्र मैदान के नीचे स्थित मियाँ बिगहा उर्फ़ सिद्धार्थनगर भी जाऊँगा। मस्तीपुर के विजय माँझी...मियाँ बिगहा के बबलू माँझी...जाने कितने चेहरे परछाईं की तरह मेरे साथ चल रहे हैं। डग भरते हुए पक्षियों के डैनों का कम्पन मैं अपने भीतर लगातार महसूस कर रहा हूँ।

हातिमताई का 'ऑपरेशन शेरघाटी'

आज मुँहअँधेरे बोधगया से पत्थरकट्टी के लिए निकला हूँ। मटमैली भोर की हल्की स्लेटी-सफ़ेद ठंड में बस पत्थरकट्टी के रास्ते में है और मैं अपने अब तक के जीवन के पन्नों, परिच्छेदों और प्रसंगों की धुँधली-मटमैली स्मृतियों में खोया हुआ हूँ। मेरी ज़ेब में वीरझन गुरु का एक पासपोर्ट साइज फ़ोटो उसी तरह पड़ा है, जैसे एक पिता की ज़ेब में बीमार बेटे के वास्ते डॉक्टर का लिखा पुर्जा। वीरझन गुरु की तस्वीर के लिए जब दुलारचन्द से मैंने ज़िद बाँध दी, तो वह शाहमीर तकिया पहाड़ी स्थित उनके घर गया और बहुत ढूँढ़-ढाँढकर उनके भाई से उनकी यह पासपोर्ट साइज तस्वीर लाया। दुलारचन्द को मैंने बताया था कि संगतघाट अखाड़ा में वीरझन गुरु की स्मृति में उनकी एक छोटी-सी मूर्ति लगवाना चाहता हूँ। दुलारचन्द ने कहा था कि मूर्ति का ऑर्डर देने के लिए वह मुझे कभी मुँहअँधेरे अपनी मोटरसाइकिल पर पत्थरकट्टी ले जाएगा और वहाँ के दिग्गज मूर्तिकार सुरेशलाल गौड़ को मूर्ति निर्माण के लिए वीरझन गुरु की तस्वीर सौंप देगा। पर दुलारचन्द को मैंने मना कर दिया। मैं नहीं चाहता कि मेरे कारण वह कण भर की मुसीबत में पड़े। मैंने उसे समझाया कि मूर्ति का ऑर्डर अकेले मैं पत्थरकट्टी जाकर दे आता हूँ और तैयार हो जाने पर उसे पत्थरकट्टी से लाकर संगतघाट अखाड़ा में स्थापित करने की ज़िम्मेदारी उसकी होगी। दुलारचन्द अब मुझसे पहले की तरह ज़्यादा ज़िद-जिरह नहीं करता है। मेरी हर बात को वह एक महान रणनीति का अंग मानता है। सो, प्यारे बच्चे की तरह वह तुरन्त मान गया।

पत्थरकट्टी लगभग एक हज़ार की आबादी का गाँव है। गाँव में भारद्वाज गोत्र के गौड़ सारस्वत ब्राह्मण, राजपूत, मुसहर और पासी आदि की मुख्य आबादी है। गाँव में अधिकतर चार-पाँच कट्ठा के जोतदार हैं। मात्र एक राजपूत परिवार ऐसा है, जिसके पास खेती की दस बीघा ज़मीन है। गाँव में जो भी राजपूत हैं, उनके पूर्वज

बलिया से यहाँ आकर बसे। पहले पत्थरकट्टी ही एक बड़ा पंचायत था। पर बाद में उसमें एक और पंचायत को जोड़ एक नया खुखरी पंचायत बना दिया गया। पहाड़ी-पथरीला इलाक़ा होने के कारण यहाँ किसानों को हमेशा पानी के भीषण संकट से जूझना पड़ता है। रिंग बोरिंग से जरा-मरा काम चलता है। धान, गेहूँ और सरसों आदि यहाँ की मुख्य फसलें हैं।

किरण फूटी ही रही है। सोच रहा हूँ यहाँ कहाँ नहाऊँ-धोऊँ? पिछली बार जब दुलारचन्द के साथ यहाँ आया था, तो गाँव में स्थित 'आदि गौड़ ब्राह्मण सेवा सदन' नामक गौड़ ब्राह्मणों द्वारा संचालित एक छोटे-से धर्मशाला पर नज़र पड़ी थी। वहाँ जाकर देखता हूँ। धर्मशाला का आधा भवन जर्जर दशा में है और आधे में स्टटे बैंक की शाखा का बोर्ड लगा है। इस धर्मशाला से चन्द क़दम आगे एक भग्न मन्दिर परिसर दिख रहा है। मन्दिर का गुम्बदनुमा प्रवेश द्वार किसी भी दिन गिरने की स्थिति में है। मन्दिर परिसर में अभी सन्नाटा पसरा हुआ है। इस परिसर में अमरुद, नीम, पपीता, कनैल और पीपल तक के वृक्ष हैं। यत्र-तत्र नन्हें नीले फूलोंवाली अपराजिता की लतरें फैली हैं। मैं ऊपर अभी मन्दिर के चबूतरे पर चढ़ ही रहा हूँ कि एक बुजुर्ग विक्षित-सा संन्यासी भग्न प्रवेश द्वार से जिन्न की तरह पीछे से प्रकट हुआ है, "तुम कौन है बच्चा?" पकी लम्बी दाढ़ीवाला संन्यासी किंचित् लड़खड़ाए स्वर में पूछता है।

"मैं रामजानकी दास! यहाँ काम से आया हूँ।" मैं मुड़कर गोल-मोल जवाब देता हूँ।

"मैं इस मन्दिर का पुजारी मनोहरलाल गौड़ हूँ। अच्छा किया यहाँ आकर। यहाँ अब कोई नहीं आता। मन्दिर के दीपक का तेल भी मुझे माँग-चाँग कर जुटाना पड़ता है। बच्चा! हम देवकाल से राक्षस काल में पहुँच गए हैं।" पुजारी मनोहरलाल गौड़ धाराप्रवाह जारी हैं, "यह मूर्तियों का गाँव है...समझे रामजानकी दास! पर इस गाँव के दोनों-तीनों मन्दिर गिरी-पड़ी हालत में हैं। इन मन्दिरों की मूर्तियाँ वर्षों से रो रही हैं। एक तो इसी जगह को देखो। इस परिसर में एक यह राम-जानकी मन्दिर और दूसरा सूर्य मन्दिर है। देखो इनकी दशा...! इनके भोग-राग और दीपक तक पर आफत है। अठारह बीघा ज़मीन है इस मन्दिर के ज़िम्मे। पर वह दूसरों के क़ब्ज़े में है। मन्दिर ट्रस्ट के सचिव गुलाब सिंह के मरने के बाद यह मन्दिर भी मरणासन्न हो गया। खुखरी, कटारी, बजना...पहाड़ के उस पार झरहा और सरबहदा आदि गाँवों से भीख माँग कर राम-जानकी और सूर्य मन्दिर का गुज़र करता हूँ। मैं जब तक हूँ, गाड़ी खींच रहा हूँ। ग़रीब भगवान और उसके भिखमंगा पुजारी को इ.पी.एल... बी.पी.एल. भी कौन देगा?" गहरी साँस लेते हुए वे पत्थरकट्टी पहाड़ की तरफ़ इशारा कर कहते हैं, "पत्थरकट्टी पहाड़ के ऊपर भी ज़माने से बजरंगबली का एक मन्दिर है। कबके खँडहर हो चुका है यह मन्दिर। वर्षों पहले पंजाब के सन्त बाबा

तारासिंह अवधूत इस मन्दिर की सेवा करते थे। उनके मरने के बाद से वहाँ कोई पुजारी नहीं है। मन्दिर के सारे किवाड़ चोर सब कबाड़ कर ले गए। वह मन्दिर लगभग गिर गया है। इस तरह बेटा रामजानकी दास! मूर्तियों के गाँव के तीनों मन्दिर लगभग मर चुके हैं।'' पुजारी मनोहरलाल गौड़ की आँखों से टप-टप आँसू टपक रहे हैं और मुझे कुछ सूझ नहीं रहा। पुजारी मनोहरलाल गौड़ सुबह की आरती के लिए मन्दिर का पट खोलते हैं। मैं भारी मन से टहलते हुए मन्दिर के भग्न मुख्य द्वार पर आ खड़ा हुआ हूँ। ठीक सामने एक बहुत पुराना विशाल बरगद है। बरगद के नीचे दो-चार ग्रामीण खड़े हैं। मैं मन्द क़दमों से उनके पास जाता हूँ, ''इन मन्दिरों की इतनी बुरी दशा क्यों है? आप गाँव के लोग इस पर ध्यान क्यों नहीं देते?'' मेरा स्वर तनिक खिन्न है।

''पहले परिचय कर लूँ तो बात करने में सुविधा होगी। मेरा नाम सूबेदार सिंह है।'' एक बुजुर्ग ग्रामीण अभिवादन के संग पूछते हैं, ''और आप?''

''मैं रामजानकी दास हूँ। चाँदचौरा गया का। एक मूर्ति बनवाने यहाँ आया हूँ।''

''अच्छा ठीक है। आप मन्दिरों की दुर्दशा के बारे में पूछ रहे हैं। बाबू, यह पूरा गाँव ही दुर्दशा का शिकार है! वह जो सामने दर्जनों कमरे निर्माणाधीन दिखाई दे रहे हैं, वह इसी मन्दिर ट्रस्ट की ज़मीन पर है। सरकार यहाँ पर्यटन केन्द्र बनवा रही है। पर्यटक यहाँ गिरे हुए मन्दिर और रोते मूर्तिकारों से आकर मिलेंगे। पुजारी मनोहरलाल तो लगभग विक्षिप्त हो चुका है। बीते 22 वर्षों से वह राम-जानकी और सूर्य मन्दिर की सेवा कर रहा है। इसी से नाराज़ होकर इसकी पत्नी अपने तीनों बेटों को लेकर पन्द्रह साल पहले राजस्थान चली गई। पन्द्रह वर्षों से यह अपने परिवार से नहीं मिला है।'' क्षोभ में डूबे बूढ़े सूबेदार सिंह कहते हैं, ''गाँव के प्राथमिक विद्यालय का छत लगभग गिर चुका है। ढाई सौ बच्चे यहाँ पढ़ते हैं। जब सरकारी अधिकारियों से इसे बनवाने का अनुरोध किया गया, तो बजाय छत बनवाने के गाँव के प्राथमिक विद्यालय को यहाँ से तीन किलोमीटर दूर खुखरी भेज दिया गया। यहाँ किसी की हालत अच्छी नहीं। न मन्दिर की न विद्यालय की और न मनुष्य की।''

गाँव के बुजुर्ग गौड़ सारस्वत ब्राह्मण मूर्तिकार सुरेशलाल गौड़ मिलने पर इसकी पुष्टि करते हैं। वे कहते हैं, ''यहाँ के मूर्तिकारों की हालत अच्छी नहीं। काले पत्थर की बस धार्मिक मूर्तियाँ बनती हैं, लेकिन व्यक्ति विशेष की मूर्ति के लिए लोग संगमरमर पसन्द करते हैं। राजस्थान से यहाँ संगमरमर बहुत मुसीबत से हमलोग मँगवा पाते हैं। बस किसी तरह समय की सेवा कर रहा हूँ। गाँव में मूर्तियों के एक बिक्री केन्द्र के लिए हम लोगों ने जाने कितनी बार सरकार में अर्जी दी। पर कहीं कुछ नहीं...।'' सुरेशलाल गौड़ कहीं खो-से जाते हैं।

''यह मूर्ति काले पत्थर की बनाइएगा।'' वीरझन गुरु की तस्वीर और कुछ अग्रिम राशि थमाते हुए उनसे कहता हूँ, ''अगले महीने मेरा मित्र दुलारचन्द आकर

मूर्ति ले जाएगा। आप तो उसे जानते भी हैं। देखेंगे तो पहचान जाएँगे।'' शाम हो रही है। सुरेश लाल गौड़ से विदा लेकर मैं बोधगया के लिए बस में बैठ गया हूँ। बस की खिड़की से पत्थर-कट्टी पहाड़ को निहारता हूँ। सोचता हूँ, प्रकृति रात को तराश कर किस तरह सुबह देती है और इसी तरह काले पहाड़ के पत्थरों को तराश कर सैकड़ों साल से यहाँ के कलाकार मुग्ध कर देनेवाली मूर्तियाँ देते रहे हैं। पर पत्थरकट्टी की सुबह कहीं अटक गई है।

शरद के आख़िरी दिन हैं। दुर्गापूजा भी बीत चुकी है। 'ऑपरेशन शेरघाटी' को अंजाम देने के लिए मेरे पास मात्र अब एक दिन है। कल शेरघाटी उपकारा से किसी भी सूरत में मुझे उन तीन सौ से अधिक युवकों को हर हाल में आज़ाद कराना है, जो मरांडी उर्फ़ तूफ़ान उर्फ़ राणा उर्फ़ चीफ के वीभत्स जाल में उलझकर वर्षों से अशब्द जेल में घुट रहे हैं। तोड़ी हुई डाली की पत्तियों सरीखी मुरझाहट और छीले वृक्ष की तरह जेल में सूख रहे हैं। ईश्वर, इतिहास और मनुष्य—सबकी दृष्टि से ओझल हैं ये लोग।

मैं इस बीतती रात में बोधगया के भुइयाँ बहुल मस्तीपुर उर्फ़ 'न्यू बुद्धा ग्राम' के खँडहर सरीखे कम्युनिटि हॉल के वीरान परिसर में हातिम ताई की तरह डोल रहा हूँ। कुछ घंटे बाद उजाला फूटेगा और उसके पहले मुझे किसी बस से शेरघाटी के वास्ते निकल जाना है। कल को लेकर मैंने मन में तैयारी कर ली है। पर मन के भीतर लगातार एक सहमी-सी चुप्पी घुमड़ रही है। हातिम को मीना परीज़ाद की बेटी हुस्नबानो के सात सवालों के जवाब ढूँढ़ने में दस साल, सात महीने और नौ दिन लग गए थे। मेरे पास किसी हुस्नबानो का सवाल नहीं। मेरे पास खुद कई अपने सवाल हैं। पर दस साल, सात महीने और नौ दिन शायद ही मैं जी सकूँ। हातिमताई अरब गणराज्य के एक कबीले 'तय' के सरदार का बेटा था। वैसे, 'तय' महज़ एक कबीला था लेकिन 'तय' के लोग अपने सरदार शाहजमान को 'बादशाह' कहते थे। बादशाह शाहजमान और उनकी मलिका माहेजमाल की बहुत मन्नतों के बाद उनका बेटा हातिमताई धरती पर आया था। पर मेरे लिए किसने मन्नत की होगी... ? मन्नतों से पैदा हुआ था, इसलिए हातिम ईश्वर का नेक बन्दा था। मैं फल्गु के रेत से बना पिंड हूँ, इसलिए मेरी सूखी-जलती धमनियों में जीवन नहीं, मृत्यु की निरन्तर आवाजाही है। पर इन जलती धमनियों से क्योंकि आत्मा का उच्चारण मैं स्पष्ट सुन पाता हूँ, इसलिए अपने जीवन के योजन-योजन रेत में विचलित नहीं हूँ।

ये बीते बारह-चौदह दिन एकदम आत्मारामय रहे। हालाँकि इन दिनों मैं एक बार भी, रात-आधी रात को भी गया नहीं गया। बस एक दिन पत्थरकट्टी की यात्रा की। बाराचट्टी से निकलते समय ही मैंने तय कर लिया था कि इस बार मन भर कर बोधगया और उसके इर्द-गिर्द के गाँवों में घुमूँगा। पुरानी स्मृतियों को ताजा करूँगा। कुछ साल पहले सरकार ने फल्गु नदी के प्रदूषण को दूर करने की

बड़ी कवायद की थी। जाने कितनी बार, कितने सरकारी अमले-फैले आए। फल्गु के प्रदूषण के अध्ययन के बाद निष्कर्ष निकाला गया कि मनसरवा से लेकर पंचायती अखाड़ा तक जो नौ नाले फल्गु में गिरते हैं, उससे यह रेत की नदी लगातार मैली हो रही है। पर बाद में कुछ नहीं हुआ। नालों का पानी वैसे ही फल्गु में गिरता रहा। फल्गु को प्रदूषण मुक्त करने का विचार ठंडे बस्ते में चला गया। पर अपने मन की सरकार स्वयं मैं हूँ। अपने मन के फल्गु का प्रदूषण समय-समय पर मुझे स्वयं ही खत्म करना होगा। इसलिए बाराचट्टी से बोधगया की बस पर सवार होते हुए मैंने तय कर लिया था कि इन बारह-चौदह दिनों में मैं बोधगया और उसके समीप के अपने प्रिय सुपरिचित स्थलों में अलख निरंजन की तरह और उतावले निहंग-सा विचरण करूँगा। जानता हूँ कि मैं खरदिमाग हूँ। पर खरदिमागी लोग ही पूरे 24 कैरेट के होते हैं और हर हाल में जीवन का चरम आनन्द पाते हैं। सजावट के बदले तरावट की खोज में रहते हैं। इसलिए खरदिमागी और मस्ती का अटूट नाता है।

मस्तीपुर के खँडहरनुमा भुतहा सामुदायिक भवन के उजाड़ परिसर में, जहाँ मैं अभी चहलकदमी कर रहा हूँ, इसमें सुबह को मस्तीपुर के दलित-मुसहर बच्चों की एक बस नाम की पाठशाला चलती है। मोबाइल की रोशनी एक पल के लिए जलाकर मैंने बुझा दी है। सामुदायिक भवन में मकड़ों का साम्राज्य फैला है। मुँह से लार निकाल-निकालकर किस हुनर से ये पूरा जाल बना लेते हैं। मुझे मकड़ों का तानाबाना हमेशा से आकर्षित करता रहा है। सीफत से साम्राज्य फैलाकर शिकार करने की तरकीब कोई मकड़ों से सीखे। मकड़ों को निहारने की मेरी सनक को देख दुलारचन्द मुझसे बिहँसकर कहता भी रहा है कि, "अगले जनम में ईश्वर तुम्हें मकड़ा बनाएँ। जाल बुनकर बीच में राजा की तरह बैठे रहना।"

"पर मैं सृष्टि का प्रथम रीढ़वाला मकड़ा होऊँगा। तुम पतिंगे की योनि में रहोगे और मेरे जाल में फँसोगे।" मेरी इस बात पर वह ठहाके लगाकर कहता, "अभी भी तो तुम्हारे ही जाल में हूँ।"

जालों का जादूगर है मकड़ा! सामुदायिक भवन के बरामदे पर फिर से मोबाइल की रोशनी जलाकर देख रहा हूँ। अनेक प्रकार की जालियाँ। नन्हें पृथ्वी मंडल की तरह गोलाकार जाली, भुट्टे और कुप्पी के आकार की जाली। कुंडली और पट्टीदार जाली। अधिकतर जाले गोलाकार हैं। उसकी बढ़त कुप्पी के आकार की है और वह अन्ततः एक सुरंग-सी दिखती है। पूरा सामुदायिक भवन मकड़ों का मुख्यालय बना हुआ है। इस सामुदायिक भवन को श्रीलंका सरकार ने बनवाया था। मुसहर बहुल मस्तीपुर उर्फ़ न्यू बुद्धाग्राम की एक संक्षिप्त-सी अन्तरराष्ट्रीय झुर्रीदार कहानी है। इस कहानी का संक्षिप्त ब्यौरा मस्तीपुर के प्रवेश मार्ग पर लगे एक शिलापट्ट से किसी को भी मिल सकता है, जो समय के साथ पूरा धूसर और गँदला हो चुका है।

फिर भी ग़ौर से देखने पर इस शिलापट्ट को पढ़ा जा सकता है—'बोधगया के भुइयाँ-दलित के लिए प्रजातांत्रिक समाजवादी गणतंत्र श्रीलंका के राष्ट्रपति महामहिम श्री रणसिंह प्रेमदासा के निर्देशानुसार श्रीलंका के आवास एवं निर्माण मंत्रलय द्वारा निर्मित इस 100 गृहों के 'बुद्धा ग्राम' को माननीय श्री वी. सिरिसेन कुरे, आवास एवं निर्माण मंत्री, श्रीलंका सरकार के आमंत्रण पर श्रीलंका के राष्ट्रपति महामहिम श्री रणसिंह प्रेमदासा ने 13 अप्रैल, 1993 को बोधगया की जनता को सिपुर्द किया।' न्यू बुद्धा ग्राम के पास ही 'साक्य मोनेस्ट्री' का एक बोर्ड लगा है। बुद्धा ग्राम के सामने ही गया के सांसद रहे स्व. राजेश कुमार का विशाल होटल है—'बुद्धा इंटरनेशनल होटल'। इसी के पास 'होटल उरूवेला इंटरनेशनल' और 'होटल टोकियो विहार'। मस्तीपुर बुद्धाग्राम के दक्षिण भीम सिंह यादव का होटल है 'लॉर्ड बुद्धा होटल'। 'होटल टोकियो विहार' के ठीक सामने स्थित जापानी टेम्पल रात भर रोशनी से जगर-मगर करता है। जापानी टेम्पल का पूरा नाम है—इन्दोसान नफोनजि जापानी मन्दिर। इसके अन्दर 'कोम्यो दातव्य औषधालय' भी है। पर जापानी मन्दिर के इर्द-गिर्द पूरा अँधेरा। इसे ही कहते हैं, चिराग तले अँधेरा। मन्दिरों और महँगे होटलों के ठीक सामने का मस्तीपुर बुद्धा ग्राम रात-भर अन्धकार, अनिन्द्रा, नशा, गाली-गलौज और चीख-पुकार में विकल रहता है।

मस्तीपुर में भुइयाँ लोगों के जहाँ डेढ़ सौ घर हैं, वहीं दस घर मुस्लिमों और दस घर दुसाधों के हैं। मस्तीपुर का विजय कुमार माँझी पत्नी ललिता के संग मस्तीपुर बुद्धा ग्राम के वास्ते सुबह से रात तक जुटा रहता है। बोधगया नगर पंचायत के वार्ड नम्बर 17 के अन्तर्गत आता है—मस्तीपुर। विजय माँझी की पत्नी ललिता 17 वार्ड की वार्ड आयुक्त है। मस्तीपुर बुद्धा ग्राम पहले वार्ड नम्बर दस में था। बाद में खिसककर 17 वार्ड में आया। श्रीलंका के राष्ट्रपति रणसिंह प्रेमदासा मस्तीपुर पर इतने सदय हुए लेकिन नशा और बदहाली से मस्तीपुर टस से मस न हुआ। मस्तीपुर में अगर मस्ती है, तो सिर्फ़ नशे की। आज मस्तीपुर जहाँ है, यह ज़मीन पहले बोधगया मठ की थी। सत्तर के दशक में 'छात्र युवा संघर्ष समिति' ने लम्बा अटूट संघर्ष चलाया कि मठ यह ज़मीन दलितों के बसने के लिए बन्दोबस्त करे। मठ भी झुकने को तैयार न था। संघर्ष वाहिनी के लड़ाकू युवकों के साथ कई भुइयाँ लोगों ने गिरफ़्तारी दी। विजय माँझी के माता-पिता कलामती देवी और कैलास माँझी ने तो इस आन्दोलन में कई बार जेल यात्रा की। अन्त में मठ को झुकना पड़ा और दलितों को बसने के लिए ज़मीन देनी पड़ी। अपने माँ-बापवाला आन्दोलनकारी ख़ून विजय माँझी में भी है। 'होटल टोक्यो विहार' के ऐन सामने जब जापानी मन्दिर यहाँ बन रहा था, तो कैलास माँझी ने शुरू से आख़िर तक उसमें मज़दूरी की थी। जापानी मन्दिर को बनवाने का ठेका दिल्ली के जोगिंदर सिंह सेठी ने ले रखा था। कैलास माँझी के परिश्रम से सेठीजी बहुत खुश रहते थे। विजय को भी सेठीजी बहुत

स्नेह करते थे। दलित बच्चा होकर भी विजय अंग्रेज़ी थोड़ी-बहुत पढ़ लेता है, इस बात से सेठीजी बहुत खुश रहते थे।

बचपन से विजय कुशाग्र था और लाख मुसीबत हो पर वह स्कूल जाना नहीं छोड़ता था। जब उसके माता पिता आन्दोलन में जेल गए थे, तब भी वह नियमित स्कूल जाता रहा था। सो सेठीजी जब जापानी मन्दिर का निर्माण कार्य सम्पन्न कर वापस दिल्ली जाने लगे, तो विजय को अपने संग दिल्ली लेते गए। कुछ समय बाद सेठीजी ने जब कनाडा जाकर बसना तय किया, तो वे विजय को भी साथ ले जाना चाहते थे। उसी सिलसिले में पासपोर्ट के काग़ज़ात लेने विजय बोधगया आया था। और जिस दिन विजय बोधगया आया, उसी दिन श्रीलंका के राष्ट्रपति रणसिंह प्रेमदासा मस्तीपुर में 'न्यू बुद्धा ग्राम' का उद्घाटन करने पहुँचे थे। विजय उस समारोह में शरीक हुआ। उसका परिचय श्रीलंका के राष्ट्रपति से कराया गया कि यह भुइयाँ समुदाय का सबसे पढ़ा-लिखा युवक है। प्रेमदासाजी और उनकी पत्नी हेमा प्रेमदासा ने बड़े स्नेह से विजय को अपने बगल में बैठाया।

विजय ने जब उनको बताया कि वह कनाडा जानेवाला है, तो रणसिंह प्रेमदासा ने उसका हाथ पकड़कर कहा, "अपनी धरती की सेवा करो और सचमुच विजय बनो। मस्तीपुर में तुम श्रीलंका सरकार का प्रतिनिधि बनकर काम करो। तुम्हें सारी सुविधाएँ मिलेंगी।" बस यह एक बात। और विजय कभी मस्तीपुर से नहीं गया।

अप्रैल, 1993 के मध्य में प्रेमदासा ने बोधगया आकर 'न्यू बुद्धाग्राम' का उद्घाटन किया था और एक पखवारे के बाद ही पहली मई, 1993 को लिट्टे उग्रवादियों ने प्रेमदासा की हत्या कर डाली थी। विजय उस दिन फूट-फूटकर रोया था। प्रेमदासाजी को दिया वचन उसके लिए पत्थर की लकीर बन गई। प्रेमदासाजी मारे न गए होते, तो विजय का जीवन ही कुछ और होता। वैसे, बिहार सरकार के निर्देश पर गया ज़िला प्रशासन ने भी मस्तीपुर बुद्धाग्राम के सिर पर हाथ रखा। लगभग पन्द्रह भुइयाँ लोगों को रिक्शा दिया गया। किराने की अपनी दुकान खोलने के लिए दस भुइयाँ लोगों को दस-दस हज़ार का ऋण। पाँच को मिट्टी तेल की हॉकरी। विजय क्योंकि पढ़ा-लिखा था, इसलिए उसे जन वितरण प्रणाली की दुकान चलाने का लाइसेंस ज़िला प्रशासन ने दिया। इस तरह चैन की साँस लेने के बाद विजय माँझी ने मस्तीपुर के अपने समुदाय के बीच नशाखोरी के विरुद्ध मुहिम छेड़ी लेकिन इसका भारी दुष्परिणाम उसे झेलना पड़ा। उससे नाराज़ मस्तीपुर के भुइयाँ लोगों ने उसी पर अवैध रूप से महुआ की शराब बनाकर बिकवाने का आरोप दर्ज करा दिया। विजय को तब जेल जाना पड़ा था। पर जेल से निकलकर भी उसने मस्तीपुर में शराबबन्दी की मुहिम बन्द नहीं की। बाद में मस्तीपुर के लोगों को भी उसके ग़लत आरोप में जेल जाने का अफसोस था। इसलिए जब बोधगया नगर पंचायत का चुनाव हुआ, तो लोगों ने ज़िद कर विजय की पत्नी ललिता को वार्ड आयुक्त के लिए खड़ा करवाया।

ललिता को जीत दिलाकर मस्तीपुर के भुइयाँ लोगों ने विजय की उस जेल यात्रा का प्रायश्चित किया। पर मस्तीपुर इस सबके बावजूद नशे से कभी उबर नहीं सका। मस्तीपुर को यों भी लोग हमेशा से महुआ मस्तीपुर कहते आए हैं। महुआ की शराब अभी भी इस मुहल्ले की रग-रग में है। मठ के ख़िलाफ़ आन्दोलन में मारे गए पाँचू माँझी के बेटे अशोक माँझी की पत्नी मुनिया देवी अपने पति की नशाखोरी के लेकर विकल रहती है। मुनिया सरीखी मस्तीपुर की निन्यानवे फ़ीसदी स्त्रियों को यही व्यथा है। विजय माँझी की वार्ड आयुक्त पत्नी ललिता औरतों के दुख को समझती है। पर वार्ड आयुक्त बनकर भी ललिता लाचार है। सबको पता है कि पिछले एक साल से पूरे बोधगया नगर पंचायत का कामकाज लगभग ठप है।

दरअसल, नगर पंचायत अध्यक्ष आरती देवी की फरारी ने सारी स्थिति उलझा रखी है। आरती देवी पर आरोप है कि उसके मायके के वोटर लिस्ट में जहाँ उसका नाम पार्वती देवी है, वहीं बोधगया नगर पंचायत के अन्तर्गत उसकी ससुराल के वोटर लिस्ट में उसका नाम आरती देवी है। इसको लेकर आरती के विरोधी काफ़ी समय से उसके पीछे पड़े हैं। कहते हैं—अध्यक्ष जाली है, वह क्या काम करेगी। गिरफ़्तारी की आशंका से आरती फरार है। नगर पंचायत का काम ऐसे में क्या चलेगा? यही कारण है कि महीनों से मस्तीपुर में भी कोई सफ़ाईकर्मी नहीं आया है। मस्तीपुर को लेकर मुझे हमेशा से लगता रहा है कि किसी पिशाच ने हमेशा के लिए मस्तीपुर की समस्त खुशी को छिनगा लिया है। सन्ताप पचहट्टी में भी है और संसार में कहाँ नहीं है लेकिन मस्तीपुर को मैंने सदैव सन्तप्त पाया है। जो मस्तीपुर का सन्ताप दूर करने भी आता है, उसे क्रूर सज़ा मिलती है। जैसे रणसिंह प्रेमदासा की मौत! जैसे विजय माँझी की जेल यात्रा। सच है, कि मस्तीपुर का आकाश रात ही क्या, दिन के उजाले में भी काला है।

बोधगया में बस अब कुछ घंटे मुझे व्यतीत करने हैं। अँधेरे में पीपल की पत्ती की तरह मैं घूम-घूमकर नाच रहा हूँ। मर्मर करते खजूर के पेड़ की तरह अन्धकार के कौतुक को निहार रहा हूँ। अभी थोड़ी देर पहले म्यांमार के दो राजाओं राजा मिंडन और राजा बायग्इदा के जर्जर पुराने मन्दिर की हालत देख बड़ा क्षोभ हुआ। पर मेरा क्षोभ निरर्थक है। मैं इन मन्दिरों के जीर्णोद्धार के लिए क्या कर सकता हूँ। अब महाबोधि परिसर सामने है। वृक्षों से घिरा यह परिसर छोटे-छोटे ट्यूब लाइट में दमक रहा है। पर इसे देखकर भी मुझे जाने क्यों ऐसा लग रहा है कि मैं पाताल की कालिमा में धँसता जा रहा हूँ। महाबोधि मन्दिर के मुख्य द्वार के बाएँ मुड़ गया हूँ। महाबोधि मन्दिर की काँख में यह 'माँ वाग्देवी' का प्राचीन मन्दिर है। अभी भी माँ वाग्देवी का यह भाग बोधगया मठ के अधीन है। पाँच एकड़ के इस परिसर में थोड़ी दुकानें भी हैं। ज़माने से माँ वाग्देवी मन्दिर और उनके परिसर का तिल भर भी जीर्णोद्धार नहीं हुआ है।

कहते हैं कि 500 साल पुराने इस मन्दिर के जीर्णोद्धार के लिए जिसने पहल की वह या तो विक्षिप्त हो गया या उसकी चन्द दिनों में मृत्यु हो गई। मान्यता है कि माँ वाग्देवी कहती हैं कि मुझे इस झोपड़ी में जैसी हूँ, वैसे रहने दो। माँ वाग्देवी मन्दिर परिसर में सौ के क़रीब गोसाईं यानी साधुओं की समाधि है। समाधियों पर स्तूप बने हैं। बड़े साधु का बड़ा स्तूप, छोटे साधु का छोटा स्तूप। छोटे स्तूपों के बीच एक प्राचीन गुम्बददार स्तूपनुमा मन्दिर है। इस छोटे-से मन्दिर का नाम है—अहाटुटू। अलमस्ती के दिनों में मित्रों के संग यहाँ कभी-कभी घंटों बैठता था। अहाटुटू मन्दिर में तिब्बती लोग आकर अपने सिर का एक-दो बाल तोड़कर डालते हैं। यही नहीं, तिब्बती लोग अपने मृत माता-पिता के वस्त्र भी अहाटुटू के सामने जलाते हैं। तिब्बतियों के इस क्रियाकलाप को हम खरमस्त लड़के तब बड़े अचरज से देखा करते थे। यह बात हमेशा से मुझे खटकती रही है कि हिन्दू धर्मावलम्बी महात्मा बुद्ध के प्रति श्रद्धा रखते हैं लेकिन बौद्ध लोग हिन्दू देवी-देवताओं को मान्यता नहीं देते।

ख़ैर, मैं किसी पीठ का शंकराचार्य नहीं, जो इस बात को सुलझाने के लिए शंख बजाऊँ। पर मान्यता है कि वैरागी बुद्ध जब बोधगया आए, तो सबसे पहले माँ वाग्देवी मन्दिर में ही आए। माँ ने उन्हें स्वप्न दिया कि वे बोधिवृक्ष के नीचे जाकर ध्यान लगाएँ। तब बुद्ध वहाँ गए। बकरौर, जहाँ कहते हैं सुजाता ने बुद्ध को खीर खिलाई थी, अब वहाँ मगध विश्वविद्यालय है। हवाबाज़ी के अपने दिनों में हम लोग कभी-कभी उधर भी अड्डा जमाते थे। मगध विश्वविद्यालय साढ़े चार सौ एकड़ में फैला है। जहाँ अभी मगध विश्वविद्यालय भवन है, वहाँ किसी ज़माने में कहते हैं कि श्मशान था। फल्गु नदी के पूर्वी तट पर बकरौर बस्ती है। यादवबहुल बस्ती है यह। मुझे लगता है कि दूध की इफ़रात बुद्ध के युग में भी यहाँ रही होगी। सुजाता को खीर बनने में कोई परेशानी नहीं हुई होगी। मैंने कई बार पता करने की कोशिश की कि सुजाता का कोई वंशज वहाँ अब है या नहीं। पर ऐसा कुछ भी पता न चल पाया। हाँ, बकरौर की मिट्‌टी में कुछ रहमती अवश्य है।

कहते हैं कि बकरौर में एक ऐसे वैद्यजी थे, जिनके बारे में लोगों को आस्था थी कि जिस दवा को छूकर वे दे देंगे, उससे मरीज़ ठीक हो जाएगा। बोधगया के दलित मुसहरों के निषिद्ध जीवन में तो खासकर ऐसी प्रबल आस्थाएँ हैं। महाबोधि मन्दिर से एक-डेढ़ किलोमीटर की दूरी पर भागलपुर उर्फ़ न्यू ताड़डीह बस्ती है। यहाँ के एक गुसाईं के बारे में किंवदन्ती थी कि कैसा भी बीमार हो, अगर वे अपने अंगोछे से उसके शरीर को पोछ देते थे, तो उसकी बीमारी चली जाती थी।

थोड़ी देर में किरण फूटेगी। सुबह का उजाला रात की बची-खुची परछाईं को पोछते हुए तेज़ी से निकल जाएगा। शरद अन्त की रात्रि के अन्तिम प्रहर में शरद की सिहरन में हूँ मैं। थोड़ी देर में महाबोधि मन्दिर के परिसर में वजीरगंज, डोभी, गोह, फतेहपुर और टेकारी आदि से लाल कमल भरी टोकरियों को सिर पर लेकर

आनेवाले लोगों की छायाएँ उभरनी शुरू होंगी। टेकारी के बजरंगी को मैं वर्षों से जानता हूँ। वह स्वयं तालाब-पोखरों में मुँहअँधेरे घुसकर कमल तोड़ता है। पचास रुपए सैकड़ा कमल की कीमत वह तालाब के मालिक को देता है। यहाँ बोधगया में पाँच रुपए में एक कमल बेचता है।

कमल राजा फूल है। अद्‌भुत जादू फूल। सुबह से शाम तक हज़ारों कमल पुष्प विष्णुपद मन्दिर से लेकर महाबोधि मन्दिर में चढ़ते हैं। डोभी, फ़तेहपुर वजीरगंज और टेकारी के कमल-किसानों के उद्यम को मैं देखता रहा हूँ। एक बार मुझे भी भूत चढ़ा था कि धान कट जाने के बाद कुछ बीघा धान का खेत किसी से बँटाई पर लूँ और उसमें कमल की खेती शुरू करूँ। मैंने अपनी यह योजना चुपचाप हिसाए भाभी को बताई। सुनकर हिसाए भाभी बहुत खुश हुईं। उन्होंने बताया कि किस तरह वियतनाम से अफगानिस्तान तक और दक्षिण एशिया से ऑस्ट्रेलिया तक कमल पुष्प की महत्ता है। भारत और वियतनाम का तो यह राष्ट्रीय पुष्प ही है, चीन में भी यह लोकप्रिय है।

कमल की खेती का जुनून सवार होने पर मैं नए सिरे से फिर डोभी से टेकारी तक के कमल-किसानों से मिला था। मेरी योजना सुनकर टेकारी का बजरंगी हँस पड़ा, "अभयबाबू! इस छितर-बितर काम में भूल कर भी मत फँसिए। जान उपछ कर मेहनत-पूँजी लगाइएगा और आमदनी ठनठन गोपाल। यह बागड़ों का काम है, आप जैसों का नहीं।" दुलारचन्द ने भी कहा, "अभय! चाँद के चकोर मत बनो। सुबह-शाम झील में उतरकर कमल तोड़ते-तोड़ते तुम सीझ जाओगे। कमल भले देश का राष्ट्रीय फूल है लेकिन पूछो कमल के किसानों से कि राष्ट्रीय फूल के अच्छे उत्पादन के लिए क्या सरकार से उन्हें कोई मदद मिलती है? रत्ती भर प्रोत्साहन मिलता है?" बात सही है। कमल की खेती कोमल और कठिन है। इसके किसानों का जीवन दुष्कर है। कमल की जड़ों को झील और तालाब के तल के कीचड़ में लगाना नट की तरह रस्सी पर चलने जैसा कठिन है। कमल के फूल को ठंड और वर्षा सहन नहीं। ताप का प्रेमी है यह फूल। साल के छह महीने गया-बोधगया के झीलों-खेतों में सुर्ख गुलाबी कमल की मनोहारी चादर-सी बिछी रहती है। ग्रीष्म कमल का सबसे अनुकूल समय है, जब झीलों और कई-कई एकड़ खेतों में सहस्त्र-सहस्त्र सुर्ख कमल दलों का मोद देखते बनता है। मध्य अप्रैल से मध्य जून तक तीखी गर्मी में कमल का खिलना जब कि एक चौथाई रह जाता है, क्योंकि झील और खेतों का जल स्तर बहुत घट जाता है। कीचड़ कमल के लिए अनिवार्य है लेकिन कीचड़ सूख जाने पर कमल का खिलना नगण्य हो जाता है। तीन-चार हज़ार कमल जिस जल-उद्यान में खिलते हैं, उसमें मुश्किल से चार-पाँच सौ कमल निकलते हैं। ग्रीष्म के दिनों में सामान्य जल स्तर में कमल के पत्ते पानी की सतह पर शान्त पड़े रहते हैं। लगभग तीन मीटर तक हर पौधे के पत्तों का फैलाव रहता

है। तालाब के ताल से इसकी ऊँचाई चार-पाँच मीटर तक होती है। पर तीखी गर्मी में कमल के पत्ते भी कीचड़ की सतह से चिपक जाते हैं। हालाँकि बढ़े तापमान में ही तालाब के तल में कमल की जड़ें लगाई जाती हैं। जड़ लगाने के पहले साल में फूल नहीं खिलता। एक साल तक कमल की खेती में दम साध कर रहना पड़ता है। बौद्ध धर्मावलम्बियों का प्रसिद्ध मंत्र है—'ऊँ मने पद्मे।' कमल के किसान इसी मंत्र को प्रति दिन साधते हैं। मुँह अँधेरे जिस समय कमल की पंखुड़ियों का सम्पुट बन्द ही रहता है, तालाब और पंकिल खेतों में उतर पीठ पर झाबा लटकाए कमल के किसान बड़े मनुहार-लाड़ से एक-एक कमल को तोड़ते हैं और उतने ही दुलार से झाबे में रखते हैं। कमल पुष्प की पंखुड़ियाँ सुबह में खुलती हैं। और दोपहरी तक ढ़लक जाती हैं। पवित्रता, गरिमा, राजस तत्व, ज्ञान और सृजन का प्रतीक है कमल लेकिन संग-संग पूरा राजाबाबू फूल है यह। दादाजी इसे विष्णु का नेत्र कहते थे—कमल नयनम्।

साधारणत: मैं अपनी ज़िद से डिगता नहीं हूँ लेकिन दुलारचन्द और बजरंगी सरीखे मित्र-शुभचिन्तकों की सलाह पर कमल-कृषक बनने की अपनी योजना मैंने ठंडे बस्ते में डाल दी। हालाँकि, इस बात की कसक मुझे आज भी है। अब शायद ही मेरे लिए यह कभी सम्भव हो पाए। पर अपने हृदय के कीचड़ में हमेशा मैं सुर्ख गुलाबी कमल की कल्पना करता हूँ। सच है कि कमल का पुष्प मात्र एक फूल नहीं, अनूप धारणा है। जीवन दर्शन है। अखाड़े की मिट्टी का शक्ति देवता और भीम भवानी है। याद है, पिताजी उस प्राचीन मान्यता की चरचा करते थे, जिसमें पक्की धारणा थी कि कमल से ही सूर्य का जन्म हुआ है। कमल से जुड़ी मान्यताओं की लम्बी सूची है। बौद्ध धर्म में मान्यता है कि महात्मा बुद्ध जहाँ भी चरण रखते थे, कमल खिलता था। बौद्ध धर्म में कीचड़ संघर्ष का प्रतीक माना जाता है। संघर्ष में लथपथ होकर ही मनुष्य खिलता है। अन्दर के कमल को प्रस्फुटित करना है, तो कीचड़ से पर्याप्त संसर्ग करना ही होगा। यही है पद्मसाधना! लोक जीवन की मिट्टी-पानी का लेप आत्मा पर लग जाए, तो कुछ भी कर गुज़रने का हौसला मन में आ जाता है। ज़माने से यह मान्यता है कि जो लोग अपनी मिट्टी-पानी से जुड़े होते हैं, वही सच्चे और विश्वसनीय होते हैं। जीवन में विश्वसनीय होना सबसे महत्त्वपूर्ण है। विश्वसनीय व्यक्ति ही सच्चा प्रेम भी कर सकता है। विश्वसनीय व्यक्ति ही बलिदानी होता है। कमल अगर सदाशयता और प्रेम का प्रतीक है, तो संग-संग विश्वास का भी। हालाँकि मैं महसूस करता हूँ कि मेरे भीतर कमल की पंखुड़ियों का सम्पुट अभी भी खुला नहीं है। मुझे इसकी प्रतीक्षा है। सौम्य प्रतीक्षा। सोचता हूँ, जीवन का वह कौन-सा मोड़, कौन-सा पड़ाव या मुकाम होगा जहाँ मेरी प्रतीक्षा समाप्त होगी ? प्रतीक्षा की समाप्ति ही मोक्ष है। अभी तो जीवित प्रेत बनकर ही भटक रहा हूँ।

महाबोधि परिसर से मैं निकल चुका हूँ। यह जगरमगर करती बँगलादेश की मोनेस्ट्री है। इसी की बाईं सीध में चाँदी की तरह झिलमिल करती थाइलैंड मोनेस्ट्री। इसके प्रवेश द्वार का ऊपरी भाग लगता है मानो पूरी चाँदी से मढ़ा है। बेहद सुन्दर है थाइलैंड मोनेस्ट्री। दुनिया भर के देशों की भव्य आलोकित मोनेस्ट्री से प्रकाशमय है बोधगया। अपने चारों तरफ़ के दावानल से बेपरवाह। अपने चारों तरफ़ के रक्तस्रावी घावों से विरक्त। कितना अजीब है यह! ख़ैर, मैं अब शेरघाटी जानेवाली बस की प्रतीक्षा में दोमुहान के किनारे खड़ा हूँ। यहाँ से जी.टी. रोड पर जाने वाली बसें शेरघाटी होकर निकलेंगी। एक से सबा घंटा के भीतर मैं शेरघाटी में होऊँगा। आज मेरे लिए यह प्रलय का दिन है। जय या क्षय या निर्वाण! मैं खत्म हो रही इस रात में अपने स्वप्न का अर्थ ढूँढ़ता बस की प्रतीक्षा कर रहा हूँ। या तो शेरघाटी जेल के भीतर आज रक्त का ज्वार फूटेगा, या रक्तहीन विभीषिका के बीच तीन सौ से अधिक इस अंचल के करुणार्द्र निर्दोष युवक मुक्ति पाएँगे। शाम-शाम तक मुझे जो कुछ भी कर गुज़रना है, उसको लेकर असंख्य आशंकाएँ हैं। पहले स्वयं को लेकर बहुत मोह होता था। अपने बारे में मोह की बातें सोचना पहले ऐसा ही लगता था जैसे घने पत्तों के बीच प्रसन्नचित्त पक्षी। पर अब अपने लिए मोह का कोई भाव नहीं आता। जीवन में अब मोह का कहीं से कोई निवेश नहीं। ऐसा कैसे होता गया, पता नहीं चला। सम्भवत: अपने अस्तित्व के अत्यल्प भान के संग-संग स्वयं से मोह शनै:-शनै: घटता चला जाता है और अन्तत: समाप्त हो जाता है। इस मायामय संसार में महाबली राय...बमभोला चौधरी...मरांडी उर्फ़ तूफ़ान उर्फ़ राणा उर्फ़ चीफ सबकी थोड़ी कम, थोड़ी अधिक पर अल्प अवधि है। मेरी भी। सब अपनी भूमिका का मुखौटा पहन इस सृष्टि में उपस्थित हैं। ये तीन सौ से अधिक निर्दोष युवक भी इसमें शामिल हैं, जो मरांडी उर्फ़ चीफ के क्रान्तिकारी सिंहनाद के झाँसे में उलझकर दुर्जेय दुर्भाग्य में वर्षों से हैं। पर आज जैसे भी हो, मुझे उन सबको आज़ाद करा देना है।

एक बस अभी स्टैंड पर रुकी है। कंडक्टर ने पूछने पर कहा है—यह शेरघाटी जाएगी। शेरघाटी मैं पहले कभी नहीं गया हूँ। पर गया ज़िला का यह महत्त्वपूर्ण उपप्रमंडलीय नगर है। यह झारखंड प्रान्त के चतरा क्षेत्र की सीमा पर बिहार का नगर है। झारखंड का सघन वन क्षेत्र शेरघाटी तक आते-आते क्षीण हो जाता है। मोरहार और सोरहर नदी शेरघाटी से होकर गुज़रती है। कहते हैं शेरशाह सूरी, जिसका असली नाम फ़रीद ख़ान था, ने शेरघाटी इलाक़े में एक बब्बर शेर का शिकार किया था, तभी से फरीद खान शेरशाह नाम से ख्यात हुआ और यह इलाक़ा शेरघाटी के नाम से जाना जाने लगा।

कहते हैं कोल आदिवासियों की कभी यहाँ बहुतायत थी। औरंगाबाद पर क़ब्ज़ा करने के बाद जब औरंगज़ेब ने शेरघाटी पर हमला किया, तो बहादुर कोल समुदाय

के लोगों ने डटकर उसका सामना किया और औरंगज़ेब की फ़ौज को शेरघाटी की सीमा से ही खदेड़ दिया। औरंगज़ेब की फ़ौज के दो जाबांजों सुलतान अली और कमर अली को जब कोल लोगों ने मार गिराया, तो औरंगज़ेब की फ़ौज में दहशत मच गई। यह सब कुछ इतिहास है। पर शेरघाटी को लेकर आज भी सबकी यही धारणा है कि यह वीरभूमि है। लोग बताते रहे हैं कि देश के स्वतंत्रता-संग्राम में शेरघाटी के लोगों ने बढ़-चढ़कर हिस्सा लिया था और आज़ादी के बाद यहाँ के ज़मींदारों ने विनोबाज़ी के 'भूदान अभियान' में काफ़ी ज़मीन दान में दी थी। खेती भी शेरघाटी इलाक़े में झमटकर होती थी। यहाँ के धनखर खेत आज भी सोना उगलते हैं। अर्से से शेरघाटी अनाज की ऐसी मंडी है, जहाँ ज़िले भर के किसान आकर अनाज की खरीद-बिक्री करते हैं।

शेरघाटी बस अड्डे पर उतरकर अब मैं जेल की तरफ़ बढ़ रहा हूँ। सुबह का उजास धीरे-धीरे निखर रहा है। शरद की सुबह यों भी कुछ अलग-सी होती है। यह एक अजीब अबूझ-सा प्रभात है। बस अड्डे पर ही मैंने जेल का रास्ता पूछ लिया है और धीरे-धीरे तरल हो रहे दिगंत को निहारता उस तरफ़ बढ़ रहा हूँ। मन में क्योंकि अपने प्रति कोई मोह नहीं, इसलिए न तो अन्दर किसी प्रकार की हलचल है, न भय। मन में सिर्फ़ एक शून्य तैर रहा है। मुझे लग रहा है कि अकुंठ भाव से मैं अज्ञात बैकुंठ की ओर बढ़ रहा हूँ।

सामने लाल धूसर-सा शेरघाटी उपकारा है। सन्नाटे में बुझा-बुझा। मुख्य द्वार पर दो प्रहरी राइफल थामे खड़े हैं। जेल के बड़े लाल फाटक में एक छोटा-सा फाटक बस एक बार खुला है और रात की ड्यूटी वाले कुछ सिपाही बाहर निकले हैं। कुछ इस तरह जैसे कंगारू के खोखर से उसके बच्चे निकलते हैं। मुझे अभी से सूर्यास्त तक दूर-दूर से जेल की गतिविधियों का चाल-चित्त लेना है। फिर साँझ ढलते ही बाज की तरह झपट्टा मारना है। मैं गिद्ध नहीं, बाज हूँ। मुर्दा नहीं, ज़िन्दा शिकार करनेवाला। कहते हैं, जब सतयुग था, तो लोग रस्सी बाँधा करते थे और रस्सी की गाँठों से हिसाब करते थे। फिर लिखने की दुनिया आई। काग़ज़ पर हिसाब लिखा जाने लगा। पर मैं मगध के सभी पाप पिंडों का हिसाब रस्सी की गाँठ पर जोड़ूँगा। उन अहेरियों-शिकारियों के मस्तकों को रस्सी में गूँथकर हिसाब करूँगा, जिन्होंने मनुष्यता को छिनगा और कुम्हला दिया है। मैं आकाश के सभी देवताओं...गया के सभी दिव्य पिंडों को अनवरत नमन कर रहा हूँ। ये मुझे उन सभी तीन सौ से अधिक युवकों को जेल से आज़ाद कराने की शक्ति देंगे। मेरे पास न चेतक है, न चौंरिया घोड़ा। मैं अपने साहस के घोड़े पर बैठ चक्कर काट रहा हूँ और पूरे मगध को अपने भीतर घुमड़ता हुआ महसूस कर रहा हूँ। देश को घूमता महसूस कर रहा हूँ। रगों में अपने इस इलाक़े को घूमता अनुभव कर रहा हूँ। मैं देख रहा हूँ कि जेल गेट पर धीर-धीरे मुलाकातियों की आवाजाही बढ़ रही है। शाम को जब शरद का

चाँद आकाश में तारों के संग खिलने को होगा, मेरा ऑपरेशन शुरू हो चुका होगा। दिन भर शेरघाटी की मिट्टी पर मुझे बस अपने को पूरी तरह संयत करना है।

सूर्यदेव अब बस जाने-जाने पर हैं। मुझे लग रहा है कि शेरघाटी के ऊपर छाया सारा आकाश अचानक गनगना गया है। मैं धीरे-धीरे शेरघाटी कारा के मुख्य द्वार की तरफ़ बढ़ रहा हूँ। मुख्य द्वार पर सन्तरी गश्त पर हैं लेकिन अनमने-से। साँझ का अनमनापन पूरे जेल परिसर में छाया हुआ है। अभी दिन में यहीं किसी ने बताया कि यहाँ का जेलर बेहद सख़्त मिज़ाज है। पर जो भी हो, अभी थोड़ी देर में जेलर के कक्ष में ठीक वही प्राचीनतम दृश्य मैं उपस्थित करूँगा, जो रावण राजा के दरबार में अंगद ने किया था। कमीज़ की ऊपरी ज़ेब में रखे परिचय-पत्र को फिर से देखकर मैंने अपने को इत्मीनान कर लिया है। बोधगया में एक रात एक कम्प्यूटर वाले से इंटेलिजेंस ब्यूरो (आइबी) के इंसपेक्टर का अपना यह परिचय पत्र मैंने बड़े धैर्य से बनवाया था। उसी कतार की दुकानों में मौजूद एक स्टुडियो से अपना फ़ोटो उतरवाया था, जो मात्र पन्द्रह मिनट में फ़ोटो खींचकर देता था। इस तरह आइबी इंसपेक्टर अभय सिंह का परिचय-पत्र बनकर तैयार हुआ था।

हालाँकि, परिचय पत्र तैयार करते हुए कम्प्यूटरवाला शुरू में किंचित् चौंका था और फिर चुपचाप मेरे निर्देश पर परिचय पत्र का डिजाइन बनाने में जुट गया था। मैं उसकी दुकान में तब गया था, जब मैंने इत्मीनान कर लिया कि यहाँ और कोई ग्राहक नहीं। राजकीय अशोक स्तम्भ का चिह्न, नाम, पद डालकर कार्ड सचमुच अच्छा बन गया। अब मैं जेल के मुख्य द्वार पर हूँ।

''जेलर साहब को जाकर बताओ कि आइ.बी. के इंसपेक्टर अभय सिंह आए हैं। इमरजेंसी है।'' मैंने अपना कार्ड दो सन्तरियों में से एक को दिखाकर कहा है, ''जल्दी जाओ...! यहाँ कुछ गम्भीर दुर्घटना चन्द घंटे में होने वाली है।''

''जी ठीक है! पर क्या होगा?'' सन्तरी ने जल्दी से जाने का उपक्रम करते हुए पूछा है और दूसरे सन्तरी के चेहरे पर भी बेचैनी की लकीरें गहरा गई हैं।

''नक्सली...एमसीसी...पूरे जेल को उड़ाने की तैयारी कर चुके हैं...अगले तीन-चार घंटों के भीतर कभी भी...।'' मैंने भावहीन कठोर स्वर में कहा है। मैं जानता हूँ कि भयानक आशंकाओं की स्थिति में विरले ही ऐसे होते हैं, जिनका मस्तिष्क स्थिर चित्त से एक पल के लिए भी सोच पाता है। घंटे-दो घंटे में अचानक जान जाने की बात सुनकर बड़े-बड़ों की हवा ढ़ीली हो जाती है। तब आगे-पीछे कुछ भी नहीं सूझता। अगर कोई अजनबी भी किसी के घर के दरवाज़े पर अचानक पहुँचकर सूचित करे कि आपके घर में शक्तिशाली बम फिट है और किसी पल भयानक विस्फोट हो सकता है, तो बजाय उस अजनबी के बारे में सत्यापन किए घर के सदस्य आतंकित हो बम की तलाश शुरू कर देंगे। कहावत भी है कि कौआ द्वारा कान लेकर भागने की ख़बर पाकर कान देखना चाहिए, न कि कौवे के पीछे

भागना चाहिए। पर होता आमतौर से यही है कि लोग कौवे के पीछे भागते हैं। आसन्न मौत की ख़बर से बड़े-बड़े डॉन और तानाशाहों का पैंट-पायजामा गिरने लगता है। प्राण भय की दलकी होती ही ऐसी है। इस क्षण तो मेरा एकमात्र उद्देश्य है कि उद्विग्नता की मन:स्थिति में ये बग़ैर किसी सुरक्षा जाँच के सीधे मुझे जेलर के कक्ष में जाने दें। इस भीषण 'महा ऑपरेशन' का सारा खेल बस इसी एक पल पर है। आतंक की अधेली[1] इनकी आँखों पर जरा मैं बाँध लूँ।

सन्तरी अन्दर से भागता हुआ आया है। कंगारू के पेट की तरह जेल के बड़े धूसर लाल गेट के छोटे-से दरवाज़े को तेज़ी से खोलता हुआ वह निकला है, "चलिए सर।" गेट पर खड़े दूसरे सन्तरी के चेहरे पर दहशत की लकीरें इन बीते पलों में और स्याह हो गई हैं। अपनी रणनीति की सफलता पर बरबस मेरे होठों पर मुस्कान तिर गई है। मैं बिना किसी सुरक्षा जाँच के जेल के अन्दर दाखिल हो रहा हूँ। किसी जेल के भीतर जाने का मेरा यह प्रथम अनुभव है। मैं अब जेलर के कक्ष में हूँ। भारी-भरकम नाटे कद का जेलर अपने कक्ष में कुर्सी से उठकर चक्कर काट रहा है। मैंने अपना परिचय-पत्र उसके हाथ में रख दिया है।

"आपको किस हवाले से ख़बर मिली है कि एम.सी.सी. वाले जेल को उड़ाने जा रहे हैं?" जेलर ने मेरे परिचय-पत्र पर सरसरी नज़र डालते हुए परिचय-पत्र मुझे वापस कर दिया है।

"जेल में तीन सौ से ऊपर एम.सी.सी. के रंगरूट बन्दी हैं?" मेरी पुतलियाँ जेलर की पुतलियों से चिपकी हैं।

"हाँ, हैं तो...।" जेलर की आवाज़ में किंचित् हकलाहट है।

"आपको मालूम है कि कल रात जेल में उनके पास भारी मात्र में विस्फोटक सामग्री पहुँची है?" मैंने सख़्त ठंडे स्वर में जेलर को सिर से पाँव तक निहारा है, "आपकी बहुत तारीफ़ सुनी थी मैंने। जेल में आपके सख़्त प्रशासन की बड़ी प्रशंसा रही है। पर आपकी कड़ी नाक के नीचे ऐसा कैसे हो गया?" मेरे स्वर में लताड़ और अफसोस है।

"तो अब क्या किया जाए?" जेलर का स्वर डूबा और घिघियाया-सा है, "क्या करना चाहिए हमें?"

"एम.सी.सी. के उन युवा रंगरूटों में से पाँच चुनिन्दा कैदियों को आप फ़ौरन यहाँ चैम्बर में बुलवाएँ। एक ही रास्ता है, इस कुछ ही देर में आ रहे प्रलय को रोकने का।" मेरे स्वर में रहस्य और घोर चिन्ता है। मैं जेलर के चैंबर की खिड़की के पार शून्य में देख रहा हूँ और इस बीच एक आर्त्त चिंघाड़ के संग जेलर ने अन्दर के अपने दो मुलाजिमों को निर्देश दिया है कि पाँच एम.सी.सी. कैदियों को जल्दी से बुला लाएँ।

---

1. पशुओं की आँखों पर बाँधी जानेवाली पट्टी।

पन्द्रह मिनट बीत चुके हैं। जेलर के मुख पर प्रलय की लगातार बढ़ती तीव्र गति को लक्ष्य करता मन ही मन मैं फूला न समा रहा हूँ। एक आहट हुई है। पीछे मुड़कर देखता हूँ। पाँच बेजार-से युवक दो सन्तरियों के संग खड़े हैं।

"ये आ गए।" भारी-भरकम जेलर ने फँसी हुई भारी आवाज़ में कहा है।

"ठीक है। इन सन्तरियों को बाहर जाने के लिए कहिए और दरवाज़े की सिटकनी अन्दर से लगा दीजिए। इन लोगों से कड़ी पूछताछ करनी होगी।" जेलर को मैंने आदेशात्मक लहजे में कहा है। उसने आदेश का पालन किया है। यह अभी चाबी का गुड्डा बना हुआ है।

"हाँ, तो अब...।" मैंने चीते की तरह झपट्टा मारकर जेलर को एक क्षण के लिए भी बग़ैर सँभलने का अवसर दिए पटक दिया है और उसकी चीख निकले इसके पहले उसके सीने पर बैठकर उसके मुँह को अपनी हथेली से दबा दिया है।

"जल्दी इसका रिवॉल्वर निकालो। मैं तुम्हारा दोस्त हूँ अभय। तुम्हारे सभी साथियों को यहाँ से आज निकालने आया हूँ।" मैंने उन पाँचों युवकों को घूरते हुए बहुत दबी-सधी आवाज़ में कहा है ताकि आवाज़ कक्ष से बाहर न जाए। एक युवक बिजली की गति से बढ़ा है और जेलर की कमर से लटक रहे रिवॉल्वर को खींच मेरे बाएँ हाथ में थमा दिया है। जेलर भारी बोरे-सा हताश चित्त पड़ा है। मैंने रिवॉल्वर उसके मुँह में घुसेड़ उसकी आँखों में आँखें डालकर कहा है, "चलो अब ऊपर ही जाओ तुम।" उसकी आँखों के दोनों कोर से आँसू बह रहे हैं। अब यह पूरी तरह ध्वस्त हो चुका है।

"चलो, जीने का एक मौका तुम्हें दे रहा हूँ।" उसके सीने से उठते हुए मैंने कहा है, "अब उठो और जैसा कहता हूँ, करते जाओ। तुम्हारे जेल में तो विस्फोटक नहीं लेकिन मेरे पूरे शरीर में विस्फोटक बँधा है। बस दो तारों को सटाना होगा मुझको और मेरे साथ तुम्हारे समेत कई लोग उड़ जाएँगे।" उठकर हाथी के बच्चे-सा जेलर मेरे पैरों पर गिर पड़ा है, "मुझे छोड़ दें। मुझे जान की भीख दें।" उसके कॉलर को पीछे खींचकर मैंने उसे दरवाज़े की तरफ़ धक्का दिया है।

"चलो, अब खुद से अपने चैम्बर की सिटकनी खोलो और सभी तीन सौ युवकों को जेल से बाहर निकालने का आदेश दो। वरना इसी चैम्बर में तुम्हारी समाधि बनेगी। बाबा जेलरनाथ का मन्दिर। हमारे पास समय नहीं है।"

जेलर ने हुकुम के इक्के की तरह सिटकनी खोल दी है। बाहर अँधेरा गहरा गया है। जेल के मुख्य द्वार के भीतर और जेलर कक्ष के बीच एक बल्ब की बीमार-सी पीली रोशनी जल रही है। जेलर ने दो सन्तरियों को इशारे से बुलाया है और मरी आवाज़ में कहा है, "नक्सल बैरक से सबको लाकर यहाँ जमा करो। जल्दी से।"

युवा कैदियों की कतार लगनी शुरू हो गई है। जेलर कक्ष की चौखट पर खड़ा मैं उन युवकों से मुखाबित हूँ, "साथी! मैं अभय हूँ। आपका हितैषी और दोस्त!

एम.सी.सी. कमांडर मरांडी ने आप सबकी ज़िन्दगी इतने वर्षों तक बेकसूर जेल में बर्बाद करा दी। मगध क्षेत्र की जवानी को एक तरह से उसने नष्ट किया है। मरांडी से मैं मिला हूँ। उसको विश्वास में लिया है। पर हमें मरांडी को भी दंडित करना है। इसलिए आप सब अभी जेल से निकलें और बाराचट्टी में मरांडी जहाँ भी हो, उससे मिलें। आप उसे बताएँ कि हमें अभय ने जेल से मुक्ति दिलाई है। बाकी बातें अपने दिल में रखें और जब तक मैं न मरांडी के पास पहुँच जाऊँ खामोशी से मेरी प्रतीक्षा करें। अब कूच...।"

जेल का बड़ा फाटक खुलवा दिया गया है। एक बड़ा कारवाँ रात के अन्धकार में निकल रहा है। मेरे फरमान पर जेलर ने अपनी मोटरसाइकिल जेल गेट पर खड़ी करवा दी है। आख़िरी टुकड़ी के संग जेलर को लेकर मैं भी निकल रहा हूँ।

"मुझे...अब मुझे क्यों?" मेरे धक्के से जेलर आक्रान्त हो विकल है।

मैंने जेलर को मोटरसाइकिल पर बैठने को कहा है, "बैठ जाओ। तुम्हें मारूँगा नहीं। एक जीवन तो तुम्हें दे दिया है। यह मेरा वचन है। पर अभी तुम मेरे रक्षा कवच हो। बीच रास्ते में जहाँ मुझे सही लगेगा, तुम्हारे मोटरसाइकिल समेत तुम्हें रिहा कर दूँगा।"

रात के गहराए सघन अन्धकार में शेरघाटी जेल मरघट-से सन्नाटे में है। जेलर को पीछे सरकने का संकेत देकर मैंने मोटरसाइकिल स्टार्ट कर दी है, "कूदकर भागने की कोशिश हरगिज मत करना।" मैंने जेलर की तरफ़ मुड़कर जेलर को अन्तिम चेतावनी दी है और शेरघाटी जेल को अन्तिम बार निहारा है।

कुछ साल पहले नक्सलियों ने 'जहानाबाद जेल ब्रेक' कांड को अंजाम दिया था। पर 'ऑपरेशन शेरघाटी' उस घटना का दहला है। जेल के सशस्त्र सन्तरी और सुरक्षाकर्मी असहाय-से जेलर को मेरे संग जाते देख रहे हैं। शरद का चाँद आकाश में भरसक चाँदनी घोल रहा है।

हयग्रीव और बड़ी पहाड़ी का दीप

मोटरसाइकिल असम्भव तेज़ गति में है और मेरे भीतर का उद्दीपन तीव्र से तीव्रतर है। भारी-भरकम नाटे कद का जेलर मोटरसाइकिल की तीखी रफ़्तार से घबड़ाकर मासूम गबदू बच्चे की तरह मुझे पीछे से कस कर पकड़े हुए है। झलफलाती चाँदनी में प्रकृति ने अपना विराट वक्ष खोल रखा है। स्मृतिविहीन प्रकृति शरद के सुख में पुलक से भरी है। इसकी झलक पाकर मैं भी अधीर उन्मत्त हूँ। जितनी जल्दी हो मैं

गया पहुँच जाना चाहता हूँ। वहाँ पहुँचकर मैं आसानी से कहीं भी निकल जाऊँगा। ईश्वर से मना रहा हूँ कि आगे कहीं भी पुलिस की नाकेबन्दी या पुलिस का सामना न हो। अभी का एक-एक पल मेरे लिए प्रलय का है। अब तक मैंने यही अनुभव किया है कि किसी घटना को अंजाम देना उतना डरावना नहीं, लेकिन घटना के तत्काल बाद से मारे आशंकाओं के मन चूर्ण-विचूर्ण और भस्म होने लगता है।

ऐन गया समाहरणालय के समीप मैंने मोटरसाइकिल रोक दी है और जेलर को कड़ी हिदायत दी है कि वह मुँह बन्द कर फ़ौरन शेरघाटी लौट जाए। अगर उसने किसी प्रकार की चालाकी और पुलिस को मेरा हुलिया देने की कोशिश की, तो उसे दूसरी बार जीवन दान मैं नहीं दे सकूँगा। भय से दोहरा होता हुआ जेलर अपने भारी शरीर को मोटरसाइकिल पर लाद कर अन्धकार में गुम हो गया है। अभी उजाला नहीं हुआ है। टहलते हुए समाहरणालय के बगल में स्थित गया ज़िला स्कूल के सामने मैं खड़ा हूँ। समाहरणालय और ज़िला स्कूल के बीच बस एक चहारदीवारी का फ़ासला है। मैट्रिक तक की पढ़ाई मैंने इसी स्कूल से की थी। लगभग छह एकड़ का परिसर है इस स्कूल का। ब्रिटिश राज के दिनों में सन् 1835 में इसकी स्थापना हुई थी। हमारे प्राचार्य मोहम्मद समदानी खाँ बताते थे कि शुरू में यहाँ अंग्रेज़ों की मिलिट्री छावनी थी और एक अस्पताल भी था। अस्पताल के पुराने बैरकों के खँडहर अभी भी स्कूल परिसर में हैं। गया ज़िला स्कूल के सामने की यह सड़क दिग्घी तालाब रोड या दिग्घी टैंक रोड कहलाता है। स्कूल के सामने सड़क पार एक कतार से मछली-मुर्गी से लेकर कीटनाशक व सीमेंट आदि की दुकानें हैं। सुबह के उजाले के संग यहाँ जीवन का कार्य व्यापार शुरू हो जाएगा। अन्धकार के महासिन्धु में अब गया रेलवे स्टेशन की तरफ़ मेरे क़दम मुड़ गए हैं। मैं समझ सकता हूँ कि शेरघाटी जेल ब्रेक से प्रशासन की नींद उड़ गई होगी। भले जेलर को मैंने कड़ी हिदायत दी लेकिन वह मुझे गया समाहरणालय के पास छोड़कर लौटा है—अपने आकाओं को यह सूचना देने में उसने कोई कोताही नहीं की होगी। इसलिए शीघ्रता से मुझे किसी ट्रेन में बैठकर दिग्‌दिगंत में गुम हो जाना होगा। स्थिति सहज होने पर मैं मरांडी से मिलूँगा। मरांडी का अध्याय अभी मैंने सम्पन्न नहीं किया है। वह तो करना ही है। अब आगे जो हो, जीवन विस्मय के अनन्त अध्यायों से भरा पड़ा है। मैं तेज़ डग भर रहा हूँ और मन में तरह-तरह की बातें उसी तेज़ी से गड्डमड्ड हो रही हैं। पता नहीं कैसे दादाजी की कही हयग्रीव की कथा शेरघाटी उपकारा से निकलने के साथ मन में कौंध रही है। मधु और कैटभ नामक दो दैत्यों का संहार करने के लिए भगवान विष्णु ने हयग्रीव का अवतार लिया था।

बचपन में दादाजी कथा सुनाते थे कि कैसे जलबिन्दुओं पर भगवान विष्णु के दृष्टिपात से मधु और कैटभ नामक दो दानवों की उत्पत्ति हुई। ये दोनों बड़े मायावी और विकराल थे। कमल के कोमल नाल से चुपचाप सरकते-सरकते दोनों ब्रह्माजी

के समीप पहुँच गए और उनके पास सुरक्षित चारों वेदों को चुराकर समुद्र मार्ग से पाताल में जा छिपे। ब्रह्माजी ने तब व्यथित हो भगवान विष्णु से कहा कि वे किसी तरह दोनों दानवों से वेदों को मुक्त कराएँ। भगवान विष्णु ने ध्यान लगाया, तो पाया कि मधु और कैटभ अपनी इस उपलब्धि पर पाताल में अट्टहास कर रहे हैं। अन्तत: चिन्तन-मन्थन कर भगवान विष्णु ने हयग्रीव के स्वरूप की कल्पना की और उसे धारण कर लिया। हय यानी अश्व और ग्रीव यानी गला। धड़ मनुष्य का और मस्तक व गला घोड़े का—यही स्वरूप था हयग्रीव का, जिसे धारण कर भगवान विष्णु समुद्र मार्ग से पाताल पहुँच गए। पाताल में हयग्रीवरूपी भगवान विष्णु ने साम गान शुरू कर दिया। साम गान का लय इतना जादुई था कि उससे बरबस मोहित मधु और कैटभ चारो वेदों को कालपाश में डाल मोहक साम संगीत की ओर बढ़ चले। बस इसी बीच हयग्रीव ने वेदों को लिया और सुरक्षित ब्रह्माजी को सौंप आए। साम संगीत के उद्‌गम की दिशा में जाकर भी जब मधु-कैटभ को कोई न मिला, तो आशंकित हो भागते हुए दोनों वहाँ पहुँचे जहाँ वे कालपाश में वेदों को छिपा आए थे। वेदों को न पाकर क्रोध से पागल मधु और कैटभ को यह समझते देर न लगी कि उन्हें साम संगीत में भरमाकर वेदों को ले जाने का कार्य भगवान विष्णु ने किया है। सो उत्तेजित मधु-कैटभ ने शेषनाग पर शयन कर रहे भगवान विष्णु को युद्ध के लिए ललकारा। उसी युद्ध में नारायण ने मधु-कैटभ का संहार किया। दादाजी बताते थे कि तंत्र ग्रंथों में नारायण के हयग्रीव अवतार के कई स्तोत्र हैं। दादाजी वे मंत्र कुछ बताते भी थे, जिसके अन्त में हमेशा होता था...'ऊँ हयग्रीवाय नम: स्वाहा'...।

सुबह के ऐन पहले के मधुपर्क अन्धकार में मुझे लग रहा है मानो हयग्रीव मेरे कन्धे पर बैठे हुए हैं और रुद्र सूक्त के सोलहो मंत्र लगातार मेरी रगों में फूँक रहे हैं। शरीर के समस्त रन्ध्र में रुद्र की एक विचित्र-सी अनुभूति हो रही है। हयग्रीव मेरे हाथों से मगध के मधु-कैटभ का संहार कराने को मानो उद्यत हैं। इस घोर विषाक्त कलियुग में हयग्रीव साक्षात कहाँ से आएँगे? पर वे किसी न किसी को अपना माध्यम अवश्य बनाते हैं। मुझे लग रहा है कि मरांडी उर्फ़ राणा उर्फ़ तूफ़ान उर्फ़ चीफ का कालसर्प योग अब चरम पर आ चुका है। उसके नवग्रह के मध्य राहु-केतु का आगमन हो चुका है। मधु मरांडी के संग-संग कैटभ यानी गया सदर के डी.एस.पी. सुन्दरलाल का 'कनागत' यानी श्राद्ध पक्ष भी निकट आ गया है। पता नहीं, मरांडी का श्राद्ध कर्म हो न हो, सुन्दरलाल का श्राद्धकर्म उसके परिजन और मगध के पुलिसवाले तो करेंगे ही। मरांडी उर्फ़ चीफ ने अगर इस अंचल की तरुणाई में घुन लगाया है, तो डी.एस.पी. सुन्दरलाल ने इस इलाक़े के सैकड़ो युवकों को मोहरा बनाकर इस अंचल के असंख्य परिवारों को बर्बाद करने का कुकर्म किया है। इसलिए मधु मरांडी का उद्धार करने के बाद मुझे शीघ्र ही कैटभ सुन्दरलाल को भी यमराज के चरणों में डालना है। मुझे कुछ साल पहले बोधगया में देखे उस रोंगटे

खड़े करनेवाले लामा-नृत्य की अभी याद आ रही है, जिसे बौद्धों के काग्यूपन्थ के शीर्ष धर्मगुरु सत्रहवें करमापा उग्येन त्रिनले दोरजी ने अलौकिक व दैवी शक्तियों के माध्यम से आसुरी शक्तियों को खत्म करने के लिए एक रुद्र की तरह तांडव किया था। अभी बस मुझे मरांडी उर्फ़ चीफ और गया सदर के डी.एस.पी. सुन्दरलाल के अलावा कुछ नहीं सूझ रहा है। सी.आर.पी.एफ. और गया की सीमा से सटे बिहार के पड़ोसी प्रान्त झारखंड की पुलिस से साँठ गाँठ कर फर्जी नक्सल आत्मसमर्पण के ज़रिये सी.आर.पी.एफ. और झारखंड पुलिस में सिपाही की नौकरी लगवाने का झाँसा देकर सुन्दरलाल ने इस अंचल के सैकड़ों युवकों को न सिर्फ़ जेल की सीखचों के पीछे करवा दिया बल्कि उनका खेत बिकवाकर और सूद पर महाजन से पैसे उठवाकर कई करोड़ रुपयों की उगाही की। इस अविश्वसनीय कथा से मैं बिल्कुल अनजान रह जाता अगर मेरे मित्र दुलारचन्द ने अचानक मुझे गया ज़िला के फतेहपुर प्रखंड के अपने एक जर्जर-फटेहाल रिश्तेदार राजा प्रसाद से न मिलवाया होता। राजा प्रसाद बस वह नाम के लिए राजा था। दो समय के भोजन पर उसे आफत थी। उसकी कहानी सुनकर मैं स्तब्ध रह गया था।

दुलारचन्द ने मुझसे कहा था, ''अभय! तुमने महाबली और बमभोला को ठिकाने लगाया। पर डी.एस.पी. सुन्दरलाल इन दोनों का प्रपितामह है।'' राजा प्रसाद ने सब कुछ विस्तार पूर्वक बताया था कि कैसे डी.एस.पी. सुन्दरलाल ने अपने गुर्गे पन्ना विश्वकर्मा को आगे कर मगध अंचल के सैकड़ों युवकों को पुलिस की नौकरी का लालच देकर अजूबे ढंग से फँसाया। दरअसल, झारखंड, छत्तीसगढ़ और बिहार के नक्सली उग्रवादियों को काबू में करने के लिए केन्द्र सरकार ने 'वामपन्थी अतिवादी पुनर्वास योजना' के अन्तर्गत घोषणा कर रखी थी कि जो उग्रवादी मुख्यधारा में आना चाहेगा, उसे डेढ़ से ढ़ाई लाख रुपए बतौर अनुदान या पुलिस की नौकरी में रखा जाएगा। शुरू में सचमुच स्वेच्छा से आत्मसमर्पण करनेवाले कुछ इनामी अतिवादियों को पुलिस की नौकरी में रखा भी गया। सरकार इससे उत्साहित हुई और यह सिलसिला चल निकला। फिर और भी आत्मसमर्पण करनेवाले नक्सल उग्रवादियों को नौकरी मिली। पर इस पूरी सरकारी प्रक्रिया को सी.आर.पी.एफ., झारखंड, छत्तीसगढ़ और बिहार पुलिस में मौजूद कई भ्रष्ट अधिकारी ग़ौर से देख रहे थे और अपनी काली योजना का नक़्शा तैयार कर रहे थे। इसकी शुरुआत गया से सटे बिहार के पड़ोसी प्रान्त झारखंड से हुई। झारखंड में सी.आर.पी.एफ. और झारखंड के पुलिस अधिकारियों को रवि बोदरा नामक एक अनुकूल दलाल हाथ भी लग गया, जिसके ज़रिये वे अपने खेल को अंजाम दे सकते थे। दुलारचन्द के रिश्तेदार राजा प्रसाद से जानकारी मिलने के बाद जब मैंने इस वीभत्स खेल का पूरा पता किया, तो हैरान होता चला गया और तभी तय किया कि मरांडी उर्फ़ चीफ के ठीक पीछे मगध अंचल के युवकों को दुर्भाग्य के दलदल में फँसानेवाले गया सदर

के डी.एस.पी. सुन्दरलाल की भी कपाल-क्रिया मैं लगे हाथ कर ही डालूँगा। फर्जी नक्सलियों के आत्मसमर्पण और पुलिस की नौकरी के नाम पर ग़रीब परिवारों से पैसों की उगाही का पूरा कथानक और मंच बहुत बारीकी से तैयार किया गया था। इसका तार झारखंड से बिहार तक फैला था। शुरुआत झारखंड की राजधानी राँची से हुई। रवि बोदरा, जिसका असली नाम रमेश बारला था, झारखंड का ही रहनेवाला था। नगालैंड में खेल कोटे पर उसे सिपाही की नौकरी लगी। पर अपनी उल्टी-सीधी हरकतों के कारण वर्ष 2000 में उसे नौकरी गँवानी पड़ गई थी। इसके तुरन्त बाद ही एक महिला से बलात्कार के आरोप में उसे जेल भेज दिया गया। पर चमत्कारिक रूप से महज़ चार दिन में ही उसे जमानत मिल गई। जेल से निकलने के बाद विषखोपड़ा रमेश बारला बैठा न रहा। वह असम-मणिपुर के सैन्य गुप्तचर विभाग में मुख़बिर का काम करने लगा। इस तरह पुलिस और सेना के आंतरिक संसार की अधिकांश पेचीदगियाँ और ढ़ीले नसों का परमज्ञान उसे होता गया।

उत्तर-पूर्वी प्रान्तों में सिद्धि प्राप्त कर सन् 2011 में रमेश बारला हमेशा के लिए अपने गृह प्रान्त झारखंड लौट आया। 51 वर्षीय रमेश बारला ने झारखंड पुलिस और सी.आर.पी.एफ. में तेज़ी से अपनी पैठ बनाई। इसके कुछ ही समय बाद सी.आर.पी.एफ. और झारखंड पुलिस की मिलीभगत से उसने नक्सली के रूप में आत्मसमर्पण कर नौकरी दिलाने के फर्जी.कारोबार को सरल-सीधे आदिवासी युवकों के बीच शुरू किया। 'आत्मसमर्पण नीति' के अन्तर्गत नौकरी कैसे मिल सकती है, इसका विश्वसनीय नुस्खा रमेश बारला बताता था। बस हथियार लेकर सी.आर.पी.एफ. के सामने आत्मसमर्पण करना और कुछ माह सुधरने के नाम पर जेल में व्यतीत करना। फिर पुलिस की नौकरी, रुआबदार पुलिसिया वर्दी! आत्मसमर्पण के वास्ते हथियार कहाँ से आएगा, यह ज़िम्मा भी बारला ही लेता था। वह बलिदानी बेरोज़गार को एक अवैध हथियार लाकर दे देता था। पर इस चमकदार परियोजाना को अंजाम देने के लिए उसकी फीस प्रति युवक ढाई से तीन लाख रुपए थी। इस राशि में ऊपर के अधिकारियों तक हैसियत के हिसाब से सबका हिस्सा था। बारला की इस लुभावनी योजना का लाभ उठाने के चक्कर में लगभग चार-पाँच सौ आदिवासी युवकों ने अपने सीमान्त कृषक माता-पिता से अनुनय कर खेत बेचा या गाँव के महाजन से सूद पर रुपए उठाए और बारला के चरणों में अर्पित कर दिया। बारला ने सबके हाथों में बारी-बारी से हथियार थमाए और आला अधिकारियों की हरी झंडी मिलते ही आत्मसमर्पण करवाकर सी आर.पी.एफ. के 'कोबरा बटालियन शिविर' में बतौर क़ैदी जमा करवा दिया। एक खुले जेल जैसे 'कोबरा बटालियन शिविर' में उम्मीद के साल-दर-साल गुज़ारते ये युवक हताश होने लगे।

इसी बीच झारखंड की सीमा से लगभग सटे बिहार के गया सदर के डी.एस.पी. सुन्दरलाल से भी बारला ने सम्पर्क साधा। सुन्दरलाल को इस नुस्खे की स्वर्णिम

संभावनाओं की कल्पना कर मजा आ गया। उसने गया पुलिस के एक रिटायर सिपाही पन्ना विश्वकर्मा को भरोसे में लिया और फिर तो मगध क्षेत्र में भी फर्जी आत्मसमर्पण की झड़ी लग गई। ग़रीब माता-पिता अपना खेत बेचकर और महाजन से रुपए ले-लेकर पन्ना विश्वकर्मा के ज़रिये डी.एस.पी. सुन्दरलाल के चरणों पर डालते गए ताकि उनका बेटा जल्दी ही सिपाही बनकर परिवार की ज़िन्दगी सँवार देगा। डी.एस.पी. सुन्दरलाल ने मगध के कई युवकों को बारला के पास झारखंड भी भेजा। यह रफ़्तार और तेज़ होती कि तभी एम.वी. राव नामक एक ईमानदार आई.पी.एस. अधिकारी सी.आर.पी.एफ. के इंस्पैक्टर जेनरल के पद पर राँची में तैनात किए गए। राव ने जब बीते दिनों के धुआँधार नक्सली आत्मसमर्पण की फाइल देखी, तो उन्हें दाल में काला ही काला नज़र आया। उन्होंने तत्काल झारखंड के पुलिस महानिदेशक जी.एस. रथ को पत्र लिखकर जिज्ञासा की कि राँची की पुरानी जेल स्थित सी.आर.पी.एफ. शिविर में रह रहे 514 व्यक्ति आख़िर कौन हैं? एम.वी. राव ने अपने इस पत्र में झारखंड के पुलिस महानिदेशक को लिखा कि इन सभी 514 लोगों में बस कुछ ही हैं, जिनका उग्रवादी गतिविधियों का रिकार्ड है। इसलिए कहीं, ऐसा तो नहीं कि 'सरेंडर नीति' के नाम पर गैर नक्सली निरपराध युवक लालचवश आत्मसमर्पण कर जेल आ गए हैं। राव ने रथ को पत्र में लिखा कि 'सरेंडर नीति' से सी.आर.पी.एफ. का कोई मतलब नहीं। यह शुद्ध रूप से राज्य का विषय है। राव के इस पत्र से स्वाभाविक रूप से खलबली मच गई। सी.आर.पी.एफ. के 'कोबरा कैम्प' में क़ैदी बने हुए 514 लोगों के आपराधिक रिकार्ड की पड़ताल शुरू हो गई। इनमें मात्र छह-सात युवकों की उग्रवादी पृष्ठभूमि पाई गई। झारखंड पुलिस महानिदेशक रथ के आदेश पर 508 युवकों को 'कोबरा शिविर' से रिहा कर दिया गया। पर बाहर निकलकर भी ये सभी युवक बर्बाद हो चुके थे। इन सब के माता-पिता खेत बेचकर दाने-दाने को मोहताज थे और गाँव के महाजन से लिए गए कर्ज का फंदा गले में कसा ही जा रहा था। पूरा मामला खुलने पर झारखंड के मुख्यमंत्री ने सी.बी.आई. जाँच करने की माँग की। पर जल्दी ही यह प्रसंग ठंडे बस्ते में चला गया क्योंकि इसमें सी.आर.पी.एफ. और झारखंड पुलिस के कई आला अधिकारी भी लिप्त रहे थे।

इस हंगामे के बाद पन्ना विश्वकर्मा और गया सदर डी.एस.पी. सुन्दरलाल भी कछुए की तरह अपनी खोल में आहिस्ते-से दुबक गए। पर इस पूरे खेल में हज़ारों युवकों की ज़िन्दगी तबाह हो चुकी थी। बहुत-से युवक अभी भी झारखंड और बिहार के विभिन्न जेलों में नौकरी की आशा में क़ैदी बने बैठे थे। मैं कल्पना कर सकता हूँ कि इन युवकों के लिए सहनीय जीवन जीने की उम्मीदें किस तरह विद्रूप हो चुकी होंगी। मरांडी और सुन्दरलाल के मारे ये युवक जीवन के विषाद और दुखद स्थितियों की गहराई से क्या निकल पाएँगे कभी। मरांडी और सुन्दरलाल ने इन

सबको जमकर उल्लू का गोश्त खिलाया। इन्द्रायन का फल इन सरल-सीधे लोगों को चखाया। मैं कोई इतिहास को अधीन करने की लालसा से जीवित प्रेत नहीं बना हूँ लेकिन अपनी प्रेत योनि में मेरा आसन चौबीस घंटे कसा हुआ रहता है। मगध के ग़रीब-गुरबे परिवार के युवकों के हाथों जिस तरह मरांडी और सुन्दरलाल ने कंचन का कौर खाया है, मैं इन दोनों विष पिंडों को कबाब बना दूँगा। कबूतर की तरह लोट-लोट कर मरेंगे ये। इन युवकों और इनके परिवारों के कलप की कल्पना ही मुझे पागल करने लगती है। मुझे लगता है जैसे बराबर पहाड़ी के दारुण गुहा चित्रों को देखते हुए मैं अन्धकार में घुमड़ रहा हूँ। क्या प्रेत की योनि में आकर कोई पागल हो सकता है? अवश्य प्रेतों में भी कुछ पागल प्रेत होंगे। जैसे मैं। जल्दी ही इन दोनों के मस्तक को गेंद बनाकर खेलूँगा मैं और समय के मारे युवकों को बताऊँगा कि वे निरीह घोड़े नहीं। भले ही मैं अकेला हूँ पर एक खालसा सबा लाख होता है।

फ़िलहाल मैं पटना-गया पैसेंजर ट्रेन में सवार हो चुका हूँ। अभी गया में अब एक और पल टिकना सरासर बेवकूफी होती। मगध रेंज की पुलिस अभी पागल हो रही होगी। मुँहअँधेरे पटना को जानेवाली यह पैसेंजर ट्रेन धीरे-धीरे सरक रही है। चार-पाँच वर्षों से पटना-गया के बीच चलनेवाली पी.जी. ट्रेन के डिब्बे कुछ बेहतर हुए हैं। पहले जो पैसेंजर ट्रेनें थीं, वे जर्जर अस्थिपंजरवाली। लोहे के बूढ़े घोड़ों पर हज़ारों यात्रियों का असम्भव बोझ। मुझे याद है, सोलह बोगीवाली 592 डाउन, जिसमें लगेज वैन भी शामिल था, में किस मर्मांतक ढंग से सात-आठ हज़ार लोग सवारी किया करते थे। इंजन के आगे खड़े होकर यात्रा करने से लेकर बोगी के ऊपर और लगेज वैन तक में यात्रियों का वह दैनिक सफ़र धक्कों, पसीने और घुटन से भीगी चिल्लाहटों से तमतमाया होता था। अब बोगियाँ ज़रूर कुछ बेहतर हो गई हैं और बिजली से ट्रेन चलती है लेकिन पटना-गया पैसेंजर ट्रेन की यात्रा जन्म से मरण तक की यात्रा जैसी आज भी है। ट्रेन कुछ रफ़्तार पकड़ चुकी है और मैं देख रहा हूँ कि आज भी उस भीड़ में गर्दन और सिर के अलावा शेष शरीर का कोई ध्यान रखना सम्भव नहीं। पर अभी की परिस्थिति में यह असाध्य भीड़ मेरे लिए कवच की भाँति है। मैं देख रहा हूँ कि बोगी में सब्ज़ी-दूध के अलावा फूल, भूसा, उपला, ताड़ी और शौचालय के कोने में बकरियाँ तक ठुँसी पड़ी हैं। पटना-गया ट्रेन में सदैव से एक अनकही आशंका सदा से घुमड़ती आई है। एक बार इसी लाइन के नदौल स्टेशन को उग्रवादियों ने पूरी तरह बम से उड़ा दिया था। इस लाइन के टेनी बिगहा सरीखे आस पास के गाँवों के दादा छाप लोग अभी भी इन पी.जी. ट्रेनों के स्वयंभू टिकट चेकर हैं। जिनके पास टिकट नहीं होता, उनसे ये स्थानीय शोहदे टी.टी.ई. की तरह फाइन वसूलते हैं। इस लाइन की पुरानी लोकल मार्का दादागिरी जस की तस है। स्थानीय महान नागरिकों ने हर स्टेशन के बीच अपनी सुविधा के अनुसार मन से बोर्ड टाँग कर दो-तीन अवैध हॉल्ट बना रखे हैं। 592 डाउन के ज़माने का वह

दस्तूर आज भी है। अवैध हॉल्ट पर गाड़ी नहीं रुकी, तो अगले दिन ड्राइवर और गार्ड की पिटाई तय है। कुछेक बार तो ड्राइवर को खींचकर ग्रामीण अपने गाँव ले जाते हैं और जब तक पूरी तरह पिटकर ड्राइवर नहीं आ जाता, ट्रेन रुकी रहती है। यह सब देख-सुनकर लगता है कि बिहार का समाज आज भी कबीलाई युग में है। इस कबीले की विषैली उपज हैं मरांडी उर्फ़ चीफ उर्फ़ तूफ़ान और डी.एस.पी. सुन्दरलाल। हालाँकि इसी कबीलाई समाज का एक संगदिल सदस्य मैं भी रहा हूँ। दादाजी 'महाभारत' के शान्तिपर्व का एक उद्धरण देकर कहते थे कि साँप के पैर की पहचान एक साँप ही कर पाता है। ख़ैर मैं अपने आपको चाहे कितना भी तुर्रम और वीर जलंधर समझता होऊँ लेकिन अभी पैसेंजर ट्रेन की भीड़ के भवसागर की दलकी में फँसा पटना जंक्शन की आतुर प्रतीक्षा में हूँ।

प्रेत योनि में आने के बाद बहुत समय से सोच रहा था कि पटना जाकर मगध सम्राट अशोक के इतिहास से जुड़े उस अगम कुआँ का दर्शन करूँ जिसके बारे में कथा प्रचलित है कि अशोक ने अपने निन्यानवे दुष्ट सौतेले भाइयों का सिर काटकर उसमें फेंक दिया था। कहते हैं कि अशोक ने मौत का यह रौरव कुआँ ऐसे लोगों के लिए बनवाया था, जिसे वह कठोरतम दंड देना चाहता था। अब इस कुएँ की पूजा होती है। मुझे लगता है, मेरे भीतर भी ऐसा ही एक अगम कुआँ समाया हुआ है।

सुबह का उजाला फैल रहा है। मैं पटना सिटी के अगम कुआँ स्थित शीतला मन्दिर के श्वेत भव्य द्वार को निहार रहा हूँ। इसी मन्दिर परिसर में अशोक का अथाह अगम कुआँ है। शीतला मन्दिर के बड़े भव्य श्वेत द्वार के दोनों कन्धे पर बने छोटे लाल चबूतरे पर दोनों तरफ़ सिंह की मूर्तियाँ गया के 'भारत सेवाश्रम संघ' के द्वार पर खड़े सिंहों की याद दिला रही हैं। मन्दिर के सामने पूजा सामग्रियों की दुकानें धीरे-धीरे खुल रही हैं। मुख्य द्वार से ठीक सटे अन्दर पीपल के दो प्राचीन झंखाड़ वृक्षों और खुले छाते की तरह लम्बे तने ताड़ के तीन पेड़ों पर उजाले से सनी सुबह की किरणें अभी-अभी घोसले से निकली चिड़ियों की तरह ताज़गी से भरी थिरक रही हैं। अन्य दिनों में यहाँ मन्दिर का द्वार सुबह छह बजे खुल जाता है। पर मंगलवार को मुँहअँधेरे चार बजे से सुबह की आरती-पूजा आरम्भ हो जाती है। आज मंगलवार है। मन्दिर परिसर में श्रद्धालुओं की आवाजाही जारी है। मन्दिर के मुख्य द्वार के पास शीतला माता को चढ़ाए जाने के लिए सिन्दूर बेचनेवाली अधेड़ सरिता देवी अपने छोटे-से लकड़ी के स्टॉल पर नाना किस्म के सिन्दूरों को सज़ा रही है। उसके पास कई तरह के सिन्दूर हैं। मसलन लाल सिन्दूर, गजी सिन्दूर, नारंगी रंगी का फूल सिन्दूर और गहरा कत्थई सिन्दूर। सुबह की किरणें इन सिन्दूरों पर छिटक रही हैं। शीतलामाई मन्दिर के बगल से ट्रेन की पटरी गुज़रती है। ट्रेन के आने की आहट किरणों को बरबस हिलोर रही है। पटना सिटी स्थित तुलसी मंडी का यह शीतला माई देवी स्थान अपने भीतर न जाने कितनी कहानियाँ छिपाए बैठा है।

मन्दिर के भीतर महिलाएँ पूजा-अर्चा में जुटी हैं। दो महिलाएँ शीतला माई को उन महिलाओं की पूजा ग्रहण करवा रही हैं। मन्दिर के गर्भ द्वार पर गुलाबी धोती-कुर्ते में खड़े दो लोगों को देख मैंने अनुमान लगाया है कि सम्भवत: ये लोग भी मन्दिर के पूजन से जुड़े हैं। हालाँकि, मैंने सुन रखा है कि सदैव से शीतला माई मन्दिर में महिला पुजारी ही होती आई हैं। मैं दोनों गुलाबी वस्त्रधारियों से अपनी यह उत्सुकता प्रकट करता हूँ। इनमें एक का नाम पुजारी संजीत पासवान है और दूसरे का पुजारी वीरेन्द्र। संजीत इस बात की पुष्टि करते हैं कि अस्सी के दशक में लम्बे समय तक उनकी दादी सोना देवी, जो 'बहिरी बुढ़िया' के नाम से प्रसिद्ध थी, यहाँ की पुजारिन थी। संजीत के अनुसार अभी भी उनकी पत्नी रानी देवी और भाभी मसोमात मंजू देवी गर्भगृह में बैठकर दर्शनार्थियों से पूजा सम्पन्न कराती हैं। हाँ, मुख्य व्यवस्था अवश्य पुरुषों के हाथों में है। पुजारी संजीत पासवान बताते हैं कि, "दसो-बीस कुर्सी से मेरा खानदान यहाँ की पूजा-व्यवस्था से जुड़ा है।" कुर्सी का आशय उसका अपने खानदानी पुश्तों से है। प्राचीन काल से शीतला मन्दिर की पूजा दलितों के ज़िम्मे है। मान्यता है कि शीतला माई की पूजा से चेचक और कैसा भी चर्म रोग हवा की तरह उड़न छू हो जाता है। यही नहीं, शीतला माई विवाह, सन्तान और धन-सारी मुरादें पूरी करती हैं। संजीत की पत्नी रानी कह रही है कि जो स्त्री सन्तान के लिए विकल रहती है, उसे शीतला माई के गोद का चावल खिला दिया जाता है और उसे बच्चों की झड़ी लग जाती है। जिस लड़की का विवाह अटका रहता है, उसे शीतला माई की अँचरी से ताबीज बनाकर दी जाती है। महीने दो महीने में लड़की को सिन्दूर चढ़ जाता है।

शीतला मन्दिर परिसर में एक पक्के का विशाल मंडप बना हुआ है। विवाह के लिए लड़कियों की देखा-सुनी भी यहाँ होती है। शादी के चार दिनों बाद नव विवाहित जोड़े की यहाँ 'चौठारी पूजा' भी होती है। पुजारी संजीत मन्दिर की महिमा बखानने में विभोर हैं। मैं उनके साथ ही परिसर स्थित अशोक के कुएँ की तरफ़ बढ़ रहा हूँ। संजीत अब अगम कुआँ की महिमा में तन्मय हैं, "यह विराट कुआँ 105 फीट गहरा है। सम्राट अशोक जिसे भी कठोर दंड देना होता था, इसी में फेकने का आदेश देते थे। अपने दुष्ट सौतेले भाइयों का सिर उतारकर अशोक ने इसी में डाला था। बहुत बाद में अकबर बादशाह ने इसके विशाल मुख को मजबूत जाली से ढँकवा दिया।" मैं देख रहा हूँ, लगभग दो मर्द ऊँचा लाल सुर्ख गोल घेरा है कुएँ के चारों तरफ़। घेरे के बीच-बीच में कुल आठ बड़ी-बड़ी खिड़कियाँ हैं, लोहे की मजबूत घनी जालियों से ढँकी। पुजारी संजीत पासवान को फिर जाने क्या अनुराग जग गया है, कहते हैं, "अगम कुआँ का पानी सात रंगों में हमेशा बदलता रहता है। कभी नीला, कभी पीला, कभी काला, तो कभी हरा, गुलाबी, लाल और रुई-सा सफ़ेद! इसी में हमलोगों ने मोटर लगाकर शीतला माई को स्नान कराने की व्यवस्था कर रखी

है। अगम कुआँ से निकला पातालपुरी का जल माँ को बहुत भाता है। अगम कुआँ का जल जादू-जल है। इससे नहा लीजिए और सारी बीमारियाँ दूर, सारे मनोरथ पूर्ण।'' फिर एक पल तनिक थमकर संजीत रहस्यमय भंगिमा में कहते हैं, ''आधी रात को कहते हैं कि अशोक आज भी यहाँ हर रोज़ पहुँचते हैं। फिर यहाँ से निकलकर बड़ी पहाड़ी पर अपने हाथों से दीया जलाते हैं और पूजा करते हैं। इसलिए आधी रात को अगम कुआँ या बड़ी पहाड़ी के पास भूले से भी कोई नहीं जाता।''

''बड़ी पहाड़ी किधर है?'' मैं कौतूहल से पूछता हूँ।

''यहाँ से समझ लीजिए कोई एक किलोमीटर।'' संजीत अनुमान लगाते हुए कहते हैं।

इस नीरव मध्य रात्रि में बड़ी पहाड़ी के पास मैं दम साधे दीपक जलने की प्रतीक्षा कर रहा हूँ।

पवन उनचास

इन दिनों लगातार कोहरा और पछवा हवा की जुगलबन्दी तेज़ है। हर साल दिसम्बर मध्य से मकर संक्रान्ति यानी जनवरी मध्य तक यही दारुण परिदृश्य होता है। कभी-कभी तो यह इससे भी लम्बा खिंच जाता है। पूस से माघ मध्य तक खंड प्रलय सदृश्य स्थिति। इन दिनों में मुँहअँधेरे से कोहरा घिरना शुरू हो जाता है और पछवा हवा लगभग आठ-दस किलोमीटर की रफ़्तार से उन्मत्त बहने लगती है। प्राकृतिक और भौगोलिक कारणों से पूरा मगध क्षेत्र जितना अधिक गर्म है, उतना ही भयानक ठंडा भी। गया में छह-आठ महीने की गर्मी नरक के कल्पित खौलते कड़ाहे में डुबकी लगाने जैसी होती है। इसलिए अभी भी गया के मकान आम तौर से अपेक्षाकृत चौड़ी दीवारोंवाले होते हैं। पुराने ज़माने के सात-सात आँगनोंवाले गया के मकान ज़िन्दा पत्थरों की चट्टानों व चूने की भरावटी नींव की चौकी पर पतली-पतली ईंटों और चूने की तहोंवाली चार-पाँच हाथ चौड़ी दीवारों के होते थे। अब धीरे-धीरे ऐसे मकान खत्म हो रहे हैं। नए ज़माने के मकानों की दीवारें अतीत की दीवारों से थोड़ी सुघड़ और दुबली हुई हैं। गर्मियों के वास्ते घर की ये सुखद ठंडी दीवारें हालाँकि जाड़े में प्राण अवग्रह में डाले रखती हैं। तमाम गर्म कपड़ों और कम्बल-रजाई के बावजूद इन बर्फ़-घरों में आग-अलाव ही अन्तिम आसरा होता है।

यह मध्य दिसम्बर है। ओस टपकाते आकाश में बेलौर के घने बूढ़े वृक्ष के नीचे मरांडी उर्फ़ तूफ़ान उर्फ़ राणा उर्फ़ चीफ ने अपना आसन जमा रखा है। मोटे

पत्तोंवाला बेलौर का यह वृक्ष, जिसमें गुलमोहर-अमलतास की भाँति ढेर सारी लम्बी हरी इल्लियाँ लटकती रहती हैं, गया के इलाक़े में बहुतायत में है। आसपास नीम, चकौंध, इमली और कुछ खजूर के पेड़ भी हैं, लेकिन ओस की टपक मात्र बेलौर के मोटे पत्तों पर ही अनवरत सुनाई दे रही है। ऐसी कड़क ठंड में जबकि घर में सुरक्षित लोगों का प्राण पेट में काँपता रहता है, इस नीरव बीहड़ में पूरी पलटन की आत्मा की कलप की बस कल्पना ही की जा सकती है। मरांडी उर्फ़ चीफ के सामने अलाव जल रहा है और वह दयावंत राजा की भंगिमा में बैठा है। पड़ाव के दूसरे सिरे पर एक और बड़ा-सा अलाव जल रहा है, जिस पर भोजन भी पक रहा है और पलटन के साथी भरसक गरमाहट पाने की कश्मकश में हैं। पलटन में अभी क़रीब सौ साथी हैं। इनमें दो दर्जन वे युवक हैं, जिन्हें मैंने शेरघाटी जेल से छुड़ाया है। शेरघाटी जेल से छूटे पौने तीन सौ युवकों को मरांडी ने सुबीर उर्फ़ उपेन्द्र उर्फ़ वेलु के संग एक महत्त्वपूर्ण ऑपरेशन पर औरंगाबाद भेज रखा है। कहना न होगा कि शेरघाटी जेल से छूटे सभी रंगरुटों की मेरे प्रति गहरी कृतज्ञता है। सबकी तसल्ली मुझमें गड़ी हुई है। पर मैंने सबको सचेत कर रखा है कि मेरे प्रति स्वप्न में भी वे अपनी कृतज्ञता का प्रदर्शन न करें। हम सब अभी घड़ियाल के दह में हैं। सबके लिए आफत हो जाएगी। मेरे लिए भी। कानूनन भी एक देश में दो सिक्के नहीं चलते। और इस भूमिगत मुल्क का बस एक सिक्का है—मरांडी।

मैं जानता हूँ, मरांडी परम शक्की-झक्की है। उसे अपनी साँस पर भी सन्देह है। अपने सन्देह और क्रोध का बघनखा वह कब किस पर गड़ा देगा, यह उसे स्वयं भी मालूम नहीं होता। हालाँकि, 'ऑपरेशन शेरघाटी' के बाद से मुझ पर मरांडी का भरोसा बहुत बढ़ गया है। कुछेक बार देर रात गए नशे की पिनक में उसने मुझको लेकर कहा भी है, "मेरे अलावा सरकार को किसी ने अगर पागल किया है, तो मेरे इस जाँबाज गुरिल्ले ने।"

मरांडी उर्फ़ चीफ अक़सर मेरी तारीफ़ कर परोक्ष रूप से अपने नम्बर-टू वेलु पर जो 'साइको वार' करता है, उसका रिसाव और स्याह थक्का मुझे वेलु के चेहरे पर साफ़ दिखता है। गठीले गबरू सुबीर उर्फ़ उपेन्द्र उर्फ़ वेलु पर मुझे बहुत दया आती है। शायद उसे लगता हो कि चीफ धीरे-धीरे उसकी जगह मुझे देने की भूमिका बना रहा है। इस पाशविक दुनिया के दस्तूर से वह अनजान नहीं है। हालाँकि,बवंडर और आँधी की धूल से भरी हुई दुनिया में मुझे कोई जगह नहीं चाहिए। मेरा साहस, मेरा सिंहासन है। पर वेलु जैसे लोग अपनी हैसियत की चटाई तक गँवाना सहन नहीं कर सकते। और वेलु ही क्या, छोटी-छोटी शक्तियों और अधिकार के वास्ते यों भी हरेक मनुष्य कितना आशंकित-सशंकित रहता है। शक्ति की तड़प कितनी आत्मघाती है। मुट्ठी में भय का जादू चाहिए ताकि लोग सिर आँखों पर रख सकें। 'बिनु भय होय न प्रीति' की कहावत क्या सचमुच सही है? क्या वेलु मरांडी से प्रीति करता

है? हथियार थामे ये समस्त बागी भूमिगत गुरिल्ले क्या मरांडी से प्रेम करते हैं? बेशक शक्ति और भय सहोदर हैं। लेकिन प्रेम... ? शक्ति और भय से प्रीति का क्या नाता है? शक्ति मरांडी की अत्याधुनिक बन्दूक़ में भरी निर्जीव गोलियों में है। पर स्वयं मरांडी आपादमस्तक भयग्रस्त है। उसके समस्त पुराने गुरिल्ले भी भय से भरे हैं। निर्जीव शक्ति और भय के समन्वय से चल रही है मरांडी की क्रूर दुनिया। इस कुटिल क्रूर दुनिया में प्रीति मात्र एक प्रहसन है।

मरांडी के निर्देश पर समाचार सुनने के लिए रेडियो बजा दिया गया है। रात को पूरी पाबन्दी से रेडियो पर प्रादेशिक समाचार मरांडी सुनता ही सुनता है। विशेषकर अभी, जबकि वेलु के नेतृत्व में गुरिल्लों की एक बड़ी टुकड़ी बड़े ऐक्शन के लिए औरंगाबाद गई हुई है। एक महीने पहले औरंगाबाद में हुए पुलिस मुठभेड़ में छह गुरिल्लों की मौत ने मरांडी को बेचैन कर रखा था। इसका बदला लेने के लिए ही मरांडी ने पूरे फ़ौज-फाटे के संग वेलु को औरंगाबाद कूच कराया। मगध पुलिस रेंज का 'ऑपरेशन ग्रीन हंट' मरांडी के लिए भयंकर चुनौती है। प्रादेशिक समाचार के हेडलाइन ने मरांडी को घायल नाग की तरह बरबस पागल कर दिया है। उसकी विक्षिप्त हुमक ने पूरी जमात को सन्न कर दिया है। हेडलाइन में ही समाचारवाचक ने कहा है कि औरंगाबाद के मदनपुर थाना के गुलाब बिगहा गाँव के समीप पुलिस के संग थोड़ी देर पहले हुई माओवादियों की मुठभेड़ में आठ माओवादियों को पुलिस ने ढ़ेर कर दिया है और मुठभेड़ में बुरी तरह घायल माओवादियों के कमांडर सुबीर उर्फ़ उपेन्द्र उर्फ़ वेलु की तलाश जोर-शोर से जारी है। समाचारवाचक ने बताया है कि जब माओवादी बी.एस.एन.एल. के तीन मोबाइल टावर फूँककर पुलिस के मुख़बिर माने जानेवाले एक पूर्व पंचायत सरपंच की हत्या के बाद उसका सिर लेकर निकलने लगे, तभी मौके पर पुलिस पूरी तैयारी से पहुँच गई। देर तक हुई मुठभेड़ में पुलिस के तीन जवान गम्भीर रूप से ज़ख़्मी हुए पर आठ माओवादियों को खत्म कर दिया। जलते अलाव में मरांडी के चेहरे की सांघातिक बेचैनी को मैं लगातार देख रहा हूँ। पर इसके संग-संग मेरे भीतर भी तुरही बजनी शुरू हो गई है। मरांडी को अब मैं और मियाद नहीं दे सकता। प्रादेशिक समाचार के अन्त में समाचारवाचक कल के मौसम की जानकारी दे रहा है। मौसम विज्ञान केन्द्र के हवाले से आई सूचना है कि कल बंगाल की खाड़ी में हवा के कम दबाव के कारण बूँदाबाँदी हो सकती है। हरेक साल जाड़े के मौसम में पश्चिमी विक्षोभ का ऐसा दौर चलता है। इसलिए कल सुबह से रात तक पश्चिम बंगाल, झारखंड और दक्षिण बिहार के गया इलाक़े में लगातार वर्षा की झिरझिरी होती रहेगी और तापमान गिरेगा।

तापमान गिरने के संग-संग साँप के पूँछ की तरह कल सुबह के पहले मरांडी की भी पूँछ झड़ जाएगी। कहते हैं भूरा हाथी, गंजी बीवी और जाड़े की बारिश अपने आप में सौभाग्य है। पर जाड़े की यह बारिश मरांडी के जीवन की अन्तिम बारिश

होगी। कल मुँहअँधेरे के अन्धकार को मुझे किसी कीमत पर नहीं गँवाना है। मेरे मन में कल का धुँधला मुहूर्त तैर रहा है। कल मुँहअँधेरे जब मरांडी शौच के लिए निकलेगा, तो लौटकर नहीं आएगा। मैंने तय कर लिया है कि मरांडी उर्फ़ चीफ की सुबह और गया सदर के डी.एस.पी. सुन्दरलाल की रात कल पार नहीं होने दूँगा। मैं एक गतिशील श्मशान हूँ। कल रात तक मरांडी और सुन्दरलाल-दोनों को मुझमें समा जाना है। चारों तरफ़ काल घहरा रहा है। अट्टहास कर रहा है। मैं अभी कई जनम पीछे चला गया हूँ। वीरझन गुरु और महाबली राय से लेकर अबतक का यह सफ़र कभी-कभी मुझे भी विस्मित करता है। लगता है, इतनी ही अवधि में चौदहो भुवन की यात्रा मैंने कर ली। यह सब एक विचित्र अतीत है। हालाँकि, अपने अतीत से मुझे कोई लगाव नहीं। कोई मोह नहीं। अतीत में जाने का मतलब है अपने भीतर कथन-उपकथन की उलझन में फँसते चले जाना। पर अतीत से कटने के लिए निर्मम होना ही होता है। अभी तक के अपने अभ्यास से मैं इतना समझ गया हूँ कि बीता हुआ समय परम शीलवान होता है। पर कुछेक नफ़रत भरे धक्कों के बाद यह लगभग गुम-सा हो जाता है। पत्थर की तरह चुप। मुझे लग रहा है कि अपने अतीत को कुछेक और नफ़रत भरा धक्का देना होगा ताकि फिर कभी भूले से वह मेरी तरफ़ झाँकने की कोशिश न करे। बेशक इसके साथ ही बचपन में कंठस्थ सारी प्रार्थनाएँ और मंत्र मैं भूल जाऊँगा। गया की अधिकांश वेदियों के नाम भी। पर यह सही होगा, क्योंकि मुझे लगता है कि प्रार्थना सहानुभूति पाने की एक तरकीब है। क्या यह सच नहीं कि सहानुभूति मात्र प्यार और दया के बीच का एक तुच्छ भाव है। प्यार और दया में भी मेरी कोई आस्था नहीं रह गई है। मैंने अपने भीतर बहुत मुश्किल से इन्हें मार-मार कर खत्म किया है। प्रेत योनि में भला प्यार और दया का क्या स्थान हो सकता है। कल मुँहअँधेरे मरांडी का मस्तक लेकर मुझे एक पल बग़ैर नष्ट किए गया कूच कर जाना है। गया-मेरा शहर जहाँ मेरी बहुत पहले मृत्यु हो चुकी है।

बारिश की झिरझिरी आधी रात से हो रही है। शूल जैसी हवा की लहर-पहर का घात-प्रतिघात लगातार जारी है। मृत्यु और अधोलोक का सन्तप्त पुरातन अन्धकार आगंतुक सुबह के तट पर पछाड़ खा रहा है। प्रकृति का यह मौन विलाप, यह मूक क्रन्दन थोड़ी देर में शान्त हो जाएगा। मैं मात्र एक क्षुद्र प्रेत हूँ। पर अदृष्ट देख लेता हूँ। कुछ पल बाद मरांडी उर्फ़ तूफ़ान उर्फ़ राणा उर्फ़ चीफ का विवर्ण अदृष्ट भी मेरे सामने है। अब किसी भी समय वह इस गाढ़े काले अन्धकार में शौच के लिए निकलेगा और मैं भी उसके पीछे अजगर की तरह सरकूँगा। अन्धकार की भीगी सिहरी भयानक शाखाओं के नीचे सन्नाटे में दबोचकर इसका मस्तक उतार लूँगा। अन्धकार में ही मैंने झोले में चमचमाते तेज़ धारवाले अपने प्रिय लम्बे चाकू को टटोल लिया है। यह चाकू-मरांडी का मुक्तिदाता है। अन्धकार में मेरे चेहरे पर एक निमिष के लिए वक्र हँसी आकर लौट गई है।

अन्धकार...अरिष्ट...आखेट...आर्त्तनाद। मरांडी उर्फ़ चीफ का रक्त से लथपथ थरथराता विवर्ण मस्तक मेरे हाथ में अब स्थिर है। उसकी आँखें आतंक में अभी भी खुली काँप रही हैं। पूरे दक्षिण बिहार को वर्षों से अपने आतंक की मुट्ठी में रखनेवाले मरांडी का मुख कितना स्तब्ध-असहाय लग रहा है। उसके ख़ून टपकते मस्तक को झोले में डाल तेज़ डग भरता हुआ मैं अज्ञात राह में बढ़ता जा रहा हूँ। यहाँ से गया जाने का मार्ग किस दिशा में है, अन्धकार में कुछ भी नहीं सूझ रहा। सुबह के बारिश भरे धुँधले उजाले में मुझे जहाँ कहीं भी मुख्य सड़क मिलेगी, उसे पकड़कर मैं गया जाने की किसी बस पर सवार हो जाऊँगा।

बारिश के संग पछवा हवा अभी भी गरज रही है। हुतुहुत् करती हवा की इस छीलती बर्राहट को लगातार ढकेलते-भीगते मैं मुख्य सड़क पर आ गया हूँ। धुकधुकाती छाती के संग मैं गया जानेवाली बस की प्रतीक्षा कर रहा हूँ। दूर से बस के आने की आवाज़ अब आ रही है। गया पहुँचते ही मैं सीधे मुरली पहाड़ पर जाऊँगा। वहाँ भोलेनाथ मन्दिर या नवदुर्गे मन्दिर के पिछवाड़े में पत्थरों-चट्टानों के बीच मरांडी के मस्तकवाले झोले को कहीं छिपाकर मैं फ़ौरन निकल जाऊँगा। इसके बाद डी.एस.पी. सुन्दरलाल को उसके घर पर मुझे निपटाना है। इस सरकारी हिजड़े बाघ को ऊपर भेज हर हाल में अपने संकल्प का उद्यापन आज मुझे करना है। सुबह हो रही है। झलफल अन्धकार के निर्जन सिन्धु में बस बढ़ रही है। अस्थिमज्जा में दुन्दुभि बज रही है। किसी तरह बस सात-साढ़े सात बजे तक गया पहुँच जाए।

गया में भी बारिश की झिरझरी के संग चौतरफ़ा अधीर हवा है। ठीक साढ़े सात बज रहे हैं। सुबह के धुँधलके में मेरा शहर खोया हुआ है। मैंने अपना इरादा बदल दिया है। पहले मैंने सोचा था कि गया पहुँचते ही पहले मैं मुरली पहाड़ पर जाऊँगा। वहाँ भोलेनाथ मन्दिर या नवदुर्गे मन्दिर के पिछवाड़े के पत्थरों के पीछे मरांडी के मस्तक को छिपा दूँगा। पर नहीं, ऐसा करने से नाहक समय नष्ट होगा और डी.एस.पी. सुन्दरलाल का मस्तक लाने की योजना पर पानी फिर जाएगा। मुझे अभी एक क्षण के लिए अपने आप पर हँसी भी आई है। किस तरह सोचने लगा हूँ मैं। बच्चे जिस तरह खिलौने के लिए पागल हो जाते हैं, मैं अपने मनपसन्द मस्तक को हासिल करते के लिए पागल-अधीर हो जाता हूँ। लगातार भीगते रहने से मन यों खिन्न है। 'ऑपरेशन सुन्दरलाल' का ऐक्शन करने के बाद ही निश्चिंत हो मैं मुरली पहाड़ पर जाऊँगा। तीर की तरह छेदती तीखी पछवा हवा से भरी यह झिरझराती खामोश सुबह सुन्दरलाल के परलोक गमन के लिए सर्वथा उपयुक्त है।

मैं गया के टावर चौक से गुज़र रहा हूँ। सड़क के बीचोबीच मौजूद पीली मीनार की घड़ी भी लगातार की झिरझरी से धुँधली पड़ी है। मीनार के भीतर काले पत्थर की भारत के प्रथम राष्ट्रपति देशरत्न डॉ. राजेन्द्र प्रसाद की मूर्ति भी अभी सिकुड़ी-सी लग रही है। टावर चौक से उत्तर सराय रोड है। वेश्याओं के लगभग तीन सौ

परिवार सराय में हैं। ज़माने से इस मुहल्ले की पहचान तवायफ़ों के मुहल्ले के रूप में है। कुछ साल पहले शायद इस मुहल्ले की छवि के नवीकरण के लिए सराय का नाम 'सरदार वल्लभ भाई पटेल पथ' रखा गया। सराय की अनीता देवी उर्फ़ हसीना सबसे उम्रदराज तवायफ़ है। सिलीगुड़ी, दार्जिलिंग और कलकत्ता तक से लड़कियाँ उसके यहाँ आती हैं।

अनीता उर्फ़ हसीना की आवाज़ के बारे में चर्चा कर मेरा साथी दुलारचन्द आज भी विभोर हो उठता है। शहर के एक बिगड़ैल रईस के जलसे में अनीता को सुनने का अवसर दुलारचन्द को मिला था। तब वह किशोर ही था। अनीता उर्फ़ हसीना का गाया...'देखि तोरि आन-बान-शान...मधुर मुस्कान...जियरा उलझाए...माँगे दरस नैना बार-बार...देख तोरि आन...बान...शान...' दुलारचन्द को आज तक पूरे लय से कंठस्थ है। सराय रोड उर्फ़ सरदार वल्लभभाई पटेल पथ के मुँह पर ही सामने रियाज पहलवान की जूते की दुकान है—पहलवान शू। अपने पिता सरदार खान की तरह रियाज खान भी अर्से तक अखाड़े की मिट्टी में खेलते रहे लेकिन पेट के अखाड़े ने जूता व्यवसाय के खूँटे से उन्हें बाँध दिया। पहलवानी की अपनी गुज़री शान को रियाज खान जूते के अपने कारोबार से नत्थी कर निश्चिंत हो गए। अपने जूते के धन्धे का नाम रख दिया—पहलवान शू।

गया टावर चौक से पश्चिम गोल पत्थल रोड में डी.एस.पी. सुन्दर लाल का महलनुमा घर है। गोल पत्थर रोड भी बारिश और सन्नाटे में भीग रहा है। दो दल की पत्तियोंवाला कचनार का घना वृक्ष सुन्दर लाल के गेट के बाहर भीगता हुआ मौन मगन है। अभी इस पर फूल नहीं है। फागुन में आएगा। झोले से अपने प्रिय लम्बे चाकू को निकाल मैंने कमर के पीछे खोंस लिया है। मेरे पैंट-कमीज़ के भीतर छिपा-ढँका चाकू मेरा एकमात्र ख़तरनाक शागिर्द है। हुकुम का एक्का। मरांडी के मस्तकवाला झोला गदराए कचनार की ओट में रखकर मैं सुन्दरलाल के घर के बरामदे पर आ गया हूँ। मैंने दरवाज़े पर दस्तक दी है। कुछ मिनट बाद तेरह-चौदह साल का एक किशोर निकला है। हुलिए से घर का नौकर लगता है।

"साहब हैं? बहुत मुसीबत में आया हूँ। बताओ जाकर।" मैंने भरसक अपना स्वर आर्त्त कर लिया है। थोड़ा तेज़ भी, ताकि आवाज़ अन्दर तक जा सके।

"कहो?" गठीला कलूटा डी.एस.पी. सुन्दरलाल लुंगी और शॉल में भृकुटि चढ़ाए मेरे सामने है।

"मैं बहुत संकट में हूँ सर...।" उसका चरण स्पर्श करने का स्वाँग करते हुए पूरे आर्तभाव से मैं नीचे झुका हूँ और चीते की फुर्ती से उसके दोनों पाँव को जकड़कर उसे नीचे गिरा दिया है। अवाक और हक्का बक्का सुन्दरलाल को चीखने का भी मौका दिए बिना मैं उसके सीने पर चढ़ बैठा हूँ और तेज़ धारवाले अपने चमकते चाकू का फाल सीधे उसके मुँह में धुसेड़ कर निकाल लिया है। उसके

भीषण आर्त्तनाद और रक्त क्रन्दन से पूरा बरामदा दहल उठा है। घर के भीतर से जबतक सुन्दरलाल की पत्नी, बच्चे और नौकर बदहवास भागते हुए बरामदे पर पहुँचे हैं, मैं सुन्दरलाल के रक्त टपकते मस्तक को लेकर कचनार वृक्ष के पास आ गया हूँ और नीचे पड़े झोले को उठाकर सुन्दरलाल के मस्तक को भी उसमें डाल दिया है। जबतक सुन्दरलाल के बीवी-बच्चे बाहर दौड़े हैं, मैं हवा की तरह उड़ चुका हूँ। मुरली पहाड़ की तरफ़ मेरे क़दम तेज़ हैं। पहले मुरली पहाड़ के उजाड़ पड़े भोलेनाथ मन्दिर के भीतर मैं कुछ देर चैन की साँस लूँगा। फिर आगे की रणनीति तय करूँगा। और यह भी तय करूँगा कि इस अंचल की तरुणाई को नेस्तनाबूत करनेवाले मरांडी और सुन्दरलाल के मस्तक को जनता-जनार्दन के समक्ष शहर के किस सार्वजनिक स्थल पर रखूँ।

स्टेशन के बग़ल में मुरली पहाड़ बूढ़े बैताल की भाँति वैराग्य के अपने स्थायी भाव में है। लगातार की झिरझिरी से भीगकर इसकी रूक्षता थोड़ी धुल गई है। मैं एक साँस में गिलहरी की तरह छोटे-छोटे सहस्त्र गड्ढों को पार करते, पत्थरों-चट्टानों पर कूदते-फाँदते मुरली पहाड़ पर चढ़ रहा हूँ। पता नहीं क्यों, मन में बार-बार यह बात आ रही है कि इस बार का अंजाम दिया मेरा ऑपरेशन मरांडी और सुन्दरलाल मेरे वास्ते मारकेश सरीखी मुश्किल लाएगा।

भोलेनाथ का मन्दिर वैसे ही उजाड़-वीरान पड़ा है। मुख्य द्वार पर नन्दी की नन्ही मूर्ति सिकुड़ी पड़ी है। अन्दर शिवलिंग भी गहरे गुमसुम भाव में है। मैंने दोनों मस्तकोंवाला झोला मन्दिर के एक कोने में रख दिया है। अभी मुझे एकदम होश नहीं लग रहा है। इतनी तेज़ी से पहाड़ पर चढ़कर बेदम-सा हो गया हूँ। भूख और थकान ने ध्वस्त कर दिया है। साँस की धौंकनी लुहार की भाथी की तरह चल रही है। पहाड़ पर पूरा सन्नाटा है। आज रविवार का दिन है और कल आधी रात से बारिश की अनवरत झिरझिरी के कारण लगता है आज पहाड़ से कोई नीचे नहीं उतरा है। थोड़ी देर में मन स्थिर होता है, तो देखता हूँ जामुन केवट, मोची निरंजन दास, रिक्शाचालक कृष्णा, गया नगर पालिका का कूड़ा कर्मचारी बॉबी पासवान आदि में से कोई मिल जाए। राजकुमार चन्द्रवंशी, उसके तीनों बेटे राजू, सरबन और मिथिलेश में से कोई भी। या फिर वाल्मिकी माँझी, भुखमरिया और उमा सिंह चन्द्रवंशी... । इनमें से कोई दिख जाए, तो कुछ दाना-पानी मिले और राहत हो। अभी तो मुरली पहाड़ भी बेसुध गहरे ठिठुरन में है और मैं भी। हालाँकि चारों तरफ़ मृत्यु का कलुटा बिलाव मुँह बाए घुमड़ता दिख रहा है। पर मेरे मन में न कोई भय है, न आशंका। मैं जानता हूँ कि मैं अन्तिम असहायता से भी स्वयं को हमेशा के लिए मुक्त कर चुका हूँ। मुझे पूरा अनुमान है कि डी.एस.पी. सुन्दरलाल की हत्या से गया पुलिस पागल हो चुकी होगी और उसका सिर कलम करनेवाले को पूरे शहर में बदहवासी से ढूँढ़ रही होगी। पुलिस को शायद ही अभी तक इसका इल्म होगा कि सुन्दरलाल के ऐन पहले

मनहूस काले आदमखोर भेड़िये मरांडी उर्फ़ राणा उर्फ़ चीफ का भी मस्तक उतारा जा चुका है। मैंने आज तक कोई कार्य किसी श्रेय के लिए नहीं किया है। और सच है कि जीवन में कभी नक़ली राक्षसों से भय नहीं किया। महाबली राय, बमभोला चौधरी, मरांडी या फिर सुन्दरलाल भी नक़ली राक्षस ही थे। मैं मन्दिर के कोने में पड़े रक्त भीगे अपने झोले को देख रहा हूँ, जिसमें मरांडी और सुन्दरलाल एक-दूसरे से मुँह सटाए पड़े हैं। कैसा अद्भुत मणिकांचन संयोग है यह । इस सूने में मेरे चेहरे पर बरबस वक्र हँसी तिर गई है।

बारिश की झिरझिरी और बढ़ गई है। बाहर देखता हूँ, आसमान में सहसा कुछ और बादल घुमड़ आए हैं। हवा और मारक हो गई है। और इसके साथ ही मुरली पहाड़ी के चारो तरफ़ गर्जन-तर्जन की अवाजें भी तेज़ हो गई हैं। यह गोलियों की तड़तड़ाहट है, जो मुरली पहाड़ी के चारों तरफ़ से गूँज रही है। मन्दिर से एक झटके में निकल एक विशाल पत्थर के तीखे किनारे पर आकर खड़ा हूँ। भारी संख्या में पुलिस बल ने मुरली पहाड़ी को चारों तरफ़ से घेर रखा है। अपने सहकर्मी की हत्या से बौखलाए सैकड़ों पुलिसकर्मी गोलियाँ चलाते मुरली पहाड़ पर चढ़ते दिख रहे हैं। उनचास पवन के बीच मैं अपने आसन्न मृत्यु को देख रहा हूँ। मुझको बारिश की झिरझिरी नहीं, तूफ़ानी बारिश और बवंडर चाहिए। प्रकाश नहीं धधकती आग चाहिए। चक्रवात और प्रलय चाहिए। मैं इस पृथ्वी पर अवांछित हूँ। मेरा भी अन्त होना ही चाहिए। इस थरथर संसार से मुझ जैसे असुर को जाना होगा। मैं जामुन केवट, मोची निरंजन दास के घर की तरफ़ दौड़ रहा हूँ। इस आपात्काल में कोई मिल जाए। पर मुझे सामने सब बदहवास दौड़ते दिख गए हैं। इस अभिशप्त पहाड़ के लगभग सभी बाशिंदे हताश दौड़ रहे हैं। मैंने हाथ उठाकर सबको इशारा कर दिया है।

"अभय भैया!" जामुन केवट के संग लगभग सभी बिलख पड़े हैं, "ऊपर पुलिस आ रही है। पता नहीं क्या हुआ है? लगातार गोलियाँ चल रही हैं। पुलिस ने नीचे पूरे पहाड़ को घेर रखा है। क्या आपको ढूँढ़ने पुलिस आ रही है?" सामूहिक विलाप और गाढ़ा हो गया है।

"तुम सबके घर में जो भी लकड़ियाँ, जलावन, मिट्टी तेल...जो हो, सब जल्दी लेकर भोलेनाथ मन्दिर पर आओ। पहाड़ पर पुलिस मेरे लिए ही आ रही है।" बारिश की तेज़ झिरझिरी और अधीर हवा की सलेटी कालिमा में मैंने फिर जोर से दोहराया है, "मन्दिर पर जल्दी पहुँचो। समय नहीं है।"

भोलेनाथ मन्दिर पर सभी जुट गए हैं। मुरली पहाड़ी के समस्त निवासी। पर इनके आने के ऐन पहले मैंने अपने तेज़ धारवाले चमकते प्रिय लम्बे चाकू का अपने पेट, सीने और गले पर भरपूर इस्तेमाल कर लिया है। अपने ही रक्त के कुंड में मैं डूबा-उतरा रहा हूँ। इस सर्वसहा मुरली पहाड़ ने बहुत कुछ सहा है। यह मेरे रक्त को भी सह लेगा।

"लकड़ियों की चिता बनाकर जल्दी से मुझे फूँक दो। वरना मैं जानता हूँ कि अगर मेरा शव पुलिस के हाथों पड़ गया, तो मेरे गले में रस्सा बाँधकर गया से बोधगया तक मुझे सड़कों पर घसीटा जाएगा। लोगों को बताया जाएगा कि एक पुलिसवाले को मारने का देखो क्या हश्र होता है...।" मैं नीम बेहोशी में जा रहा हूँ। मुझे चिता पर डाल दिया गया है। मुझे लग रहा है कि मैं कह रहा हूँ, "मुझ पर मिट्टी तेल छिड़को। जल्दी आग लगाओ मेरी चिता को। पुलिस के आने तक मुझे फूँक दो। ऐसा करो कि पुलिस को बस मेरी राख मिले।" अपनी गहन तन्द्रा की बची-खुची साँसों में मैं महसूस कर रहा हूँ कि अपनी लगवाई चिता में मैं धू-धू कर जल रहा हूँ। इतने दिनों से बिना आग के जल रहा था। पर आज सिर्फ़ मेरा शरीर ही नहीं, मेरी आत्मा भी चिता पर है। मुझे लग रहा है कि मेरे आख़िरी शब्द हैं कि, "पुलिस को बताना कि महाबली राय, बमभोला चौधरी को मैंने मारा था। और भोलेनाथ मन्दिर के कोने में पड़े झोले में मरांडी उर्फ़ राणा तथा डी.एस.पी. सुन्दरलाल का मस्तक पड़ा है।"

मुझे लग रहा है कि मेरा सम्पूर्ण शरीर जलकर राख हो चुका है। मात्र मस्तक जलना बाकी है। गोलियों की तड़तड़ाहट की आवाज़ बहुत समीप आ गई है और अब मृत्यु के तट पर पाँव रखते हुए मुझे लग रहा है कि मुरली पहाड़ी के समस्त निवासी मेरी चिता को घेर कर पंचम सुर में लगातार विकल स्वर में उद्घोष कर रहे हैं, "अभयासुर की जय! अभयासुर अमर रहे...अमर...अमर...!!"

❂❂❂